정책과 사회

Policy and Society

정책과 사회

김은성 지음

한울 아카데미

차 례

들어가며 _ 8

제1장 정책사회학의 이론적 기초 _ 12
1. 정책사회학의 네 가지 접근 14
2. 비교 30
3. 짙은 정책학을 향하여 54

제1부 이해관계 접근법

제2장 기후변화 정책 설계의 정치 _ 64
1. 기후변화 완화와 적응 67
2. 기후변화 정책 관련 이익집단 70
3. 기후변화 정책 설계를 둘러싼 이익집단 정치 74
4. 제도적 접근법으로 다시 보기: 발전국가의 경로의존성 83
5. 마무리 87

제3장 캠프 캐럴 갈등 거버넌스와 주한미군지위협정 _ 89
1. 거버넌스 91
2. 캠프 캐럴 사건 94
3. 한미 주한미군지위협정 97
4. 칠곡 100
5. 정부대응T/F의 관료적 갈등관리 101
6. 지방정부와 시민단체의 반발 106
7. 제도적 관점: 한미 SOFA가 거버넌스 갈등에 미치는 영향 113
8. 마무리 116

더 읽을거리 119

제2부 제도적 접근법

제4장 공공기관위기관리지침과 전사적 위험관리 _ 129

1. 전사적 위험관리의 역사 131
2. 전사적 위험관리의 기본 개념 133
3. 위험관리 행정이론 관점에서의 전사적 위험관리 135
4. 통합적 위기관리와 전사적 위험관리 141
5. 공공기관위기관리지침의 추진 역사 145
6. 공공기관위기관리지침과 전사적 위험관리 157
7. 마무리 163

제5장 유전자변형생물체 위험 거버넌스와 기술관료주의적 사전예방원칙 _ 166

1. 전통적인 위험 규제 정책: 기술관료주의 169
2. 사전예방원칙 171
3. 기술관료주의적 사전예방원칙 173
4. 한국 GMO 정책의 간략한 역사 174
5. 사전예방원칙과 기술관료주의의 공존 176
6. 기술관료주의와 사전예방원칙의 융합 185
7. 이해관계 접근법으로 다시 보기 191
8. 마무리 197

더 읽을거리 199

제3부 해석적 접근법

제6장 온실가스배출권거래제와 미래 탄소시장의 상상 _ 209

1. 공동생산과 배태 211
2. 탄소시장의 사회적 구성 215
3. 탄소시장과 상품시장의 상호적 공동생산 224
4. 탄소시장과 정부의 구성적 공동생산 231
5. 마무리 241

제7장 사회기술적 상상과 융합기술정책의 세계화 _ 243
1. 사회기술적 상상과 번역 245
2. 기술발전주의 248
3. 미국과 유럽의 기술융합 250
4. 한국의 기술융합 번역 254
5. 마무리 269

더 읽을거리 272

제4부 물질적 접근법

제8장 딥 러닝과 알고리즘 거버넌스의 주인-대리인 문제 _ 283
1. 주인-대리인 이론 285
2. 알고리즘 거버넌스 288
3. 신유물론과 주인-대리인 이론 289
4. 알고리즘 거버넌스의 주인-대리인 문제 290
5. 전통적인 주인-대리인 이론의 한계 301
6. 주인-대리인 문제에 대한 신유물론 관점 302
7. 알고리즘 거버넌스의 주인-대리인 문제에 대한 해결책 304
8. 마무리 307

제9장 코로나19 감시와 좋은 시민권 회집하기 _ 310
1. 시민권과 신유물론 312
2. 맘카페 315
3. 동선 정보에 대한 대중 반응의 신유물론적 상황 317
4. 사물, 시민권, 저소득 근로자 319
5. 밀집 장소, 시민권, 정체성 정치 324
6. 이동성, 시민권, 배달 근로자 329
7. 마무리 336

더 읽을거리 339

나가며: 정책학적 아나키즘을 꿈꾸다 _ 341
참고문헌 _ 346
찾아보기 _ 369

들어가며

전통 정책학은 질서의 학문이다. 정책은 국가, 조직, 개인이 규칙적이고 습관적인 실천을 하도록 한다. 전통 정책학은 사회문제를 해결하는 방안을 만드는 것을 주요 목표로 한다. 효율적인 정책 의사결정을 하기 위해 과학을 활용하여 불확실성을 제거하고, 다양한 이해당사자들이 서로 합의할 수 있는 정책을 찾으려고 한다. 이해관계자들의 합의를 도출하기 위해 그리고 법과 정책이 분명하고, 단순한 원칙을 선호하기 때문에 전통 정책학은 정책을 둘러싼 사회적 맥락을 단순화하려는 경향이 있다. 반면 이 책은 사회문제 해결을 궁극적인 목표로 하지 않으며, 공공정책의 다양하고 복잡한 사회적·물질적 맥락을 사회학적·인류학적 방법으로 분석하는 '정책사회학'을 추구한다. 그럼으로써 이 책은 전통 정책학이 추구하는 질서 속에 존재하는 무질서를 드러낸다.

이 책은 더 효율적이고 빠른 정책 의사결정을 위한 지름길을 찾는 것이 목표가 아니라, 정책이 만들어지는 길 주변의 산, 강, 들 그리고 다양한 샛길들의 풍경을 더욱 섬세하게 드러내는 '짙은 정책학'을 추구한다(김은성, 2010a). 짙은 정책학은 정책의 다양한 사회적·물질적 맥락을 파악함으로써 정책에 대한 해석의 다양성을 추구한다. '짙음'은 두 가지 의미가 있다. 첫째, 다양한 이론과 관점으로 정책 문제를 분석하는 것을 말한다. 그래서 이 책은 이론적 다원주의를 추구한다. 둘째, 실제 작동하는 정책적 실천을 상세하게 서술하는 것이다. 이 책은 현장의 데이터에 근거하는, 데이터 중심주의를 지향한다. 다만 여기서 데이터는 과학적 증거보다 훨씬 확장된 것으로 정책 현장에서 발견되는 수많은 정책행위자의 살아 있는 목소리를 포함한다.

이 책은 기존 정책 문헌에 흩어져 있는 사회학적 분석을 종합한 하나의 안내서이며, 지난 10여 년 동안 수행한 나의 정책연구의 기록이다. 나는 박사학위를 받은 후 5년 동안 국책 연구기관에서 근무했다. 한국생명공학연구원 생명공학정책연구센터에서 정부 부처 공무원들을 지원하면서 한국의 과학기술정책이 실제 어떻게 만들어지고 작동하는지를 봤다. 한국행정연구원에서 전통적인 행정학과 정책학으로 나의 지식을 확대하고, 위험·재난·갈등 등과 관련한 매우 다양한 주제를 자유롭게 연구할 수 있었다.

국책 연구기관에 근무하면서 가장 크게 느낀 점은 한국 정책은 제도와 실천의 간극이 매우 크다는 사실이다. 그래서 정책연구를 할 때는 법·정책·보고서와 같은 공식 문건이 아니라, 실제 실천되는 정책을 연구해야 한다. 현장 연구가 매우 중요하다. 통계와 설문조사도 유용하지만 정책적 실재를 제대로 파악하는 데 한계가 있다. 한국행정연구원에서 경희대학교 사회학과로 옮긴 후 더 세련되고 풍부한 사회학 이론으로 정책을 연구할 수 있었다. '정책사회학'이라는 수업을 수년간 강의하면서 사회학 이론과 정책학을 서로 접목할 수 있었다. 이 책이 바로 그 결실이다.

이 책은 정책사회학을 '이해관계 접근법', '제도적 접근법', '해석적 접근법', '물질적 접근법'으로 분류한다. 이해관계 접근법과 제도적 접근법은 이미 전통 정책학자들이 많이 사용하고 있으나 해석적 접근법을 활용하는 학자들은 아직 소수이고 한국에도 그리 많지 않다. 특히 물질적 접근법은 한국의 정책학과 행정학에서는 찾아보기 어렵다. 이 책은 이론과 사례로 구성되어 있다. 제1장은 네 가지 접근법의 이론적 차이와 장단점, 그리고 서로 다른 접근법을 교차해 사용할 수 있는 방법을 설명한다. 이후 4부에 걸쳐 총 8개의 사례연구를 소개한다. 사례연구는 각 접근법당 2개 장으로 구성되며 해외 저널에 출간된 나의 논문을 수정한 것이다. 사례연구는 주로 나의 전문 분야인 환경, 위험, 과학기술정책에 국한되기 때문에 이를 보완하기 위해서 각 부의 마지막에는 각 접근법과 관련한 '더 읽을거리'를 소개한다. 독자들은 여기서 다른 정책 분야 사례에 대한 문헌을 확인할 수 있다.

화학에서 인문사회과학으로 늦게 진로를 변경한 나에게 정책 연구는 생존을 위한 하나의 방편이었다. 정책을 공부해야만 그나마 직장을 구할 수 있다고 들었고 실제 그랬다. 정책 공부는 나를 여기까지 오게 했고, 이제 이 책을 통해 정책을 처음으로 공부하는 사회과학 학부와 대학원 학생들에게 조금이나마 도움을 주고 싶다. 어떻게 정책을 연구해야 하는지 잘 몰라 어려워하는 초보 연구자들에게도 이 책이 작은 길잡이가 되길 바란다.

이 책을 마무리하면서 박사학위 취득 후 15년 동안의 삶의 기억이 나를 스쳐 간다. 나에게 맞는 자리를 찾는 과정에 어려움이 많았고, 역경 속에서 고마운 분들로부터 도움을 받았다. 우선 나를 정책 현장으로 인도하여 직접 경험할 수 있게 해준 한국생명공학연구원 이천무·문성훈 박사, 그리고 한국행정연구원의 류현숙·안혁근·은재호·채종헌·최호진 박사 등 전 직장 동료들, 그리고 비행정학 전공자인 나를 채용해 주신 정용덕 한국행정연구원 전 원장님과 전 직장 동료이자 오랜 친구 정지범 UNIST 교수에게 깊은 감사를 드린다. 교육과 연구에 전념할 수 있도록 많은 도움을 주신 경희대학교 사회학과 동료 교수들께도 감사드린다. 그리고 이 책에 대해 좋은 조언을 해주시고 관련 문헌을 소개해 주신 경희대학교 행정학과 김도한·김정부 교수님께 깊은 감사를 드린다. 또한 사례연구와 이 책을 만드는 데 보조해 준 행정연구원 위촉 연구원들과 경희대학교 사회학과 학생들, 수많은 인터뷰 참여자들에게도 감사드린다. 인문·사회 과학을 향한 새로운 행로를 가는 데 지지를 해주신 부모님, 그동안 고생을 함께한 아내와 아이들에게도 고마움을 전한다.

마지막으로 내 논문을 이 책에 활용할 수 있도록 허락해 준 출판사(엘스비어, 로트리지)에 감사한다. 그리고 이 책을 출간해 주신 한울엠플러스(주)의 김종수 대표님, 윤순현 부장님, 편집부 분들께도 깊이 감사드린다.

2022년 8월

김은성

정책사회학의 이론적 기초

사회학자 피터 버거(Peter Berger)는 사회학자는 사회개혁가가 아니라고 말했다(Berger, 1963). 사회문제를 해결하기 위해 정책을 제시하는 것은 사회학자의 의무가 아니다. 사회학의 목표는 사회현상을 설명하고 사회적 문제의 원인을 밝히는 것이다. 이는 사회문제에 대한 처방을 제공하는 정책학의 목표와는 다르다. 이 차이는 사회학자와 정책학자들의 논의에서 자주 발견된다. 정책학자들은 때때로 사회문제에 대한 사회학적 설명에 대해 "그래서 뭐(so what)"라고 묻는다. 정책 대안이 없는 비판은 부적절하다고 생각하기 때문이다. 반면, 사회학자들은 정책학자들이 사회문제를 둘러싼 깊고 복잡한 맥락을 충분히 들여다보지 않고 정책 결정을 위한 지름길을 택한다고 생각한다.

나는 수업 중 학생들과 토론을 할 때 학생들이 던지는 질문의 방식에 대해 주목한다. 규범적인 질문을 많이 하는 학생들이 있다. 예를 들어 이런 식이다. "사회문제를 해결하기 위해 우리가 어떻게 해야 할까요? 그 방안은 무엇인지 이야기해 보죠." 대체로 사회적 정의감이 높은 학생이 그러한데 항상 질문이 규범과 윤리, 해결 방안으로 향한다. 그럴 때, 그 학생에게 "학생의 질문은 사회학적이지 않다"라고 말한다. 사회학적 질문은 사회문제를 개선하기 위한 바람직한 행위가 무엇인가 하는 당위적인 것이 아니라 사회문제가 왜, 어떻게 나타났는지에 대한 실재적인 질문이어야 한다고 주문한다. 규범적·당위적 질문은 사회문제의 심층적 이해를 방해한다. 사회문제를 오래 고민하지 않고 곧장 해결 방안으로 달려가거나, 해결 방안과 연관된 혹은 해결할 수 있는 사회문제만을 보게 된다.

물론 사회학자에게 규범을 논하지 말라고 주장하는 것은 결코 아니다. 지그문트 바우만(Zigmunt Bauman) 같은 비판적 사회학자들은 사회학의 규범적 역할을 강조해 왔다. 하지만 사회학자의 일차적인 임무는 규범과 정책 대안을 만드는 것이 아니라, 사회문제에 대한 깊이 있는 이해를 하는 것이다. 나아가 어떤 정책을 평가할 때 그 정책의 사회적 맥락을 고려하지 않고 규범적인 판단을 해서는 안 된다. 옳은 정책은 보편적으로 옳고, 나쁜 정책은 특정한 사회적 환경 때문에 발생하는 것이 아니다. 정책의 타당성과 무관하게 모든 정책은 주어진 사회적 맥락에서 형성된다. 정책의 '짙은' 사회적 맥락을 바라보기 위해 특정 정책에 대한 열광에서 한 걸음 물러서는 것이 정책사회학자가 갖춰야 할 기본적인 태도다. 그런 점에서 정책사회학은 사회학이지 정책학은 아니다.[1] 그런데도 정책사회학은 사회학에서 공고한 영역이 아니며, 정책학에서 완전히 독립한 것도 아니다. 또한 정책사회학은 사회학자만의 전유물이 아니다. 많은 정책학자는 사회학 이론을 경험적 정책분석에 활용해 왔다. 정책사회학을 하는 사람들은 사회학과 정책학의 언저리에서 두 학문의 경계를 넘나든다.

이 책은 공공정책에 대한 네 가지 사회학적 접근을 검토한다. 활용한 네

1 이 책에서 내가 사용하는 '정책사회학'이라는 용어는 정책을 분석하는 사회학적 접근법을 통칭하는 것이며, 마이클 부라워이(Michael Burawoy)의 '공공사회학(public sociology)' 혹은 '정책사회학(policy sociology)'과는 전혀 무관하다. 부라워이의 개념들은 사회문제 해결을 위해 사회학을 활용하는 데 초점을 맞추고 있어 오히려 규범적이며, 비판적 사회학에 더 가깝다고 할 수 있다(Burawoy, 2005). 나아가 교육사회학 분야에서 발전한 정책사회학과도 무관하다(Savage, 2021).

가지 접근법은 이해관계 접근법(interest-based approach), 제도적 접근법(institutional approach), 해석적 접근법(interpretive approach), 물질적 접근법(material approach)이다. 각 접근법의 영문 머리글자를 활용해 앞으로 3I&M 접근법이라 총칭한다. 각 접근법은 정치경제학, 조직·제도 사회학, 후기구조주의 또는 사회구성주의, 신유물론 등 서로 다른 사회학 이론에 기초한다(Greenwood et al., 2008; Fischer and Gottweis, 2012; Marres, 2015). 물론 공공정책분석을 위한 사회학적 접근은 3I&M 접근법에 국한되지 않는다. 그리고 이해관계 접근법과 제도적 접근법은 이미 주류 정책학자들이 광범위하게 사용해 왔기에 더 이상 새롭지 않다. 다만 해석적 접근법은 주로 이론적 차원에서 소개되며 한국 정책 사례의 경험적 분석은 아직 많지 않다. 물질적 접근법을 활용한 한국의 정책학 연구도 이론적·경험적 차원 모두에서 관련 문헌을 한국에서 아직 찾기 어렵다.

제1장은 정책분석을 위한 네 가지 사회학적 접근의 차이를 검토한다. 3I&M 접근법의 주요 질문과 학문적 전통을 살펴보면서 분석 단위와 연구 초점, 정책과 정치 개념, 행위자 및 사회집단 등 다양한 측면에서 상세하게 비교한다. 마지막으로 3I&M 접근법의 장단점을 설명하고 서로 다른 접근법의 혼합 가능성을 검토한다.

1. 정책사회학의 네 가지 접근

이해관계 접근법

이해관계 접근법은 가장 오래되고 잘 알려진 정책분석 방법으로 정치경제학적 접근법으로도 불린다. 공공정책의 정치적 맥락을 분석하기 위해,

이 접근법은 정책 결정 과정에서 이익집단들의 정치(interest group politics)를 탐구한다. 이익집단의 정치적·경제적 이익과 정책에 대한 입장 간의 인과관계를 다룬다. 이 접근법은 이익집단 중 가장 큰 권력을 가진 집단 혹은 약한 집단을 분별하고, 특정 정책을 채택하는 그들의 입장들, 그리고 어떤 이해가 이 입장들과 관련이 있는지를 질문한다. 이익집단은 사례에 따라 달라지지만 대체로 정부, 정당, 기업, 시민단체들로 구성된다.

이해관계는 경제적 이익에 국한되지 않고 정치 신념 또는 이념과도 연결된다. 이 접근법의 기본적인 가정은 이익집단들 사이에 권력의 비대칭성이 있다는 것이다. 그래서 가장 강력한 이해관계자들 또는 이익집단이 공공정책의 목적, 방향, 수단을 주도한다. 물론 이익집단들은 정치적 협상과 타협을 통해 이익을 서로 교환할 수 있다. 그들은 정책 결정 과정에서 원하는 목적을 달성하기 위해 다양한 형태의 정치연합과 동맹을 구축한다. 따라서 이해관계 접근법은 이익집단 또는 정치 연합들의 권력관계를 조사하고, 정책 설계와 통치 스타일에 미치는 영향을 탐구한다.

이해관계 접근법의 기원은 카를 마르크스(Karl Marx)의 정치경제학으로 거슬러 올라간다. 마르크스의 관점에서 이익집단은 자본가계급과 노동자계급의 이원화된 형태로 존재한다. 정치와 정책은 두 계급 간 갈등의 산물이다. 계급적 이해가 정책에서 중요한 역할을 한다. 다만, 마르크스의 이론은 경제에 의해 정치가 결정된다는 경제적 환원주의에 기초한다. 국가는 상부구조이며 하부구조인 경제에 의해 결정된다. 국가와 정부는 계급지배와 착취를 유지하는 기능을 한다. 마르크스는 『공산당선언(Manifest der Kommunistischen Partei)』에서 "현대 국가의 행정부는 전체 부르주아지의 문제를 다루는 집행위원회"라고 주장한 바 있다.

마르크스 이후 이해관계 접근법은 1900년대 서구사회의 정치적 다원주의 확산과 함께 발전했다. 그래서 이 접근법은 이원화된 계급구조보다는 보다 다원화된 이익집단들의 정치를 다룬다.[2] 정치적 다원주의는 사회학자 막스 베버(Max Weber), 정치학자 로버트 달(Robert Dahl)과 알렉시 드토크빌(Alexis de Tocqueville)의 자유민주주의 정치 이론에 의해 발전했다. 막스 베버는 마르크스의 경제적 환원주의에 대해 비판적이었다. 그에게 정치권력은 국가에만 귀속된 것이 아니며, 모든 사회적 관계에 존재한다. 그는 자유민주주의 정치 시스템을 옹호했으며, 계급 외에 지위, 정당의 정치권력에 주목했다. 베버의 다원주의적 계층화 모델은 마르크스의 양극화된 계급구조 모델보다는 다원주의 정치의 존재 가능성을 가정한다. 한편 이해관계 접근법의 정치적 다원주의는 막스 베버뿐만 아니라 정치학자인 로버트 달과 알렉시 드토크빌의 영향도 받았다. 그리고 정치적 다원주의는 고전적인 다원주의와 신다원주의로 구분된다. 고전적인 다원주의는 이익집단 정치에 초점을 맞추지만, 마르크스 정치경제학의 영향을 받은 신다원주의는 이익집단 정치를 다루면서도 사회구조와 제도적 맥락을 고려한다.

마크 베버(Mark Bevir)에 따르면, 이익집단 개념은 정책 결정 과정에서 영향을 행사하는 압력 집단(pressure groups) 개념에서 비롯됐다(Bevir, 2011; Mackenzie, 1955; Finer, 1958; Eckstein, 1960; Beer, 1965; Coxall, 2001). 나아가 이해관계 접근법은 정책 결정 과정에서 정치 연대가 어떻게 형성되는

---

2 정치학에서 이익집단 이론은 크게 다원주의(pluralism)와 조합주의(corporatism)로 구분한다. 다원주의는 정책을 다양한 이익집단의 경쟁과 타협의 산물로 보는 반면, 조합주의는 전 국가를 하나의 기업으로 보고, 국가·자본가·노동자계급을 대표하는 중앙 단체가 위계적으로 하위 이익집단을 관리하고 통제한다. 다원주의와 비교해 조합주의에는 이익집단의 수가 제한적이고 경쟁이 적다. 또한 다원주의에서 국가는 이익갈등을 중재하는 심판이나 중재자 역할을 하나, 조합주의에서는 정책 결정 과정에서 국가가 더 주도적인 역할을 한다. 전자는 미국 같은 자유민주주의 체제에 주로 등장하며, 후자는 스웨덴 같은 북유럽의 사회민주주의 체제에서 흔히 발견된다. 한국의 노사정 협의체는 조합주의를 모방한 것이다.

지를 탐구한다. 실제 정책이 형성되는 과정에 이익집단들의 이익 조정과 협상으로 수많은 동맹이 나타나는데 이것이 다원주의 정치의 핵심이다. 1990년대 학자들은 이런 정치 연대를 분석하고자 정책 네트워크 이론을 발전시켰다(Marsh and Rhodes, 1992). 이익집단 정치는 권력 비대칭성 속에서 일어나고, 이 비대칭을 전복하려는 과정에서 이익집단들의 정책 네트워크가 나타난다.

제도적 접근법

제도 개념에는 규제적·규범적·문화인지적 차원이 존재한다. 제도의 일반적인 개념은 법률과 정책 같은 규제를 말한다. 하지만 사회학에서 제도는 법뿐만 아니라 아이디어, 신화, 관습, 규범, 공유된 믿음 등을 포괄한다. 다시 말해 제도란 당연한 것으로 간주되어 법처럼 느껴지는, 그래서 인간의 행위를 구속하는 생각·규범·법률을 지칭한다. 사람들이 어떤 생각을 당연한 것으로 간주하면 그 생각은 규범처럼 구조화되고 나아가 법률로 제도화될 수 있으며, 결국 사람들의 행위를 구속한다.

제도적 접근법은 제도의 역사적 연속성과 서로 다른 조직, 또는 국가들의 제도 간 상호관계, 제도와 실천 간의 간극을 탐구한다. 이 접근은 어떤 제도가 당연하게 받아들여지고, 따라서 어떻게 특정 조직에 의해 채택되는지, 어떻게 이 제도가 진화하고 다른 조직으로 이동했는지, 마지막으로 행위자들이 새로운 제도에 직면해 어떻게 행동하는지를 분석한다. 공공정책을 이해관계자들의 갈등, 동맹, 이익 조정의 결과로 보는 이해관계 접근법과 달리 제도적 접근법은 제도의 강제적·규범적 측면과 조직 간 모방적 과정에 주목한다는 점에서 이해관계 접근법과 차별화된다. 로이스턴 그린우드(Royston Greenwood)가 주장했듯이 "조직은 효율성이 아닌 정당성(legitimacy)

과 생존을 추구하며, 사리사욕이 아닌 인지와 의무의 역할을 강조한다"(Greenwood et al., 2008: 7). 이것은 이해관계 접근법이 놓칠 수 있는 부분이다. 제도적 접근법은 정책을 행위자의 인식과 행위를 제한하고 통제하는 규범으로 인식한다.

제도적 접근법의 두 가지 주요 질문은 다음과 같다. 첫째, 서로 다른 국가와 조직의 정책이 현저하게 유사한 이유는 무엇인가? 둘째, 행위자의 행동은 때때로 도입된 제도와 왜 실제로 다른가? 제도의 생애주기에는 동형화(isomorphism)와 탈동조화(decoupling)로 불리는 두 가지 역설적인 힘이 나타난다(Czarniawska and Sevón, 1996: 35). 동형화 개념은 조직이 정당성과 생존을 위해 다른 조직의 우수한 제도를 따르는 이유를 설명하는 데 사용된다. 탈동조화 개념은 제도와 실천의 차이를 설명하기 위해 사용된다. 예를 들어 조직 구성원이 새로운 제도를 따르지 않는 것을 말한다. 이 두 개념은 이른바 사회학적 신제도주의(sociological neo-institutionalism)의 핵심이다. 동형화와 탈동조화는 모순적이지만 양자택일의 것이 아니다. 두 가지 모두 같은 조직에서 나타날 수 있다. 서로 다른 조직 간 제도적 동형화가 일어난 후 새로 제도를 도입한 조직에서 탈동조화가 발생할 수도 있다. 이를 '형식적 동형화'라고 부른다. 즉, 단계별·연속적 과정을 통해 동형화와 탈동조화가 나타날 수 있다. 제도적 접근법의 또 다른 핵심 개념은 역사적 제도주의(historical institutionalism)의 경로의존성(path dependence)이다(Greenwood et al., 2008). 이것은 과거의 제도가 뒤따라오는 실천에 미치는 역사적 영향을 말한다. 다만 이 개념을 역사적 결정론으로 오인해서는 안 된다. 과거의 제도가 현재의 제도와 실천에 제약을 줄 수 있으나 반드시 결정한다고 보기는 어렵다. 역사적 전통과 현재 실천의 관계에 따라 제도적 전통과 구별되는 새로운 변화의 가능성이 항상 열려 있다. 경로의존성은 항상 일어나는 것으로 추정하기보다는 경험적으로 증명해야 할 문제다.

제도적 접근법의 기원은 사회학자 막스 베버(Weber, 1978)의 이론으로 거슬러 올라간다. 베버는 법, 행정(특히 관료제), 과학, 종교, 경제를 포함한 근대 제도의 합리화를 분석하면서 이른바 "형식적 합리성(formal rationality)"의 확산을 다뤘다. 형식적 합리성은 목적보다 도구를 중시하는 도구적 합리성을 의미한다. 예를 들어 삶의 목적이 행복이라고 볼 때 행복 그 자체보다는 수단인 돈에 더 초점을 맞추는 것을 말한다. 돈을 많이 벌면 행복해진다고 생각하는 것이다. 그래서 어떤 수단이 더 효율적인지에 대한 계산이 중요하게 되고 과학이 핵심적인 역할을 한다. 청교도는 근대 자본주의와 형식적 합리성을 공유한다. 마찬가지로 근대사회의 정치, 행정, 과학 등 많은 제도와 조직들이 형식적 합리성을 제도화했다. 말하자면 형식적 합리성의 제도적 동형화가 일어났다. 막스 베버 이후 소스타인 베블런(Thorstein Veblen)은 구제도주의를 발전시켰다. 구제도주의에 따르면 개인의 행위력은 규범적이고 평가적인 시스템에 의해 구속된다.

구제도주의가 거시 사회학적이라면 신제도주의는 거시와 미시의 관계에 주목했다. 1970년 후반 이후 폴 디마지오(Paul DiMaggio), 월터 파월(Walter Powell), 존 마이어(John Meyer), 브라이언 로언(Brian Rowan), 린 저커(Lynne Zucker)는 신제도주의를 확립했다(DiMaggio and Powell, 1983; Meyer and Rowan, 1977; Zucker, 1987). 신제도주의는 피터 버거와 토마스 루크만(Thomas Luckmann)의 사회구성주의(Berger and Luckmann, 1966)에 영향을 받아 제도의 인지적 측면에 주목하고(Phillips and Malhotra, 2008: 707), 널리 공유되며 당연하게 간주되는 사회적 가치와 아이디어들(ideas)의 제도화를 연구했다. 마이어와 로언은 이런 제도화된 아이디어를 "합리화된 신화(rationalized myths)"라고 지칭했다(Meyer and Rowan, 1977). 리처드 스콧(Richard Scott)에 따르면, "제도란 사회 실재(social reality)에 대한 공동의 정의를 받아들이게 되는 사회과정"이다(Scott, 1987: 496). 그러나 신제도주의는 제도가 어떻게 구성되는지에 대한 과정보다는 제도의 영향에 주목하고, 제도가 어떻게 확산하는지에 대해 분석했다(Phillips and Malhotra, 2008: 708~709).

처음 조직사회학자들은 한 조직이 외부 환경에 적응하면서 제도를 어떻게 구축하는지 조사하고, 하나의 조직과 그 조직을 둘러싼 기술 및 시장 환경을 분석했다. 이후 학자들은 유사한 동료 조직들(peer organizations)에 관심을 두기 시작하면서 조직 분야(organizational fields)를 연구했다(DiMaggio and Powell, 1983; Greenwood et al., 2008). 그들은 강제적·규범적·모방적 동형화로 불리는 세 종류의 동형화 메커니즘에 대한 개념을 개발했다. 강제적 동형화는 국내외의 강제적 규제와 강력한 조직의 요구를 따르는 과정에서 나타난다. 규범적 동형화는 전문화 과정을 통해 사회규범을 학습하고 받아들이는 과정에 동형화가 일어나는 것을 말한다. 모방적 동형화는 우수한 조직을 모방하고 선진 제도를 받아들이면서 나타난다.

디마지오와 파월(DiMaggio and Powell, 1983)의 연구는 제도적 아이디어가 조직에서 어떻게 제도화되는지 설명하는 데 유용하지만, 제도의 안정성에 초점을 맞추기 때문에 제도가 어떻게 변화하는지 설명하기에는 충분하지 않다(Czarniawska, 2008: 772). 따라서 마이어와 로언(Meyer and Rowan, 1977)은 탈동조화 개념, 즉 제도와 실천의 간극에 관심을 두기 시작했다. 이 개념은 행위자들이 형식적인 제도에 대응해 어떻게 행동하는지를 다루기 때문에 제도에 대한 행위자 중심의 미시적인 접근을 가능하게 한다.

1983년부터 1991년까지 스웨덴 학자들은 탈동조화 개념을 집중적으로 연구했다. 1990년대 초, 행위자 중심의 접근법(이해관계 또는 해석적 접근법)과 제도적 이론을 연결하려는 새로운 시도가 시작됐다. 스칸디나비아 학파는 조직에 대한 외생적 제약보다는 사회 구성물로서 제도를 연구했다. 이 학파는 리처드 스콧, 제임스 마치(James March), 존 마이어와 같은 조직 사회학자들, 그리고 피터 버거, 토마스 루크만 등 사회구성주의자들과 브뤼노 라투르(Bruno Latour), 미셸 칼롱(Michel Callon), 카린 크노어 세티나(Karin Knorr Cetina)를 포함한 과학기술사회학자들의 연구에 많은 영감을 받았다. 나중에 이 학파는 '스칸디나비아 제도주의'라고 불린다(Greenwood et al., 2008).

스칸디나비아 제도주의는 먼저 제도의 규제적이고 규범적인 측면보다는 제도의 인지적이고 문화적인 측면에 관심을 뒀다. 따라서 거시적 제도의 영향보다 미시적 차원에서 행위자들이 제도를 어떻게 구성하는지를 분석했다. 둘째, 이 접근은 제도의 안정성보다는 변화에 관심을 뒀다. 그리고 제도화된 아이디어가 어떻게 다른 맥락(조직, 기업, 국가 등)으로 전달되는지를 다룬다. 이것을 연구하기 위해 행위자-연결망 이론의 번역(translation) 개념을 활용했다(Czarniawska and Sevón, 1996). 이 개념은 제도를 외부적인 것 또는 이미 채택된 것으로 취급하는 대신, 제도적 아이디어와 실천이 재해석되고 재구성된다고 가정한다. 번역이란 "아이디어가 한 환경에서 다른 환경으로 이전할 때 아이디어의 고의적·우발적·비의도적 변환과 지속적인 조정과 변화의 가능성"이 나타나는 것을 가리킨다(Greenwood et al., 2008: 17). 커스틴 살린(Kerstin Sahlin)과 린다 웨들린(Linda Wedlin)에 따르면, "아이디어는 공백(vaccum)에서 확산하는 것이 아니며, 다른 아이디어·행위자·전통·제도 등의 맥락에서 능동적으로 전달되고 번역된다. …… 확산하는 아이디어는 이미 만들어지고 바꿀 수 없는 입자나 상품이 아니라 계속 다시 번역되는 것이다"(Sahlin and Wedlin, 2008: 219~221). 그래서 이 접근은 번역을 만드는 '편집' 프로세스에 관심을 둔다(Sahlin and Wedlin, 2008). 이처럼 스칸디나비아 제도주의는 제도적 접근법과 해석적 접근법을 연결한다. 이 접근은 제도의 사회적 구성에 주목하고 제도에 대해 담론적 접근을 하기 때문에 사실 해석적 접근법이라 불러도 무방하다(Phillips and Malhotra, 2008; Greenwood et al., 2008: 702~720).

해석적 접근법

해석적 접근법은 텍스트, 언어 또는 내러티브 등 정책 담론으로 형성된 다양한 사회적 의미의 분석에 초점을 맞춘다. 이 접근은 그러한 의미가 사회적으로 어떻게 구성되는지, 정책 논쟁에서 어떻게 담론적 헤게모니를 획득하는지, 그리고 그 의미에 따라 정책행위자들이 어떻게 자신을 통제하는지를 묻는다. 해석적 접근법은 비판적 정책분석, 탈실증주의 정책분석, 후기구조주의 정책분석으로 불리기도 한다(Roe, 1994; Bacchi, 1999; Fischer and Gottweis, 2012; Hajer, 1995; Jasanoff, 2004, 2005; Shore and Wright, 1997; Feindt and Oels, 2005). 정책 담론은 해석적 접근의 핵심적인 분석 대상이다. 정책 담론은 행위자들의 담화뿐 아니라 법률, 정책 보고서, 뉴스 등의 문서에서도 찾아볼 수 있다. 정책 담론은 담화, 내러티브, 줄거리, 수사, 해석, 소통, 논쟁의 형태를 띤다(Howarth and Griggs, 2012: 305). 이 접근법에서 언어는 단순히 사람들의 의사소통 도구일 뿐만 아니라 사람들의 정체성, 제도, 국가, 공동체, 전문성, 민주주의, 시민권, 위험, 윤리 등 매우 다양한 사회적 의미를 창출한다. 해석적 접근법의 궁극적인 목표는 담론 분석을 통해 그러한 의미를 분석하는 것이다. 이 접근에서 정책이란 사회적 의미를 생산하는 담론정치다.

해석적 접근법은 1990년대 초반부터 개발됐으며 사회구성주의(상호적 상호작용이론과 민속방법론 등), 해석학, 후기구조주의, 페미니즘, 비판이론 등 탈실증주의 철학과 사회이론, 숙의민주주의 이론을 기반으로 한다(Jun, 2006). 이런 접근은 공공정책 연구에서 '논변적 전환(argumentative turn)', '언어적 전환' 또는 '담론적 전환'이라고 불린다. 이 접근은 탈실증주의 경험 분석뿐만 아니라 숙의민주주의에 기초한 정책 설계도 포함한다(Fischer and Gottweis, 2012: 1).

이해관계 접근법과 제도적 접근법도 담론 분석을 정책분석 방법으로 사용한다. 그렇다면 이들과 해석적 접근법은 어떤 차이가 있는지를 이해하는 것이 중요하다. 첫째, 해석적 접근법은 단순히 행위자의 정치적 주장을 탐색하고, 그들의 정치적 입장을 확인하는 것을 넘어 '특정한 의미의 구성'을 분석한다. 즉, 해석적 접근법은 이해관계 접근법보다 구성된 의미에 더 초점을 둔다. 따라서 사회적 의미의 구성에 관한 분석이 없는 담론 분석은 해석적 접근법이라 할 수 없다. 예컨대 특정 행위자 혹은 사회집단이 사용한 담론 전략에 대한 분석만으로는 해석적 접근법이 될 수 없으며, 특정한 사회적 의미가 구성되는 것을 서술해야만 해석적 접근법이 될 수 있다. 둘째, 해석적 접근법에서는 이해관계와 제도가 사전에 주어지지 않는다. 그래서 이해관계와 제도를 독립변수로 활용해 정책을 설명해서는 안 된다. 해석적 접근법에서 이해관계와 제도들은 정책행위자들을 강제하는 외생적인 변수가 아니라 행위자의 정책 담론으로 구성되는 결과로서 설명되어야 한다. 넬슨 필립스(Nelson Phillips)와 남라타 말호트라(Namrata Malhotra)가 말했듯이, "담론적인 관점에서, 제도는 단순한 사회적 구성이 아니라 담론을 통해 만들어지는 사회적 구성물"이다(Phillips and Malhotra, 2008: 713).

해석적 접근법에서 어떤 의미를 분석할 것인지는 정책분석가의 선택에 달렸다. 해석적 접근법의 목표는 사람들이 당연하게 간주하는 사회적 의미를 찾고 해체해 그것들이 어떻게 담론적으로 구성되는지를 이해하는 것이다. 이 접근은 정책 인식의 담론적 체계 또는 공공정책의 인식틀을 지배하는 담론적 헤게모니를 허물어서, 자연적인 것 또는 정상적인 것으로 간주되는 의미에 의문을 제기한다(Hawkesworth, 2012: 120). 공공정책의 인식틀로서 정책 문제가 무엇이며(Bacchi, 1999), 정책의 대상 집단이 누구이며(Schneider et al., 2014), 정책에 활용되는 공공 지식이 어떻게 구성되는지를 분석한다(Jasanoff, 2005; Bevir and Rhodes, 2010). 해석적 접근법은 정책 문제를 객관적으로 확인하고 식별하는 것이 아니라 정책 문제가 서로 다른 집단 또는 이해관계자에 의해 어떻게 달리 표현되고 구성되는지를 탐구한다(Bacchi, 1999). 나아가 캐럴 바키(Carol Bacchi)에 따르면 정책 문제에 대한 정의는 해결책 선택과 밀접하게 연관된다(Bacchi, 1999). 정책 문제 식별과 정책 제언 마련은 서로 분리되지 않으며 순차적이거나 선형적인(linear) 과정이 아니다. 즉, 정책결정자들은 정책 문제를 객관적으로 확인하고 그다음 해결책을 고민하는 것이 아니라 둘을 같이 만든다. 때로는 집행하려는 해결책과 관련된 문제만을 도출한다. 그래서 해석적 접근법은 정책 문제가 어떻게 구성되는지에 대해 주의를 기울인다.

해석적 접근법은 정책에 의해 구성되는 의미의 안정성뿐만 아니라 그 의미가 어떻게 변화되는지를 분석한다(Howarth and Griggs, 2012: 307). 해석적 접근법은 불확실성을 해결하려 하지 않고 불확실성을 이용하거나, 심지어 강화해 정책 문제 관련 의미의 다양한 사회적 구성을 밝혀낸다. 여기서 불확실성은 객관적 실재와 지식 간의 간극을 의미하는 것이 아니라 사람들이 만든 서로 다른 사회적 의미가 충돌해 나타난 것이다. 즉, 불확실성은 행위자들의 다양한 목소리 이른바 "다성성(multivocality)"(Campbell, 2000)의 결과다.

다양한 해석적 접근법이 있다. 데이비드 하워스(David Howarth)와 스티븐 그리그즈(Steven Griggs), 마틴 하이어(Maarten Hajer)는 정책 담론의 헤게모니를 규범적 또는 경험적 차원에서 분석한다(Howarth and Griggs, 2012; Hajer, 1995). 실라 재서노프(Sheila Jasanoff)는 서로 다른 국가들의 공공 인식론(civic epistemology)을 탐구해 왔는데(Jasanoff, 2005: 249), 공공 인식론이란 "역사적·정치적으로 자리 잡은, 문화적으로 특정한, 공공 지식의 방법"을 뜻한다.[3] 여기서 공공 지식이란 공공영역에 대한 혹은 공공영역에서 만들어지는 지식을 의미한다. 그 예로는 국가, 정부, 기업, 기업가, 시민권, 전문성, 위험, 윤리 등을 들 수 있다. 공공정책에서 전문가나 기업가 내지 시민이라는 용어를 자주 사용하는데, 해석적 접근법은 이 개념이 어떻게 구성되는지를 분석할 수 있다. 예를 들어 생물학적 시민권(Rose, 2007)과 소리 시민권(Kim, 2016b)은 각각 생물학적 지식과 소리 지식으로 구성된다. 앤 슈나이더(Anne Schneider)는 정책에 의해 이득이나 피해를 받을 수 있는 대상 집단(target populations)이 정책 설계과정에서 어떻게 구성되는지를 분석한다(Schneider et al., 2014: 106).

물질적 접근법

물질적 접근법은 가장 최근에 등장했으며 공공정책분석 분야에는 거의 알려지지 않았다. 물질적 접근법은 공공정책의 물질성 또는 신체성을 조사한다. 물질적 접근법은 정책과 관련한 물질적 실천 또는 퍼포먼스를 분석하고, 정책 실천에서 발생하는 사람과 사물의 상호작용을 조사한다. 물질적 접근법도 넓게 보면 해석적 접근법의 하나로 간주할 수 있다. 일반적으로 비판적 정책분석(critical policy analysis)을 말할 때 물질적 접근법도 포함된다. 하지만 기존 해석적 접근법이 사물의 역할에 주목하지 않았다

---

3 재서노프의 공공 인식론은 과학적 지식과 공공 지식의 '공동생산(co-production)' 개념에서 비롯됐다. 여기서 공공 지식의 생산방식이 공공 인식론이 된다. 예를 들어 바이오 기술과 국가의 공동생산을 논의해 볼 수 있다. 코로나 위기에서 백신 접종은 국가에 대한 인정과 신뢰가 없다면 불가능하다. 즉, 백신을 맞는 행위는 백신에 대한 국가의 역할을 받아들인다는 것을 의미한다. 이 과정에 백신 기술의 의미와 국가의 의미가 공동으로 생산된다.

는 점에서 이 책은 두 가지 접근법을 서로 구분한다. 인식론적·담론적 전환을 추구하는 해석적 접근법과 달리 물질적 접근법은 공공정책분석의 물질적·수행적·객체적·존재론적 전환을 추구한다. 공공정책의 물질문화, 즉 몸, 사물, 공간과 관련된 문화를 분석하는 데 중점을 두고 공공영역이 어떻게 실천되고 물질화되는지 분석한다. 이 접근법에서 공공정책이란 사물이 정치적 권력을 행사하는 '물질정치'의 사건이다. 닉 제이 폭스(Nick Jay Fox)와 팸 올드레드(Pam Alldred)가 지적한 바와 같이, 이 접근법은 정책과 법률을 거시적 사회구조로 개념화하지 않고, 그 대신 정책 실천의 미시적 사건에서 권력과 저항을 분석하는 "정치의 미시 정치"에 초점을 맞춘다(Fox and Alldred, 2017: 185).

물질문화 연구는 예술·역사·고고학·인류학·과학기술학 분야에서 30년의 역사를 가진다(Hicks and Beaudry, 2010; Tilley et al., 2013; Pickering, 2010). 1980년대 물질문화 연구는 후기구조주의의 영향으로 물질을 언어로 해석했으며, 최근의 물질문화 연구는 사물의 비담론적인 실천에 주목한다(Hicks and Beaudry, 2010; Pickering, 2010). 행위자-연결망 이론(Actor-Network Theory)은 물질적 접근법의 대표적인 이론이다. 이 이론은 1980년대부터 과학기술학의 이론으로 발전해 왔다. 1990년대 후반부터 신유물론자들은 "자연의 정치"(Latour, 2004), "객체지향 민주주의",[4] "사물의 정치(dingpolitik)"(Latour

4 신유물론의 객체지향 민주주의는 문제가 있는 인공물을 더 나은 대체 인공물과 기술로 대체하려는 시도가 아니다. 객체지향 민주주의는 기술적 다원주의나 기술의 민주주의와는 아무런 관계가 없다. 더욱이, 행위자-연결망 이론은 물체를 안정된 인공물 그리고 인간 주체에 의해 순수하게 창조되는 객체로 보는 대신, 불안정하고 존재론적으로 다양하며 변형되는 물질적 특성을 고려한다(Law, 2010). 여기서 물질성은 사물의 본질적인 속성이 아니라 실천의 '관계적 효과'로 이해된다. 사물의 행위력은 인간과 사물의 상호작용 또는 네트워크의 결과다.

and Weibel, 2005), "존재론적 정치"(Mol, 1999) 등의 관점에서 물질정치를 이야기해 왔다. 라투르와 웨이블은 "객체들은 일반적으로 정치라는 표식으로 인식되는 것과는 크게 다른 공적 공간을 구획하면서 우리 모두를 묶는다"라고 말한다(Latour and Weibel, 2005: 15). 행위자-연결망 이론은 사물을 단지 정치적 이념의 재현으로 보는 것을 꺼린다(Law, 2010; Pickering, 2010; Latour, 2004; Latour and Weibel, 2005). 라투르와 웨이블은 "정치는 더 이상 인간에게만 국한되지 않는다"라고 주장하면서 "사물의 정치"와 "객체지향 민주주의"를 제안했다(Latour and Weibel, 2005: 14). 객체지향 민주주의는 세계를 형성하는 데 사물이 인간과 존재론적으로 동등한 행위자라는 주장이다.

마찬가지로, 노르티어 마러스(Noortje Marres)는 정치 이론의 "객체적 전환(object turn)"을 촉구한다(Marres, 2015). 객체 중심적 관점은 정치참여와 민주화 과정에 관여하는 인공물에 주의를 기울인다(Marres, 2015: 19). 마러스는 "물질적 참여"라는 개념을 통해 대중의 정치참여는 항상 물질적 수단과 얽혀 있다고 주장한다. 시민참여가 물질적 환경 위에서 일어나기 때문에 이 참여는 항상 물질화된다. 시민참여가 시민과 사물의 공동 상연(co-enactment)[5]을 보여준다는 의미에서 마러스는 "물질적 대중(material publics)"이라는 용어를 만들었다(Marres, 2015). 이 개념은 시민에 대한 새로운 개념이라 할 수 있는데, 문맹 시민 대 정보 시민 같은 기존 기술 정치와 민주주의 이론에 의해 개념화된 시민권과는 다르다. 심지어 민주화운동도 서로 다른 물질적 환경에서 다르게 구성될 수 있다. 사실상 "객체 없는" 정치참여는 존재할 수 없으며 객체 기반 참여는 다양한 형태로 전개될 수 있다(Marres, 2015).

5 상연(enactment)은 행위자가 행위(실천, 퍼포먼스)의 원인이 아니라 결과라는 개념이다. 행위자가 행위 이전에 존재하지 않고 퍼포먼스를 통해 나타난다는 개념이다.

마러스는 시민참여를 활성화하거나 비활성화하는 데 장치, 객체, 환경의 역할을 조사했다. 예를 들어 영국과 한국의 국회의사당은 그 구조가 다르다. 영국 의회는 의원들이 서로 마주 보고 토론이 쉽도록 공간이 설계되어 있으나, 한국 국회는 원심형의 구조로 되어 앞에서 연설자가 연설하고 뒤에서 관중이 들을 수 있게 공간적으로 연설자와 관중을 구분한다. 이런 공간적 차이는 영국과 한국 간 민주주의의 차이와 상응한다.

신유물론을 공공정책분석에 적용하려는 학자들은 질 들뢰즈(Gilles Deleuze)와 펠릭스 가타리(Félix Guattari)의 '어셈블리지(assemblage)' 개념에 주목하고 '정책 어셈블리지(policy assemblage)'라는 개념을 고안했다(McCann, 2011; McCann and Ward, 2012; Prince, 2010; Ureta, 2014; Fox and Alldred, 2020; Savage, 2020). 어셈블리지는 인간과 사물 등 존재자들의 '배치' 혹은 '배열(arrangement)'(데란다, 2019)을 의미한다. 한국에서 '회집체'로 번역되기도 한다(브라이언트, 2021). 어셈블리지란 "이질적 존재자들이 모여서 하나의 '집합체'로서 공동으로 기능하게 하는 배열 방식을 말한다"(김은성, 2022). 어셈블리지는 인간과 사물, 언어와 물질, 구조와 행위자, 주관과 객관의 이분법을 넘어 세계와 사회를 설명하는 개념이다(Deleuze and Guattari, 1987).

글렌 새비지(Glenn Savage)는 어셈블리지 개념을 세 가지 관점에서 정책분석에 활용할 수 있다고 주장했다(Savage, 2020). 첫째, 창발(emergence), 둘째, 이질성(heterogeneity)·관계성(relationality)·유동성(flux), 셋째, 권력·정치·행위력에 대한 관심이다. 첫 번째 관점은 정책의 미시와 거시 간의 관계에 대한 것으로 '전체'로서의 정책과 그 정책의 '부분' 간의 비환원주의적 관계를 말한다. 즉, 전체로서의 정책 특성이 정책 구성 요소들의 특성과 별개로 새롭게 발현된다는 개념이다. 이 개념은 정책의 비의도적 결과를 설명하는 데 유용하다. 어셈블리지 개념은 전통 정책학에서 자주 관찰되는 정책과 그 영향의 '선형적인' 관계를 비판하는 데 사용될 수 있다. 왜냐하면 특정한 사회적·물질적 맥락에서 정책이 실천될 때 형성되는 정책 어셈블리지(전체)의 특성은 미리 계획된 정책(부분)과 달라질 수 있기 때문이다(Ureta, 2014). 문재인 정부의 부동산정책 실패를 이 개념을 통해 추정해 볼 수 있다. 부동산정책이 시장에서 전세 세입자 및 다주택자와 상호작용 하면서 애초 정부에서 만든 정책(부분)과 다른 새로운 정책 어셈블리지(전체)를 형성한다. 이 정책 어셈블리지는 부동산 가격을 폭등시키는 결과를 초래했다. 이는 부동산정책의 '창발'이라 할 수 있다. 또한 스칸디나비아 제도주의의 '번역' 개념과 마찬가지로 서로 다른 환경 및 맥락으로의 정책 이동성(mobilities)을 설명할 때도 이 개념은 유용하다(McCann, 2011). 하나의 정책이 서로 다른 조직, 기업, 정부, 도시, 지역, 국가로 이전될 때 '정책 어셈블리지'는 변화한다(Prince, 2010).

두 번째 관점은 정책을 구성하는 요소의 이질성과 우연적인 배열(arrangement), 그리고 이 배열의 변동성(flux)을 의미한다. 정책 어셈블리지의 구성 요소는 인간, 사물, 제도 등 매우 다양하다. 인간뿐만 아니라 사물도 구성 요소에 포함된다. 그래서 어셈블리지 개념을 통해 현장에서 수행(perform)하는 사회적·물질적 실천으로서 정책을 분석하게 한다. 또한 이질적 행위자들의 '배치'는 고정된 형태가 있는 것이 아니라 상황에 따라 변화될 수 있으며 재구성된다.[6] 다만 이 '배치'는 구성 요소들의 무질서한 '모음(assortment)'이 결코 아니며, 사람들의 행위를 특정한 방향으로 통치하는 질서를 만든다. 어셈블리지의 구성 요소들은 서로의 존재를 함께 구성하는 관계에 있으며 '공동 기능(co-functioning)'을 수행한다.

세 번째 관점은 정책을 국가의 거시적 계획보다 이질적 행위자들의 미시

6 정책의 유동성은 질 들뢰즈와 펠릭스 가타리의 '영토화'와 '탈영토화', '재영토화' 개념으로 설명할 수 있다(Deleuze and Guattari, 1987).

적 상호작용과 결합의 결과로 해석하는 것이다. 미셸 푸코(Michel Foucault)가 권력의 '편재성(遍在性)'을 주장한 바와 같이(푸코, 2016), 국가만이 권력의 담지자가 아니며, 권력은 어셈블리지 도처에 존재하는 행위자들의 상호작용에서 실천된다.[7] 다만, 이것이 어셈블리지를 구성하는 모든 행위자가 동등한 권력을 가진다는 것을 의미하지는 않는다. 권력은 균등하게 분배되어 있지 않으며 어셈블리지 내에서 권력의 '주름'이 존재한다. 권력이 존재하는 곳에는 '저항'이 존재한다. '정책 어셈블리지' 접근이 사물의 정치에만 국한된 접근이라고는 볼 수 없으나, 신유물론적 관점에서 정책을 분석하려는 본격적인 시도로 볼 수 있다.

2. 비교

분석 단위와 연구 질문

이해관계 접근법은 정치경제적 이해관계와 공공정책 설계의 인과관계를 조사한다. 제도적 접근법은 새로운 제도의 출현에 따른 조직 행동의 변화뿐만 아니라 조직 규범과 아이디어의 제도화를 분석한다. 해석적 접근법은 정책 담론으로 구성된 사회적 의미를 특정 공공정책과 관련된 텍스트, 대화, 서술의 형태에서 분석하고, 정책 논쟁에서 이 의미들이 어떻게

7 물론 이 말은 푸코가 누누이 강조했듯이 국가의 권력이 소멸했다는 것을 의미하지 않는다. 푸코는 제도적·사법적 권력의 존재를 부인하지 않았으며, 사법적 권력도 미시 권력의 형태로 작동할 수 있다고 주장했다. 나는 제9장에서 제도를 하나의 '행위소(actant)'로 간주할 것이다.

표 1-1 3I&M 접근법의 연구 질문

접근법	연구 질문
이해관계 접근법	어떤 이해관계자들이 있고, 누가 주도하며, 그들의 갈등과 연합은 어떻게 전개됐는가? 이익집단들의 이익과 입장은 무엇인가? 이익집단들은 어떤 정책 담론 전략을 구사했는가? 정책 의사결정 과정에서 배제된 집단은 누구이며, 그 이유는 무엇인가? 이익집단들의 이익에 따라 정책이 어떻게 설계됐나?
제도적 접근법	새로운 환경변화에 직면해 기관은 어떤 정책을 만들었는가? 모델이 된 타 국가 및 기관의 제도와는 어떤 차이가 있는가? 행위자들은 새로운 정책에 대해 어떻게 반응했는가? 정책에 영향을 준 과거 제도의 유산은 무엇인가? 제도가 이익집단 정치에 미친 영향은 무엇인가?
해석적 접근법	정책행위자와 정책(담론)에 의해 구성되는 의미와 지식은 무엇인가? 이 의미와 지식이 어떻게 담론적 헤게모니를 가지게 되는가? 서로 이질적 담론들이 어떻게 서로 연결되어 구조화되는가? 행위자들은 구성된 의미와 지식에 따라 어떻게 행동하는가?
물질적 접근법	정책의 형성 과정에 새롭게 등장한 사물 또는 인공물이 있는가? 사물, 인간, 제도는 어떻게 상호작용 하며 결합하는가? 새로운 사회적·물질적 실천으로 인해 정책 실천이 어떻게 변화됐는가? 사회적·물질적 실천으로 인해 어떤 의미가 새롭게 형성됐는가?

경쟁하고 담론적 헤게모니를 갖는지를 분석한다. 물질적 접근법은 공공정책의 물질문화를 탐구하기 위해 정책의 물질적 환경을 조사하고 인공물과 신체의 퍼포먼스를 분석한다.

이해관계 접근법과 제도적 접근법의 차이점은 전자는 이해관계자의 갈등에 초점을 맞추고, 후자는 조직들의 제도적 유사성에 관해 연구한다는 것이다. 제도적 접근법에서 이런 유사성은 조직들의 자발적인 모방으로도 나타난다. 제도적 접근법과 해석적 접근법의 차이점은, 전자의 경우 제도를 인간 행동에 대한 일종의 외부 제약으로 보지만, 후자는 제도가 인간 행위자로부터 내생적으로 구성된 것으로 간주한다는 것이다. 그래서 해석적 접근법은 역사적 제도주의에서 비롯된 경로의존성 개념을 받아들이지 않는 경향이 있다. 경로의존성은 과거의 제도에 현재 제도가 영향을 받는다고 보기에 새로운 제도를 형성하는 행위자의 능력을 부정하거나 제한한다. 해석적 접근법과 물질적 접근법의 차이점은, 전자의 경우 공공정책의 언어적 특성에 초점을 맞추고 후자는 공공정책의 물질성에 관심을 기울인다는 것이다.

3I&M 접근법은 **표 1-1**과 같이 서로 다른 연구 질문에서 출발한다. 독자들은 연구를 시작할 때 이 질문들을 먼저 던져보길 바란다. 그다음 정책분석을 위해 어떤 길을 택할 것인지를 생각해 보라.

정치와 정책 개념

정치는 계급·정부·정당·국가 단위에서만 일어나는 것이 아니며 우리 삶의 일상 경험에서도 존재한다. 정치 개념은 사회학 이론에 따라 계급정치, 이익집단 정치, 하위정치(subpolitics), 문화정치 등 다양하게 존재한다. 울리히 벡(Ulrich Beck)에 의해 개념화된 하위정치(벡, 2014)는 의회와 정부와 같은 공식적인 정치 공간 밖에서 일어나는 정치를 의미하며 사회운동 또는 소송이 그 예다. 문화정치는 후기구조주의, 페미니즘, 신유물론에 기초한 정치 개념이다. 여기서 문화는 담론적·물질적 실천에서 구성되고 인식론적·존재론적 차이를 드러내면서 정치 효과를 생산한다. 문화정치는 담론정치(discursive politics), 정체성의 정치(identity politics), 몸의 정치(body politics), 물질정치(material politics)를 포괄한다. 정체성의 정치는 개인이나 집단의 사회적 정체성을 둘러싼 사회적 갈등을 의미한다. 몸의 정치는 몸의 의미와 실천을 둘러싼 갈등을 말한다. 물질정치는 사물에 의해 나타나는 정치다.

이해관계 접근법은 공공정책을 이해관계자의 합리적인 선택과 신념 체계에 의해 작동하는 이익집단 정치의 결과로 본다. 반면, 해석적 접근법은 공공정책을 정책 담론에서 담론적 헤게모니를 수행하는 지식정치나 담론

정치의 결과로 본다. 하워스와 그릭스(Howarth and Griggs, 2012)에 따르면, 공공정책은 "헤게모니 투쟁"이다. 메리 호크스워스(Mary Hawkesworth)는 담론정치를 "주어진, 필수적인, 바꿀 수 없는 것으로 간주되는 자연화된 지배적 세계관 속에서 철저히 익숙해진 패권적 담론, 일련의 가정, 분석의 틀을 교란하고 변형하려는 시도"라고 정의한다(Hawkesworth, 2012: 120).

이익집단 정치는 담론정치와는 다르다. 이익집단 정치 개념에서는 담론이 나타나기 전에 이해관계가 존재한다. 즉, 이해관계가 원인이며, 담론은 그 결과다. 이해관계가 담론을 만든다. 이와는 대조적으로, 해석적 접근법의 경우는 그 인과관계를 역전시킨다. 이해관계는 결과이며, 담론이 원인이다. 즉, 이해관계는 정책 담론으로 구성되는 결과다. 담론정치는 다양한 형태의 공공 지식(public knowledge), 예컨대 국가·시장·정부·전문성·시민권·위험·윤리 등을 만든다(Shore and Wright, 1997; Bevir and Rhodes, 2010; Jasanoff, 2004, 2005). 행위자들이 공공 지식을 수용하고 당연한 것으로 간주하면 미셸 푸코가 말한 것처럼 공공정책은 통치성(governmentality)의 효과를 낳는다. 다시 말하면 공공 지식에 따라 행위자들이 자신을 규제한다.

정치는 제도적 접근법의 핵심이 아니다. 그러나 정치와 굳이 연관을 시킨다면 우선 강제적 동형화(coercive isomorphism)를 그 예로 들 수 있다. 강제적 동형화는 강력한 권력을 가진 조직 혹은 법률에 의해 일어난다. 청와대가 어떤 정책을 추진하거나, 혹은 미국과 중국이 주도하는 국제조약을 따를 때 강제적 동형화가 일어날 수 있다. 또한 '탈동조화'의 원인으로 이익집단들의 정치를 들 수 있다. 서로 다른 조직 또는 집단들이 타협을 통해 도입된 정책을 제대로 집행하지 않을 때 탈동조화가 일어난다. 하지만 제도적 접근법의 특이성은 정치적 측면보다 '모방'에 있다. 제도적 압력은 강압적인 권력에 국한되는 것이 아니라 규범적이고 모방적인 압력을 포함한다. 특히 제도의 모방은 제도적 접근의 핵심이며, 한 조직이 새로운 제도를 당연하게 여길 때 발생한다. 이때 공공정책은 이익집단 정치로부터 나온다기보다는 다른 유사 조직들의 제도를 모방한 결과다. 이 과정에서 제도적 아이디어는 조직에서 조직으로 이동한다. 새로운 조직은 새 아이디어를 번역해 그 자체적인 맥락에서 실천을 만든다.

그러므로 제도적 접근법에서 공공정책은 당연시되는 신념이나 신화를 합리화하는 역할을 한다. 조직들은 그들의 정당성을 위해 제도를 만들고 행위자들이 이 제도를 당연하게 여기도록 만든다. 그래서 제도는 "합리화된 신화"라고 정의된다(Meyer and Rowan, 1977). 어떤 정책 아이디어가 제도화되면 당연시되고 객관화되며 블랙박스가 된다. 정책 아이디어가 상연되고, 반복되고, 당연하게 여겨질 때 제도화된다. 그때 정책행위자들은 왜 그들이 이 아이디어를 믿는지에 대해서 더는 의심하지 않는다. 따라서 이 아이디어는 사람들의 행동을 강제하는 규칙 같은 지위를 갖는다(Greenwood et al., 2008). 즉, 제도가 된다. 결과적으로, 행위자들은 이 제도를 구성된 것으로 보는 것이 아니라, 그들의 정신 밖에 객관적으로 존재하는 법칙으로 이해한다. 이것은 구제도주의의 관점이다. 구제도주의에서 제도는 사람들의 행동을 제약하는 외생변수지만, 신제도주의에서는 제도와 미시적 실천이 상호작용 하며, 실천은 제도와 달리 나타날 수 있다. 스칸디나비아 제도주의 관점에서는 사람들의 인식과 행동에서 제도가 구성된다.

물질적 접근법은 공공정책을 복잡하고 이질적인 실천에 기초한 물질정치의 사건으로 간주한다. 물질정치란 신체, 사물, 공간의 사회적·물질적 퍼포먼스 결과이며 특정한 물질문화는 다른 물질문화의 탄생을 방해한다는 점에서 정치적이다. 특정한 사물이 인간과 네트워크, 즉 어셈블리지를 형성하면 반대의 어셈블리지는 형성되기 어렵다. 담론을 다룬다고 해서 모두 해석적 접근법이 아닌 것처럼, 사물을 다룬다고 해서 모두 물질적 접근법이 되는 것이 아니다. 사물에 대한 이해관계 접근법은 사물을 인간이 특정한 정치적 목적을 위해 사용하는 자원 혹은 도구로 간주하면서 인간 중심주의적 해석을 한다. 예를 들어 정보기술을 활용한 전자 거버넌스는 행정학의 중요한 주제 중 하나다. 하지만 정보기술을 다룬다고 해서 물질적 접근법이 되는 것은 아니다. 예를 들어 정보기술을 단순히 이해관계자가 사용하는 수단과 자원으로 취급한다면 이 기술은 그냥 이해관계자의 이익에 봉사할 뿐으로 그건 이해관계 접근법에 불과하다. 한편, 해석적 접근법은 주로 사물이 상징하는 사회적·정치적 의미 분석에 주목한다. 이에 반해 물질적 접근법은 사물이 인간과 상호작용을 하면서 어떻게 실천하는지를 주목한다. 요약하면, 사물을 각각 수단(자원), 상징, 실천 중 어떤 것으로 보느냐에 따라 세 가지 접근법을 구분할 수 있다.

브뤼노 라투르는 이익집단 정치와 물질정치를 구분하면서 이익집단 정치란 "깊이 비실재적"이라고 말한다(Latour and Weibel, 2005: 14). 현대 정치철학이 그동안 정치에서 사물의 역할을 무시했다고 주장하면서, 라투르는 이익집단 정치 대신 사물의 정치(dingpolitics)를 다뤄야 한다고 주장한다. 그는 객체(objects)는 "단순히 사실의 문제만이 아니며, 서로 다른 감정을 만들고 일치와 불일치를 생산하며 서로 다른 정파 연합을 중심으로 모인다"라고 말한다. 물질정치는 인간이나 사물들의 '조립' 또는 '혼합'을 통해 일어난다. 이런 관점에서 정치는 "말하는" 의회에만 국한되지 않으며 또 다른 의회를 구축하는 사물들의 어셈블리지로 확장된다고 그는 주장한다(Latour and Weibel, 2005).

존재론적 정치(ontological politics)는 물질정치의 한 예다(Mol, 1999). 존재론적 실천은 물질화의 여러 가지 방식과 관련될 수 있다. 물질화는 다양하고 복잡한 맥락에서 서로 다르게 일어날 수 있다.[8] 존재론적 정치 개념은 사물의 존재 '됨(being)'보다는 '되기(becoming)'와 관련 있으며 존재의 변화와 유동성을 의미한다. 존재론적 정치는 하나의 사물이 실천하는 존재론적 다양성(ontological multiplicity)을 지칭한다. 한 물체의 존재는 하나가 아니라 여럿일 수 있다. 하나의 물체라도 사회적·물질적 맥락의 변화에 따라 서로 다른 실천을 만들 때 복수의 실재가 나타난다(Law, 2010; Mol, 1999). 존 로(John Law)와 비키 싱글턴(Vicky Singleton)은 이 개념을 사용해 영국의 구제역 정책을 분석했다(Law and Singleton, 2014). 실험실에서의 구제역 바이러스와 역학에서의 구제역 바이러스는 존재론적으로 서로 다르다. 이런 통찰은 지금까지 행위자에 대한 존재론적 단일성을 가정해 왔던 주류 공공정책에 대해 새로운 시각을 제공한다.

물질적 접근법에서 정책은 인간과 사물 등 다양한 이질적 존재자들의 어셈블리지다. 정책을 결정하고 집행하는 과정은 이런 사회적·물질적 어셈블리지를 구축하는 과정이다. 정책이 어셈블리지가 될 때 정책은 처음의 형태와 달리 시간이 지나면서 창발된다(Ureta, 2014: 316). 어셈블리지의 변화에 따라 정책은 유동적이며 다수가 된다(Ureta, 2014). 그래서 자유주의, 사회주의 정책 등 전통적인 정치학의 정책 분류는 정책 어셈블리지의 다양성을 설명하는 데 한계가 있다. '존재론적 정치' 개념이 시사하듯 서로 다른 '위치'에 존재하는 '같은' 정책은 서로 다른 어셈블리지를 만들기 때문에 하나가 아니라 여러 개의 버전(version)이 동시에 공존한다(Ureta, 2014). 예를 들어 동일한 부동산정책이라 할지라도 강남과 강북, 서울과 지방에서 서로 다른 정책 어셈블리지를 만들기에 정책 효과가 달라진다.

또한 이미 제도화된 정책은 그 자체로 행위력을 갖는 데이터 혹은 텍스

8 '존재론적 독점'을 깨기 위한 존재론적 정치의 몇 가지 전술은 Law(2010: 185) 참조. 예를 들어 도나 해러웨이(Donna Haraway)의 사이보그 개념은 물질적·기호적 물질화를 굴절(bend)시키는 것이다(Haraway, 1997). 아네마리 몰(Annemarie Mol)은 "존재론적 독점을 생산하는 것으로 보이는 실천 속에서 존재론적 다양성(multiplicity)을 발견"하려고 노력한다(Mol, 1999).

트다. 전통 사회학에서는 정책을 제도 혹은 사회구조의 형태로 실재하는 것처럼 묘사하지만, 사실상 사람들의 눈에 보이는 정책은 텍스트와 데이터일 뿐이다. 법조문은 그냥 단어들의 나열일 뿐이다. 그런데 그 단어들이 사람들의 행위를 제약한다. 이들도 인간의 행위력에 영향을 준다는 측면에서 행위력을 갖는다. 물질적 접근법은 단어, 텍스트, 데이터들도 인간의 행위력에 영향을 주는 행위소(actant)로 본다. 행위소란 인간 행위자와 비인간 행위자의 구분을 피하고자 행위자-연결망 이론에서 사용하는 신조어다. 행위소의 강한 행위력은 그 자체의 본질에서 나오는 것이 아니라 어셈블리지의 강도와 관련되어 있다. 특정 정책이 제도화되어 사회구조가 된다는 것은 어셈블리지를 구성하는 행위소의 결합이 강하다는 것을 나타낸다. 정책은 강한 어셈블리지를 통해 만들어진 '제도화된 행위소'이며, 더 강력한 권력을 행사할 수 있다. 정책이 집행되는 과정은 이 '제도화된 행위소'가 다른 행위자와 상호작용하면서 새로운 어셈블리지가 만들어지는 과정이라 볼 수 있다.

정책행위자

이해관계 접근법은 행위자들이 그들의 정치경제적 이해관계를 잘 인지하고 있으며, 정책 결정 과정에서 그들의 이익을 극대화하려 한다고 가정한다. 합리적 선택이 행위자 개념에 필수적이라는 점에서 이해관계 접근법은 경제학 이론과 어느 정도 관련이 있다. 신고전주의 경제학에서 행위자들은 그들의 효용을 극대화해 자기 이익을 추구하는 합리적·계산적 개인들이다. 영국 경제학의 영향을 받은 카를 마르크스는 신고전주의 경제학의 태두인 애덤 스미스(Adam Smith)와는 자본주의에 대한 입장이 다르지만, 경제 행위자에 대한 인식에는 어느 정도 유사성이 존재한다.[9] 정책행위자는 자기 이익을 추구하는 존재다. 그러나 이해관계 접근법은 정책행위자의 감정과 감각을 다루지 않으며 사물과 물질적 환경에도 주목하지 않는다.

제도적 접근법에서 구제도주의와 신제도주의는 행위력에 대한 관점이 다르다. 구제도주의에서 인간의 행위력은 제도적 구조에 의해 결정되거나 적어도 제한된다는 점에서 수동적이다. 여기서 행위자 개념은 인간 행동의 외부 제약으로서 제도 개념과 일맥상통한다. 사회구성주의의 영향을 받은 신제도주의는 구제도주의와 달리 행위자를 제도에 반드시 구속되는 것이 아니라 제도와 다르게 행동할 수 있다는 점에서 능동적 인간으로 개념화한다. 이런 능동적 행위자 개념은 거시적 제도와 미시적 행동 간의 간극을 설명하는 탈동조화 개념에 녹아 있다. 다만, 탈동조화가 항상 일어나는 것은 아니며, 경험적으로 증명되어야 한다.

해석적 접근법에서도 사회구성주의와 후기구조주의는 행위력을 보는 관점이 다르다. 사회구성주의는 인간이 제도를 구성하는 능동적인 행위력을 갖는 것으로 개념화한다. 그러나 후기구조주의는 행위자들의 주권적 행위력을 부정한다. 행위자는 담론의 구성물이다. 행위자가 능동적이냐, 수동적이냐는 담론으로 결정된다. 행위자들은 담론 구조에서 피해자 또는 해결자로 위치한다. 행위자들은 단지 이야기, 내러티브, 대화를 통해 그들의 사회적 위치와 이해관계를 이해한다.

물질적 접근법은 행위자에 대한 인간중심주의를 기각한다. 행위자가 순수한 사회적 존재라는 개념을 반박하고 사물도 존재론적으로 동등한 행위자라고 간주한다. 다만, 이 주장은 사물도 인간처럼 존재론적 행위자라는

9 랜들 콜린스(Randall Collins)는 카를 마르크스를 급진적 스미스주의자(radical Smithian)라고 불렀다.

것이지, 인간과 사물이 동일한 능력을 갖는다는 의미는 아니다.[10] 인간들의 능력이 서로 다르듯이 인간과 사물의 능력 역시 같지 않다(김은성, 2022). 어느 것이 더 능력이 높은지는 선험적으로 판단할 수 없다. 물질적 접근법에서 행위자 개념은 이해관계 접근법에서의 주권적 행위자와 반대되는 관계적 행위자(relational agency)다. 행위력은 사물이나 인간의 본질에 내재하는 것이 아니라 사물과 인간의 상호작용, 즉 어셈블리지의 결과다(Law, 2010). 인간과 사물의 관계는 정동(affect)으로 설명된다. 정동은 행위자들끼리 서로 영향을 주고받는 것이다(Fox and Alldred, 2017). 정동이란 언어로 표현할 수 없는 느낌을 말한다. 시를 읽을 때 그림을 볼 때 정확하게 단어로 표현할 수는 없으나, 어떤 느낌을 받는다. 이것을 정동이라 부른다. 정동은 정신적으로, 물질적으로, 언어적으로, 감정적으로, 감각적으로 일어날 수 있다. 그래서 이 개념은 정신과 몸, 이성과 감성, 감정과 감각 간의 이분법을 넘는다(김은성, 2022).

사회집단

정책 결정 과정에 참여하는 사회집단은 3I&M의 각 접근법에 따라 다양

10 이와 관련해 사변적 실재론자 레비 브라이언트(Levi Bryant)의 주장은 주목할 만하다. 그는 다음과 같이 말한다. "모든 객체가 동등하게 여겨져야 한다거나 혹은 모든 객체가 인간사에 참여해야 한다는 취지의 정치적 논제가 아니다. …… 모든 객체가 존재한다는 점에서 동등하지만, 동등하게 존재하지는 않다는 존재론적 논제이다. …… 모든 객체가 존재한다는 점에서 동등하다는 주장은 어떤 객체도 다른 한 객체에 의해 구성된 것으로 여겨질 수 없다는 주장이다. 객체들이 동등하게 존재하지 않는다는 주장은 객체들이 다양한 정도로 집합체 또는 회집체에 기여한다는 주장이다"(브라이언트, 2021: 22).

하게 개념화된다. 이익, 신념, 지식, 담화 등 집단을 구성하는 다양한 사회적 원인이 존재하며, 이를 통해 행위자들이 결속할 때 사회집단이 만들어진다. 이해관계 접근법에서는 행위자들이 정치경제적 이익을 공유할 때 이익집단이 형성된다. 또한 이익집단끼리 서로 연대를 맺을 수 있다. 1990년대 학자들은 여러 집단 간 이익의 중재를 설명하기 위해 정책 네트워크를 연구했다. 로더릭 로즈(Roderick Rhodes)에 따르면, 정책 네트워크는 "정책 결정과 집행에 대한, 끝없이 협상한 믿음(beliefs)과 이익(interest)을 공유한 정부나 다른 행위자들의 공식적·비공식적·제도적 집합"이다(Rhodes, 2006). 여기서 네트워크를 만드는 동인은 믿음과 이익이다. 정책 네트워크(policy network)에는 이슈 네트워크(Heclo, 1978), 철의 삼각형(Ripley and Franklin, 1981), 정책 하위 시스템 또는 하위 정부(Freeman and Stevens, 1987), 정책공동체(Richardson and Jordan, 1979) 등 다양한 형태의 정치 연합이 존재한다.

행정학과 정책학에서 유명한 집단 개념은 정책변동 연구의 옹호 연합(advocacy coalition) 모형이다. 이 모형은 행정학에서 자체 개발된 개념이다. 옹호 연합 모형은 전통적인 이익집단 모형보다는 복잡하며 제도적·지식적 특성이 있어서 3I&M 접근법으로 완벽하게 분류하기는 어렵다. 이 이론은 적대자들의 위협과 더불어 사람들의 행동을 형성하는 다양한 제도적 요소, 그리고 시스템과 외부 변수 간의 관계에 주목한다(Jenkins-Smith et al., 2014: 190). 또한 이 모델이 지식과 가치의 문제를 다룬다는 점에서 메리 더글러스(Mary Douglas)의 문화 이론 등 지식사회학과도 연결된다.[11] 그

11 이 이론은 행동경제학과 지식사회학 등 다양한 이론의 영향을 받았다. 예를 들어 이 개념은 허버트 사이먼(Herbert Simon)의 제한된 합리성(bounded rationality) 개념의 영향을 받았다. 정책행위자가 신고전주의 경제학의 행위자 모델인 합리적 행위자가 아니라 신념 체계에 의해 영향을 받기 때문이다. 이 신념 체계는 세계를 인식하고 해석하는 틀 혹은 메커니즘이다. 옹호 연합을 구성하는 정책공동체들을 정책 하위체

래도 옹호 연합 모형(advocacy coalition framework)이 행위자 중심의 접근 방식으로서 정책 집단의 이익과 신념 체계에 초점을 둔다는 점에서 이해관계 접근법에 가장 가깝다고 나는 생각한다. 실제 이 이론을 만든 폴 사바티에(Paul Sabatier)는 앤 슈나이더와 헬렌 잉그럼(Helen Ingram)의 이론(Schneider et al., 2014)을 제외하고, 해석적 접근법의 탈실증주의에 대해 부정적이다. 그는 과학은 분명하고 반증 가능해야 하나, 탈실증주의는 과학이지 않다고 비판했다(Dudley et al., 2000). 옹호 연합 모형 이론은 실증주의를 선호하며, 정책 가설을 제안하고 이에 대한 증명을 추진한다.

옹호 연합은 정책변동에서 핵심적인 정책 신념을 공유하는 집단을 가리킨다(Jenkins-Smith et al., 2014: 195). 옹호 연합에는 행정기관, 입법 위원회, 이익집단뿐만 아니라 정책 아이디어를 개발하고 평가하는 연구자, 기자 또는 정책분석가도 포함된다. 이익집단과 옹호 연합의 차이점은, 옹호 연합이 이익보다는 정치 변화에 직면할 때 변화가 쉽지 않은 신념을 집단 구성의 요인으로 간주한다는 것이다. 그리고 이 신념에는 자유와 불평등 같은 근본적인 규범적 가치와 정책을 해석하는 인식적 틀이 포함된다. 게다가 옹호 연합 모형은 정책변동에서 신념 체계를 변화시키는 정책 학습의 영향을 강조한다. 폴 사바티에(Sabatier, 1998: 158)에 따르면 옹호 연합 모형의 목표는 정치적 자원, 가치와 이익, 지식의 역할을 정책분석과 통합하는 것이라고 한다. 다시 말하면 공공정책은 단순히 권력투쟁의 결과물만이 아

계(policy subsystem)라 지칭한다. 정책 하위체계에는 행정가, 법률 위원회, 이익집단, 연구자, 언론, 정책 전문가가 모두 포함된다. 정책 하위체계에서는 정치적 이해관계뿐만 아니라 규범적 가치와 정책 신념이 같이 작동한다. 행정학에서 개발된 옹호 연합 모형은 최근 신념 체계 개념을 보다 넓은 세계관과 연결하기 위해 메리 더글러스의 집단 격자 이론(grid-group theory)과의 연결을 시도하고 있다(Jenkins-Smith et al., 2014: 204).

니라 '신념 체계'의 산물이며, "정책 학습"을 통해 신념 체계가 변화되면서 정책이 변동된다.

해석적 접근법에는 '인식공동체(epistemic community)'(Haas, 1992)와 '담론 연합(discourse coalition)'(Hajer, 1995)이라는 사회집단 개념이 있다. 전자는 구성주의적 지식사회학의 영향을 받았으며, 후자는 후기구조주의의 개념이다. 나는 인식공동체 개념이 이익과 무관하지 않음에도 불구하고 해석적 접근법의 범주에 넣었다. 그 이유는 과학사회학의 영향으로 인해 이 개념에서 지식의 공유가 인식공동체를 구성하는 핵심적인 동인이 되기 때문이다. 인식공동체란 특정 영역에서 인정받는 전문성과 역량을 가진 전문가 네트워크를 의미하며, 이들은 해당 영역 또는 이슈 영역 내의 정책 관련 지식에 대해 권위 있는 주장을 하는 집단이다(Haas, 1992: 3). 지식과 전문성이 인식공동체 형성의 핵심이다. 피터 하스(Peter Haas)는 인식공동체를 이익집단과 구별한다(Haas, 1992: 18). 인식공동체가 이해관계를 공유하고 합의된 지식기반을 가진다면, 이익집단은 이해관계를 공유하지만 합의된 지식기반은 없다. 하스는 인식공동체의 구성원들이 "공유된 인과적 믿음(causal beliefs)과 원인-결과 지식(cause-effect understandings)을 가졌다는 점에서 인식공동체는 이익집단과 다르다"라고 지적한다. 만약 정책이 집단의 이익에 부합하더라도 그들의 지식에 어긋나는, 그들의 "인과적 믿음을 훼손하는 변칙적인 상황에 직면한다면, 그들은 이익집단과 달리 정책 논쟁으로부터 후퇴할 것이다"라고 하스는 주장한다(Haas, 1992: 18). 다시 말하면 이익집단은 집단의 이익에 부합한다면 사실 관계를 왜곡하면서도 집단 이익을 옹호할 것이나, 인식공동체는 그렇지 않을 것이다.

마틴 하이어(Hajer, 1995)의 담론 연합(discourse coalition)은 정책 담론들의 다양한 상호작용에서 비롯된다. 하이어는 담론 연합을 첫째로 줄거리들, 둘째로 줄거리를 이야기하는 행위자, 셋째로 담론 활동의 기초가

되는 실천의 집합체(ensemble)로 정의했다(Hajer, 1995: 65). 정치 논쟁에 등장하는 정책 담론은 복잡하고 이질적이다. 이런 이질적 담론들이 서로 결합하고 구조화될 수 있는데 이것을 담론 연합이라고 한다.[12] 이 이질적 담론을 합쳐서 담론 연합으로 굳히는(cement) 역할을 하는 것을 줄거리(storyline)라고 부른다.[13] 줄거리는 담론적 친화력(discursive affinity)을 만든다. 담론적 친화력이란 행위자들이 줄거리를 그럴듯하게 신뢰하는 것을 말한다. 그렇게 되면 그 줄거리를 중심으로 사회집단이 형성되는데 이것이 바로 담론 연합이다. 담론 연합은 핵심 줄거리에 의해 다양한 세부 담론들이 서로 실타래처럼 연결된 것이다. 줄거리는 이질적 담론을 묶어 사회집단을 만드는 역할을 하며 그래서 서로 다른 담론 연합은 줄거리가 다르다. 궁극적으로 하나의 정책이 만들어지면 담론 헤게모니를 획득한 특정 담론 연합의 줄거리는 정책의 다른 해석을 막는 지식 권력을 행사한다(Hajer, 1995).

하이어는 옹호 연합과 담론 연합을 구분한다. 첫째, 옹호 연합은 행위자 중심으로 집단 내의 주권적(sovereign) 개인이 정책 의사결정을 만든다는 사고를 기반으로 한다. 반면 담론 연합에서 정책은 담론 공간 속 행위자들의 담론적 상호작용의 결과다. 담론 연합은 옹호 연합처럼 행위자의 고의

12 하이어는 담론의 구조화와 제도화를 구분한다. 담론의 구조화는 행위자들이 담론 속의 아이디어와 범주에 대해 신뢰를 하면서 일어난다. 그러면 그 담론을 중심으로 행위자들의 집단, 즉 담론 연합이 만들어질 것이다. 담론의 제도화는 담론이 공식적 혹은 비공식적 제도로 번역될 때 일어난다. 이처럼 담론이 구조화와 제도화의 과정을 거쳐 헤게모니를 갖게 된다. 특정 담론이 헤게모니를 갖게 되면 이와 상충하는 담론의 생산을 막고 정책에 대한 다른 해석을 불가능하게 한다. 이것이 바로 담론정치다.

13 하이어는 정책 담론의 줄거리에 주목하는데, 줄거리는 정책 문제에 대한 다양한 담론을 묶어주고, 특정한 주체 혹은 행위자를 구성하며, 새로운 줄거리가 등장하면서 정치 변화가 나타난다고 주장한다.

적인 의도에 의해 만들어지는 것이 아니라, 행위자들이 특정한 담론 혹은 줄거리를 듣고 이를 그럴듯하게 생각하기에 만들어지는 것이다. 이것이 바로 담론적 친화력이며 줄거리가 그 역할을 담당한다. 둘째, 옹호 연합에서 행위자를 집단으로 묶는 사회적 요인이 공유된 신념과 가치라면, 담론 연합의 그것은 줄거리다. 물론 담론 연합의 줄거리에도 신념과 가치에 관한 담론이 포함될 수 있다. 하지만 그것이 전부는 아니다. 이를테면 사람들은 때때로 본인의 신념과 달리 맥락에 따라 다른 언설을 만들어내는데, 이런 언설조차도 정책에서 중요한 역할을 한다.

비비언 슈밋(Vivien Schmidt)에 따르면, 담론 연합은 사회집단 중 가장 넓은 집합이다(Schmidt, 2012: 101). 이익집단, 옹호 연합, 인식공동체는 모두 담론 연합의 하위 집합이다. 왜냐하면 담론 연합의 담론 유형에는 제약이 없기 때문이다. 이익, 신념, 지식 등 다양한 담론들이 존재할 수 있고, 이런 이질적 담론이 하나의 줄거리로 연결될 때 담론 연합이 만들어진다. 이 때문에, 담론 연합은 이익집단과 인식공동체 등의 집단 개념보다 훨씬 포괄적이다. 담론 연합은 이익, 인식론, 규범적 가치, 제도적 목적이나 정책 도구 등 다른 기원을 가진 이질적이고 복잡한 담론을 모두 가지지만, 다른 집단 개념들은 이익, 신념 체계 또는 지식에 따라 더 동질적인 특성이 있다.

제도적 접근법에서 사회집단 개념은 사회조직이라 할 수 있다(한준, 2022). 사회조직은 다른 집단에 비해 집단 구성의 목적이 명확하고 조직을 운영하는 데 공식적인 규범과 절차가 존재한다. 조직 구성원들의 지위와 책임이 명확하고 구성원들은 조직의 기능에 따라 업무를 부여받으며 그 업무 수행 결과에 대해 평가를 받는다. 사회조직은 일반적인 사회집단보다 공식적 규범과 체계가 강하다고 할 수 있다.[14] 공공정책에 대한 제도적 접근법은 주로 정부와 같은 특정 조직에 주목한다. 다만, 정부의 범위는 중앙정부뿐만 아니라 지방정부와 공기업을 통틀어 공공기관도 포함한다.

물질적 접근법은 순수한 사회집단 개념에 대해 동의하지 않으며 인간과 사물의 이질적인 결합체에 더 관심을 둔다. 이 결합체를 행위자-연결망(actor-network), 어셈블리지(assemblages), 아장스망(agencement)이라 지칭한다(Callon, 1998). 어셈블리지는 기존 사회학 이론에서 제시하는 사회집단 또는 사회구조 개념과 다른 특징이 있다.

첫째, 인간뿐만 아니라 사물이 어셈블리지를 형성하는 중요한 행위자다. 예를 들어 정보기술 플랫폼(platform)을 통해 만들어진 집단을 생각해보자. 이 플랫폼에 따라 집단의 형성 방식이 구현된다. 예를 들어 페이스북 같은 공개 플랫폼과 밴드와 같은 비공개 플랫폼에 따라 집단의 특성은 달라진다. 그리고 최근에 부상 중인 음성 대화 앱 클럽하우스(clubhouse)도 문자 방식의 기존 플랫폼과 다른 방식으로 집단을 형성한다. 이처럼 플랫폼 기술은 인간 행위자에게 영향을 주는 중요한 행위자, 즉 행위소가 된다.

둘째, 어셈블리지는 정적이며 닫힌 기능주의적 조직 혹은 시스템과 달리 동적이며, 열린 시스템이다. 행위소들의 다양한 상호작용에 따라 끊임없이 변화하는 네트워크다. 그리고 이 상호작용도 직접적인 물질적 상호작용뿐만 아니라 간접적·담론적 상호작용을 포함한다. 기후변화를 생각해보자. 남극과 북극의 빙하가 녹는 현상은 우리가 그곳에 직접 가보지 않더라도, 그 빙하의 얼음이 우리의 행위력에 영향을 준다. 빙하라는 존재는 언어와 이미지로의 번역을 통해 기호로서 인간에게 행위력을 행사하고 어셈블리지를 형성한다.

14 물론 조직 사회학에서 사회조직의 개념은 공식적인 조직뿐만 아니라 비공식적인 조직의 개념을 포괄한다. 그리고 정부조직뿐만 아니라 기업, 비영리 단체, 가족도 조직 사회학의 관점에서 연구한다(한준, 2022: 9).

표 1-2 3I&M 접근법 비교

	이해관계 접근법	제도적 접근법	해석적 접근법	물질적 접근법
분석 단위	정치적·경제적 이익, 이념, 신념	조직의 규범, 아이디어, 행동	텍스트, 담화, 대화, 줄거리, 지식	사물, 몸, 퍼포먼스, 공간(장소)
정치	이익집단 정치	강제적 동형화	담론정치, 지식정치, 정체성 정치	물질정치 존재론적 정치
정책	이익집단 정치의 결과	한 조직이 정당성과 생존을 위해 당연히 여기는 규범·규칙	담론정치의 결과	물질정치의 사건, 어셈블리지의 결과, 행위소로서 데이터/텍스트
행위자	자기 이익과 정치적 신념을 추구하는 합리적 행위자	수동적 행위자 (예외: 스칸디나비아 제도주의)	후기구조주의: 담론의 구성물 사회구성주의: 능동적 행위자	관계적 행위자
사회집단	이익집단, 옹호 연합	사회조직	담론 연합, 인식 공동체	행위자-연결망, 어셈블리지, 아장스망
지적 전통	정치경제학	조직·제도 사회학	사회구성주의, 후기구조주의	신유물론

셋째, 신유물론은 스피노자의 존재론적 일원론(ontological monism)에 근거해 행위자들의 관계를 변증법적인 이항대립의 관계로 보지 않는다(김은성, 2022). 그래서 어셈블리지를 형성하는 행위소들의 관계는 전통 정치학적 관점에서 볼 때는 적대적 관계이나, 존재론적으로 볼 때는 대립 관계가 아닐 수도 있다. 따라서 어셈블리지 개념은 이익집단, 옹호집단 등 서로 이익과 신념을 공유하는 집단 개념과 다르다. 행위소들의 관계는 서로 존재론적으로 영향을 주는 정동의 것을 의미하며 이는 서로 간의 갈등에서도 어셈블리지가 일어날 수 있다. 브뤼노 라투르의 루이 파스퇴르(Louis Pasteur) 연구에서 파스퇴르는 탄저균을 죽이는 사람이나, 이 미생물의 존재를 드러내는 중요한 역할을 한다(Latour, 1993a). 파스퇴르가 없었다면 이 미생물의 존재는 인간에게 드러나지 않았을 것이다. 이처럼 인간과 사물의 관계는 서로 대립하는 변증법적 관계가 아니며 어셈블리지를 통해 다

른 행위소의 존재를 만드는 관계에 있다. 이 사유를 보다 확대하면, 정치경제학적 측면에서 서로 적대적인 사회집단이라 하더라도 신유물론 관점에서 보면 서로의 존재를 형성하는 상보적 관계일 수 있다. 다만, 이런 신유물론의 관점이 집단들의 갈등과 대립을 감추는 것처럼 보이기 때문에 사회 불평등과 배제에 주목하는 전통 정치경제학자들은 신유물론에 매우 비판적이다. 하지만 나는 정치경제학적 비판에 공감하면서도 전부 동의하지는 않는다. 이 책의 제9장은 서로 다른 어셈블리지 비교를 통해 사회 불평등을 신유물론적 관점에서 다뤘다.

장단점

이해관계 접근법은 공공정책의 형성에서 강한 권력을 행사하는 집단을 찾는 데 매우 효과적이다. 정책 형성 과정에서 정치적 동맹이 어떻게 형성되며, 그 결과 정책이 어떤 내용으로 설계되는지를 분석하는 데 도움이 된다. 그러나 이해관계 접근법은 행위자와 집단에 주목하는 정책분석 방법으로 이익집단 정치의 구조적·제도적 맥락에 대해서는 큰 관심을 두지 않을 수 있다. 피에르 부르디외(Pierre Bourdieu)가 장(field) 개념에서 이야기한 바와 같이 이익집단들의 권력 갈등은 모두에게 공평한 장에서 이뤄지는 것이 아니라, 이미 권력이 있는 집단에 유리한 기울어진 운동장에서 일어난다. 나아가 이해관계 접근법은 정책행위자를 합리적·이성적 행위자로 간주하기 때문에, 정책행위자의 감각과 감정에 대해서는 별로 관심을 기울이지 않으며, 사물의 정치적 역할도 깊이 다루지 않는다. 더욱이 이익집단의 이익과 정치적 입장에 초점을 맞추므로 공공정책에 의해 구성된 사회적 의미, 인식적 틀 및 패러다임의 분석이 미흡하다.

제도적 접근법은 서로 다른 제도들을 비교하고 유사성과 차이점의 원인을 분석하는 데 도움이 된다. 나아가 공공정책의 거시 사회적·역사적 맥락을 파악하는 데 유리하다. 정책 형성이 어떤 제도적 환경 속에서 일어나는지를 분석할 수 있다. 특히 경로의존성의 관점에서 과거의 제도가 현재의 제도와 정책적 실천에 어떤 영향을 주었는지 분석하는 데 도움이 된다. 또한 탈동조화의 관점에서 제도로부터 일탈하는 정책 실천을 분석하는 데도 유용하다. 다만, 제도적 접근법은 주로 정부 내 공공 조직들에 주목하며 외부 이익집단들의 정치를 다루지 않기 때문에 정책을 둘러싼 권력 갈등을 파악하는 데는 미흡할 수 있다.

해석적 접근법은 정책 담론에 내재한 사회적 의미를 분석하는 데 효과적이다. 이 접근법은 공공정책의 인식론적 프레임을 비판함으로써 정책을 만드는 사람들이 공공정책에 대한 성찰성을 갖게 한다. 해석적 접근법이 정책 담론의 발화자들을 일부러 감출 이유는 없지만, 특정한 이해관계자들을 파악하는 것보다 사회적 의미가 어떻게 구성되는지에 대해 더 관심을 기울인다. 그래서 해석적 접근법은 때때로 주어진 정책에 대한 이해관계자들의 정치적 입장을 모호하게 만들 수 있는데, 이는 특정 이해관계자가 어떤 정책을 선택했느냐보다 정책 관련 텍스트와 언어에 의해 어떤 사회적 의미가 구성되는지에 더 관심을 두기 때문이다. 게다가 해석적 접근법은 제도의 경로의존성을 선험적으로 전제하지 않으며 제도의 안전성보다 변화에 더 주목하는 경향이 있다.

물질적 접근법은 공공정책분석에서 거의 다루지 않는 공공정책의 물질문화를 조사해 인간중심주의적인 전통적 정책분석에 새로운 성찰을 제공할 수 있다. 사물과 기술은 인간이 의식하지 않는 방식으로 정책 형성에 큰 영향을 준다. 신유물론을 기반으로 한 물질적 접근법은 새로운 사물 및 기술의 등장으로 인해 인간과 사물의 어셈블리지가 새롭게 형성되면서 공공정책의 실천이 어떻게 변화되는지를 잘 드러낼 수 있다. 다만, 물질적 접근법에 사용되는 어셈블리지 개념의 모호성에 대한 비판도 존재한다(Savage, 2020). 어셈블리지가 '카멜레온'처럼 말랑한 개념이고 매우 다양한 형태가 가능하기에 '조작'될 수 있다(Anderson and MacFarlane, 2011; Allen 2011). 데이터를 해석하는 연구자의 주관적 판단과 선택에 따라 분석하고자 하는 어셈블리지의 종류와 형태가 달라질 수 있다.

교차(Crossovers)

3I&M 접근법은 서로 완전히 독립적이지 않으며 그럴 필요도 없다. 앞서 살펴본 바와 같이 각 접근법은 장단점이 있으며 학자들은 각 접근법을 개선하기 위해 다른 접근법에서 통찰할 수 있다. 다만, 서로 다른 접근법을 섞어서 사용할 때 주의해야 할 점이 있다. 접근법들의 관계를 쉽게 설명하기 위해 식사 행위를 비유해 보겠다. 우리는 밥을 먹을 때 숟가락과 젓가락을 같이 사용하지만, 젓가락과 포크를 동시에 사용하지는 않는다. 이해관계 접근법과 해석적 접근법 또는 이해관계 접근법과 물질적 접근법의 관계는 젓가락과 포크의 관계다. 그래서 '통상' 같이 사용하지 않는다. 여기서 '결코'라는 단어 대신 '통상'이란 단어를 썼다. 즉, 관례가 그렇다는 것이다. 물론 이 접근법들이 같은 연구 주제를 다룰 수 없다는 것은 아니다. 같은 주제를 다루더라도, 설명하는 방식이 다르다. 이 책에서 기후변화 정책을 다룬 제2장과 제6장을 서로 비교해 보길 바란다. 한편, 제도적 접근법과 이해관계 접근법은 젓가락과 숟가락의 관계다. 같이 사용할 때 매우 효과적으로 정책을 분석할 수 있다. 하지만 때로 우리는 젓가락 하나로 반찬도 먹고, 밥도 먹기도 한다. 해석적 접근법과 제도적 접근법, 해석적 접근법과 물질적 접근법의 관계는 젓가락으로 밥과 반찬을 모두 먹는 관계다. 제7장의 경우 해석적 접근법이나 스칸디나비아 제도주의에 근거

하므로 제도적 접근법으로 봐도 무방하다.

따라서 서로 다른 접근법을 서로 교차시킴으로써 좀 더 깊은 정책분석이 가능하다. 이런 교차는 혼합(blending) 방식과 혼성(hybridization) 방식으로 구분할 수 있다. 혼합적 교차는 서로 다른 접근법을 섞는 합집합이다. 반면 혼성적 교차는 서로 다른 접근법을 융합하는 교집합이다. 첫째, 혼합 교차의 한 형태로서 제도주의 접근과 이해관계 접근법을 같이 사용할 수 있다. 이해관계 접근법을 주된 접근법으로 하면서도 제도적·구조적 요인을 추가로 파악할 수 있다. 이를 통해 제도적 맥락이 이익집단 정치에 미치는 영향을 알 수 있다(제3장 참조). 여기서 제도는 이해관계자의 정치적 입장에 대한 외부적 또는 외적 제약으로 간주된다. 이해관계 접근법이 행위자 중심의 접근임을 참작할 때, 이런 혼합은 이해관계자 행동의 구조적·제도적 환경을 파악할 수 있게 한다. 이에 따라 이익집단 정치가 갑자기 나타나는 것이 아니라 이미 존재하는 제도적 맥락 위에서 일어나는 것으로 해석할 수 있다.

더 쉽게 설명하자면, 2017년 8월 26일 권투 선수 플로이드 메이웨더와 UFC의 선수 코너 맥그리거의 싸움을 떠올려 보자. 이 싸움은 복싱 규칙에 따라 이뤄졌고, 결국 메이웨더가 승리했다. 하지만 UFC 이종격투기 규칙 아래 대결이 일어났다면 결과는 완전히 달라질 것이다. 이 두 선수의 대결이 이익집단의 정치를 상징한다면, 게임의 규칙은 제도적 요소와 같다. 이처럼 이익집단 정치는 서로 공평한 상황 속에서 일어나는 것이 아니라, 특정 이익집단에 더 유리한 제도적 환경하에서 일어난다. 이런 요소를 고려할 때 정책에 대한 보다 정교한 통찰을 보여줄 수 있다. 이처럼 이익집단의 정치와 제도 및 사회구조를 같이 고려하는 접근은 신다원주의와 연결된다. 구다원주의는 행위자들의 권력투쟁에 초점을 맞추지만, 신다원주의는 이익집단 정치를 분석하면서 계급 같은 사회구조적 특성도 고려한다.

둘째, 혼성적 교차와 관련해 해석적·제도적·물질적 접근법에는 공통점이 존재한다. 단, 여기서 제도적 접근법은 신제도주의를 지칭한다. 우선 해석적 접근법과 제도적 접근법 모두 제도의 인지적 차원에 주목한다는 점에서 유사하다. 두 가지 접근 모두 당연한 것으로 간주되는 의미의 사회적 구성에 관심을 기울인다. 제도적 접근법에서 '합리화된 신화(rationalized myth)' 개념은 해석적 접근법에서 미셸 푸코의 '정상화' 개념과 매우 가깝다. 사실상 제도이론에도 해석적 전통이 있다. 스칸디나비아 제도주의는 제도적 접근법이면서 동시에 해석적 접근법이다. 이 학파는 행위자-연결망 이론에서 '번역' 개념을 차용했다. 사회학적 신제도주의에 핵심적인 탈동조화 개념도 번역 개념에 들어 있다. 번역은 "이전에는 존재하지 않았던 일탈, 표류, 창조, 중재 그리고 새로운 연결의 생성"을 지칭한다(Latour, 1993b: 6; Czarniawska and Joerges, 1996). 번역은 원본과 완전히 다른 것을 의미하는 것이 아니라, 동형화와 탈동조화, 안정과 변화, 통합과 분리, 동질성과 이질성 같은 두 가지 역설적인 힘들의 공존을 가리킨다(Czarniawska and Sevón, 1996).

또한 탈동조화 개념은 해석적 또는 물질적 접근법에 사용되는 '번역' 및 '창발'과 그 의미가 유사하다. '창발'은 정책을 구성하는 미시적 구성 요소의 특질과 다르게 전체로서의 정책이 새로운 성질을 발현하는 것을 말한다. 이 개념들 모두 정책이 의도하지 않은 결과를 만드는 것을 말하며, 실제 실천되는 정책을 분석하는 데 유용한 개념들이다. 다만, 이론적인 관점에서 볼 때 '탈동조화'는 거시적 제도와 다른 미시적 측면을 강조하고, '창발'은 정책의 미시(부분)와 다른 거시적 측면(전체)을 강조한다는 측면에서 서로 반대다. '탈동조화'의 경우 정책의 의도하지 않은 결과가 행위자로부터 비롯된다면, '창발'에서는 그 의도하지 않은 결과가 정책의 전체 어셈블리지로부터 나타난다.

제도적 접근법의 합리화 개념은 신유물론에서의 얽힘(entanglement), 어셈블리지(assemblage), 아장스망, 행위자-연결망 개념과 그 의미가 매우 유사하다. 물론 행위자에 대한 관점은 두 이론이 다르나, 제도와 네트워크는 모두 행위자가 정책 아이디어를 당연하게 받아들이게 되는 효과를 만든다. 나아가 해석적 접근법과 물질적 접근법 모두 후기구조주의로부터 비롯됐다는 점에서 유사성이 있다. 실제 1980년대의 물질문화 연구에서 후기구조주의가 대세였다(Tilley et al., 2013). 행위자-연결망 이론과 페미니스트 '물질 기호학(material semiotics)'은 사물과 언어를 구별하지 않는다. 물론 최근의 물질적 접근법은 언어로 포착할 수 없는 사물의 비언어적인 물질적 실천에 대해서도 주목한다. 그러나 비언어적인 물질적 실천을 반드시 다루지 않더라도, 담론 분석을 통해 사물의 정치적 효과를 다룬다면 그 분석은 물질적 접근법인 동시에 해석적인 접근법이라고 할 수 있다.

한편, 이해관계 접근법과 해석적·물질적 접근법을 서로 혼합하는 것은 자칫 비판을 받을 수 있어 주의해야 한다. 가장 큰 어려움 중 하나는 해석적·물질적 접근법은 이해관계와 제도를 이미 주어진 것이 아니라 담론과 사회적 실천으로 구성된 것으로 본다는 점이다(Hajer, 1995). 그래서 이해관계는 고정된 것이 아니라 담론의 변화에 따라 끊임없이 재구성된다. 또한 이해관계 접근법이 정책을 만드는 주권적(sovereign) 행위자에 주목한다면, 해석적 접근법은 정책 담론으로 구성된 행위자를 분석하는 데 초점을 맞춘다. 그래서 어떤 학자들은 해석적·물질적 접근법과 이해관계 접근법과의 통약 불가능성(incommensurability)을 이야기한다.

물론 이들을 서로 통합하려는 시도가 없었던 것은 아니다. 예를 들어 정책학에서 2010년에 나온 '담론정책모형(narrative policy framework)' 이론이 있다(Jones and McBeth, 2010). 이 이론은 구조주의적 담론 분석과 옹호 연합 모형이론의 연계를 추진하는 이론이다. 하지만 이 이론은 '내러티브'라는 이름에도 불구하고 해석적 접근보다는 이해관계 접근법에 더 가깝다. 이 이론은 옹호 연합 모형을 기본 틀로 하여 정책 집단의 담론 전략을 분석한 것이며 옹호 연합 모형을 해석적 관점에서 재구성한 것이 아니다. 이 이론은 정책 담론이 여론에 미치는 영향 혹은 반대로 여론이 정책 담론에 미치는 영향, 그리고 옹호 연합이 사용하는 전술(tactics)로서 담론 전략을 다룬다. 예를 들어 원자력발전 정책 결정 과정의 정책 내러티브와 관련해 비난 및 과시, 비용 및 편익, 과학적 근거 전략 등을 들 수 있다(주지예·박형준, 2020). 이 이론에서 사용하는 담론 개념(즉, 정책행위자들이 사용하는 전술로서 담론)은 해석적 접근법을 추구하는 학자들 입장에서는 매우 협소한 개념이다. 해석적 접근법에서 담론은 행위자들의 의사소통 수단을 넘어 사회구조를 만드는 것이다. 그래서 담론정책모형 이론은 사회를 구성하는 담론의 역할을 포괄하지 못한다. 특히나 이 이론은 실증주의적 정책분석을 추구하고 사회적 의미의 구성에 대해서는 분석하지 않는다.

이해관계 접근법은 언어를 행위자들의 수동적인 도구로 본다. 하지만 해석적 접근법에서 볼 때 정책행위자들은 자신들의 언어를 마음대로 취사선택할 수 없다. 왜냐하면 후기구조주의 관점에서 행위자들의 사회적 위치는 담론으로 구조화되어 있으며, 그래서 행위자들의 담론은 이미 구조화된 담론 질서에 영향을 받기 때문이다. 그럼에도 불구하고 해석적·물질적 접근법이 이해관계 접근법의 연구 주제들을 배제할 필요는 없다. 예를 들어 이 책의 제6장과 제9장에서 보듯이 정치경제학의 고전적 주제인 경제적 불평등을 해석적·물질적 접근법으로도 설명할 수 있다. 다만, 이때 이해관계 접근법처럼 보이지 않도록 주의 깊게 서술되어야 한다.

한편, 넬슨 필립스와 남라타 말호트라(Phillips and Malhotra, 2008: 715)는 이해관계, 제도적 또는 해석적 접근법이 서로 연속적이라고 주장한다. 이 접근법들의 차이는 단지 시점에 따라 달라지는 것이라고 한다. 의식적인 것에서 무의식적인 것으로 그리고 법적으로 강제된 것에서 당연한 것으로 간주되는 것까지는 연속성이 존재한다고 주장한다. 의식적인 것이 시간이 지나면서 무의식인 것이 되고, 당연하게 간주되는 것이 시간이 지나 법적인 것으로 제도화될 수도 있다. 그래서 해당 사례를 연구자가 어떤 시점을 기준으로 연구하느냐에 따라 접근법의 선택은 달라질 수 있으며, 장기적 관점에서 한 정책의 생애주기를 연구한다면 3I&M 접근법 모두 적용할 수 있다.

3. 짙은 정책학을 향하여

오늘날 정책학계에는 증거기반정책 구호가 유행하고 있다(한승훈·안혜선, 2021). 한국의 많은 정책이 실증 데이터를 기반으로 하지 않고 정치적 판단 혹은 이데올로기적 편향에 따라 형성되었다는 데에 대한 반성이다. 충분히 의미 있는 주장이다. 정책을 뒷받침하는 증거의 중요성은 아무리 강조해도 지나치지 않다. 한국은 2020년 12월 10일부터 '데이터기반행정 활성화에 관한 법률'을 시행하고 있다. 증거기반정책은 정치와 정책을 분리하고 정책의 과학성, 중립성, 객관성을 강조한다. 증거기반정책에서 사용되는 증거는 사례분석, 설문조사, 시험연구, 통계자료, 비용-편익 분석 결과, 비교 연구 등 다양할 수 있다. 하지만 어떤 증거가 증거로 채택 되는 지 혹은 서로 다른 증거가 충돌할 때 어떤 증거를 더 우위에 두는 지를 둘러싸고 여전히 지식 정치가 작동한다.[15] 나아가 증거의 과학성을 강조하면 과학적 언어로 표현

15 또한 사전예방원칙의 논의에서 자주 논의되듯 증거기반정책이 증거의 과학성을 강조할 때 증거의 불확실성은 어떤 정책도 취하지 않음으로써 현재의 상태를 개선하지

할 수 없는 데이터는 증거로 인정되지 않을 수 있다. 이때 옮은 사회적 맥락에서만 정책을 분석하게 된다. 정책 세계는 이익, 제도, 의미, 행위자 및 인공물의 연합과 충돌로 가득하다. 과학적 증거의 외침은 지식 권력의 또 다른 표현일 뿐이다.

정책의 객관성은 이와 같은 '좁은' 과학에서 오는 것이 아니다. 프리드리히 니체(Friedrich Nietzsche)는 『도덕의 계보학(Zur Genealogie der Moral)』에서 "하나의 사물을 관찰하기 위해 더 많은 눈, 보다 다른 눈을 사용할 수 있다면, 이 사물에 대한 우리의 개념, 즉 객관성은 더욱더 완벽해질 것이다"라고 말한 바 있다. 즉, 정책의 객관성은 올림포스산 위에서 제우스의 눈 같은 과학으로 사회문제를 파악하는 것이 아니라, 질펀한 세상 속의 관점으로 사회문제를 바라볼 때 얻어지는 것이다. 이것이 이 책이 추구하는 과학이며 객관성이다. 과학적 증거를 무시하자는 것은 아니다. 과학적 증거도 중요하지만, 다른 증거에 비해 선험적으로 인식론적 우위에 있지는 않다. 행정학과 정책학계에서 경험연구는 주로 정책 가설을 세우고 데이터로 검증하는 실증주의적 분석이다. 하지만 경험연구의 정의를 더 확대할 필요가 있으며 탈실증주의적 담론연구도 경험연구에 포함된다. 데이터의 성격과 범위를 보다 광의적으로 해석해야 한다. 정책 현장에서 얻어지는 모든 자료는 과학적이든 아니든 경험적 데이터가 된다. 그것이 확장된 과학(extended science)이며 보다 나은 과학이다.

그래서 공공정책의 객관적 실재를 포착하기 위해서는 다양한 데이터와 이론을 기반으로 다면적인 접근(multi-faceted approach)이 필요하다. 이 책은 정책분석에서 이론적 다원주의를 지향한다. 물론 앞서 소개한 각 접근

않고 지연하는 전략이 될 수도 있다. 이 책 제5장 참조.

법의 이론가들은 나의 다원주의적 입장에 대해 동의하지 않을 수 있다. 이 책의 정책사회학은 하나의 접근법에서 오는 것이 아니라, 3I&M 접근법 전체로서 의미가 있다. 3I&M 접근법은 정치경제학에서 신유물론에 이르는 네 가지 사회학 이론을 활용해 정책의 짙은 맥락을 드러내려는 일종의 시도다. 서로 다른 이론을 선택할 때 정책의 서로 다른 풍경이 펼쳐진다. 3I&M 접근법은 상호 보완적이다. 모든 접근법은 장단점이 있다. 이 책은 공공정책을 분석할 수 있는 하나의 은제 탄환을 찾으려고 하는 것이 아니라, 공공정책을 향한 복잡한 경로를 설명하는 하나의 지도를 제시하고자 한다. 그래서 정책에 대한 우리의 인식이 부분적일 수 있음을 자각하고, 다양한 각도에서 정책을 바라보는 것이 중요하다는 점을 강조한다. 특히 3I&M 접근법들의 교차를 통해 정책분석에 대한 새로운 통찰력을 얻을 수 있을 것이다.

제1부

이해관계 접근법

이해관계 접근법에서 정책이란 이익집단 정치의 산물이며 가장 큰 권력을 가진 이익집단의 이해가 정책에 반영된다. 이해관계 접근법은 정책 현장에서 표면적으로 드러나는 정책행위자 혹은 사회집단들의 활동을 서술하는 데 적합하다. 정당정치와 사회운동 같은 정치의 실천에서 이해관계 접근법은 쓸모 있다. 왜냐하면 반대 집단의 정책을 비판하는 데 이 접근법이 가장 용이하기 때문이다. 정책 관련 언론의 보도 또한 이해관계 접근법의 성격이 강하다. 그런 점에서 이해관계 접근법의 연구 결과는 타 접근법에 비해 직관적 이해가 쉽고 사회적 활용도가 높다.

정책 사례에 따라 다양한 이익집단이 있을 수 있으나 이해관계 접근법은 일반적으로 정당, 정부(부처), 전문가 집단, 기업, 시민단체의 입장과 전략을 분석한다. 정당은 유사한 정치적 목적과 이해관계를 가진 결사체다. 하지만 정당 내에 다양한 계파가 존재하며 이들은 정책 법안에 영향력을 행사한다. 국회의원들이 선거에 나가기 위해서는 당의 공천을 받아야 한다. 그래서 공천 영향력이 큰 계파의 수장들은 큰 권력을 획득한다. 국민은 후보의 능력만큼이나 정당명을 보고 투표하기 때문에, 국회의원들은 국민보다 공천권을 행사하는 계파 수장에게 더 충성하는 경향이 강하다. 일반 국민이 정치인들에게 영향력을 행사하는 방법은 선거를 제외하고 많지 않다. 그런데 선거제도도 국민의 요구를 정책으로 반영하는 데 미흡하다. 왜냐하면 지역의 정책현안은 무수히 많으나 지자체장 등 선출직 공무원을 뽑는 선거는 수년마다 한 번씩 이뤄지기 때문이다. 한 번의 투표로 선출직 공무원이 수많은 정책을 결정할 수 있는 권한을 갖게 된다. 국민은 선거 외에도 정부 위원회, 시민배심원제나 공론조사 등 제도를 통해 정책 결정 과정에 참여할 수 있다.

정부에는 정당 추천으로 차출된 선출직 공무원들('어공')과 시험을 통해 선발된 정규직 공무원들('늘공')이 있다. 선출직 공무원이 정당의 이해에 맞는 정책을 추구하기 위해서는 정규직 공무원들의 지원이 필요하다. 하지만 정규직 공무원들은 선출직 공무원과 정치 성향이 다를 수 있으며 그들 간에 권력 갈등이 일어날 수 있다. 공무원들 중에는 기술적 전문성을 가진 공무원도 있으나, 대체로 순환보직으로 업무가 계속 바뀌기 때문에 충분한 전문성을 가지지는 않는다. 그래서 공무원들은 대학이나 연구기관의 전문가들에게 자문을 구하거나 권한을 위임하기도 한다.

기업은 가장 강력한 이익집단 중 하나다. 특히 한국의 대기업은 정부 부처 관료들 및 정당과 긴밀한 관계를 맺어왔으며 정권의 변화와 무관하게 정부 정책에 강력한 영향력을 행사한다. 이에 반해 중소기업의 영향력은 제한적인데, 그 이유는 대기업과 중소기업의 계층적 관계가 매우 강하기 때문이다. 반면 시민단체와 노동단체도 정책에 영향을 미치는 중요한 이익집단이다. 이들 비정부단체의 정치 성향은 다양하다. 진보뿐만 아니라 보수 성향의 비정부단체도 있으며, 정부와 대립하기도 하고 때로는 국정에 동참하기도 한다.

이익집단의 긍정적인 측면은 개인보다는 정책에 더 큰 영향력을 행사할 수 있다는 점이다. 이익집단은 투표, 정치자금 지원 그리고 캠페인을 통해 정치적 영향력을 행사한다. 정부의 거버넌스를 감시할 수 있고, 관료들과 협상을 통해 정책을 만들 수 있다. 정책 문제에 대해 정부와 다른 관점을 제공함으로써 관료와 전문가 집단에 의해 주도되는 의사결정과정을 넘어 보다 민주적이고 지능적으로 정책을 만들 수도 있다(Lindblom and Woodhouse, 1993). 이익집단의 부정적 측면은 정치적 급진주의자, 여성, 빈민 등 사회적 소수자집단이 과소 대표될 수 있다는 것이다. 이익집단에 따라 정치적 영향력은 다르며 불평등이 존재한다. 시민단체들보다 기업은 자금, 조직 동원력, 정부 접근성에서 월등한 특권을 가진다. 일부 이익집단은 사회의 공동 복지보다 집단의 이익에 더 충실하다(Lindblom and Woodhouse, 1993).

다원화된 사회에서 하나의 이익집단이 모든 정책을 결정하는 건 쉽지 않다. 그래서 이익집단들은 다른 집단과 정책 연합 및 네트워크를 맺을 수 있다. 정부와 기업, 정부와 시민단체 사이에도 명시적으로는 잘 드러나지 않으나 네트워크를 형성할 수 있다. 같은 정책 네트워크에 속하는 이익집단들은 서로 정보와 자원을 공유한다. 하지만 네트워크 내 이익집단 간 권력은 균등하지 않으며 주도 집단이 존재한다. 어떤 집단이 더 많은 경제적·정치적 자원을 갖느냐에 따라 집단 간 권력의 불균형이 존재한다(Rhodes, 2006). 이때 권력은 특정한 집단에 집중되고, 한 집단의 권력이 커지면 다른 집단의 권력은 적어지는 제로섬(zero sum)의 특징을 갖는다.

이익집단들의 정책 연합과 네트워크는 경제적 이해관계에 의해서만 작동하는 것이 아니고, 정치적·정책적 신념과 가치도 중요한 몫을 차지한다. 옹호 연합 모형이 이에 해당한다(Sabatier, 1998; Jenkins-Smith et al., 2014). 이해관계와 달리 가치와 신념은 잘 바뀌지 않는다는 점에서 옹호 연합은 고전적인 이익집단 모형과 차이가 있다. 옹호 연합에서 신념 체계의 변화는 정책 학습을 통해 이뤄진다. 정치적·정책적 가치와 신념이 다르더라도 이해관계가 맞아 만들어진 정책 집단은 이익집단이라 볼 수 있으며, 이해관계가 맞더라도 신념 체계가 다르다면 옹호집단이 만들어지지 않을 것이다. 하지만 실제 정책사례에서 이처럼 이익집단과 옹호집단을 구분하는 문제는 사실상 간단하지 않다. 두 가지 모형이 중첩적으로 존재할 가능성이 크다. 그래서 이런 이론 모형을 적용할 때 이론과 실재 간의 차이를 주목해야 하며 그냥 옹호 연합의 주어진 이론 틀을 기계적으로 적용하는 것은 지양해야 한다.

이해관계 접근법에서도 담론은 매우 중요하다. 다만, 이해관계 접근법에서 담론의 역할은 해석적 접근법처럼 '의미'의 구성보다는 상대 집단을 공격하고 설득하는 '전술'과 '수단'의 측면이 강하다. 정책 연합은 다양한 담론 전략을 활용해 여론에 영향을 주기도 하고 다른 연합을 공격하기도 한다(주지예·박형준, 2020). '담론정책 모형'(Jones and McBeth, 2010)이 이를 다룬다.[1] 이 모형은 옹호 연합 등 정책 연합이 구사하는 효과적인 담론 전략과 그 구조를 분석한다(Shanahan, McBeth and Hathaway, 2011; Shanahan, Jones and McBeth, 2011). 그런 점에서 담론정책 모형은 담론에 주목하지만 해석적 접근법이라기보다는 이해관계 접근법에 해당한다.

이해관계 접근법은 이익집단 갈등을 설명하기 위해 민주주의 혹은 거버넌스 이론을 활용한다. 예를 들어 직접민주주의, 대의민주주의, 참여/숙의 민주주의 등 민주주의 이론(Held, 1987; Fiorino, 1990)과 '전문성의 정치'의 이론들이 있다(Fischer, 2000). 거버넌스의 유형에도 관료주의, 협력적 거버넌스, 신공공관리론, 신자유주의적 거버넌스가 있다(Ansell and Gash, 2008). 민주주의 및 거버넌스의 유형은 관료, 전문가, 시민들 중 누가 더 큰 권력을 갖느냐에 따라 달라진다. 다만 경험연구를 할 때 이 이론들의 원형에 집착해 연역적으로 대입하려 하지 말고, 정책적 실천에서 그러한 모형이 제대로 구현되는지, 서로 다른 모형들이 서로 중첩하는 것은 아닌지, 그렇다면 그것의 사회적 원인과 제도적 맥락이 무엇인지에 대해 주목할 필요가 있다. 그래야만 단조로운 결과를 피할 수 있으며 보다 심층적인 연구가 가능하다.

이해관계 접근법의 기본적인 연구 단계는 다음과 같다. 첫째, 특정 정책과 관련된 사회집단을 분류한다. 둘째, 사회집단들이 해당 정책에 대해 어떤 견해를 가졌는지를 도출한다. 서로 유사한 입장을 갖는 사회집단들이

---

1 한국에서 이 모형은 '내러티브정책 모형', '정책서사 모형', '정책담화 모형', '정책담론 모형' 등으로 지칭된다. 정책 내러티브 전략으로 악의적 비방, 과시, 승리 혹은 패배, 유지 및 동원 같은 담론 전략을 들 수 있다(주지예·박형준, 2020).

있다면 그들의 연합이 일어나는지 직간접적 증거를 찾아야 할 것이다. 집단들이 어떻게 정책 내러티브를 만들어 활용하는지도 분석한다. 셋째, 사회집단들이 어떤 이해관계를 가지고 그 입장을 택했는지 인과관계를 분석한다. 정책 연합이 있다면 이익 혹은 신념 등의 관점을 활용해 정치적 동맹의 원인도 조사한다. 그리고 정책 연합에 참여하는 집단 내에서 어떤 행위자 혹은 집단이 주도하는지도 파악한다. 넷째, 정책 결정과정에 누가 참여했고, 누가 배제됐는지를 분석하고 그 원인이 무엇인지를 검토한다. 이익집단들의 협상과 숙의가 일어났다면 그 방식에 대해서도 분석할 필요가 있다. 마지막으로 이익집단 갈등의 제도적 맥락에 대해서도 살펴보면서 제도와 이익집단 정치가 어떻게 상호작용하는지를 살펴본다.

제1부에서는 한국 환경정책의 두 가지 사례를 이해관계 접근법으로 분석한다. 첫 번째 사례는 기후변화 정책이며, 두 번째 사례는 캠프 캐럴 미군기지 환경오염 갈등관리 거버넌스다. 특히 두 사례 모두 이해관계 접근법을 기본적인 접근법으로 하되 제도적 접근법과 결합한 혼합적 교차 사례다. 제2장은 기후변화를 완화하기 위한 정책 설계를 둘러싼 이익집단 정치를 분석하면서도 역사적 제도주의의 경로의존성(path dependency) 개념을 활용해 발전국가(developmental state)의 역사적 유산을 다룬다. 이로써 이해관계 접근법과 제도적 접근법의 결과가 서로 일치함을 보여준다. 제3장은 캠프 캐럴 미군기지 고엽제 매립 의혹 관련 환경 갈등 거버넌스를 둘러싼 이익집단 정치를 다루면서 주한미군지위협정(SOFA)이 환경 갈등 거버넌스에 미치는 영향을 다룬다. 여기서 제도는 거버넌스와 이익집단 정치의 외적 제약으로 간주된다. 제도의 개념이 법, 전통, 문화를 포괄한다고 할 때 제2장에서 제도는 문화와 비슷하다. 반면 제3장에서 제도는 법률을 의미한다.

제2장은 온실가스에너지목표관리제, 탄소세, 온실가스배출권거래제 등

세 가지 기후변화 완화정책의 설계과정에 존재하는 강력한 이익집단과 그들의 이익을 조사한다. 이명박 정권의 기후변화 정책의 설계는 이익집단 정치의 결과물이다. 정당정치는 큰 비중을 차지하지 않았으나 부처 간 갈등과 산업계와 환경단체의 갈등이 주요한 부문을 차지했다. 특히 한국 정부와 산업계의 긴밀한 유대 관계가 정책의 선택과 설계에 가장 큰 영향력을 행사했다. 기후변화 정책은 제조업에 유리하고 환경단체의 의견은 반영하지 않았다. 또한 제2장은 제도적 관점에서 기후변화 정책을 '발전국가'의 유산과 연계해 '환경발전주의'를 검토한다.

제3장은 경북 칠곡군에 있는 캠프 캐럴 미군기지 고엽제 매립 의혹 사건과 관련된 거버넌스 갈등을 분석한다. 캠프 캐럴 사건을 신속하게 해결하기 위해 중앙정부는 관료적 갈등관리 체제를 구축했다. 이를 위해 정부 대응 T/F를 구성하고 범부처 공동 대응체계, '원 보이스 시스템(one voice system)'으로 일컬어지는 언론 대응체계, 정부 합동지원반을 구축했다. 중앙정부의 관료적 갈등관리는 지방정부와 시민사회의 참여적 거버넌스와 충돌했다. 또한 이 장에서는 왜 중앙정부의 관료적 갈등관리가 지방자치단체와 환경단체의 참여적 거버넌스보다 우세한지를 분석한다. 특히 제도적 관점에서 주한미군지위협정(SOFA)이 거버넌스 갈등에 미치는 영향에 대해 주목한다.

기후변화 정책 설계의 정치

2020년 한국의 온실가스배출 순위는 세계 7위이며, 경제협력개발기구(OECD) 국가 중 이산화탄소 배출량 증가율 1위이고 재생에너지 발전 비중은 하위 2위다.[1] 이런 저조한 실적 때문에 한국은 사우디아라비아, 오스트레일리아, 뉴질랜드와 함께 '기후 악당'으로 불린다. 한때 기후변화 대응에서 개발도상국 중 대표 주자로 칭송을 받았던 한국에 그간 무슨 일이 일어난 것일까? 2009년 이명박 정부(2008~2013)는 온실가스감축목표를 2020년 배출전망치(BAU) 대비 30% 감축하기로 확정하고 발표했다(녹색성장위원회, 2009). 이를 실천하기 위해 '저탄소녹색성장기본법'을 2010년 제정했다. 당시 유엔 기후변화협약에 따라 개발도상국으로서 한국은 온실가스 감축 의무가 없었다. 그런데도 이명박 정부는 기후변화 대응을 강력히 주장해 국제적인 지지를 받았다. 당시 보수 정부가 기후변화 정책을 적극적으로 추

* 이 장은 Kim(2016c)과 김은성(2012a)의 내용을 수정·보완했다. Kim(2016c)에서는 이해관계 접근법과 제도적 접근법이 융합된 형태였으나, 독자들의 이해를 돕기 위해 별도의 절로 재배치했다.

1 기후변화대응지수 "2020년 61개국 중 58위, OECD 국가 중 석탄발전 비중 상위 4위"다(이승준, 2020).

진하는 것은 이례적인 일이었다. 하지만 이명박 정부 시절 계획한 온실가스감축목표는 제대로 달성되지 못했다. 박근혜 정부를 지나 문재인 정부에 들어서도 온실가스 감축을 위한 혁신적인 변화는 없었다. 2021년 8월 31일 마침내 문재인 정부는 '탄소중립·녹색성장기본법'을 국회에서 통과시켰다. 이 법은 2018년 배출량 대비 최소 35%를 넘는 수준의 2030년 온실가스감축목표를 설정했다. 하지만 이 목표에 대한 국제 사회와 시민사회의 비판은 높다(김한솔, 2021).

제2장은 한국 기후변화 정책의 특성을 분석하기 위해 10여 년 전 이명박 정부의 기후변화 정책이 어떻게 만들어졌는지를 분석한다. 이명박 정부의 '저탄소녹색성장기본법'은 기후변화 완화를 위한 세 가지 세부 정책, 이른바 온실가스에너지목표관리제, 탄소세, 온실가스배출권거래제를 포함했다.[2] 정부는 오랜 검토 끝에 탄소세를 제외하고 온실가스에너지목표관리제(이하 목표관리제)와 온실가스배출권거래제(이하 배출권거래제)를 채택했다. 2012년 5월 2일 이명박 정부는 '온실가스배출권 할당 및 거래에 관한 법률'을 공표했고, 이 법률은 2015년 이후부터 지금까지 시행되고 있다. 이 장은 세 가지 정책들이 어떻게 선택되고 설계됐는지의 정책 결정과정을 이해관계 접근법을 통해 분석한다.

첫째, 직접규제와 시장 기반 규제 간의 정치적 선택을 분석한다. 이를 위해 목표관리제와 배출권거래제를 비교한다. 목표관리제는 온실가스를 감축하기 위한 한국 고유의 직접규제다. 이와 대조적으로, 배출권거래제는 시장에 기반을 둔 규제다. 직접규제는 시장 기반 규제에 비해 규제 비

2 탄소세는 '저탄소녹색성장기본법' 제30조 조세제도 운영, 목표관리제는 제42조 기후변화 대응 및 에너지의 목표 관리, 온실가스배출권거래제는 제46조 총량제한배출권거래제 등의 도입에 관한 법적 조항을 가지고 있다.

용이 상대적으로 많이 든다는 인식이 있고, 정치인들과 전문가들은 주로 친시장적 이데올로기를 가지고 있기에 시장 기반 규제에 관한 선호가 높다(Stavins, 2003). 그런데도 한국의 산업계는 배출권거래제보다 목표관리제를 더 선호했는데 그 이유를 설명할 것이다.

둘째, 탄소세와 배출권거래제 등 시장 기반 규제들에서의 정치적 선택을 분석한다. 유럽연합은 탄소세 대신 배출권거래제를 제정했다(Mackenzie, 2007, 2009; Rabe, 2008; Wurzel et al., 2013). 유럽연합이 탄소세보다 배출권거래제를 선호한 이유는 유럽연합의 조세정책이 회원국들의 만장일치 지지를 필요로 하기 때문이다. 탄소세는 영국 등 일부 회원국들이 선호하지 않았기 때문에 채택될 수 없었다(Mackenzie, 2007). 게다가 미국이 1997년 교토의정서 협상에서 배출권거래제를 채택하도록 유럽에 요구했다(Wurzel et al., 2013: 160). 유럽연합과 마찬가지로 한국도 탄소세를 채택하지 않았지만 그 이유는 다르다.

셋째, 온실가스배출권거래제의 세부 설계와 관련한 이익집단 정치를 살펴본다. 배출권거래제의 정치는 온실가스배출권의 총량 제한(capping), 할당(allocation), 거래 등 세부 하위 정책의 정치로 세분화된다. 배출권거래제의 세부 정책에 따라 이해관계가 다르므로 다양한 이익집단들의 정치 갈등이 일어난다(Cook, 2010; Colby, 2000; Heinmiller, 2007; Mackenzie, 2010). 이 장은 특히 배출권 할당정책을 둘러싼 정치적 갈등에 초점을 맞춘다.

이 장은 배출권거래제, 탄소세, 목표관리제의 설계에 대한 상세한 정치적 분석과 함께 역사적 제도주의의 '경로의존성' 개념을 활용해 기후변화 정책의 제도적 측면도 살펴본다. 1960년대 박정희 정부가 국가 주도의 자본주의를 추구했던 "발전국가"(Chung and Kirkby, 2002; 김형아, 2005; Park, 2011)의 제도적 유산을 살펴봄으로써 기후변화 정책의 제도화에 관한 이해를 심화한다. 이 글은 환경정책 관련 발전국가의 문화적 유산을 '환경발전주의'로 부른다. 다른 학자들은 이를 "수정된 발전주의"(길종백·정병걸, 2009), 발전주의적 환경주의(Kim and Thurbon, 2015), "권위주의적 환경주의"(Han, 2015)라고 불렀다. 이 장에서는 발전국가의 제도적 유산이 기후변화 정책 관련 이익집단의 정치와 조응함을 보여준다.

1. 기후변화 완화와 적응

본론으로 들어가기 전에 기후변화 정책을 처음으로 접하는 독자들을 위해서 기후변화 대응 전략에 대해 간략한 설명을 하도록 하겠다. 기후변화 대응 전략은 완화전략과 적응전략으로 구분될 수 있다. 완화(mitigation)전략이란 인간 활동으로 양산된 탄소 배출이 기후변화의 원인이라고 보고 탄소 배출량을 줄임으로써 기후변화를 원천적으로 해결하려는 전략들을 말한다. 반면, 적응(adaptation)전략이란 기후변화로 초래되는 피할 수 없는 부정적인 영향을 최소화하기 위해 수행하는 전략을 의미한다. 적응전략의 목적은 기후변화 피해에 대한 잠재적 취약성을 감소시키고 복원력을 강화함으로써, 지속가능한 지역사회를 건설하자는 것이다. 최근 기후변화에서 '적응으로의 전환'의 중요성이 더욱 폭넓게 수용되고 있으며, 세계 각국은 자국의 지역 특성과 취약성(vulnerability)에 따른 적응전략을 개발하고 있다. 하지만 적응 또한 위험이 없는 것이 아니며, 적응 정도에 따라 초과 적응(over-adaptation)과 과소 적응(under-adaptation)이 있을 수 있다(심우배 외, 2009).

완화전략과 적응전략은 서로 독립적이지 않으며 서로 영향을 줄 수 있다(Howard, 2009). 예를 들어 도시의 식목이나 옥상 녹지개발 같은 도시정책들은 적응과 완화 두 가지 목적을 동시에 수행한다. 반면, 에어컨의 사

그림 2-1 완화와 적응의 프로세스

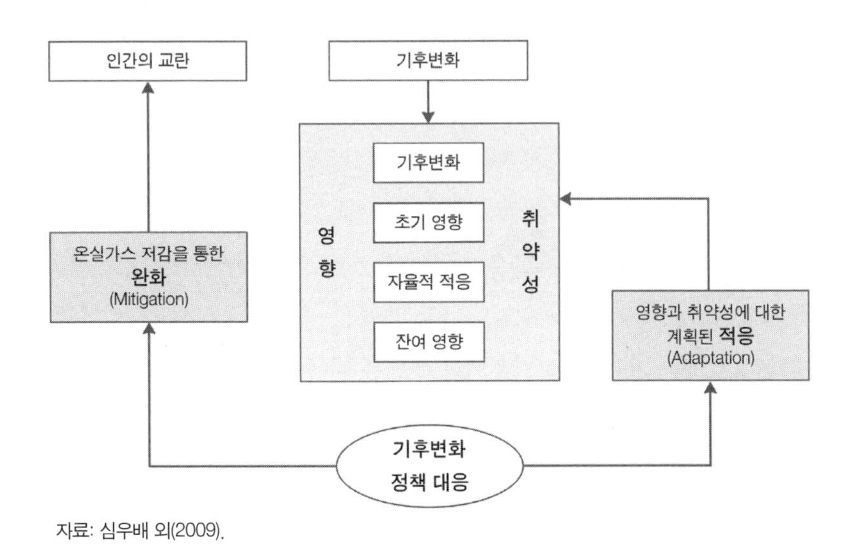

자료: 심우배 외(2009).

용은 도시 열섬현상을 해결하기 위한 중요한 적응전략일 수는 있지만, 완화의 측면에서 부정적인 영향을 초래한다. 이처럼 완화전략과 적응전략은 서로 상충하기도 하고 중첩될 수도 있으며, 서로 독립적일 수도 있다. 그러므로 완화전략과 적응전략의 밀접한 상호관계를 잘 이해하면서 통합적인 기후변화 정책을 만드는 것이 매우 중요하다(Howard, 2009).

일반적으로 기후변화 재난을 이야기할 때에는 기후변화 적응을 먼저 생각한다. 사람들은 완화전략도 재난의 원인이 될 수 있다는 사실에 대해서는 크게 주목하지는 않는다. 하지만 신재생에너지를 위한 풍력 단지와 태양광 단지의 건설은 산사태, 산불 또는 생태계 파괴를 초래할 수 있다. 태양광 단지를 산에 설치할 때 나무를 잘라버리기 때문에 여름철 장마에 의해 산사태가 난 사례가 보도된 적이 있다. 또 최근 신재생에너지를 저장하는 에너지 저장시설의 화재로 산불이 일어나기도 했다. 최근 산림청이 완화전략의 하나인 수종 변경을 위해 오래된 나무를 베고 탄소 흡수력이 높은 나무를 심는 수목 사업을 하는데, 그로 인한 민둥산 사진이 인터넷에서 논란이 된 적이 있다. 물론 기후변화 완화로 초래되는 이런 재난을 지나치게 과장하는 것은 금물이다.

일반적으로 기후변화 완화는 국제 협력과 국가 단위의 거버넌스가 중요하고, 기후변화 적응은 지역단위의 거버넌스가 더 중요하다는 통념이 강하다. 하지만 기후변화 대응의 현 상황을 살펴보면 그렇지 않다는 것을 알 수 있다. 기후변화 완화와 관련해 지역에 풍력 단지와 태양광 단지들이 들어서면서 지역의 로컬 거버넌스가 한층 중요해졌다. 기후변화 적응도 대재난 발생 시 국가 간 협력체계가 강조되면서 지역적·국가적 차원을 넘는 국제 협력이 매우 중요해졌다. 예를 들어 기후변화로 인한 전염병이 팬데믹으로 발전하게 되면 백신 수급과 같은 국제 협력이 매우 중요하다. 나아가 인류 역사에 비춰보면, 기후변화로 초래되는 국제적인 인구이동, 이른바 디아스포라(diaspora)에 대응하는 데도 국제적 차원의 거버넌스가 필요하다. 한때 있었던 기후변화 완화와 적응 거버넌스의 거시적·미시적 차원의 구분은 이제 큰 의미가 없다.

이 장에서 다루는 온실가스배출권거래제, 온실가스에너지목표관리제, 탄소세는 모두 기후변화 완화정책이다. 온실가스배출권거래제는 온실가스감축목표 달성을 위한 배출 허용 총량(cap)을 설정하고 그 한도 내에서 탄소(배출권)시장을 통해 배출권을 거래하도록 하는 정책이며, **표 2-1** 같은 다양한 세부 정책으로 구성되어 있다.

목표관리제와 배출권거래제는 모두 온실가스를 총량 단위로 규제한다. 다만, 배출권거래제는 계획 기간(5년) 동안 온실가스 초과 감축량을 매각·이월할 수 있고, 부족한 분량은 차입할 수 있다. 반면 목표관리제는 이월이나 차입 같은 제도가 없기에 배출권거래제와 같은 정책적 유연성은 적

표 2-1 온실가스배출권거래제의 세부 정책

세부 정책	정의
총량 제한(capping)	배출권의 전체 총량의 규모를 설정하는 정책
할당(allocation)	배출권을 할당 대상업체에 무상 혹은 유상의 방식(옥션)으로 제공하는 것
이월(banking)	할당 대상업체가 온실가스 저감 의무를 완수하고 남은 잔여 배출권을 다음 이행 연도 혹은 계획 기간에 사용할 수 있도록 하는 정책
차입(borrowing)	무상할당 배출권이 부족한 경우 다른 이행 연도에 무상으로 받은 배출권을 미리 빌려 사용하는 정책
상쇄(offset)	해당 기업 내부의 온실가스 감축 활동 외의 외부활동을 통해 온실가스배출을 줄임으로써 할당 대상기업의 배출권을 확보하는 정책
거래(trade)	배출권을 탄소시장을 통해 상호 거래하는 행위

다. 배출권거래제는 초과 배출량에 비례해 과징금을 부과하는 반면, 목표관리제는 감축목표 미달성 시 과태료(1회 300만 원, 2회 600만 원, 3회 1000만 원)를 부과한다. 한편 탄소세의 경우 에너지 세제이므로 탄소 가격은 정확하게 알 수 있으나 탄소세 부과로 얼마나 온실가스가 감축될 것인지를 특정화하기 어렵다. 반면 배출권거래제에서 탄소 가격은 배출권의 수급에 따라 탄소 가격의 휘발성이 존재하나, 온실가스배출 총량을 지정하므로 더 명확하게 이산화탄소 배출량을 확인할 수 있다. 일반적으로 탄소세의 경우 조세 저항이 있어 사회적 합의 가능성은 배출권거래제가 더 높은 것으로 알려져 있다.

2. 기후변화 정책 관련 이익집단

이해관계 접근법은 이익집단의 이해관계와 정책 선택에 관한 입장을 연

표 2-2 이명박 정부 기후정책 관련 주요 이해관계자

범주	이해관계자	주요 입장	주요 특성
정당	한나라당	· 배출권거래제 찬성	여당
	민주당	· 배출권거래제 찬성	야당
부처	지식경제부	· 목표관리제 찬성 · 조세 중립 방식으로 탄소세 가능	산업 성장 담당
	환경부	· 총량제한배출권거래제 선호 · 탄소세 찬성 · 목표관리제와 배출권 거래제의 통합	환경규제 담당
	기획재정부	· 탄소세 도입 시기상조	세제 정책 담당
산업부문	발전업계와 제조업	· 배출권거래제 반대 · 목표관리제 선호 · 탄소세는 반대하나 조세 중립적 방법으로 동의 가능	철강, 전자, 조선, 전기, 건설회사
	금융업	· 배출권거래제 찬성	보험 및 증권사
	신재생에너지 업계	· 배출권거래제 찬성	바이오 연료 및 태양광 발전 회사
환경단체	기후변화행동연구소	· 배출권거래제 비판적 찬성	환경운동연합에서 분리한 시민단체
	에너지기후정책연구소	· 탄소세 찬성 · 에너지 복지 주장	노동자들의 이해를 반영하는 진보적인 시민단체
노동조합과 농민 단체·시민단체	민주노총	· 배출권거래제 반대	독립적인 목소리보다 환경단체와 협업

계하는 것이 핵심이다. **표 2-2**는 기후변화 완화정책을 둘러싼 주요 이익집단들의 입장을 나타낸다. 보수적인 이명박 정부가 기후변화 정책을 주도했다는 점에서 이 정책은 한나라당과 민주당, 양대 정당의 분열로 이어지지 않았다. 민주당으로서는 기후변화 정책에 특별히 반대할 이유가 없었고 오히려 한나라당에 정책적 이슈를 선점당한 것이었다. 한나라당 내부에 산업계의 입장을 지지하는 일부 국회의원들이 있었으나, 청와대가 주도

하는 기후변화 정책에 반대할 수 없었다. 이는 기후변화 정당정치가 활발한 미국과 호주 같은 서구 국가들과 대비된다. 진보 성향의 민주노동당과 진보신당은 배출권거래제를 비판하면서 진보적 환경시민단체들과 입장을 함께했다. 이와 같은 군소정당을 제외하면 한국 기후변화 정책에서 정당정치의 특성은 없었다고 해도 과언이 아니다.

대신, 한국의 기후변화 정치는 정부 부처 간 입장의 차이와 산업계와 환경단체의 갈등이 특징이다. 환경부, 지식경제부, 기획재정부가 기후변화 대응 관련 정부의 핵심 부처다. 기후변화 정책을 추진하는 과정에서 환경부는 기업 지원과 국가경제의 활성화를 담당하는 지식경제부와 갈등을 빚었다. 조세정책의 주무 부처인 기획재정부는 탄소세에 영향을 미쳤다. 이 세 부처는 배출권거래제와 목표관리제의 거버넌스 시스템뿐만 아니라 기후변화 정책 설계를 놓고 갈등했다(김정해, 2009).

산업계의 이익집단으로는 발전업계와 제조업계, 금융업계, 신재생에너지 업계가 있다. 가장 강력한 영향력을 가진 산업계는 철강(포스코), 화학, 석유, 전기, 시멘트, 전자 기업(삼성전자와 하이닉스 반도체)을 포함한 발전업계와 제조업이었다. 다만 이 가운데 삼성전자 등 반도체 업체들은 기후정책에 의한 비용을 부담하겠다는 태도를 보였고, 포스코와 현대제철 등 철강업체들은 반대했다. 반도체 등 전자제품의 에너지 비용은 그리 비싸지 않기 때문에, 삼성전자는 고부가가치 휴대전화 판매를 통해 온실가스배출 비용을 보전할 수 있다고 생각했다. 대한상공회의소 산하 싱크탱크인 지속가능경영원은 한국의 기후변화 관련 기여도가 크지 않다는 것을 강조하면서 기후변화 정책의 강제집행보다는 인센티브 기반의 자율 감축을 요구했다.[3] 이 기관은 금융업과 신재생에너지 업계를 제외한 전통 제조업의 이해관계를 대변한다.

배출권거래제가 수익성 있는 탄소시장을 창출할 것으로 기대했기 때문에 금융업계는 배출권거래제를 선호했지만, 기후변화 정책에 대해 큰 영향력은 없었다. 투기성 탄소시장 가능성을 우려한 제조업계의 요구에 따라 2021년까지 민간 금융사의 탄소시장 참여가 금지됐다. 신재생에너지 기업들은 배출권거래제가 신재생에너지의 수요 증가로 이어질 것을 기대했다. 2004년 노무현 정부는 삼성전자와 LG전자 등 전통적인 제조업체들이 태양광시장에 투자하도록 독촉했다. 왜냐하면 이 기업들이 가진 최고의 반도체 기술과 LCD 패널 기술을 태양광 전지에 적용할 수 있기 때문이다. 하지만 이 두 회사는 신재생에너지 시장 참여를 망설였다. 따라서 신재생에너지 업계의 규모는 전통 제조업에 비해 작다. 태양광 전지 등 신재생에너지 생산에 중소기업(웅진 등)과 대기업(한화, OCI 등)이 참여하고 있다. 특히 OCI는 2000년대 후반 이 시장이 호황일 때 태양전지 시장에서 큰 수익을 올렸다. 그러나 2008년 유럽 경제위기로 인해 태양광시장이 붕괴하면서 몇몇 국내 신재생에너지 기업들은 어려움에 봉착했다. 또한 삼성과 LG 같은 대기업들도 결국 신재생에너지 시장에 진출하지 않았다. 그래서 신재생에너지 업계는 이명박 정부의 기후변화 정책에 큰 영향력이 없었다.

환경시민단체는 배출권거래제를 선호하느냐 탄소세를 선호하느냐에 따라 두 진영으로 나뉘었다. 배출권거래제를 선호하는 기후변화행동연구소는 기후변화에 특화된 환경단체로서, 한국에서 가장 큰 환경단체 중 하나인 환경운동연합에서 나왔다. 탄소세를 선호하는 에너지기후정책연구소는 진보적인 시민단체로, 2012년에 설립된 녹색당과 연결되어 있다. 녹색

3 지속가능경영원 최광림에 따르면, 한국의 온실가스배출량은 2005년 세계 온실가스 배출량의 1.7%에 불과하며, 한국은 온실가스배출 국가 중 10위라고 언급했다. 한국이 1850년부터 2000년까지 전 세계 배출에 이바지한 온실가스 비율은 0.7%로 세계에서 23번째로 높은 것으로 추정했다(기후변화행동연구소, 2009). 하지만 2015년에 한국은 온실가스배출량 순위에서 7위를 차지했다.

연합, 다함께, 에너지정의행동, 환경정의 등 대부분의 환경단체들은 기후정의연대와 에너지시민회의 같은 협력 네트워크를 구축했다. 이 네트워크는 한국노총과 민주노총 같은 노동단체들과도 공조했다.

일반 국민 여론이 기후변화 정책에 크게 영향을 미쳤다고 보기는 어렵다. 오히려 당시 국민은 경제위기 우려가 더 컸다. 국민은 기후변화 정책에 대한 여론조사에 소극적으로 대응했다. 2009년 10월 대국민 여론조사에서 2020년까지 온실가스배출량을 자발적으로 감축한다는 정부 목표에 대해 일반 시민들은 동의했다(녹색성장위원회, 2009). 일반 국민은 탄소세에 의해 유가가 오를 것을 우려하고 탄소세보다 배출권거래제를 선호했다.

3. 기후변화 정책 설계를 둘러싼 이익집단 정치

이 절에서는 기후변화 완화정책과 관련한 세 가지 정책 갈등을 이해관계 접근법으로 분석한다. 첫째, 목표관리제와 배출권거래제 갈등은 직접규제와 시장 기반 규제의 갈등이다. 둘째, 탄소세와 배출권거래제의 갈등은 시장 기반 규제의 갈등이다. 셋째, 온실가스배출권거래제의 세부 정책 갈등과 관련해 배출권의 할당을 둘러싼 이익집단 정치를 분석한다.

온실가스에너지목표관리제에 대한 산업계의 선호

목표관리제와 배출권거래제 두 정책 모두 개별 기업의 온실가스배출 총량을 제한한다는 점에서 유사하다. 그러나 목표관리제는 시장 메커니즘을 사용하지 않는다. 그 대신 온실가스감축목표를 달성하지 못할 때 벌금을 물어야 한다. 목표관리제는 2012년부터 시행되고 있으며, 목표관리제 규제 대상기업 중 특정 수준 이상의 온실가스를 배출하는 기업은 2015년부터 배출권거래제 적용을 받았다(이두면, 2011).[4]

목표관리제 설계 당시 그 추진 방식을 둘러싸고 환경부와 산업자원부(지식경제부)가 협상을 벌였다. 산업자원부는 1킬로와트(kw)의 에너지를 생산하기 위해 방출되는 온실가스의 양, 이른바 배출 강도(emission density)를 통제하는 방식을 선호했다. 이와 대조적으로, 환경부는 기업별 온실가스 전체 규모를 통제하는 총량제 규제를 선호했다. 최종적으로 목표관리제에 채택된 방식은 총량제 방식이다. 배출 강도 규제보다는 총량제 규제가 더 강한 규제다. 하지만 이 제도에 대한 기업 부담은 과태료 규모의 측면에서 사실상 높지 않았다.

목표관리제와 배출권거래제 논쟁에서 지식경제부는 목표관리제를 선호했다. 지식경제부는 배출권거래제가 산업 경쟁력과 국가경제에 악영향을 끼칠 수 있다며 목표관리제를 어느 정도 시행한 이후에 배출권거래제를 검토해야 한다고 주장했다. 지식경제부는 배출권거래제를 구축하는 대신 목표관리제하에서 더 엄격한 온실가스감축목표를 설정하는 것이 낫다고 주장했다. 이에 반해 환경부는 시행 중인 목표관리제의 기반 위에서 배출권거래제를 새로 구축하기를 원했다. 목표관리제를 배출권거래제로 전환하는 하나의 디딤돌로 생각했다. 중기 국가 온실가스감축목표 달성을 위해 배출권거래제 도입이 시급하다고 주장했다.

지식경제부는 목표관리제를 옹호하면서 산업계, 특히 제조업계와 강한 유대를 형성해 왔다. 그 증거로, 2012년 8월 한국 정부가 저탄소녹색성장

---

4 2015년 배출권거래제가 시작된 후 연간 배출량이 12만 5000톤 CO2 eq(공장 2만 5000톤 CO2 eq 이상) 이상인 사업장은 배출권거래제로 이전했고, 이 수준 이하의 중소기업은 여전히 목표관리제의 적용을 받는다.

기본법 시행령을 발표한 뒤 지식경제부 녹색성장기후변화과가 산업계 인사들을 소집해 배출권거래제 관련 간담회를 실시한 적이 있다. 그러자 총리실은 이 간담회를 정부 정책에 대한 반발로 간주하고 지식경제부 담당 과장과 사무관을 불러 문책했다.

산업계도 배출권거래제보다 목표관리제를 선호했다. 산업계는 배출권거래제를 실시하면 총량 제한이 과다해 기업 부담이 클 수 있는 반면, 탄소시장에서 거래되는 배출권 수량이 적어 투기성 탄소시장이 나타날 수 있다고 우려했다. 또한 탄소시장에서 잉여 온실가스배출권을 팔아 벌어들이는 이른바 '비영업소득'으로는 기업에 별 도움이 안 된다고 주장했다. 그 대신, 목표관리제는 온실가스감축목표의 달성 여부만 평가하고 과태료만 내면 되기에 정책이 간단하고 효율적이라고 생각했다. 감축 목표를 달성하지 못할 때 내는 과태료가 소액이라 기업 입장에서는 큰 부담이 아니었다.[5] 배출권거래제하에서 불확실한 온실가스 가격의 위험에 노출되기보다는 목표관리제에 따라 명확한 과태료를 부담하는 것이 더 낫다고 기업은 판단했다.

지속가능경영원 관계자에 따르면 배출권거래제의 온실가스감축목표는 목표관리제보다 강력할 수 있는데, 이는 목표관리제와 달리 배출권거래제의 경우 기업이 탄소시장에서 추가 배출권을 구매할 수 있어 더 높은 온실가스감축목표 설정이 가능하기 때문이다. 반면, 목표관리제하에서 온실가스감축목표는 정부와 기업 간 협상이 가능하여 기업에 유리하게 목표를 설정할 수 있다. 목표관리제의 과태료는 온실가스배출량이 아니라 온실가스감축목표 달성 실패 횟수에 따라 정해진다. 반면, 배출권거래제의 과징금

5 과태료는 1차 위반 시 300만 원, 2차 위반 시 600만 원, 3차 위반 시 1000만 원이다.

은 초과 온실가스배출량(Co2 eq)에 비례한다. 따라서 목표관리제가 산업계에 훨씬 더 유리하다. 이런 관점에서 기후변화행동연구소와 에너지기후정책연구소 등 환경단체들은 목표관리제의 규제 강화를 정부에 촉구했다.

정리하면, 목표관리제는 직접규제임에도 불구하고 산업계에는 최상의 기후정책 방안이었다. 목표관리제의 과태료 부담이 적고, 온실가스감축목표도 배출권거래제에 비해 약할 뿐만 아니라 정부와 협상을 할 수 있어 산업계는 목표관리제를 두려워하지 않았다. 목표관리제의 낮은 수준 규제는 정부와 제조업의 긴밀한 관계에 바탕을 두고 있었다.

탄소세 기각

이명박 정부는 2008년 말 탄소세를 기후변화 정책으로 고려했다(홍인기, 2011). '저탄소 녹색성장 기본법'은 배출권거래제와 목표관리제뿐만 아니라 환경세도 포함했다. 또한 2010년 4월 8일 이만희 환경부 장관은 2012년까지 탄소세를 도입하겠다는 계획을 발표하면서 기획재정부와 탄소세를 협의하고 있다고 말했다. 기획재정부는 에너지세 강화에 동의했지만, 프랑스나 일본 등의 국가에서 실패한 사례에 비춰 탄소세가 시기상조라 판단했다. 지식경제부는 기업의 세금 부담을 우려해 탄소세에 반대했다.

이명박 정부가 탄소세를 거부한 데는 몇 가지 이유가 있었다. 첫째, 배출권거래제가 탄소세보다 국제적으로 많이 채택한 정책이라는 점을 들 수 있다. 이명박 정부가 선진국과 개발도상국의 가교 역할을 하고 싶어 했기 때문에, 정부는 교토의정서에 의해 선택된 배출권거래제를 선택할 가능성이 컸다. 둘째, 보수 정부인 이명박 정부가 감세정책을 국정 기조로 채택하고 있었기에 새로운 에너지세 신설을 꺼렸다. 셋째, 산업계와 국민의 조세 저항에 대한 정부의 우려를 들 수 있다. 당시 산업계뿐만 아니라 국민들도 탄소세보다 배출권거래제를 더 선호했다. 고유가 상황에서 유류세 인하를 요구하는 여론이 강했다.

이명박 정부가 탄소세를 기각한 뒤에도 이 의제가 사라지지 않았다. 산업계는 배출권거래제보다 탄소세에 더 비판적이었지만, 두 정책 모두 근본적으로 반대했다(지속가능경영원, 2009). 산업계는 한국의 에너지 소비 대비 조세부담이 다른 나라보다 높다고 주장했다(지속가능경영원, 2011). 이와 관련해 2006년 한국은 OECD 30개국 중 터키에 이어 2위를 차지했고, 2009년에는 OECD 34개국 중 5위를 차지했다(OECD, 2008).

에너지세를 도입하는 유일한 방법은 기업의 총세금 부담을 동결하는 '조세 중립'을 유지하는 것이라고 산업계는 주장했다. '조세 중립'이란 이를테면 기업이 탄소세 부담을 질 경우, 소득세나 법인세 중 하나를 탄소세만큼 상응하게 인하하여 기업의 총세금 부담액은 증가하지 않도록 해야 한다는 것이다. 그렇지 않으면 탄소세는 에너지 다소비 산업인 제조업의 국제 경쟁력을 약화해 궁극적으로 국가경제에 큰 부담이 된다고 산업계는 주장했다.[6]

탄소세의 도입은 배출권거래제와 목표관리제의 효과적인 시행 이후 단계적으로 검토할 수 있다고 산업계는 주장했다. 기업이 배출권거래제, 목표관리제, 탄소세의 모든 부담을 져서는 안 된다는 것이다. 모든 산업 부문에 같은 세금을 부과하는 것보다 조세부담의 과세 형평성이 중요하다고

---

6 지속가능경영원은 이산화탄소 1톤당 25유로(32,828원)의 탄소세를 부과하면 철강제품 가격이 4.53% 오를 것이라고 주장했다. 2005년 국내총생산(GDP)당 제조업 비중은 한국(28.9%), 일본(22.2%), 미국(13.8%) 등이었다. 2005년 산업 부문의 에너지 소비 비중은 한국(55.2%), 일본(38.7%), 미국(25.9%) 등이었다. 지속가능경영원은 2013년까지 CO2 1톤당 50달러의 탄소세를 부과하면 제조업 총생산이 2.5% 감소할 것으로 예상했다(지속가능경영원, 2010).

산업계는 주장했다. “전 산업에 걸쳐 같은 탄소세를 부과할 경우 산업별로 상이한 탄소배출량 감소 효과와 산출량 및 고용감소 효과가 발생하는 것을 볼 때, 향후 탄소세 도입을 고려할 때는 산업별로 탄력적인 세율을 적용하는 방향으로 접근”할 필요가 있다고 산업계는 주장했다(지속가능경영원, 2010: 21).

탄소세에 대한 환경시민단체의 관심도 제한적이었다. 시민단체들은 탄소세의 장점을 주장하면서도 탄소세의 사회적 합의 가능성을 크게 보지 않았다. 환경정의는 탄소세가 가장 효율적인 선택이었지만, 정책 집행에서 어려움에 봉착할 수도 있다고 주장했다. 탄소세에 우호적이었던 시민단체는 에너지기후정책연구소다. 이 연구소는 탄소세를 적극적으로 지지하면서 배출권거래제의 정책적 복잡성과 이 제도가 초래할 수 있는 불평등을 우려했다. 물론 탄소세도 역진세의 특성이 있어 저소득층에 더 많은 부담을 줄 수 있다. 이에 에너지기후정책연구소는 탄소세의 누진성을 강화하거나 특정 기업에만 탄소세를 부과한다든지, 또는 탄소세 세수로부터 얻은 이익을 저소득층에 재분배하는 방식으로 이 문제를 해결할 수 있다고 주장했다.

또 다른 시민단체인 경실련 사회갈등해소센터는 탄소세 도입 이전에 해결되어야 할 여러 가지 문제점을 지적했다(경실련 사회갈등해소센터, 2011). 첫째, 한국 에너지 세제는 에너지 정책의 수단이 아닌 물가안정, 산업지원, 사회정책 수단으로 활용되어 왔다. 둘째, 한국 에너지 세제의 과세 기준이 너무 복잡해서 온실가스배출 같은 사회적 비용을 정확하게 반영할 수 없다. 셋째, 과세 대상이 수송용에 지나치게 집중하고 있고, 온실가스를 더 배출하는 산업 및 발전용 에너지에는 아주 적은 세금을 부과한다. 이 단체는 탄소세에 의한 분배의 역진성을 극복하고, 탄소세의 사회적 수용성을 개선하기 위해 에너지 복지 시스템을 구축해야 한다고 주장했다(경실련 사회갈등해소센터, 2011: 15).

정리하면, 이명박 정부는 결국 탄소세를 도입하지 않았다. 당시 고유가에 따른 유가상승에 대한 기업과 국민의 우려도 있었지만, 가장 중요한 이유는 탄소세가 이명박 정부의 감세정책과 맞지 않았기 때문이다. 기획재정부는 환경부가 제시한 탄소 세제 개편안을 망설였다. 이 부처는 기본적으로 탄소세에 동의했지만 청와대가 엄격한 감세정책을 유지하고 있었기 때문에 탄소세 도입에 대해 유보적인 태도를 보였다. 2014년도에도 국회에서 탄소세를 논의했지만 박근혜 정부는 적극적이지 않았으며, 이후 문재인 정부도 마찬가지였다.

배출권의 할당 정치

온실가스배출권의 총량이 제한된 상황에서 배출권의 할당은 대상 기업 간 제로섬 관계 속에서 이뤄진다. 즉 일부 기업의 할당이 늘어나면 다른 기업의 할당은 줄어든다. 따라서 배출권 할당 갈등은 기업 간 또는 부문별 이익집단 정치를 생산한다. 더불어 배출권의 무상할당은 기업에 온실가스 감축 의무를 유예함으로써 산업계와 환경단체의 갈등을 초래한다. 2010년 11월부터 2012년 5월까지 '저탄소녹색성장기본법'은 **표 2-3**과 같이 최종 제정되기까지 3번의 개정을 거쳤다. 이 개정 과정에서 이명박 정부는 산업계의 요구를 받아들여 단계적으로 무상할당률을 높였다. 첫 번째 계획 연도의 무상할당률은 2010년 법안에서 90% 이상이었으나 결국 법 시행령에서 100%가 됐다. 또 2010년 법안에서는 3차 계획 연도의 무상할당률이 0%였으나 시행령에서는 90% 미만이 됐다. 또한 최종 통과된 법에서는 무역 집약도와 탄소 집약도가 높은 기업에게 예외적으로 무상할당이 허용됐다. 이런 무상할당의 증가는 이명박 정부와 제조업체의 밀접한 관계에 바

표 2-3 온실가스배출권 할당 및 거래에 관한 법률안의 변화

하위 정책	입법예고안(2010)	정부 수정안(2011)	법률공포안 (2012)	시행령(2014)
무상할당	· 1차 계획 기간: 90% 이상 · 2차 계획 기간: 대통령령에서 규정 · 3차 계획 기간: 0%	· 1차 계획 기간: 95% 이상 · 2차 계획 기간 이후: 대통령령에서 규정	· 2차 계획 기간까지: 95% 이상 · 3차 계획 기간: 대통령령에서 규정 · 무역 집약도 및 탄소 집약도를 고려해 민감한 기업을 위한 무료 할당 근거 신설	· 1차 계획 기간: 100% · 2차 계획 기간: 97% 1) 민감 업종 무상할당: 무역 집약도 30% 이상 2) 탄소 집약도 30% 이상 3) 무역 집약도는 10% 이상, 탄소 집약도는 5% 이상
과다 온실가스 배출 과징금/톤 CO2 eq	해당 이행 연도의 배출권 평균 시장 가격 5배 미만(최대 과징금 100만 원 미만)	해당 이행 연도의 배출권 평균 시장 가격의 3배 미만 (최대 과징금 삭제)	10만 원 이내 한도에서 해당 이행 연도의 배출권 평균 시장가격의 3배 미만	10만 원 이내 한도에서 해당 이행 연도의 배출권 평균 시장가격의 3배 미만
제삼자 사업 (즉, 금융 사업)의 제한	제한 없음	2018년까지 탄소 시장 참여 금지	2021년까지 탄소시장 참여 금지	

당을 두었다.

무상할당 비율의 변화는 산업계와 시민단체의 갈등을 불러일으켰다. 산업계는 2차 계획 연도(2018~2020)까지 무상할당을 요구하는 것을 넘어, 당시 사회경제적 환경을 고려해 2차 계획 연도에 가서 3차 계획 연도의 무상할당률을 결정해야 한다고 주장했다. 2012년 8월 6일 대한상공회의소 등 5개 경제단체와 주요 업종별 17개 협회는 국무총리와 대통령에게 산업계 공동건의문을 제출하고 배출권거래제 대상 기업의 조기 적응과 비용 절감을 위해 배출권 무상할당 기간을 기존 2015~2017년에서 2020년까지 연장해야 한다고 주장했다.[7]

7 이 서신에서 배출 허용량 3%를 구매하면 매년 4조 5,000억 원이 소요되며, 10%를

배출권 할당 정치는 한국 경제의 특수성과 유럽연합 경제와 한국 경제의 구조적 차이를 보여준다. 한국은행(2014)에 따르면 2010년 한국 경제의 제조업 비중이 OECD 20개국 중 가장 높았다.[8] 따라서 산업계는 무상할당 비율의 인상을 주장하면서 한국 경제의 구조적 특수성을 강조했다. 당시 중국·일본·대만 등 경쟁국은 배출권거래제를 시행하지 않았기 때문에, 유상 할당은 특히 디스플레이 업종에서 한국 기업들의 국제경쟁력을 약화시킬 것이라고 산업계는 주장했다. 발전업종의 경우에는 배출권거래제로 인한 생산비 상승이 소비자에게 직접 전가되기 때문에 완전 무상할당이 타당하다고 산업계는 주장했다.

이와는 대조적으로, 환경단체들은 무상할당 비율을 줄이고 100% 유상할당이 궁극적으로 이뤄져야 한다고 주장했다. 2012년 8월 28일 녹색연합, 환경운동연합, 기후변화행동연구소 등 38개 환경단체는 유상할당 비율을 재조정하고, 100% 무상할당 기준을 재검토해야 한다고 정부에 요구했다. 그들은 1차 계획 연도(2015~2017) 동안 실시되는 100% 무상할당 때문에 온실가스 감축을 기대할 수 없다고 주장했다. 1차 법안부터 최종 시행령으로 가는 과정에서 산업계 로비 때문에 배출권의 유상할당률이 낮아지고 있다고 시민단체는 비판했다. 환경단체들은 일부 기업들이 과도한 배출권 무상할당으로 인해 오히려 우발적인 이익을 얻을 것이라고 비판했다. 그들은 유상할당이 국가 재정을 증가시키고 정부가 시장 정보를 얻는 데 도움을 주며 일부 기업의 독점을 막을 수 있다고 주장했다. 또 유럽연합의 배출권거래제 1차 계획 기간에서 초과 할당 문제가 나타났다는 것을

유상 배출권으로 구매하면 매년 14조 원의 추가 비용이 발생할 것이라고 추정했다.

8 2010년 기준 한국산업의 제조업과 서비스업의 상대적 비율은 49.3% 대 40.3%이며, OECD의 경우 26.2% 대 56.4%이다(한국은행, 2014).

지적하면서 유럽처럼 이 문제를 굳이 반복할 필요가 없다고 시민단체들은 지적했다.

무역 집약도 또는 탄소 집약도가 높은 민간 업종에 대한 정부의 무상할당 기준을 비판하면서, 환경단체들은 유럽연합과 한국의 경제구조의 차이를 강조했다. 시민단체들은 유럽연합의 경제는 내수가 강하지만 한국 경제는 무역의존도가 높다고 주장하면서, 한국 정부가 유럽의 민간 기업 기준을 벤치마킹할 때 유럽과의 산업구조적 차이를 고려하지 않았다고 비판했다. 그래서 유럽연합 기준을 한국에 적용하면, 한국의 대부분 대기업이 100% 무상할당 대상으로 편입될 것이라고 비판했다. 환경단체들은 100% 무상할당 대상 민간 업종의 선정은 3차 계획 연도에 가서 검토하고 수출 대기업과 발전 산업이 100% 무상할당 업종에 포함되지 않도록 해야 한다고 주장했다. 하지만 배출권거래제의 최종적인 설계에서 시민단체들의 이런 견해는 대체로 배제됐다.

요약하면, 배출권의 할당 규칙은 제조업종 대기업의 이익에 유리하도록 고안됐다. 이 규정의 규제 완화는 정부와 대기업 제조업체의 긴밀한 관계에 바탕을 두었다. 더욱이 **표 2-3**과 같이 민간 금융업계의 탄소시장 참여를 금지하는 정책은 대기업 제조업체의 요구로 만들어졌으며 2021년까지 유지됐다. 이명박 정부는 환경단체의 견해 또한 받아들이지 않았다.

4. 제도적 접근법으로 다시 보기: 발전국가의 경로의존성

지금까지 이해관계 접근법을 통해 이명박 정부의 기후변화 정책을 살펴봤다. 이해관계 접근법은 제도적 접근법과의 결합을 통해 그 결과의 타당성을 더 높일 수 있다. 이 절은 역사 제도주의의 '경로의존성' 개념을 활용해 기후변화의 이익집단 정치가 제도적·역사적 환경 속에서 일어난다는 점을 이야기할 것이다. '경로의존성'이란 과거 제도가 이어지는 제도에 끼치는 역사적 영향을 말한다. 빅터 니(Victor Nee)는 이를 "후속적인 개발 및 제도 환경 변화의 초기 조건에서 발생하는 잠금 효과(locking in effects)"로 정의한다(Nee, 2005: 66). 한국에는 1960년대 박정희 군사정권 이후 지속되어 온 '발전국가(developmental state)'의 경로의존성이 있다(Johnson, 1987; Amsden, 1989; Woo-Cumings, 1999; Chung and Kirkby, 2002; 김형아, 2005; Park, 2011). 발전국가의 전통은 국가경제를 활성화하기 위해 시장을 관리하고, 관료와 재벌 기업의 긴밀한 관계를 증진하는 한편, 노동운동을 억제하며 시민단체를 정부 정책 결정과정에서 배제하는 것이다(Chung and Kirkby, 2002; 김형아, 2005). 발전국가의 '경제발전주의'는 이명박 정부의 기후변화 정책에서 '환경발전주의'로 나타났다. 환경발전주의는 새로운 녹색 성장 동력의 추구, 정부 관료와 제조업의 긴밀한 관계, 시민단체와 노동단체를 정책 결정에서 배제하는 것을 말한다.

2008년 8월 연설에서 이명박 대통령은 기후변화와 고유가에 대응하고 국가 발전의 원동력을 확보하기 위해 "저탄소 녹색 성장"이라는 구호를 주창했다. 저탄소 녹색성장은 환경보호와 경제성장을 동시에 달성하고자 환경과 경제의 공생을 추구하는 것이다. 이 대통령은 녹색성장은 온실가스 및 환경오염을 줄이기 위한 지속가능발전이라고 말했다. 녹색기술과 청정에너지로 새로운 성장 동력과 새로운 일자리를 창출하는 것이 국가 발전의 새로운 패러다임이라고 덧붙였다.

이명박 대통령의 철학은 박정희 대통령 이래로 내려온 경제발전주의에 깊이 뿌리를 박고 있었다. 그는 스스로 박정희 전 대통령의 추종자라고 밝혔다. 그는 1960년대 후반 경부고속도로 건설사업 등 박정희 정권의 현대화 사업에 중심적 역할을 했던 현대건설 사장을 지낸 바 있다. 대통령 되기 전 서울시장으로 재직했으며, 서울 청계천 개발 프로젝트를 통해 전국적인 명성을 얻었다.

2008년 경제위기에 대처하고 기후변화 영향에 적응하기 위해 논란이 많은 '4대강 복원사업'을 수립했다(Han, 2015). 이 프로젝트는 사실 4대강에다 운하를 건설하려는 '한반도 대운하 사업'에서 비롯됐다. 환경단체들의 거센 비난에 직면하자, 이명박 정부는 이 사업의 이름을 '4대강 복원사업'으로 바꾸고 비판을 회피하기 위해 기후변화 적응 사업으로 개편했다. 그러나 2013년 감사원은 '4대강 복원사업'이 나중에 '한반도 대운하 사업'을 하기 위한 사전작업이었다고 결론을 내렸다. 이 사업으로 보가 물 흐름을 막는 바람에 녹조 등 환경 피해가 나타났다. 그러나 이명박 정부는 녹색성장을 내세워 이를 정당화함으로써 이 사업에 참여하는 건설회사에게 막대한 정부 지원을 할 수 있었다. 이명박 정부의 '그린 뉴딜' 아이디어는 이후 국제적으로 알려졌다. UN 환경 프로그램은 경제위기에 대처하기 위한 녹색성장의 발상에 큰 박수를 보냈다(진상현, 2013; UNEP, 2009a, 2009b)

경제발전주의는 이명박 정부의 기후변화 정책 설계에서 선도적인 원칙으로 남아 있었다. 새로운 '녹색' 성장 동력을 추구하면서도 이명박 정부는 제조업체들을 계속 지원했다. 노동계와 환경단체는 기후변화 정책의 설계 과정에서 거의 전적으로 제외됐다. 그 결과 이 법은 에너지 복지에 관한 규정이 없으며, 기후변화 정책의 여파로 발생할 수 있는 고용 문제도 다루지 않는다. 이 모든 정책은 박정희 정권의 발전국가 모델에서 물려받았다고 볼 수 있다.

녹색성장의 한국적 정의는 지속가능발전 개념과 다르다(이상헌, 2009; 윤순진, 2009; 진상현, 2013).[9] 지속가능한 개발은 성장의 문제점을 강조하지만, 녹색성장에서는 환경보호보다 경제성장이 우선한다. 그래서 기후변화 산업을 신성장동력으로 간주한다(이상헌, 2009; 윤순진, 2009). 녹색성장 개념에서 녹색의 의미는 저탄소 배출, 에너지 효율, 친환경주의 세 가지 개념과 관련한다. 여기서 '녹색' 개념은 세 가지 개념의 교집합이 아니라 합집합이다. 이 중 하나만 충족하더라도 '친환경'으로 인정될 수 있다. 즉 어떤 기술이 온실가스배출량이 적고 에너지 효율이 높다면 환경적으로 안전하지는 않더라도 녹색기술로 간주할 수 있다. 예를 들어 원자력산업은 저탄소녹색성장기본법의 초안이 발표됐을 때 '녹색 사업'으로 정의됐다. 물론 나중에 환경단체의 반발로 입법 절차에서 제외됐다. 김종신 전 한국수력원자력 사장은 원자력산업이 녹색성장에 필수적이라고 주장했다(진상현, 2013).[10]

또한 녹색성장과 지속가능발전 개념의 차이는 사회적 평등과 관련한다. 윤순진(2009)에 따르면 지속가능발전 개념은 경제성장과 환경보호, 사회정의 등을 모두 포함하는 발전을 의미한다. 하지만 녹색성장 개념은 경제성장과 환경보호의 양립에 초점을 맞추며 사회정의를 고려하지 않는다. 저탄소녹색성장기본법은 누가 성장으로 이익을 얻는지, 누가 환경보호 비용을 부담하는지, 누가 환경보호를 통해 이익을 얻는지 등 사회적, 세대 간 정의의 문제를 소홀히 한다. 사실 이 법의 초안에서는 사회적 평등을 언급했으나 추후 최종 입법과정에서 삭제됐다.

이처럼 환경발전주의는 이명박 정부의 목표관리제, 탄소세, 배출권거래제의 정책 선택에서 강력하게 작동했다. 목표관리제의 낮은 수준의 규제는 낮은 수준의 환경규제와 강력한 경제 추진이 특징이었던 발전국가 유

---

9 저탄소·녹색성장의 아이디어에 대한 자세한 역사는 진상현(2013)과 Kim and Thurbon(2015) 참조.

10 2022년 6월 유럽연합은 원자력기술을 녹색기술로 간주하고 녹색분류체계(green taxonomy)에 포함시켰다. 단, 조건으로 사고저항성 핵원료를 사용해야 하며, 2050년까지 고준위방사능폐기물 처분장을 건설해야 한다.

산을 특징으로 한다. 목표관리제 규제 완화는 정부와 제조업체들의 긴밀한 유대 관계에서 비롯됐으며 환경발전주의의 존재를 보여준다. 탄소세를 배제하게 된 이명박 정부의 감세정책은 산업계의 부담을 덜어주기 위한 정책이기 때문에 발전국가의 특성으로도 볼 수 있다. 마지막으로 무상 배출권 할당의 증가는 이명박 정부와 제조업체들의 밀접한 관계에 바탕을 두며, 이 또한 환경발전주의의 강력한 증거다.

5. 마무리

제2장에서는 기후변화 정책 설계를 둘러싼 사회적 갈등을 이해관계 접근법을 통해 살펴봤다. 기후변화 정책을 둘러싸고 거대 양대 정당들이 어떠한 갈등을 초래하지 않았다는 점에서 이명박 정부의 기후변화 정책은 정당정치의 특성을 갖지 않았다. 그 대신, 정부 내 부처들의 갈등과 산업계와 환경단체의 갈등을 촉발했다. 발전기업과 제조업이 산업계의 가장 강력한 이익집단이었으며, 금융업은 대표성이 부족했고 환경단체 또한 그러했다.

이명박 정부 기후변화 정책의 이익집단 정치는 발전국가의 제도적 유산과 상보적이었다. 그 제도적 유산으로서 환경발전주의는 이명박 정부의 기후변화 정책 설계에서 배태됐다. 환경발전주의는 새로운 '녹색' 성장 동력의 강한 열망, 정부 관료와 제조업의 긴밀한 관계, 에너지 및 노동 복지 정책의 부재, 기후변화 정책의 설계과정에서 환경단체와 노동단체 배제를 특징으로 한다. 탄소세의 기각뿐만 아니라 목표관리제와 배출권거래제의 설계는 환경발전주의의 존재를 강하게 나타낸다.

기후변화 정책은 산업계의 장기적이고 고된 에너지 전환을 요구한다. 하지만 이명박 정부는 기후변화 정책의 입법과정에서 산업계를 위해 규제를 완화했다. 녹색성장 개념은 4대강 복원사업에서 산업계에 대한 지원을 가리는 '연막'으로 사용됐다. 이명박 대통령은 2008년 세계경제위기 상황에서 국가경제를 활성화할 수 있는 신성장동력을 찾기 위해 기후변화를 이용했다. 이 신성장동력이 녹색이냐 아니냐 하는 것은 그에게 그다지 중요하지 않았다. 오늘날 '기후 악당'이란 한국의 오명은 이명박 정부의 기후변화 정책이 설계될 때부터 이미 예정되어 있었다.

2021년 8월 문재인 정부는 2050년 탄소중립을 목표로 '탄소중립·녹색성장 기본법'을 제정했다. 이 법안에는 여전히 '녹색성장'이란 단어가 남아 있다. 기후위기비상행동은 이명박 정부와 마찬가지로 문재인 정부도 환경보다 성장과 이윤에 더 초점을 맞추는 것이 아닌지 의문을 제기했다. 2021년 8월 7일에 출범한 탄소중립시민회의를 통해 정부는 '탄소중립·녹색성장 기본법'의 목표를 달성하기 위한 세 가지 시나리오에 대해 폭넓은 의견을 수렴하고자 했다. 하지만 이 시나리오가 나오자마자, 2021년 8월 6일 기후위기비상행동은 이 중 2개의 시나리오는 탄소중립에 도달하지 못할 시나리오라고 비판했다. 특히 이 시나리오가 기후변화를 위해 우리 사회의 고통을 감내하는 방식이 아니라 탄소포집 저장기술 같은 불확실한 미래 기술의 발전에 기초하고 있어 이명박 정부의 녹색기술 혁신과 유사하다고 비판했다. 이미 감축 시나리오가 주어진 상황에서 탄소중립시민회의가 추진하는 시민 토론과 설문이 형식적 민주주의를 통한 정책 합리화가 아닌 새로운 정책 변화를 가져올지는 계속 지켜봐야 한다.

캠프 캐럴 갈등 거버넌스와 주한미군지위협정

스티브 하우스(Steve House)는 1978년 2월부터 1년간 경상북도 칠곡군에 있는 캠프 캐럴 미군기지에서 공병대대 건설 중장비 기사로 일했다. 30년 후 그는 15개의 질병을 앓았는데 그중 2개가 고엽제와 관련이 있을 것으로 의심됐다. 2011년 5월 16일, 스티브 하우스를 포함한 세 명의 미 퇴역군인은 미군이 고엽제를 포함한 수백 드럼의 화학물질을 캠프 캐럴에 매립했다고 주장했다. 하우스는 "베트남 지방, 컴파운드 오렌지(Province of Vietnam, Compound Orange)"(Kirk and Ahn, 2011)라고 적힌 55갤런짜리 드럼통을 묻기 위해 땅을 파라는 명령을 받았다고 밝혔다. 이 증언이 언론에 공개되자 현지 주민들과 시민 환경단체들은 고엽제 매립 의혹에 대한 진실을 요구했다. 한국 정부는 이 문제를 다루기 위해 2011년 5월 20일 '정부대응T/F'를 구성했다. 이와 함께 한국 정부와 미군은 '한미공동조사단'을 구성해 캠프 캐럴 기지를 방문하고 고엽제 매립 여부를 확인하기 위한 과학적 조사활동을 했다. 그리고 이 조사를 진행하는 동안 미군, 정부, 주민, 환경단체 간 다양한 갈등이 발생했다.

* 이 장은 Kim(2015)과 김은성(2012b)의 내용을 수정·보완했다.

캠프 캐럴 사건은 단순한 환경 갈등이 아니라 한미 간 군사 관계와 매우 밀접한 관계가 있었다. 1950년 한국전쟁 이후 남한과 북한이 대치한 상황에서 미국은 한반도에 장기간 주둔해 왔다. 그동안 미군기지와 관련된 다양한 사회적·환경적 갈등이 일어났다. 예를 들어 2000년 2월 서울 용산미군기지에서 시체 보존용으로 사용된 독극물인 포르말린이 배수구를 통해 한강으로 대량 유출되어 큰 사회적 문제가 된 적이 있으며, 이후 봉준호 감독의 영화 〈괴물〉의 소재가 되기도 했다. 이 사건은 주한미군지위협정(Status of Forces Agreement: SOFA) 관련 논쟁을 불러일으켰다. 캠프 캐럴 사건은 2000년 이후 추진되어 온 주한미군기지 재편 계획과 연관되며, 주한미군기지 반환 협상 및 환경오염을 둘러싸고 벌어진 갈등을 가늠할 수 있는 중요한 사례다.[1] 캠프 캐럴 기지는 반환되는 미군기지에 포함되지 않지만 개편되는 미군의 주요 핵심 거점으로 지속·유지될 예정이어서, 이 사건은 지역 거점으로서 미군기지의 유지와 관련된 핵심적인 사안이었다.[2] 이 사건은 한국 정부가 최초로 미군기지 내부에 진입해 환경영향 조사를 시행한 만큼, 향후 미군기지 환경오염과 관련된 문제 해결의 중요한 기준이 될 수 있었다.

1 주한미군은 현재 연합토지관리계획(Land Partnership Plan: LPP) 및 용산기지 이전계획(YRP) 등을 통해 산발적으로 퍼져 있는 미군기지를 통폐합하고, 캠프를 허브 기지로 설정한 새로운 주한미군 개편 계획을 추진했다. 핵심 지점은 평택 미군기지로 알려졌으며 군산에도 캠프가 있고, 영남의 경우는 캠프 캐럴 기지가 핵심 허브다. 2000년 이후 한미 양국은 주한미군기지의 반환과 관련한 환경 조항을 마련하고 협상을 추진했다. 2003년 한미 양국은 미군 반환지·공여지 환경조사와 오염 치유 협의를 위한 절차 합의서를 마련해 시행했다. 그 결과 반환되는 미군기지의 환경 치유는 미군 측이 맡고, 공여하는 미군기지는 한국 측이 맡기로 한 절차에 합의했다. 2006년 7월 제9차 한미안보정책구상회의에서 15개 미군기지 반환이 최종 확정됐다(주한미군 고엽제 등 환경범죄 진상규명과 원상회복 촉구 국민대책회의, 2012).

2 주한미군은 북서부(평택) 거점과 남동부(대구) 거점 2개 거점으로 이전했다.

이 장은 캠프 캐럴 사례에서 발생한 거버넌스 갈등을 이해관계 접근법을 통해 분석한다. 캠프 캐럴 사태와 관련한 관료적 갈등관리와 참여적 거버넌스의 갈등을 다루면서, 지방자치단체와 환경단체의 참여가 배제되고 중앙정부의 관료적 갈등관리가 우세했던 이유를 설명한다. 중앙정부의 관료적 갈등관리를 분석하기 위해 범부처 대응 시스템, 부처 간 중간 조직인 정부 합동지원반의 역할, 정부의 대언론 통합 대응 시스템을 분석한다. 다음으로 중앙정부의 관료적 갈등관리에 반발한 지방자치단체와 시민단체들의 활동을 분석한다. 끝으로 제도적 관점에서 한미 SOFA 조항이 캠프 캐럴 사건의 거버넌스에 미친 영향을 살펴본다. 이 장은 이해관계 접근법과 제도적 접근법의 혼합적 교차 사례다.

1. 거버넌스

전통적인 거버넌스 모델은 관료주의에 기초한다(Weber, 1987; Held, 1987: 151; 박진우, 2017). 관료주의는 위계적 관계에서 작동하는데, 피라미드형 조직구조에서 명령 및 통제의 방식으로 서열이 낮은 하위집단에 필요한 작업과 권한을 할당하는 것을 말한다. 다시 말하면 최고 권력자가 더 적은 권력을 가진 보다 큰 하위집단의 작업과 행동에 엄격한 제한을 가하고, 다시 이 집단이 더 적은 권력을 가진 더 큰 하위집단의 행동을 지시하고 감독하는 것을 말한다. 관료제는 중앙집중식 계획, 하향식 의사결정 절차, 권위의 피라미드 내에서 단방향의 의사소통 방식으로 특징짓는다. 관료주의는 이질적인 조직보다는 동질적인 조직에서 더 잘 작동하는 경향이 있다. 그러나 정부의 규모가 커짐에 따라 다양한 조직이 행정에 참여하면서 조직의 이질성이 증가하고, 관료주의에 의한 행정의 비유연성이 증가하면서 관료주의는 비판을 받게 된다. 게다가, 특수한 이익집단의 지속적인 성장은 정부에 대한 대중의 신뢰를 떨어뜨리고 관료주의의 효과를 위협한다(Lindblom and Woodhouse, 1993).

이에 따라 최근 수십 년 동안 중앙정부의 권한은 지방자치단체와 시민단체로 이양되었다. 이른바 "통치(government)로부터 거버넌스(governance)로"라는 구호가 1990년대 후반부터 공공행정에서 유행했다. 물론 오늘날 거버넌스의 정의는 신공공관리론, 기업적 거버넌스, 참여적 거버넌스(Ansell and Gash, 2008) 등 새로운 거버넌스뿐만 아니라 구거버넌스인 전통적 관료주의를 포함하는 광의적인 의미를 갖는다. 참여적 거버넌스는 관료주의의 실패에 대응하고 이익집단들의 적대적 다원주의와 신공공관리론의 대안으로 등장했다(Ansell and Gash, 2008). 참여적 거버넌스의 기본 개념은 국가와 비국가행위자에 의한 공동 통치(co-governing)다. 참여적 거버넌스는 계층적 하향식 의사결정 대신 수평적·상호의존적 네트워크를 사용해 정부와 비정부 행위자들의 참여를 통한 공유 거버넌스(shared governance)를 추진한다. 학자들은 참여적·협력적 거버넌스를 위해서는 몇 가지 조건이 필수적이라고 주장한다. 크리스 앤설(Chris Ansell)과 앨리슨 개시(Alison Gash)와 대니얼 피오리노(Daniel Fiorino)에 따르면, 참여적 메커니즘은 선출된 공무원, 임명된 행정가, 이익집단 대표 또는 기술적 전문가뿐만 아니라 비정부 시민단체, 심지어 아마추어도 의사결정에 직접 참여해야 한다(Ansell and Gash, 2008; Fiorino, 1990). 또한 참여적 거버넌스는 실제로 합의가 이뤄지지 않은 경우에도 참여자들의 공감대를 바탕으로 대면 토론과 집단적 의사결정을 할 수 있는 기회를 제공해야 한다.[3]

3 앤설과 개시(Ansell and Gash, 2008)에 따르면 행정학에서 민관협력, 대중 상담(public consultation)이라는 용어가 사용되는데, 실제 이들은 협력적 거버넌스 개념

이 장은 캠프 캐럴 사건에서 환경단체의 요구에 중앙정부가 어떻게 대응했는지를 살펴봄으로써 관료주의와 참여적 거버넌스의 갈등을 분석한다. 시민단체 대표의 한미공동조사단 참여 여부, 정부와 주민의 집단적·공유적 의사결정의 범위, 언론과의 소통 시스템 등을 분석한다. 또한 이 장은 정부 간 관계에 관한 광범위한 문헌을 기초로 한다(Elock, 1994; O'Toole, 2007; Wilson and Game, 1998; Wright, 1988). 이론적 차원에서 정부 간 관계는 다음과 같은 세 가지 모델로 구성된다.[4] 첫째는 지방정부가 자치권이 없는 계층적 명령·통제 모델, 둘째는 중앙과 지방정부의 역할이 구별되지만 필요한 경우 협업하는 협력 모델, 셋째는 중앙정부의 간섭 없이 지방정부가 자율적으로 기능하는 완전 자율 모델이다. 제3장은 정부 간 관계의 첫 번째 모델과 두 번째 모델의 충돌을 다룬다. 정부 간 관계의 세 번째 모델은 배제하는데, 그 이유는 캠프 캐럴 사건의 중심에는 한미 간 관계가 있고 그래서 이 사건에 대해 지자체가 완전한 자율권을 갖는 세 번째 모델은 사실상 불가능하기 때문이다.

과 다음 같은 차이가 있다. 첫째, 민관협력에도 협력이 있으나 그 목표는 합의를 기반으로 한 의사결정이 아닌 의사조정에 있다. 민관협력은 특정 서비스와 업무를 수행하기 위해 공공과 민간 부문 간 협정을 맺는 것이다. 민관협력 개념에 집단적 의사결정은 부차적이나, 협력적 거버넌스에서는 집단적 의사결정의 제도화가 필수적이다. 둘째, 상담은 이해관계자 혹은 초점 집단을 조사하는 것이며 쌍방향 소통과 숙의가 필요하지 않기에 협력적 거버넌스와 다르다.

4 정부 간 관계는 다양한 경로를 통해 만들어진다. ① 인적 상호작용(Anderson, 1960; Wright, 1988; Walters, 2007), ② 정책 네트워크(Rhodes, 1996), ③ 법률·정치·행정 관계(Walters, 2007: 348), ④ 정부 간 관계의 자문위원회의 역할 등이다(Walters, 2007).

2. 캠프 캐럴 사건

캠프 캐럴 기지는 주한미군 군수보급, 물자 저장 및 정비 등을 지원하기 위한 부대로 유기용제, 석유, 윤활유, 살충제, 제초제, 산업용 화학물질 등 유해물질과 폐기물을 40여 년간 부지 내에 보관했다. 고엽제 매립 의혹 지역으로는 41구역, D구역, 헬리패드 구역이 있다. 41구역은 화학물질을 최초로 보관한 장소이고 D구역은 유해폐기물 매립지이며 헬리패드 구역은 고엽제 매립 의혹이 제기된 장소다(**그림 3-1** 참조).

스티브 하우스, 리처드 클라머(Richard Cramer), 로버트 트레비스(Robert Travis) 등 퇴역 미군 세 명은 2011년 5월 16일 이 미군기지에 고엽제가 매몰됐다고 증언했다. 스티브 하우스는 당시 미국 정부와 소송을 진행하고 있었다. 그는 "주한미군이 1978년 고엽제 드럼통을 캠프 캐럴 영내에 매립했다"라고 폭로했고, 그의 증언을 한국 주요 언론이 보도했다. 당시 한국 정부는 한미 자유무역협정의 여파로 2008년 광우병 사태 같은 대규모 촛불 시위가 벌어질 가능성을 우려해 매우 신속하게 대응했다.

정부는 2011년 5월 20일 스티브 하우스의 증언 4일 만에 환경부·외교부·국방부·행정안전부 등의 고위공무원으로 '정부대응T/F'를 구성해 캠프 캐럴 사건 관련 부처의 입장을 조율하고 범부처 공동 대응 방안을 마련하기 시작했다. 정부는 지역주민 대표와 환경단체, 민간 전문가 등이 참여하는 민관합동조사단을 구성해 환경 영향 조사에 즉시 착수했다. 5월 20일부터 민관합동으로 부대 주변 지역을 조사했으며, 5월 23일 환경 전문가 및 지역주민 대표와 함께 기지를 방문했다. 5월 23일 존슨 미8군 사령관은 국무총리실을 방문해 정부대응T/F 팀장을 맡은 육동한 국무차장을 면담하고 한미공동조사에 적극 협조할 것을 약속했다.

SOFA환경분과위원회는 한미공동조사단을 구성하고 한국 측 단장

그림 3-1 캠프 캐럴 조사 지역

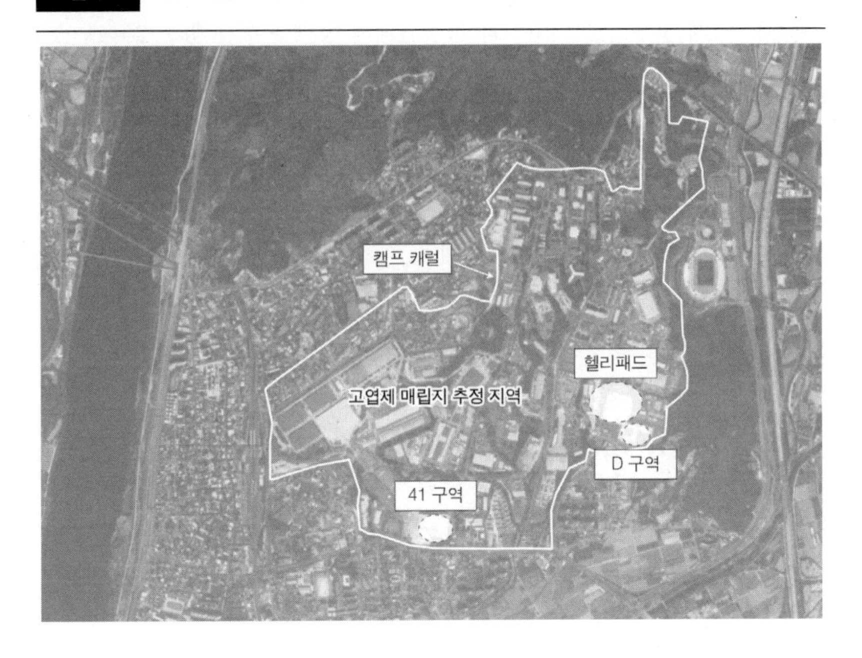

으로 옥곤 부경대학교 교수, 미국 측 단장으로 조지프 버치마이어(Joseph Birchmeier) 대령을 임명했다. 한국조사팀은 민간 전문가, 환경부, 국립환경과학원 전문가, 관계 부처, 지역주민 대표 등 총 15명으로 구성됐으며, 미군 측 전문가는 미 공병대 소속 엔지니어로 총 10명이 참가했다. 기지 내외 현장 조사는 한미 공동으로 시행하기로 하고, 퇴역 미군이나 엔지니어에 대한 인터뷰 조사는 미군 측이 담당했다. 이에 따라 5월 27일부터 캠프 캐럴 주변 지역에 대한 수질 및 토양조사를 시작으로 한미공동조사가 진행됐다.

현장 조사가 실시되기 전에 미국 측은 미 공병대와 삼성물산이 만든 캠프 캐럴 관련 기존 환경영향평가 보고서 2건을 한국 측에 제공했다(삼성물산, 2004; U.S. Army Corps of Engineers, 1992). 공동조사단은 이 보고서들을 토대로 캠프 캐럴 기지에 대해 지구물리탐사, 토양조사, 지하수조사를 실시했다. 이때 정부는 지역주민과 시민단체의 참관을 허용했다. 2011년 한미공동조사단은 총 4차례에 걸쳐(6월 16일, 7월 8일, 8월 5일, 9월 9일 등) 중간 조사 결과를 칠곡 군청에서 발표했고, 최종 조사 결과는 2011년 12월 29일에 발표했다. 조사단은 "과거 캠프 캐럴에 고엽제가 매립됐다는 것을 확인할 수 있는 어떠한 확실한 증거도 발견되지 않았"으며, "현재까지 고엽제와 관련된 건강위해성은 확인되지 않았다"라는 최종 조사 결과를 발표했다(한미공동조사단, 2011: 3). 더불어 캠프 캐럴에 매립된 독성폐기물이 고엽제를 포함하고 있는지는 과학적으로 확인되지 않았으며, 당시 매립된 폐기물은 1979~1980년에 다시 채굴하여 부산항을 통해 미국 유타로 호송해 폐기 처리했다고 발표했다.

한미공동조사와 별도로 한국 정부는 칠곡 주민들을 대상으로 주민 건강영향조사를 실시했다. 한미공동조사단에는 미국 측 입장을 고려해 녹색연합과 환경운동연합 등 환경단체 인사를 배제했으나, 2011년 8월 22일 정부대응T/F 회의에서 주민 영향평가의 투명성 제고를 위해 시민단체가 추천하는 전문가를 적극 포함하기로 했다. 2012년 2월 환경부는 캠프 캐럴 기지 인근 주민 1170명을 대상으로 건강영향조사를 실시했으며, 2012년 9월 환경부가 최종적으로 고엽제에 의한 관련 지역주민의 인체 노출 및 건강피해는 확인되지 않았다고 발표하면서 정부 조사는 종결됐다.

한편 시민단체들은 한미공동조사가 진행되는 동안 전국 및 광역 단위의 시민단체 연합체를 결성했다. 중앙 단위에서는 녹색연합을 중심으로 30여 개의 시민단체로 구성된 '주한미군 고엽제 등 환경범죄 진상규명과 원상회복 촉구 국민대책회의(이하 국민대책회의)'(2012)를 구성하고, 경북의 광역 단위에서는 대구경북진보연대를 중심으로 진보 단체로 구성된 '왜관 미군기지 고엽제 매립범죄 진상규명 대구경북대책위원회(이하 대구경북대책위원회)'(2012)가 만들어졌다. 칠곡에서는 주민대표로 구성된 '칠곡 민간대책협의회'가 만들어졌다. 이외 독자적으로 활동한 시민단체도 있는데, '대구경북녹색연합'은 정치적 활동을 하지 않는다는 단체의 기본 취지 때문에 대구경북대책위원회와 같은 진보적 연대조직에 참여하지는 않았다. 칠곡 지역의 베네딕트 수도회는 지역 주민단체와 외부 시민단체들의 협력에 중요한 역할을 수행했다. 정당으로는 주한미군의 주둔에 매우 비판적인 민주노동당이 적극적으로 참여했고, 스티브 하우스를 국내에 초청해 칠곡 지역을 방문하기도 했다. 시민단체들은 자체적인 조사팀을 구성해 캠프 캐럴 지역에 대한 사전 역학조사를 실시했는데, 국민대책회의 조사팀은 80여 개의 시민사회단체로 구성된 국민대책회의가 추천한 전문가로 구성했다. 이 조사팀은 캠프 캐럴 기지 주변지역의 주민을 대상으로 암, 백혈병 등의 발병 여부 관련 설문조사를 시행했다. 또한 시민단체들은 칠곡과 대구 지역에서 시위 및 촛불문화제를 15여 차례 개최하면서 캠프 캐럴 사건의 진실규명을 촉구했다.[5]

3. 한미 주한미군지위협정

캠프 캐럴 사건은 단순히 미군기지의 고엽제 매립 의혹의 사실 확인을 넘어 주한미군지위협정(SOFA)과 관련이 있다. 한미 주한미군지위협정(이하 SOFA)는 1966년 7월 9일에 체결됐다. 이후 1980년대 미8군에서 근무하는 한인 근로자 인권침해, 1992년 윤금이 살해 사건 등으로 미군 범죄의

5 대구경북대책위원회는 30번의 1인 시위와 15번의 촛불집회, 2번의 정치집회를 열었다.

형사재판권 불평등에 대한 비판 여론이 비등하면서 1991년과 2001년에 SOFA가 개정됐다.

SOFA 환경 조항은 2001년 개정 협정을 통해 신설됐다. 이는 당시 발생한 미8군 영안실의 독극물 포름알데하이드(Formaldehyde) 한강 방출 사건, 원주 캠프 롱의 폐유 무단 방류 사건으로 비롯됐다(유영재, 2011). SOFA 환경 조항은 환경보호의 중요성을 강조하고 미국 측이 우리 환경 법령과 기준을 존중하도록 규정되었다. 이 운영 지침은 2002년 1월 18일 이후에 발견된 통보가 필요한 수준의 새로운 환경 사고 대응과 반환, 공여하기로 지정된 시설과 구역에 대한 접근을 보장하기 위한 노력의 하나로 대한민국 환경부와 주한미군 공병참모부 간에 마련된 절차로서 정보교환, 공동 접근 및 조사절차, 오염 사고 후속 조치 평가, 언론보도 등을 다룬다. 이 조항에 근거해 '환경보호에 관한 특별양해각서'를 마련하고 "환경관리의 기준에 대한 검토, 환경 관련 정보 공유 그리고 공동조사를 위한 시설 및 구역에 대한 출입 절차의 마련, 환경 이행 실적의 평가 및 환경협의"에 대한 규정을 만들었다(이장희 외, 2001). 이 각서를 기초로 '환경정보 공유 및 접근 절차 부속서 A'가 2003년 5월에, 이후 2009년 3월에는 '공동 환경평가 절차서'가 만들어졌다.

캠프 캐럴 한미공동조사단도 이 지침에 따라 설립됐으며, 공동조사는 SOFA환경분과위원회 공동 위원장 중 1인이 서면 신청하고 상호 합의로 조사가 승인되면 수행할 수 있다. 공동조사는 "원인을 알 수 없는 환경 사고가 발생한 경우, 원인은 분명하나 그 피해 범위의 조사가 필요한 경우, 미군기지의 반환과 공여에 따라 환경문제가 발생할 것으로 예상되는 경우 등에 실시"한다. 이 절차를 통해 이뤄진 조사 결과를 언론에 공개하기 위해서는 SOFA환경분과위원회 한미 양측 위원장의 사전 승인이 필요하다. "SOFA환경분과위원회 한미 양측 위원장의 공동 승인이 이뤄지지 않았을 경우, 언론에 제공된 정보의 사본 또는 요약본을 사전에 상대방에게 전달하기 위해 모든 노력을 기울여야" 한다.

하지만 그동안 SOFA 환경 조항에 대한 비판은 많았다. 첫째, 독일-미국 SOFA의 경우 미군기지의 환경문제에 관해서 자국의 법률이 적용되나 한미 SOFA의 경우는 토양환경보전법 등 한국의 환경 법규가 적용되지 않는다(유영재, 2011). 따라서 위해성평가 방식도 한국의 법률에 따르지 않고, 미국 환경청의 방식을 따른다. 둘째, 독일-미국 SOFA의 경우 미 육군은 환경위험평가, 또는 유해 물질 오염의 교정으로 인한 모든 비용을 부담한다. 이른바 '오염자 지불' 원칙에 따라 독일에 주둔하고 있는 미군기지의 환경오염을 해결할 모든 책임을 미국이 진다. 이와는 대조적으로 한미 SOFA에서는 주한미군기지가 반환되면 주한미군은 SOFA 공동위원회를 통해 복구 조건과 비용을 한국과 협상한다. 한미 SOFA 제4조 1항에 따라 극단적인 경우 주한미군기지가 반환될 때 주한미군은 완전한 복구와 보상 책임을 면제받을 수 있다(이장희 외, 2001; 최승환, 1999). 결국 미군의 관리 소홀로 야기된 상당한 오염 비용을 한국 당국이 전적으로 부담할 수 있다(유영재, 2011). 셋째, 독일-미국 SOFA는 정보 공유 및 미군기지 접근과 관련해 양자협약을 요구하는 조항이 없어 독일 정부가 필요하다면 미국의 승인 없이 미군기지에 진입할 수 있다. 반면 한미 SOFA의 경우 미군기지에 출입하거나 미군기지 관련 환경정보를 언론이나 국민에게 공개할 때 반드시 SOFA환경분과위원회 공동 위원장의 승인을 얻어야 한다. 지난 수십 년 동안 한국의 녹색연합 등 시민 환경단체들이 SOFA 환경 조항 관련 문제점을 지적하고 개정을 요구해 왔다(김형주, 2005.10.14).

4. 칠곡

칠곡 주민들은 농민들과 미군부대 군무원으로 구성이 되어 있는데 과거 외부인들이 미군부대 내 공사장 등에 노무자로 유입되면서 마을이 만들어졌다.[6] 지역주민들에 따르면 캠프 캐럴 사건이 일어나기 오래전부터 환경오염 사례가 있었다고 한다. 과거 미군부대에서 강으로 방류된 기름을 활용해 호롱불을 켜기도 했고, 주변 하천에서는 비가 오고 난 후 미군이 유출한 폐수 때문에 고기 떼가 죽은 적이 있었다고 한다. 기지 앞 매원3리의 경우는 암·백혈병 등이 많이 생겼으며, 장애인들이 많아서 칠곡 다른 지역 어린이들이 매원3리 어린이들과 같이 놀려고 하지 않았다고 주장한다.

그러나 주한미군에 대한 당시 현지 주민들의 태도는 우호적이었다. 당시 캠프 캐럴 미군기지에 근무하는 군무원은 2000여 명으로 추산되며, 대부분은 대구에서 통근한다. 미군기지와 지역발전의 관계가 예전과는 차이가 있지만, 군무원들이 지역사회에서 같이 살아왔기 때문에 미군부대에 대해 매우 우호적이다. 이런 성향은 공무원뿐만 아니라 시민단체들도 유사하게 인지했는데, 대부분 주민은 미군을 자극하면 안 된다는 기본적인 생각을 가지고 있었다. 지역 유지(이장) 중에 캠프 캐럴에 근무하는 사람도 있는 등 미군과 칠곡 주민들 간 관계는 나쁘지 않았다.

칠곡을 포함한 대구·경북 지역 주민들의 정치 성향은 대부분 보수적이다. 19대 국회의원 선거에서도 고령군·성주군·칠곡군에서 새누리당 후보인 이완영 후보가 당선됐다. 캠프 캐럴 사건이 지역 선거(군수나 국회의원)의 중요한 쟁점으로 드러나지 않은 것도 지역의 보수적 정서와 관계있다.

---

6 2010년 기준 칠곡군 및 왜관읍 인구 분포를 보면 칠곡군과 왜관읍에 총 15만 6000명의 주민이 있으며, 이중 한국인은 15만 명, 외국인은 4000명 수준이다.

칠곡 지역은 낙동강 인근 지역으로 한국전쟁 때 굉장히 치열하게 전투했던 곳이다. 역사적으로 주민들의 반공 의식과 미군에게 대한 호감도가 높다. 지역 유지는 친정부적이고, 일반 지역주민들은 정치적인 문제와 캠프 캐럴 같은 환경문제에 대해 적극적으로 나서지 않는다.

칠곡 주민들은 환경문제보다도 캠프 캐럴 사건이 논란됨에 따라 지역 농산물의 판매가 감소하고 지역에 대한 낙인 현상이 나타나는 것을 우려했다. 오히려 사건을 확대하려는 민주노동당이나 진보적 환경단체들을 싫어했다. 다만 환경문제를 심각하게 받아들이는 일부 칠곡 주민들은 베네딕트 수도회(고준석 신부)를 중심으로 대구경북대책위원회 등 지역 환경단체와 연대를 추진했다. 베네딕트 수도회는 대구와 경북 지역 환경·진보 단체가 캠프 캐럴 관련 문화제 및 설명회를 개최하는 데 집회·회의 장소를 지원했다. 하지만 2011년 말 한미공동조사단 발표 이후 지역주민들의 특별한 조직적 움직임은 없었다.

5. 정부대응T/F의 관료적 갈등관리

캠프 캐럴 사태와 관련해 정부의 갈등관리는 관료주의적인 측면이 강했다. 관계 기관들은 정부대응T/F의 명령과 통제에 의해 위계적으로 활동했다. 정부대응T/F는 육동한 국무총리실 국무차장을 팀장으로 외교부·국방부·행정안전부의 실장급 공무원을 팀원으로 뒀다. 환경부 홍준석 기획조정실장, 국방부 임관빈 국방정책실장, 외교부 김재신 차관보, 행정안전부 이종배 차관보가 참여했다. 더불어 실무팀으로 총리실 외교안보정책관실, 외교부 북미2과, 환경부 토양지하수과, 국방부 미국정책과 등이 참여했다. 육동한 팀장은 정부대응T/F를 "갈등관리의 컨트롤 타워"[7]라고 불렀다. 정부대응T/F는 약 8개월 동안 총 26건의 회의를 개최했으며 주요 갈등관리 활동은 다음과 같다.

범부처 합동 대응체계 구축

정부대응T/F는 부처 합동 대응체계를 구축하고 각 해당 부처별 역할을 배분해 유기적인 결합을 추구함으로써 부처들의 입장 차이를 조정하고 한미 간 긴밀한 협조 체제를 구축하고자 했다. 캠프 캐럴 사건 초기에 국방부와 환경부의 의견 차이가 있었다. 한국 정부와 미군의 실질적인 협상 창구는 환경부와 국방부가 관여하는 'SOFA환경분과위원회'와 '한미안보전략구상회의'였다. 주한미군기지 반환 협상은 한미안보전략구상회의에서 추진하고 환경문제는 SOFA환경분과위원회에서 추진했다. 당시 한미공동조사단이 만들어지기 전에 환경부와 국방부는 자체적으로 조사단을 구성했다. 국방부는 미군에 대해 우호적인 측면이 강했고, 환경부는 미군기지와 관련해 문제제기를 하려는 성향이 강했다. 이뿐만 아니라, 초기에 환경부와 총리실 사이에는 문제 접근방식의 차이가 있었다. 환경부는 고엽제 매립 사실 확인을 위한 과학적 접근방식을 옹호했고, 총리실은 다부처의 참여를 통한 통합적인 접근방식을 추진하고자 했다. 총리실은 한미 외교관계, 언론, 환경단체, 발표 시기 등 전체적인 것을 고려해 종합적으로 접근했으며, 환경부가 데이터 위주의 실무적 업무를 하면서 간과할 수 있는 부분들을 보완해 주는 역할을 했다.

---

7 2013년 9월경 서울대학교 행정대학원에서 열린 육동한 전 국무차장의 개인 발표 자료 「정부 갈등관리와 조정 사례」에 이 문구가 등장한다. 그는 당시 정년퇴직하고 서울대 객원교수로 근무했다. 2022년 현재 그는 춘천시장으로 재직하고 있다.

당시 국무총리실은 부처 간 합동 대응체계를 구축했다. 우선 정부대응T/F는 여러 부처를 통해 한미 간의 다중적 연락 채널을 구축했다. 캠프 캐럴 환경오염 관련 공식 협상은 SOFA환경분과위원회를 통해 이뤄지므로 환경부가 그 역할을 수행하되, 국방부는 국방부 국방정책실장과 미8군 사령관 간의 협의 채널(hot line)을 운영해 연락 업무를 지원했다. 외교부는 북미국장을 중심으로 미국 국무부 또는 주한미국대사관과 연락 채널을 설치했다. 이런 다중적 연락 채널이 한미 간의 소통을 강화하는 데 크게 이바지했다.

더불어, 정부공동T/F는 캠프 캐럴 사건의 대응을 위해서 부처별로 역할을 분담했다. 총리실과 환경부는 캠프 캐럴 공동조사의 단계별 실행계획(Action Plan)을 수립하고, 환경부는 SOFA환경분과위원회를 통해 조사 단계별 협상을 추진하며, 행정안전부는 판촉 행사 등 칠곡군에 대한 지원 방안을 마련했다. 더불어 캠프 캐럴 사건과 관련한 부처 합동 대응체계를 구축하되, 미반환 미군기지(예: 캠프 마켓)는 환경부 주관으로 대응했다. 반면 반환 받은 미군기지는 국방부 주관으로 개별 대응하기로 했다. 이에 따라 국방부는 캠프 캐럴 이외 미군기지의 전체 현황(반환 시기, 오염치유 현황, 의혹 제기 등에 따라 분류), 지역 동향, 조치 계획 및 대책 등 종합적인 대응 방향을 수립했다. 캠프 캐럴 사건으로 인한 지역 농산물 판매 감소에 대한 지역주민들의 우려를 불식하기 위해 행정안전부는 경북도청과 함께 칠곡 농산물의 판촉 행사를 추진했다. 정부 측은 정부 공동 T/F를 통해 부처들의 입장 차이 조율과 업무 협조가 잘 이뤄졌다고 주장했다.

언론 대응의 원 보이스 시스템(One Voice System) 구축

정부대응T/F는 언론 공개를 국무총리실로 일원화하는 '원 보이스 시스템'을 구축해 억측과 오보를 방지하고 정부의 단일한 의견이 국민에게 전달될 수 있도록 했다. 원 보이스 시스템의 목적은 부처 간 혼선을 최소화하기 위해 각종 보도 및 발표를 총리실 정부대응T/F로 일원화하고 부처 간 네트워크를 구축해 대언론 관계와 관련해 유기적 협조 체제를 유지하기 위한 것이었다.

정부대응T/F는 언론 동향을 모니터링하고 선제적 홍보를 함으로써 온라인상의 유언비어나 허위 정보를 모니터링하고 실시간으로 대응했다. 예를 들어 동아일보(2011년 8월 5일 보도)가 정부의 조사 결과를 브리핑 전에 보도하면서 사실과 다른 오보[8]를 했고, 이에 대해 환경부가 설명 자료를 작성 배포하고, 조사단 브리핑에서 오보 관련 사항을 추가로 설명했다.

정부대응T/F는 지역 여론을 개선하기 위해 한미공동조사단의 현장 브리핑을 추진했다. 사건 초기에는 총리실을 통해 언론에 공표했고, 후반에는 칠곡 기지에서 현장 발표를 하는 방식을 추진했다. 사건 후반에는 중앙 차원보다는 칠곡 미군기지에서 현장 브리핑을 함으로써 신속하게 전달하는 방식을 택했다. 다만 칠곡민간대책협의회와 대구경북대책위원회는 정부가 언론 브리핑 위주로 홍보만 하고 상대적으로 직접적인 소통과 대화는 부족하다고 불만을 제기했다.

정부대응T/F는 지역 언론 관리대책을 수립하고 추진했다. 지역 언론인을 공동조사 출입기자단에 포함했으며 지역 언론인과의 간담회를 추진했다. 2011년 7월 23일 기지 내외 지하수, 토양, 지하수 관측정 50개소에 대한 공동조사 결과 발표 전 정부대응T/F 팀장(육동한 국무차장)과 대구 경북

8 동아일보는 캠프 캐럴 지하수에 발암물질 TCE(트리클로로에틸렌, 고엽제 등에서 나옴)가 검출, 물리탐사 결과 10여 곳에서 드럼통의 매립이 추정되고, 스티브 하우스가 지적한 장소에 조사 확대가 어렵다고 보도했으나, 이는 사실과 다른 내용이었다.

지역 언론인 간 간담회를 개최했다. 이 간담회에서 육동한 차장은 투명하고 객관적인 조사를 위한 정부의 노력을 설명하고 지역주민의 막연한 불안감을 완화하기 위해 언론인들의 협조를 구했다. 이런 노력에도 불구하고 칠곡민간대책협의회와 대구경북대책위원회는 한국 정부가 언론 브리핑만 하고 지역주민들과의 실제 접촉에는 소홀했다고 주장했다.

정부합동지원반

정부대응T/F는 중앙정부와 지방정부 간 소통과 대민 지원을 위해 정부간 경계 조직(intergovernmental boundary organization)으로서 정부합동지원반을 구성했다. 한미공동조사단 운용과 관련해 원활한 소통을 요구하는 지자체나 지역주민들의 요구가 지속됨에 따라 관계 부처 관계자로 구성한 정부합동지원반을 칠곡군청 내에 설치하여 주민들에게 설명하고 조사 활동을 체계적으로 지원하고자 했다. 지원반은 중앙정부 공무원과 지방정부 공무원으로 구성되는 정부 간 경계 조직의 형태를 가졌다. 지원반은 환경부(1명: 반장), 국방부(1명), 행정안전부(1명), 경북도(1명), 칠곡군(1명) 등 5명으로 구성하고 칠곡군청 2층에 사무실을 마련해 2011년 6월 13일부터 운영했다. 지원반의 주요 기능은 공동조사 진행 상황 및 조사 계획 설명과 자료 배포 등의 소통, 주민대표 등의 캠프 캐럴 기지 출입 지원, 미군·지역주민·언론 등의 동향을 관리하고 중앙정부와 지자체의 소통을 지원하는 데 있었다. 정부합동지원반은 중앙정부와 지방정부의 의사소통을 원활히 하는 역할을 하고 미군기지 접근과 관련된 신속한 대민 지원을 추진했다. 다만 지역주민들과의 간담회 등 직접적인 대화를 하지는 않아 지역주민과의 소통에는 한계가 있었다는 칠곡 주민과 시민단체의 비판이 있었다.

요약하면, 정부대응T/F의 통합적 갈등관리는 기존 정부에서 주로 해왔던 전통적인 관료적 갈등관리 방식이다(박진우, 2017). 캠프 캐럴 사건은 신속한 대응이 필요했고, 한미 간의 밀접한 군사 관계와 관련이 있으므로 관료적 갈등관리는 한국 정부로서는 피할 수 없는 선택이라 할 수 있다. 공동조사 및 주민건강 영향평가 이후 칠곡 주민 또는 시민단체들의 시위가 없었다는 점에서 정부대응T/F의 갈등관리는 성공적이라 평가할 수 있다. 하지만 모든 비판에서 자유로운 것은 아니었다.

6. 지방정부와 시민단체의 반발

지난 수십 년 동안 이뤄진 시민사회와 지방정부의 성장으로 인해 정부와 시민의 관계, 중앙정부와 지방정부의 관계가 끊임없이 재구성됐다. 한국 정부의 갈등관리에서도 전통적인 중앙정부의 명령·통제와 지방정부의 분권주의, 참여적 거버넌스 등 새로운 거버넌스의 갈등이 일어났다.

캠프 캐럴 사건은 정부 간, 민관 간 갈등 등 매우 다양한 주체들의 갈등을 포함한다. 주요 이해관계자들은 다음과 같다. 첫째, 중앙정부 내부의 주요 이해관계자들로, 국무총리실 정부대응T/F에 참가한 국방부·환경부·외교부·행정안전부 4개의 부처를 들 수 있다. 둘째, 지방정부의 이해관계자에는 경북도청과 칠곡군청이 존재한다. 셋째, 중앙 및 지방 단위의 환경단체들이 연합체로 참여했다. 중앙 단위에서는 고엽제국민대책회의, 광역 단위에서는 대구경북대책위원회 및 대구경북녹색연합을 들 수 있다. 마지막으로 지역 주민단체로 칠곡민간대책협의회와 전국주한미군한국인노동조합 왜관 지부, 칠곡군 베네딕트 수도회를 들 수 있다.

이제 정부대응T/F의 관료적 갈등관리에 지방정부와 환경단체가 어떻게 도전했는지를 살펴보자.

표 3-1 캠프 캐럴 사건 주요 이해관계자

주요 이해관계자	주요 역할
정부대응T/F	부처 간 역할 조정 및 지자체와의 소통 대언론 역할 수행
환경부	SOFA 환경 분과위원회 실무협상 한미공동조사단 전문가 추천 칠곡군 건강 피해 조사 민간 합동조사단 구성
국방부	한미전략구상회의
주한미군	SOFA 환경 분과위원회 실무협상 왜관 미군기지관련 자료 제공 한미공동조사단 현장 조사 협조
칠곡군청	칠곡 주민과의 대민활동
경북도청	한미공동조사단 참여/합동지원반 지원
전국주한미군한국인노동조합 왜관지부	한국노총 사업장으로 왜관 미군기지에 종사하는 군무원 노조 사건 당시 플래카드 게시
칠곡 민간 대책협의회	민주평통 중심의 칠곡 주민 협의체로 한미공동조사단 참여 및 현장 조사 참관
베네딕트 수도회	캠프 캐럴 사건 당시 지역 여론 조성 지역 환경단체와 지역주민들의 연계 문화제 및 설명회, 집회 개최 지원
왜관 미군기지고엽제매립범죄 진상규명 대구경북대책위원회	대구경북진보연대를 중심으로 한 지역 단위의 진보적 시민단체 연합기구로 시위·문화제·집회 개최
주한미군고엽제 등 환경범죄 진상규명과 원상회복촉구 국민대책회의	녹색연합 중심으로 중앙 단위의 진보적 시민단체 연합기구
녹색연합	고엽제 국민대책회의 구성 주도 기지 출입 절차 및 정보공개 등 SOFA 개정 요구
대구경북녹색연합	방문단 참가 한미공동조사단 결과 비판
민주노동당	스티브 하우스 초대

지방정부의 분권주의적 도전

캠프 캐럴 사건은 중앙정부와 지방정부 간 갈등을 초래했다. 정부 간 갈등이 캠프 캐럴 사건 발생 초기부터 일어났는데, 경북도청은 직접적인 이해관계자인 칠곡군과 중앙정부를 중재하는 '완충지대(buffer)'의 역할을 하고자 했으나, 중앙정부는 사안의 정확하고 신속한 처리를 위해 중앙정부 주도로 이 사건을 처리하고자 했다. 캠프 캐럴 조사 과정에서 중앙정부가 도·군 등 지자체를 지휘통제 하는 전통적인 정부 간 관계가 재생산됐다. 경북도청은 중앙정부와 칠곡 군청을 중재하고자 했으나 중앙정부는 이에 반대했다. 김남일 경북도청 국장은 다음과 같이 불평했다.

> 경북도청은 중앙정부와 칠곡군 사이에서 버퍼 기능을 하려고 했다. 그러나 중앙정부에서는 도를 배제하려는 경향이 있었다. 도는 의사결정을 할 수 없었고, 지역의 동향을 알려주는 정도의 역할밖에 할 수 없었다. 처음에는 경북도청이 이해관계자가 아니라는 이유로 배제했다. 미군과 협의는 사실 국방부하고 환경부의 일이나 그걸 추진할 때 실질적으로 경북도청의 의견도 수렴해서 도, 군을 참여시키는 게 좋은데 처음에는 그렇지 않았다. 중앙정부가 일방통행적으로 추진하여 사실 처음에는 환경부와 마찰이 있었다.

환경부와 경북도청 간 갈등의 시작은 캠프 캐럴 주변 지역에 대한 환경영향평가를 경북도청이 단독으로 추진하면서 일어났다. 환경부는 경북도청의 이 조사가 정부 차원의 혼선을 낳았다고 불만을 제기했다. 이 과정에서 중앙정부와 경북도청 간 의사소통의 문제가 발생했다. 이후 한미공동조사단이 구성되고 본격적인 현장 조사가 이뤄지면서 캠프 캐럴에 대한 환경영향 조사는 중앙정부 차원으로 통합, 조정됐다. 정부대응T/F가 언론 대응에 있어 '원 보이스 시스템'을 추진했기에 지방정부 차원에서의 언론 정보공개는 제한됐다.

경북도청과 중앙정부와의 이와 같은 불협화음으로 인해 경북도청은 한미공동조사단이 구성되는 초기에 조사단에서 배제됐다. 그러나 2011년 7월 4일 경북도청은 환경부 장관에게 환경단체(대구경북녹색연합)와 경북도청의 한미공동조사단 참여와 매립 의심 지역에 대한 굴착 조사를 요청했다. 이에 7월 27일 이후 경북도청의 김남일 국장이 한미공동조사단에 참여하게 됐다. 하지만 경북도청에서 요구한 대구경북녹색연합 관계자(이재혁 위원장)의 조사단 참여와 굴착 조사는 받아들여지지 않았다. 조사단에 참가한 김남일 국장은 지역주민들의 불만을 대변하려고 했고 그 결과 중앙정부 관계자 및 전문가들과의 갈등이 일어났다. 이에 대해 이원석 국립환경과학원 센터장은 다음과 같이 이야기한다.

> 한미공동조사는 시간이 필요한 과학적 조사라 같이 기다려야 하는데 지역주민들이 불만을 제기하고 경북도청이 이 불만을 해소하려 조사단에 참가하면서도 조사단과 이질적으로 움직이는 경향이 있어 조사단 내부에 불만이 있었다.

사건 초기 칠곡군과 중앙정부의 갈등도 존재했다. 사건 해결에 매우 적극적인 장세호 전임 칠곡군수가 지자체가 언론 발표를 통해 진행 내용을 파악하는 등 중앙정부와의 소통 문제가 있음을 지적하고 지자체를 문제해결의 파트너로 인정해 달라고 요구했다. 이에 정부대응 T/F는 중앙정부와 지방정부 간 소통을 강화하기 위해서 중앙정부와 지방정부 공무원으로 구성된 정부합동지원반을 칠곡 군청에 설치·운영했다.

환경단체의 반발

지역주민들 대다수가 보수적 성향이 강했고, 30년 전에 일어난 사건이라 관심을 보이는 주민들은 그렇게 많지 않았다. 한미공동조사 초기에는 높은 관심을 보이다가 한미공동조사단 1차 발표 이후 현재의 위험성이 낮다고 공표되자 언론과 주민들의 관심은 멀어져 갔다. 지역주민들은 오히려 조사가 지속됨에 따라 참외 등 지역 농산물의 이미지 실추와 미군기지 부근 집값 하락에 대한 불만을 정부뿐만 아니라 기자 및 시민단체들에 제기했다. 국무총리실 관계자는 캠프 캐럴 사건은 과거의 일이고 현재 진행 사항이 아니며, 눈에 보이는 사안도 아닐뿐더러 과거의 사건을 규명하는 일이기에 생업이 중요한 지역민들은 관심이 적었었다고 주장했다. 그는 현장에서 결과 발표를 할 때도 지역주민들이 많이 오지 않았고, 참가자 대부분은 외부 시민단체였으며, 지역의 특색인지는 모르겠으나 이 사안에 대해 큰 관심을 갖거나 적극적으로 개입한 사람이 많지 않았다고 말했다. 오히려 큰 문제가 없는데 자꾸 불거지는 것에 반감이 있는 농민들이 많았다고 주장했다.

그런 의미에서 캠프 캐럴 사건과 관련한 민관 간 갈등은 지역주민과 정부 간 갈등보다는 시민 환경단체와 정부 간 갈등의 성격이 더 강했다. 시민단체들은 지역주민들의 관심을 유도하고자 기지 부근 지역에서 환경오염 및 건강영향조사를 실시했다. 정인철 녹색연합국장에 따르면, 사건 초반에는 기지 내부 오염에만 초점이 맞춰져서 주민들이 큰 관심을 보이지 않다가, 이후 외부 시민 혹은 환경단체에서 기지 부근 환경오염 및 건강영향평가를 실시하자 주민들의 인식이 변화했다고 한다. 그러나 지역주민들의 인식 변화를 유도하는 데 환경단체의 활동은 한계가 있었으며, 그 대신 베니딕트 수도회가 주민들과 시민단체를 중재하는 역할을 했다.

칠곡 주민들 내부에서도 주한미군 종사자와 농민 중에서 시민단체와 다른 입장을 가진 사람들이 많았다. '전국주한미군한국인노동조합' 왜관지부 위원장은 캠프 캐럴 내부의 고엽제 매립 의혹을 부인하면서 미군 측의 입장을 옹호했다. 이 단체는 당시 시민단체와 민주노동당에 반대하는 현수막을 내걸었다. 다만 베네딕트 수도회 및 칠곡군 민간대책협의회의 일부 인사(예, 이만호 부위원장)만이 캠프 캐럴 환경문제에 비판적으로 접근했다. 따라서 민관 갈등은 칠곡 주민보다 대구경북녹색연합, 대구경북고엽제대책회의, 국민대책회의 등 지역 및 중앙 단위의 시민단체에 의해서 주도된 측면이 컸다.

시민단체와 정부의 갈등은 한미공동조사단의 구성 및 조사방식을 둘러싸고 발생했다. 시민단체들은 지구물리탐사, 시추조사, 지하수조사 등 기존의 조사방식을 비판하고 굴착에 의한 시굴 조사를 요청했으나 받아들여지지 않았다. 정부는 사실상 미국 측에 굴착 조사를 요청했으나, 오염물질의 위험을 이유로 미국은 동의하지 않았다.

경북도청과 시민단체를 중심으로 시민단체 관계자 혹은 추천 전문가가 한미공동조사단에 참여하는 것을 요청했으나, 정부대응T/F는 받아들이지 않았다. 대구경북대책위원회 등 시민단체는 한미공동조사단에 시민단체 관계자 혹은 시민단체에서 추천한 전문가가 배제됐을 뿐만 아니라 지역주민들의 권한은 제한적이었다고 주장했다. 경북도청은 탈정치적인 입장을 가지고 대구경북대책위원회에 참여하지 않은 대구경북녹색연합 이재혁 위원장을 환경부 민간조사단 및 한미공동조사단에 추천했으나, 중앙정부는 이 제안을 받아들이지 않았다. 경북도청은 대구경북대책위원회와 같은 진보적인 시민단체에 찬성하지 않았지만 탈정치적 환경운동을 표방하는 대구경북녹색연합과 매우 우호적인 관계를 유지했다. 이 단체가 기존 지역환경 문제에 관여했기 때문에, 경북도청과 밀접하게 연결된 것처럼 보였다. 중앙정부는 지역주민 대표 4명이 조사단에 참가했으며 이미 조사단은 확정된 이후라 재구성하기 어려웠다고 주장했다.

시민단체의 참여와 관련해 한미공동조사단은 당시 다른 정부·민간 합동조사단과는 대조적이었다. 정부대응T/F가 시민단체의 한미공동조사단 참여를 허용하지 않은 데는 다른 이유가 있는 것으로 보인다. 우선, 정부대응T/F는 과거부터 주한미군기지와 관련된 환경문제를 계속 제기했던 녹색연합에 대한 주한미군의 우려를 고려했다. 둘째, 정부대응T/F는 공동조사에는 국제 협상과 조정, 과학적 조사 등이 포함되어 있어서 시민단체들이 '원 보이스 시스템'에 미칠 수 있는 피해를 우려했다. 조사 활동 과정에서 두 국가의 협상과 조정이 일어나기에 시민단체가 참여함으로써 한국 측 대표단 중에서 이견이 발생하는 것을 원치 않았을 가능성이 크다. 결국 한미공동조사단에 시민단체 관계자 혹은 추천 인사가 참여하지 못함에 따라 시민단체는 한미공동조사단의 조사 결과를 불신하게 됐다.

지금까지 이해관계 접근법을 활용해 캠프 캐럴 기지 관련 환경 갈등을 분석했다. 결론적으로 지방단체와 시민단체가 한미공동조사단에 참여할 수 없었기 때문에 관료주의적 방식으로 갈등관리가 추진됐고, 전통적인 정부 간, 민관 간 관계가 재생산됐다. 다음 절은 그 이유를 더 설득력 있게 설명하기 위해 제도적 관점을 활용하고자 한다. 여기서 제도는 정부의 갈등관리와 이익집단 정치를 특정한 방식으로 제한하는 역할을 한다. 제1장에서 UFC 선수와 권투선수의 이종격투기 경기에서 경기의 법칙이 시합에 미치는 영향을 이야기한 바 있다. 캠프 캐럴 사례는 바로 그것과 유사하다. 캠프 캐럴 관련 이해관계자들의 정치적 갈등은 모든 이해관계자에게 공평한 장에서 일어나는 것이 아니라, 특정한 제도적 맥락 속에서 일어나는 것이다. 제도는 이익집단 정치와 거버넌스를 특정한 방식으로 유도하는 데 큰 역할을 한다.

7. 제도적 관점: 한미 SOFA가 거버넌스 갈등에 미치는 영향

정부대응T/F의 관료적 갈등관리는 캠프 캐럴 갈등 거버넌스에서 지방정부와 환경단체의 참여를 왜 막았을까? 이 질문에 답하기 위해 몇 가지를 살펴볼 수 있다. 첫 번째는 한국 정부 간 관계의 전통적인 경로의존성이다. 한국 중앙정부가 지방정부에 지휘통제권을 행사하는 것은 지방정부가 재정과 행정의 자율성이 부족하기 때문이다. 1988년 지방자치법 이후 지방자치제가 추진되고 있지만, 이 법은 아직 제대로 시행되지 못하고 있다. 2008년 노무현 정부(2003~2008)는 지방분권을 촉진하기 위한 지방분권 특별법을 제정하고 국가성장의 핵심 과제로 지방자치를 선언했지만, 정책적 관련 조치들은 지역주민들과 지방정부 관계자들을 만족시키는 데 충분하지 않았다. 보수적인 이명박 정부(2008~2013)는 지방자치단체의 자율성이 높아지는 것을 원하지 않았다. 이 때문에 정부대응T/F는 전통적인 정부 간 관계를 재생산했다.

두 번째는 이명박 정부의 보수 정치와 관련이 있을 것이다. 이명박 정부는 4대강 복원사업, 기후변화 정책, 제주 해군기지 같은 사회적 갈등을 해결하는 데 진보적인 시민단체와 협력하는 것을 원하지 않았다. 이는 캠프 캐럴 갈등 당시 환경단체에 대한 한국 정부의 태도에서도 나타난다. 하지만 한 가지 흥미로운 사실이 있다. 환경부는 한미 공동조사에 앞서 환경단체 인사를 포함해 조사단을 꾸렸고, 한미공동조사 종료 후 환경부가 실시한 현지 보건 영향평가에도 시민단체가 추천한 전문가들이 참여했다. 왜 한미공동조사단에는 시민단체가 참여할 수 없었고, 한국 정부의 조사단에는 시민단체가 참가했을까? 이런 거버넌스의 차이는 SOFA와 밀접한 관련이 있다.

SOFA는 캠프 캐럴 갈등에서 한국 정부의 관료적 갈등관리를 형성하는

데 중요한 역할을 했다. '원 보이스 시스템'이라 불리는 언론 대응 시스템은 SOFA와 관련된다. SOFA 규정에 따르면 주한미군의 승인 없이는 한국 언론에 보도 자료를 낼 수 없다. 정부대응T/F는 각 부처와 지방자치단체가 자체 보도 자료를 내는 것을 우려했다. 그래서 모든 대언론정보 창구를 정부대응T/F가 있는 국무총리실로 일원화했다. 또한 SOFA는 지역 문제가 아니기 때문에 정부대응T/F는 지방정부의 갈등관리 참여를 제한했다. 경북도청은 언론의 수많은 문의에도 불구하고 이 사안을 공개할 수 없었다. 정부대응T/F는 SOFA 규정에 따라 공동조사단을 구성하는 데 주한미군 SOFA 환경분과위원장의 승인을 받아야 하기에 한미 합동 조사에서 환경단체를 배제했다. 주한미군은 녹색연합 같은 환경단체가 한미공동조사단에 참여하는 것에 동의하지 않았을 것이다. 반대로, 주민건강 영향조사는 미군과 상관없이 한국 정부가 독자적으로 추진하는 조사이기에 환경부의 민관합동조사단에 시민단체 추천 전문가가 참여하게 된 것이다. 게다가 한미공동조사단의 구성에 대한 시민단체의 반발이 높았기 때문에 이 조사에 시민단체 추천 전문가의 참여를 허용함으로써 정부에 대한 신뢰를 회복하고자 했을 것이다. 이는 한국의 환경영향 조사에서 참여적 거버넌스가 애초부터 불가능한 것은 아니었다는 것을 의미한다. 다만, SOFA라는 특수한 한미 간 군사 관계로 인해 한미공동조사와 환경부 주민건강 영향조사의 차이가 생긴 것이다.

SOFA에 대한 이해관계자들의 입장은 다음과 같다. 진보 성향의 시민단체와 경북도청은 모두 SOFA의 문제점을 알고 있지만, 중앙정부는 SOFA에 대한 입장을 구체적으로 밝히지 않았다. 첫째, 시민단체들은 SOFA 환경 조항의 개정을 요구했다. 다만 SOFA 개정 여부와 시기를 놓고 시민단체 간 의견이 엇갈렸다. 대구경북녹색연합은 고엽제가 캠프 캐럴에 묻혔다는 의혹에만 관심을 가졌고, SOFA 개정에는 관심이 없었다. 도 차원의 시민단체인 대구경북녹색연합은 전국 단위의 녹색연합과 무관한 단체다. 김선우 대구경북대책위원회 상황실장에 따르면 대구경북대책위원회는 진보 성향 시민단체로 구성됐지만, 보수성향의 지방조직으로 구성된 칠곡민간대책협의회와 연대를 유지하기 위해 본래는 SOFA 개정 문제를 제기하지 않았다. 대구경북대책위원회는 처음에는 잔류 고엽제의 위험성 평가에만 초점을 맞췄으나, 결국 한미공동조사단의 최종 결과 발표에 대한 논평에서 SOFA의 부당한 환경 조항을 개정해야 한다고 주장했다. 더 적극적으로 개정을 요구한 시민단체에는 평화통일연대, 민주노동당, 진보운동연합, 녹색연합 등이었으며, 녹색연합이 설립한 국민대책회의는 2011년 6월 2일 개소식에서 SOFA의 즉각적인 개정을 요구했다.

경북도청은 SOFA에 대해 비판적이었다. 경북도청은 SOFA의 문제점을 공개적으로 언급하지 않았지만, SOFA 조항의 문제점을 수록한 내부 문서를 작성했다. 이 문서에 따르면, 주한미군에 의해 한국의 토양과 물이 오염됐지만, SOFA의 예외 조항 때문에 주한미군이 한국 법을 준수하고 한국 시민에게 보상하도록 강요하는 것은 매우 어려울 것이다. SOFA는 주한미군이 한국 환경법을 존중한다고 명시하고 있지만 법적 강제력은 없다. 정부는 또 '오염자 지불' 원칙은 한미 SOFA에 적용되지 않고, 한국 정부는 사전 조사나 사후 조사 활동을 감독할 권한이 없으며, 환경오염의 처리 및 시정 기준은 미국 법률에만 있다. 주한미군기지의 일반적인 환경오염은 이 기준의 적용을 받지만, 군사작전으로 인한 오염은 그렇지 않다. SOFA는 주한미군의 군사작전이 진행 중이거나 완전한 복구에 필요한 만큼 돈과 자원이 없을 때 환경기준을 따르지 않을 수 있다고 명시한다.

정부대응T/F는 SOFA를 비판하는 시민단체 사람들이 한미공동조사에 참여하는 것을 원하지 않았다. 공동조사의 과학적 쟁점과 SOFA의 정치적 쟁점을 분리했다. 정부대응T/F의 회의록에 따르면, 정부대응T/F는 SOFA

개정을 요구하는 시민단체들의 요구에 명시적으로 응하지 않았지만, 한미 공동조사 결과 심각한 환경문제가 발견되면 SOFA 개정을 검토하고 필요하다면 미군에게 요구할 계획이었다.

주한미군과 한국 정부는 2011년 6월 14일 SOFA 공동위원회 회의에서 2009년 3월 공동환경평가 절차 공개와 SOFA 개정 가능성을 논의했다. 2011년 10월 8일 정부대응T/F 내부 회의에서 SOFA 개정 문제를 2011년 11월 4일로 예정된 공동조사 최종 결과 발표에 포함하기로 했다.[9] 한국 정부는 또한 필요하다면 SOFA를 개선할 방법을 검토할 계획이었다. 정부대응T/F는 SOFA 개정 문제를 공동조사 최종 보고서에 넣으려 했지만 주한미군은 이를 거부했다. 캠프 캐럴 고엽제 매립에 대한 과학적 증거가 불충분해 스티브 하우스의 증언이 과학적으로 증명되지 않았으므로 한국 정부가 주한미군에 SOFA 개정을 압박하기는 어려웠다. 공동조사 결과의 과학적 불확실성은 SOFA에 대한 논의를 차단하는 방패막이로 사용됐다.

8. 마무리

한국은 일본·러시아·중국 등 세계 강대국에 둘러싸인 지정학적으로 매우 중요한 위치에 있다. 1950년 한국전쟁 이후 미국은 약 60년간 한국에 주둔해 왔으며 한국과 미국은 군사적으로 매우 중요한 동맹관계를 맺고 있다. 하지만 수십 년 동안 주한미군기지를 둘러싸고 수많은 사회적·환경적 갈등이 일어난 것도 사실이다. 이 장은 캠프 캐럴 기지를 둘러싼 고엽

9 당시 회의록에는 한미 양국이 공동조사를 함으로써 SOFA에서 부족한 정보교환을 촉진하고 협력을 강화한 것으로 기록돼 있다.

제 매립 의혹에 관한 정부의 대응과 주요 이해관계자들 간 사회적 갈등을 이해관계 접근법으로 분석했다. 또한 제도적 차원에서 한미 SOFA가 캠프 캐럴 갈등관리 거버넌스에 미친 영향을 조사했다. SOFA의 영향은 이해관계 접근법과 제도적 접근법의 혼합적 교차 사례를 잘 드러낸다. 캠프 캐롤 거버넌스 갈등은 SOFA라는 제도적 환경하에서 일어났다.

캠프 캐럴 사건은 전통적인 정부 간 관계를 재생산했다. 한국에서 전통적인 정부 간 관계는 중앙정부 주도의 명령과 통제의 관계로 특징지어질 수 있다. 그러나 1990년 이후부터, 김대중 정부와 노무현 정부를 지나면서 지방분권이 많이 강조되고 정부 간 관계가 변화되어 온 것도 사실이다. 하지만 캠프 캐럴 사건 대처 과정에서는 중앙정부 주도의 관료적 갈등관리가 추진됐다. 정부대응T/F는 범부처 공동 대응체계를 구축해 부처의 업무분담을 추진하고, 언론 대응에 있어 일원화된 '원 보이스 시스템'을 구축하며, 지방정부와의 소통과 협력을 위해 정부합동지원반을 파견했다. 하지만 이런 중앙정부 주도의 갈등관리에 대해 경북도청은 불만을 제기했다. 경북도청은 중앙정부와 칠곡군청의 중재를 추진하는 완충 역할을 하고자 했으나, 중앙정부는 받아들이지 않았다. 캠프 캐럴 사건은 한미 간의 특수한 군사 관계가 얽혀 있고, 지자체는 주한미군과 협상할 법적 권한이 없어 중앙정부는 문제 해결을 위해 지자체가 참여하는 것을 허용하지 않았다.

캠프 캐럴 사건은 한국 정부와 시민 간의 전통적인 관계도 드러냈다. 한국의 환경 갈등관리는 시민의 참여보다는 정부 관료 중심으로 이뤄진다. 하지만 시민사회의 성장과 함께 환경단체가 많이 등장하면서 참여적 거버넌스에 대한 사회적 요구도 증가하고 있다. 환경부에서 구성한 조사단에는 시민단체들이 참여했다. 하지만 한미공동조사단은 조사 과정에서 참여적 접근보다는 과학적 조사에 의존하는 기술관료주의 방식을 선호했다. 한미공동조사단은 지역주민 대표의 조사단 참여는 허용하면서도 시민단체 관계자는 불허했다. 경북도청이 대구경북녹색연합의 한미공동조사단 참여를 중앙정부에 요청했으나, 정부와 주한미군은 이를 받아들이지 않았다. 지역주민 대표로 조사단에 참가한 지역유지들은 조사의 설계 및 방향 설정에 있어 아무런 역할을 하지 못했다. 그런 점에서 참여적 거버넌스 관점에서 보면 한미공동조사는 매우 미흡하다. 참여적 거버넌스에 필요한 집단적 의사결정과 민관 간의 충분한 대면 소통이 포함되지 않았다.

캠프 캐럴 갈등관리에서 시민단체가 배제되고 지자체의 역할이 제한적이었던 데는 전통적인 정부 간, 정부와 민간 간 관계 외에 한미 SOFA의 영향도 컸다. 주한미군과 녹색연합의 적대적인 관계 때문에 한국 정부는 시민단체들의 참여를 꺼렸다. 중앙정부는 시민단체와 지방정부의 참여로 인해 주한미군과의 협상에서 한미공동조사단 내 한국대표들 사이에서 서로 충돌하는 의견과 주장이 나오는 것을 우려했다. 대언론 '원 보이스 시스템'은 전통적 정부 간 및 정부·민간 간 관계뿐만 아니라 SOFA의 결과물이다. SOFA환경분과위원회의 주한미군 공동위원장의 승인 없이 주한미군기지와 관련한 환경정보를 대중과 언론에 공개할 수 없기 때문이다. 따라서 SOFA는 중앙정부 주도의 관료적 갈등관리를 공고하게 했으며, 캠프 캐럴 갈등관리 거버넌스에서 지방정부와 환경단체의 참여를 억제하는 데 큰 몫을 했다. 이런 SOFA의 역할은 이해관계 접근법으로 정책을 연구할 때 제도적 맥락을 이해하는 것이 매우 중요하다는 점을 시사한다.

더 읽을거리

권승익·김종호. 2020.「정책옹호연합모형으로 본 보건의료정책변동에 관한 연구」. ≪현대사회와 행정≫, 제30권 2호, 267~287쪽.

김광구·김동영·이선우. 2015.「화력발전소 입지 갈등해소에 관한 연구: 화력발전소 건설동의 확보 절차개선을 중심으로」. ≪한국자치행정학보≫, 제29권 1호, 21~44쪽.

김순양. 2010.「보건의료 정책과정에서의 옹호연합(Advocacy Coalitions)의 형성과 작동: 의약분업 및 의료보험통합 논쟁 사례의 비교·분석」. ≪한국정책학회보≫, 제19권 2호, 1~44쪽.

김인자·박형준. 2011.「과학기술 규제 정책의 형성과 변동 과정분석: '생명윤리 및 안전에 관한 법률'을 중심으로」. ≪한국정책학회보≫, 제20권 1호, 111~150쪽.

김정인. 2018.「공론화에 대한 이론적 논의와 적용: 일본의 에너지·환경 공론화 사례를 중심으로」. ≪한국거버넌스학회보≫, 제25권 1호, 65~93쪽.

김철희. 2018.「2018년 물관리체계 개편, 변화와 유지의 영향요인은 무엇인가?: 옹호연합모형(ACF)와 정책창도자모형(PEM)의 통합모형을 중심으로」. ≪행정논총≫, 제56권 4호, 1~32쪽.

박치성·백두산·정지원. 2017.「정부 정책에 대한 이해관계자 정책 프레임 비교연구: 금연정책을 중심으로」. ≪한국행정연구≫, 제26권 1호, 1~36쪽.

신상준. 2017.「정책네트워크와 공공갈등: 수도권매립지에 관한 정책형성과정을 중심으로」. ≪한국정책학회보≫, 제26권 3호, 169~203쪽.

심준섭·정홍상·김광구. 2018.「공론화 과정 참여자들의 숙의 경험: 프레임 분석의 적용」. ≪한국정책학회보≫, 제27권 2호, 193~220쪽.

유정호·김민길·조민효. 2017.「한국적 맥락에서 옹호연합모형의 적합성에 관한 연구: 외국인 고용허가제 도입과정을 중심으로」. ≪한국정책학회보≫, 제26권 2호, 259~293쪽.

윤순진. 2018.「원자력발전정책을 둘러싼 사회갈등 해결을 위한 쟁점과 과제: 신고리 5·6호기 공론화에 대한 평가를 중심으로」. ≪경제와 사회≫, 제118호, 49~98쪽.

이지은·전영평. 2020.「성매매특별법의 규제구조와 정책참여자의 정책개입 특성 분석: 옹호연합모형(Advocacy Coalition Framework) 적용」. ≪정부행정≫, 제16권, 39~73쪽.

이현정·김선희. 2015.「수정된 정책옹호연합모형(ACF)을 활용한 정책변동 분석: 의료영리화정책을 중심으로」. ≪한국정책학회보≫, 제24권 4호, 301~338쪽.

정상호. 2006.「한국의 이익집단 연구의 분석적 개괄」. ≪한국정책학회보≫, 제40권 1호, 91~114쪽.

조경훈. 2017.「공공갈등 이해관계자의 주관적 인식에 대한 연구: 정책의 수용성에 대한 Q 방법론의 활용」. ≪한국공공관리학보≫, 제31권 1호, 151~174쪽.

주지예·박형준. 2020.「원자력발전 정책 결정과정의 정책 내러티브 연구: 신고리 5·6 호기 공론화의 옹호연합체를 중심으로」. ≪한국정책학회보≫, 제29권 2호, 91~123쪽.
최성락·최정민·박종웅·박정아. 2005.「KT 민영화의 정책효과 분석에 관한 연구: 이해관계자 모델을 중심으로」. ≪행정논총≫, 제43권 4호, 181~205쪽.

Jenkins-Smith, H. C., D. Nohrstedt, C. M. Weible and P. A. Sabatier. 2014. "The Advocacy Coalition Framework: Foundations, Evolution, and Ongoing Research." *Theories of Policy Process*, pp.183~223. Boulder, CO: Westview Press.

Jones, M. D. and M. K. McBeth. 2010. "A Narrative Policy Framework: Clear enough to be Wrong?" *Policy Studies Journal*, Vol.38, No.2, pp.329~353.

Rhodes, R. A. W. 2006. "Policy Network Analysis." in M. Moran, M. Rein and R. E. Goodin(eds.). *The Oxford Handbook of Public Policy*, pp.423~445. Oxford: Oxford University Press.

Shanahan, E. A., M. K. McBeth, P. L. Hathaway. 2011. "Narrative Policy Framework: The Influence of Media Policy Narratives on Public Opinion." *Politics and Policy*, Vol.39, No.3, pp.373~400.

제2부

제도적 접근법

제도적 접근법은 서로 다른 국가 및 조직들의 제도 간의 관계, 제도와 실천 간의 간극을 다룬다. 제도의 정의는 법률과 정책을 넘어 규범, 전통, 관습, 공유된 믿음을 포괄한다. 사람들은 제도를 당연한 것으로 받아들이고 그 제도를 따름으로써 동일한 사회적 행위를 반복적으로 재생산한다(Greenwood et al., 2008: 4; Zuker, 1987). 제도화란 특정한 사회적 과정과 의무가 법률 같은 지위를 가지게 되는 것을 말한다(Meyer and Rowan, 1977). 그러면 인간의 주관적 사고 밖에 존재하는 객관적 사회구조로 제도를 인식한다. 이처럼 어떤 생각과 실천이 외부성과 객관성을 가질 때 제도화가 일어난다고 말한다(Berger and Luckmann, 1966). 개인 스스로 만든 것이 아니라 사람의 의지와 무관하게 존재하는 '벽' 혹은 '창살'처럼 제도가 개인을 둘러싸고 있다고 생각한다. 이것이 바로 구제도주의 관점이다. 거시적 관점에서 제도를 인간의 행위를 구속하는 외부의 제약으로 해석한다. 반면 제도에 대한 신제도주의는 미시적 접근법으로 제도를 행위자들의 사회적 구성물로 바라본다.

사회학적 제도주의의 대표적인 개념은 동형화(isomorphism)와 탈동조화(decoupling)다. 동형화는 서로 다른 조직의 제도가 유사하게 되는 것을 말한다. 제1장에 언급한 바와 같이 동형화에는 강제적·규범적·모방적 동형화가 있다. 강제적 동형화란 국제기구, 강대국 혹은 국가가 만든 강력한 제재를 따라 제도를 만드는 것을 말한다. 예를 들어 한국 기업들이 외국에 제품을 판매하기 위해서는 외국에서 만든 제도, 예컨대 자유무역협정(FTA) 또는 유럽연합의 신화학물질관리제도(REACH)를 따라야 한다. 기업은 자동차 등 제품을 팔 때 기후변화 관련 환경규제도 따라야 한다. 동일한 국제 규제를 따를 때 서로 다른 국가들의 제도는 서로 비슷해진다. 이것이 바로 강제적 동형화다. 규범적 동형화란 대학 같은 전문화 과정을 통해 유사한 규범을 체득하면서 나타나는 동형화를 말한다. 예를 들어 대학 졸업자와 비졸업자의 규범적 판단 기준은 차이가 날 수 있다. 대학을 졸업하고 대기업에 입사한 사람들은 한번 필터링 된 사람들만을 만나게 된다고 사업을 하는 내 친구가 말한 적이 있다. 비슷한 규범을 가진 사람들을 만나게 된다는 것이다. 하지만 그 친구는 사업을 하다 보니 다른 규범과 윤리를 가진 온갖 다양한 사람들을 만나게 되는데, 그들 중에는 전혀 예상할 수 없는 말과 행동을 하는 사람들이 있다고 했다. 규범적 동형화의 과정이 서로 다르기 때문이다. 반면 동일한 교육과정을 이수한 사람들은 전문화 과정을 통해 비슷한 규범을 체득하게 되고 문제 접근 방식이 비슷하다. 이는 조직의 채용과도 결부되는데 '학벌주의' 혹은 '능력주의'에 따라 규범적 동형화가 일어나면 조직들은 서로 비슷한 채용기준(학위 및 자격증 요건 등)을 마련하게 된다. 모방적 동형화는 선진 국가와 기업 및 조직을 모방하는 과정에서 선진 제도를 받아들이는 것을 말한다. 예를 들어 애플과 구글 같은 선진 기업을 모방하기 위해 그 기업에서 만든 제도, 예컨대 조직 및 인사 제도 등을 도입하는 것을 말한다.

탈동조화는 제도적 동형화에도 불구하고, 조직의 행위자들이 새롭게 도입된 제도를 그대로 따르지 않는 것을 말한다. 탈동조화를 주도하는 행위자의 관점에서는 탈동조화를 하나의 생존 전략으로 볼 수도 있으나, 제도를 도입한 행위자들은 탈동조화를 하나의 병리적 현상으로 볼 것이다. 탈동조화가 나타나는 원인에는 여러 가지가 있을 수 있다. 첫째, 새롭게 도입된 제도가 생산하는 "합리화된 신화"의 효율성이 낮을 때 발생한다(Meyer and Rowan, 1977). 즉, 행위자들이 이 제도적 아이디어를 믿지 않을 때 발생한다. 둘째, 내부적으로 일관되지 않은 합리적 신화의 공존이 탈동조화를 초래한다(Boxenbaum and Jonsson, 2008: 81). 이미 조직에 존재하는 '합리적 신화'가 있고, 그것이 강력할 때 새로운 제도의 규범과의 충돌이 나타난다. 이것은 역사적 제도주의와 연관될 수 있는데, 기존 제도(합리화된 신화)의 경로의존성으로 인해 새로운 제도로 대체되지 못하고 기존의 제도적 특성이 남아 있을 때 탈동조화가 일어나는 것이다. 셋째, 탈동조화는 조직의 순환보직으로 새로 업무를 맡은 후속 직원이 이전 직원이 채택한 제도를 따르지 않는 경우, 즉 후속 직원이 전임자가 한 일을 계승하지 않을 때 나타난다. 넷째, 조직 내의 권력 역학이 탈동조화를 유발할 수 있다(Boxenbaum and Jonsson, 2008: 87; Westphal and Zajac, 2001). 이것은 이해관계 접근법과 관련이 있는데, 서로 다른 세력들이 연합과 동맹을 맺으면서 제도를 그대로 따르지 않음으로써 탈동조화가 일어날 수 있다. 즉, 탈동조화는 제도적 특성뿐만 아니라 행위자, 집단 간 이해관계에 의해 일어난다. 따라서 역사적 제도주의뿐만 아니라 행위자 중심 접근 혹은 이해관계 접근법을 통해 탈동조화를 설명할 수 있다. 동형화와 탈동조화는 제로섬의 관계가 아니다. 이를테면, 동형화가 일어나면서 탈동조화가 나타날 수 있다. 이건 매우 흔하게 발견되는데, 제도의 형식적 동형화는 일어나지만 그 정책의 실천에서 실질적 탈동조화가 발생하는 것이다.

제2부는 해외정책을 모방한 정책이 한국에서 토착화하는 과정에서 어떻게 변화되는지를 다룬다. 정부 관료들은 정책을 만들 때 외국 정책을 모방하는 경향이 강하다. 정부 기관의 정책 보고서와 발표 자료의 목차를 한번 참고해 보길 바란다. 대부분 자료에 해외 사례에 관한 목차가 반드시 존재한다. 내가 국책 연구기관에 근무할 때 그 이유가 참으로 궁금했다. 만일 어느 공무원이 해외 사례에 대한 조사와 설명이 없이 새로운 정책을 제안했다고 치자. 아마 상급자의 질책을 받을 가능성이 농후하다. 해외 선진 정책사례의 모방적 동형화는 한국에서 정책적 실천의 '아비투스(habitus)'를 형성한다. 우리 사회 어느 부문에서나 쉽게 발견되는 참으로 놀랄 만한 관습이다. 특히 한국의 엘리트 인재들은 이런 모방의 아비투스에 최적화되어 있다.

하지만 한국 정책이 해외 정책 모델을 그대로 따라하는 것만은 아니다. 한국의 사회적·문화적·정치적 맥락에 맞게 정책이 재구성된다. 이런 탈동조화는 정책을 만드는 관료와 전문가들의 탁월한 창의성에서 비롯된 것이 아니라 한국과 해외 국가의 맥락적 차이로부터 나타난다. 결국 한국 정책에는 정책의 세계적 동형화와 지역적 탈동조화가 같이 공존한다. 이른바 정책의 글로컬리제이션(glocalization)이 잘 일어난다. 글로컬리제이션은 세계화(globalization)와 지역화(localization)의 혼합을 의미하는 용어다.

한국 정부가 해외정책을 모방해 정책을 만들 때 이익집단 정치뿐만 아니라 오랜 기간 정책문화로 제도의 경로의존성을 만들어온 관료주의가 큰 영향을 준다. 관료주의는 명령과 통제를 통해 위계적으로 작동되는 통치방식이다. 한국은 관료들의 나라다. 관료들은 공무원 시험을 통해 선발된다. 대체로 기수에 따라 승진이 이뤄지고, 이에 따른 위계가 강하다. 정부는 5년마다 바뀌지만, 임명직 기관장들('어공')이 관료('늘공')를 장악하는 것은 사실상 거의 불가능에 가깝다. 기관장의 임기도 짧을뿐더러 대부분 기관장은 관료들을 통제하는 능력이 매우 부족하다. 특히 교수 출신 기관장들은 대체로 그렇다. 한국은 교수들이 공직에 많이 진출하는데 대체로 성공적이지 못하다.[1]

---

1 공직에 진출하는 교수 중에는 연구와 교육에 별로 관심이 없는 사람들이 많다. 정부의 온갖 자문회의에 돌아다니면서 주워들은 얕은 지식으로 전문가 행세를 하거나, 사회적 실천에 대한 선민의식으로 규범적·당위적 주장만을 해오던 교수들도 적지 않다. 무엇보다 박사학위를 받은 후 대학으로 바로 직행한 엘리트 출신 교수들은 사회라는 정글에 살아본 경험이 없어 조직 장악력이 부족하다. 그들은 평생 조직 생활을 통해 경쟁하며 생존해 온 공무원들을 결코 통제할 수 없다. 정책을 결정하고 실천하는 과정에는 학문으로 습득될 수 없는 암묵지, 소통 능력, 권력의지가 필요한데 교수들 대부분에게 없는 것이다. 공무원들에게 교수 출신 기관장은 관리하기 너무 편한 존재다. 이는 청와대의 어공들에게도 마찬가지다. 교수 출신 기관장을 앞장세우고

한국 공무원들은 정책을 만들 때 우수한 정책을 모두 망라해 백화점식으로 발표하는 경향이 있다. 화려한 발표는 기본이다. 이에 감탄하는 기관장들이 있다면 필경 초보일 것이다. 그 많은 정책을 준비하고 제도화하는 단계에서 기관장의 임기는 이미 끝나고 대다수 정책은 실행되지 않거나, 실행된다 하더라도 실제 정책은 실무를 맡은 핵심 공무원들의 선택으로 결정된다. 그러다 보니 정책에서 제도와 실천 간의 간극이 매우 크다. 이런 간극 속에서 관료들의 권력이 유지되고 관료주의는 강화된다. 정책의 탈동조화는 관료주의의 경로의존성뿐만 아니라 특정 관료들의 이해관계와도 관련된다.

기술관료주의는 관료주의의 한 형태로서 기술관료와 전문가가 의사결정의 권력을 갖는 행정 체제를 말한다. 그래서 정책 의사결정을 하는 데 과학적 증거를 강조하는 경향이 강하다. 한국의 기술관료주의는 1970년대 박정희 정부 시절 오원철, 최형섭 같은 경제관료 및 기술관료들이 '발전국가'를 구축하는 데 중요한 역할을 하면서 형성됐다. 다만, 한국식 기술관료주의를 논할 때 기술관료주의의 인식과 실천은 구분할 필요가 있다. 앞서 말한 바와 같이 한국의 정책은 제도와 실천 간의 간극이 매우 크다. 한국의 정책이 기술관료주의적 특성이 강하다는 주장과 과학적으로 정책이 실천된다는 것은 어느 정도 구분될 필요가 있다. '정치적 언설'로서의 기술관료주의와 '실천'으로서의 기술관료주의가 항상 일치하는 것은 아니다. 특정 정책의 집행을 지연하기 위한 언설로서만 기술관료주의가 존재할 수도 있으며, 실제 그 실천이 일어날 수도 있다. 어떻게 일어나는지는 선험적으

뒤에서 영향력을 행사하기 편하다. 게다가 교수들의 전문적이고 깨끗한 이미지는 일반 국민에게도 잘 통한다. 이것이 교수들이 대체로 무능함에도 기관장으로 중용되는 이유다. 공무원과 정치인들이 이를 모를 리 없다.

로 판단할 수 없으며 사례에 따라 달라진다.

제2부는 제도적 접근의 동형화와 탈동조화를 보여준다. 제4장은 청와대라는 강력한 조직이 공공기관 위기관리의 강제적 동형화를 추진한 사례다. 제4장은 한국 위기관리 정책에 전사적 위험관리가 어떻게 도입됐는지를 분석한다. 원래 전사적 위험관리 기법은 기업에서 사용하는 기법으로서 개별 기업 단위의 자율적인 위험관리 시스템을 추구하는 것이다. 그런데 참여정부가 통합적 위기관리 시스템을 구축하는 과정에서 이 기법이 '공공기관위기관리지침'에 반영됐다. 이때 통합적 위기관리 시스템이 가진 관료주의적 특성과 전사적 위험관리의 자기규제가 결합했다. 그 결과로 공공기관위기관리지침은 전사적 위험관리의 기본 개념인 자기규제가 아니라, 관료주의와 자기규제가 통합된 강제된 자기규제(enforced self-regulation)의 특성을 갖게 된다. 강제적 자기규제란 바로 공공기관이 스스로 위기관리를 하도록 정부가 공공기관의 위기관리를 표준화하고 강제하는 것을 말한다. 공공기관위기관리지침은 노무현 정부가 추진한 '신공공관리론(new public management)'의 하나의 사례다. 제3장에서 관료주의와 협력적 거버넌스의 관계를 다뤘다면, 제4장은 관료주의와 신공공관리론의 관계를 다룬다. 관료주의와 협력적 거버넌스는 상충하는 반면, 신공공관리론의 조직적 실천은 계층제에 따라 작동하기 때문에(이명석, 2002), 관료주의와 신공공관리론은 잘 결합한다.

제5장은 사전예방원칙에 기초한 카르타헤나 의정서(Cartagena protocol)로 불리는 유엔 국제법에 따라 국내 유전자변형생물체 정책을 만든 강제적 동형화 사례다. 이 장은 전통적인 위험 규제 정책의 특성인 기술관료주의가 사전예방원칙의 도입에 어떤 영향을 주는지를 분석한다. 국내 유전자변형생물체 규제는 기술관료주의와 사전예방원칙의 공존과 결합으로 만들어진 것이다. 이 책은 이것을 '기술관료주의적 사전예방원칙'이라고

부른다. 이 장은 사전예방원칙의 4가지 정책 유형, 즉 '위험의 미래 예측과 감시', '증명의 수익자 부담', '시민참여', '알권리 정책'이 국내 GMO 규제에서 어떻게 형성되고 실천되는지를 분석한다. 기술관료주의적 사전예방원칙은 사전예방원칙과 기술관료주의적 인식론의 불일치, 사전예방원칙 기반 제도와 기술관료주의적 실천 간의 간극을 초래한다. 이것은 제도적 관점에서 탈동조화를 의미하며 위험 규제의 '글로컬리제이션'[2]의 전형적인 현상이다.

2 '글로컬리제이션' 개념을 물질적 접근으로 표현하면 서로 다른 국가의 제도들의 '글로벌 어셈블리지(global assemblage)'라고 부를 수 있다. 서로 다른 국가의 제도들이 만나 어셈블리지를 만들 때 그 어셈블리지는 기존의 정책과 다른 특성을 '창발'하게 된다. 이 '창발(emergence)'은 '탈동조화'와 유사한 개념이다. 이처럼 정책의 이동에 관한 연구는 제도적 접근으로만 가능한 것이 아니며, 물질적 접근으로도 가능하다. 어떤 접근법을 선택하느냐는 연구자의 몫이다.

공공기관위기관리지침과 전사적 위험관리

1990년대 베어링 은행(Baring Bank), 폴리벡(Polly Beck), 맥스웰(Maxwell), 기니스(Guinness)에서 발생한 대형 재정적 스캔들 이후 위험관리에 관한 관심이 증가하면서 전사적 위험관리(enterprise risk management)가 발전했다. 전사적 위험관리는 조직 관리와 위험관리를 통합함으로써 위험의 내부통제 시스템을 구축해 자발적 위험 규제를 추진하는 것이다(Power, 1999, 2003, 2004, 2005, 2007; Arena et al., 2010, 2011). 1990년대 말에서 2000년대로 접어들면서 전사적 위험관리는 두 가지 중요한 변화가 생겼다. 첫째, 재정적 위험에만 국한됐던 전사적 위험관리가 전염병, 사이버테러, 경제적 위기, 자연 재난 등 조직이 직면할 수 있는 모든 위험에 대한 전체적·통합적 접근법으로 확대되기 시작했다. 둘째, 전통적 관료주의의 명령과 통제에 의한 위험관리가 한계에 직면하고 신공공관리론(New Public Management)이 등장함에 따라 민간 기업뿐만 아니라 공공부문도 자발적 위험 규제를 추진했다. 이에 따라 1990년대부터 기업적 거버넌스의 하나로 발전한 전

* 이 장은 Kim(2014b), 김은성(2013), 김은성 외(2011)의 내용을 바탕으로 수정·보완했다.

사적 위험관리가 영국 등 주요 국가를 중심으로 공공부문의 위험관리 기법으로 도입됐다(Hood and Rothstein, 2000).

전사적 위험관리는 2007년 참여정부의 국가안전보장회의 사무처 주도로 마련된 공공기관위기관리지침에서 처음으로 공공부문에 도입됐다(국가안전보장회의 사무처, 2007). 당시 정부가 주도했던 통합적 국가 위기관리의 연장선상에서 공공부문의 위기관리를 추진하면서 전사적 위험관리가 활용됐다. 참여정부가 추진한 통합적 위기관리체제는 전시·평시의 비상 대비 업무를 제외한 모든 재난 재해 분야의 위기관리체제를 통합하는 것이었다. 청와대 국가안전보장회의는 2004년 7월에 제정된 '국가위기관리기본지침'을 통해 범정부적으로 일원화된 위기관리 표준 모델을 만들어 공공기관의 위기관리체제에도 적용하고자 했다(국가안전보장회의 사무처, 2004).

하지만 그동안 자체적인 위기관리 시스템을 구축해 왔던 공공기관들은 공공기관 위기관리의 통합화와 표준화로 인해 기존 정부 지침과 충돌 내지 중복이 발생할 수 있다는 우려를 표시했다. 더불어 '공공기관위기관리지침'이 공기업의 경영 자율성을 저해하는 것 아니냐는 반응도 보였다. 하지만 청와대에서 강력하게 추진했기에 공공기관들은 거부할 수 없어 이 지침의 표준화된 매뉴얼에 따라 위기관리 시스템을 변형, 적응시켰다. 이런 점에서 전사적 위험관리의 도입은 정부의 통합적 위기관리 시스템과 공공기관의 분산적·자율적 위기관리 시스템의 충돌 속에서 일어났다.

제4장은 참여정부가 추진한 공공기관위기관리지침의 도입 배경 및 역사를 살펴보면서 한국 공공부문 위기관리에서 전사적 위험관리의 함의를 제도적 관점에서 분석한다. 청와대 국가안전보장회의 사무처 주도로 공공기관의 위기관리를 표준화하려 했다는 점에서 '공공기관위기관리지침'은 '강제적 동형화(coercive isomorphism)'의 사례다. 둘째, 청와대가 이 지침을 통해 공공기관의 위기관리를 일사불란하게 통제하려 했다는 점에서 전통

적 관료주의의 '경로의존성(path dependence)'의 사례이기도 하다. 그 결과 전사적 위험관리는 이론적으로는 자율 규제였으나 공공기관의 위기관리로 활용되면서 '강제된 자기규제(enforced self-regulation)'의 형태가 된다.

제4장은 첫째, 전사적 위험관리의 역사와 기본 개념을 살펴보고, 통합적 위기관리에 대한 한국의 논의와 전사적 위험관리의 함의에 대해 논의한다. 둘째, 공공기관위기관리지침의 제정을 둘러싼 위기관리의 역사적 맥락을 분석한다. 셋째, 공공기관위기관리지침의 내용분석을 통해 전사적 위험관리와 공공기관위기관리지침의 연계성을 분석한다.

1. 전사적 위험관리의 역사

1995년 2월 26일에 일어난 베어링 은행의 파산은 전사적 위험관리가 등장하게 된 획기적인 사건이다. 이 은행은 닉 리슨(Nick Leeson)이라는 직원의 부정거래로 140억 달러의 손실을 보고 파산에 이르게 된다. 이 사건은 리슨이라는 한 개인의 책임뿐만 아니라, 은행 조직 자체의 감사시스템, 즉 은행감시위원회(Board of Banking Supervision)의 내부통제 문제였다. 거래를 담당하는 조직(front office)과 감사를 담당하는 조직(back office)이 제대로 분리가 되어 있지 않았던 것이다. 그 당시 리슨은 금융거래뿐만 아니라 직원들의 감독 업무도 병행했다. 그 결과 리슨 자신의 부정에 대한 감독이 제대로 이뤄지지 않았다. 베어링 은행의 파산 사건은 기업 스스로 경영활동에 대해 운영 위험관리(operational risk management)를 해야 할 필요성을 제기했고, 이 사건 이후 기업 부문의 위험관리 연구가 급격히 증가했다(Dickstein and Flast, 2009: 7). 1990년대 중반에 내부통제는 바람직한 거버넌스의 모범으로 취급됐다(Power, 1999).

전사적 위험관리는 1980년대와 1990년대 재정·회계 분야의 성장과 함께 위험관리가 기업의 거버넌스로 통합되면서 발전했다. 1991년 미국의 쿠퍼와 라이브랜드(Coopers and Lybrand)에 의해 코소(COSO: Committee of Sponsoring Organizations of the Treadway Commission) 프레임워크가 만들어졌다. 코소 프레임워크는 위험관리를 위한 내부환경, 목적 세팅, 위험평가, 반응, 통제, 모니터링 등 8개 요소로 구성된 3차원적 매트릭스를 구축했다(COSO, 2004). 1995년도 제이피 모건사(J.P. Morgan)의 '위험 속의 가치 모델(Value at Risk: VaR)', 라록(RaRock: risk adjusted return on capital) 기술 등 전사적 위험관리를 위한 기법이 개발됐다.

최고 위험관리관(Chief risk officer)이란 새로운 직책이 1990년대 초반 재정 위험관리에서의 전략적 위험관리가 중요해지면서 등장했다. 1990년대 이전의 재정 위험관리가 조직 내부에서 보이지 않은 방식으로 추진됐다면, 1990년 이후 기업의 핵심 전략으로서 위험관리가 등장하게 된다. 최고 위험관리관은 재정 위험을 넘어 기업이 직면한 모든 위험관리를 다루는 책임을 맡게 됐다. 1990년대 중반에는 에너지, 유틸리티, 기업 서비스 분야에서 최고 위험관리관이 등장했다.

1990년 말부터 공공 행정에 기업 거버넌스를 도입해, 행정 비용 대비 정책 효과를 높이고자 하는 시도가 일어났고, 이를 신공공관리론(New Public Management)이라 부른다. 그 일환으로 전사적 위험관리 기법이 공공부문에 도입되기 시작했다. 특히 영국에서는 1990년대 말부터 정부와 재정 통제기구가 이런 부문에 관심을 두기 시작하면서 카블리 코드(Cadbury Code, 1992), 햄펄(Hampel) 보고서(1998), 턴볼(Turnball) 보고서(1999) 등을 출간해 위험관리를 위한 조직의 행동강령들을 만들었다. 미국에서는 2000년대 초에 발생한 엔런(Enron)의 몰락을 계기로 전사적 위험관리가 매우 중요하게 부각됐으며, 2002년 사베인스옥슬리법(Sarbanes-Oxley Act)이 제정됐다.

국제기구에서는 OECD, 세계은행, 국제표준화기구(ISO), 세계내부감사인협회(IIA) 등이 공공부문의 위험관리 부문에 전사적 위험관리를 확산하는 데 크게 이바지했다. 이 기구들은 재난관리 표준, 수범 사례, 품질보증 등 신공공관리론에 의거한 정책기법을 만들기 시작했다.

2. 전사적 위험관리의 기본 개념

조직적 측면: 내부통제 시스템

내부통제 시스템은 위험관리를 담당하는 전담 부서와, 전담 부서의 위험관리를 평가하는 감사 부서로 이원화된 시스템을 구축하는 것을 말한다. 내부통제 시스템의 구축은 명령과 통제를 기반으로 한 관료주의적 규제 철학의 '관리적 전환'이다(Power, 2007). 전사적 위험관리는 외부의 명령과 통제에 의한 규제와 조직 내부 관리를 통합한다(Power, 2007). 이를테면 전사적 위험관리는 내부통제 시스템을 구축함으로써 규제 활동을 내부화하는 것이다. 감사원과 같은 외부 감독기관에 의해서만 관리되는 전통적 명령과 통제에 의한 규제와 달리 내부통제를 한다는 점에서 차이가 있다(Hutter and Power, 2005). 내부통제는 두 가지 종류의 위험관리를 병행한다. 첫째, 조직이 직면한 외부 위험에 대한 일차적인 위험관리를 수행한다. 둘째, 일차적 위험관리의 운영에 대한 위험을 평가하는 이차적 위험관리를 수행한다. 그래서 전사적 위험관리는 '통제에 대한 통제'로 일컬어진다.

인사적 측면: 최고 위험관리관

최고 위험관리관은 1990년대 기업적 거버넌스 및 내부통제의 등장과 더불어 만들어진 직책이다. 최고 위험관리관은 조직에 따라 다양할 수 있다. 조직의 단체장이 최고 위험관리관이 될 수도 있으며, 조직장에게 위험관리를 보고하고 자문하는 별도의 직책을 만들 수도 있다. 마이클 파워(Michael Power)에 따르면 최고 위험관리관은 위험의 직접적인 관리자가 아니라 조정자, 자문가, 위험 전략가, 분석가, 모범 사례 개발자, 정책 설계자 및 소통자다(Power, 2007: 83). 마이클 파워는 최고 위험관리관이 등장하게 된 계기를 두 가지 차원에서 설명한다(Power, 2005). 첫째, 제도적 차원에서 최고 위험관리관은 감사위원회, 내부감사와 더불어 '좋은 거버넌스(Good governance)'의 일환으로 제도화됐다. 둘째, 비난 이전 및 회피전략으로서 최고 위험관리관이 만들어졌다(Hood, 2002). 최고 위험관리관은 경영자 대신 위험관리의 실패에 대한 책임을 질 수 있다. 일반적으로 최고 위험관리관은 외부에서 초빙하기보다 회계 및 감사의 전문성을 가지고 있는 기업 직원을 내부 승진을 통해 임명한다.

운영적 측면: 운영 위험관리

전사적 위험관리는 위험관리의 '결과'를 평가하는 것이 아니라, 위험관리의 '과정'을 평가한다. 조직의 위험관리 프로세스가 제대로 작동되지 않을 때 발생할 수 있는 위험을 '운영 위험(operational risk)'이라고 한다. 운영 위험관리는 조직의 위험관리(시장 및 신용위험관리)에 대한 조직적 환경을 감독하는 것을 말한다. 그래서 이것을 위험관리에 대한 "이차적 위험관리"라고 부르기도 한다(Power, 2004). 운영 위험은 1980년대까지만 하더라도 기업의 시장 위험 혹은 신용위험 등으로 다루지 않았고, 다른 위험의 잔여 부분으로 인식했다(Power, 2003: 7). 하지만 1990년대 베어링 은행 등 기업에서 나타난 일련의 운영 위험 실패로 인해 큰 손실이 발생하면서 1980년대에는 논의하지 않았던 운영 위험에 관한 논의가 증가했다. 1997년 은행 감독에 관한 바젤 위원회(Basel Committee on Banking Supervision)는 운영 위험을 "불충분하거나 실패하는 내부 과정, 사람, 시스템, 또는 외부 사건들에 의해 초래된 직접적·간접적 손실의 위험"이라고 정의했다. 예를 들어 고용인들이 고의로 또는 비고의적으로 실수를 하거나 기존의 정책 및 과정을 따르는 데 실패할 수 있다. 시스템적인 측면에서 자동화 과정들과 시스템, 기술적 보안 또는 인프라에 문제가 생길 때도 손실이 발생한다. 또한 신종전염병과 같은 재난에 의해 회사의 손실이 발생하는 것도 운영 위험에 포함된다(Dickstein and Flast, 2009: 22).[1]

3. 위험관리 행정이론 관점에서의 전사적 위험관리

3절은 위험관리의 세 가지 행정이론(관료주의, 신공공관리론, 네트워크 거버

1 운영 위험의 예는 다음과 같다(Dickstein and Flast, 2009: 35). ① 조직 내외부의 사기: 조직 내부의 횡령 및 고객 사기 등, ② 법적 그리고 책임의 손실: 법적 소송에 의한 재정적, 신용 손실, ③ 규제에 대한 비순응성: 정부 및 타 국가의 규제 위반에 의한 손실, ④ 프로세싱 에러: 데이터 기입 에러, 회계 에러, 불충분한 고객 기록 에러 등, ⑤ 물리적 안보 위반: 공장에서 근로자의 안전사고, ⑥ 정보 보안 에러: 해커에 의한 정보 유출, ⑦ 시스템 실패: 컴퓨터 하드웨어 및 소프트웨어의 실패, 텔레커뮤니케이션 장비 및 소프트웨어의 실패 등, ⑧ 재난 복구와 비즈니스 연속성(business continuity): 자연 재난에 의한 비즈니스의 손실 등, ⑨ 불충분한 기업의 실행: 생산물의 결점, 잘못된 홍보, 부적절한 거래 및 판매 등.

넌스)의 측면에서 전사적 위험관리의 이론적 위치를 살펴본다. 전사적 위험관리의 기본 철학은 조직의 위험에 대한 자기규제를 추구한다는 점에서 외부의 명령과 통제를 기반으로 한 관료주의적 접근이나 조직 간, 공동체 간 협력에 기초한 네트워크 거버넌스와 차별화된다.

조직 간 권력의 작동방식

관료주의는 조직의 계층적 위계 구조 속에서 권력을 하향식으로 작동시킨다. 정부의 행정 체제에는 위험관리 관련 최고 의사결정 기구가 있고, 그 최고 의사결정 기구의 명령과 통제에 따라 임무를 수행하는 국가기관들이 존재한다. 권력은 최고 의사결정 기관을 중심으로 중앙집권화되어 있다(Weber, 1987). 그러나 전사적 위험관리의 경우 각 조직이 자율적으로 위험관리를 수행하기 때문에 조직 간의 위계는 없으며 분권화된다(Power, 2007). 이론적 차원에서 자기규제를 추진한다는 측면에서 정부 공공기관뿐만 아니라 정부 부문과 민간 부문, 민간 부문들 사이에도 계층적 권력이 작동하지 않는다. 하지만 전사적 위험관리가 작동하는 조직 내부에는 위계가 있으며 최고 위험관리관을 중심으로 위험관리에 대한 지휘통제가 일어난다(Power, 2005). 최고 위험관리관은 주로 임원급으로 임명되며 기관장에게 위험관리를 자문하거나 위험관리 집행 부서에 대한 통제자가 된다.

마지막으로 조직 간 협력에 기초한 네트워크 거버넌스는 전사적 위험관리와 마찬가지로 조직 간의 위계가 존재하지 않는다(Provan and Kenis, 2008; Moynihan, 2009). 네트워크 거버넌스에서는 여러 조직이 권력과 권한을 공유한다. 전사적 위험관리의 경우 조직 간 경계가 명확하고 권력의 작동 범위가 조직 내부로 명확하지만, 네트워크 거버넌스의 경우는 각 조직이 네트워크의 하나의 '노드(node)'로 작동하며 조직 간 경계가 흐릿하고

그림 4-1 위험관리 행정 이론의 권력 작동 방식

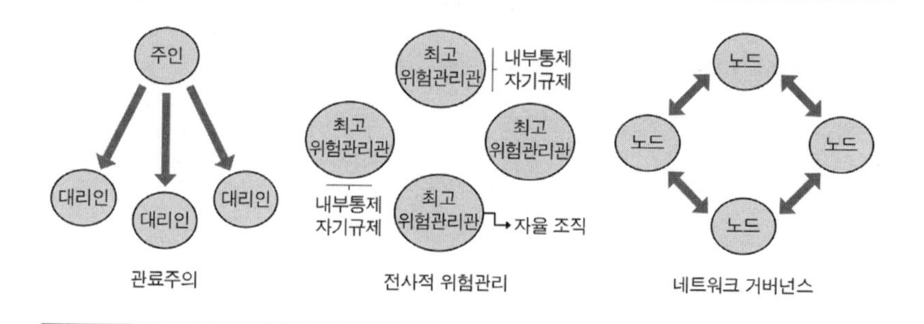

권력은 분산된다. 네트워크 거버넌스에서는 모든 조직이 독자적·자율적으로 위험관리를 하면서 협력하는 것이 일반적이지만, 특정한 주도 조직을 중심으로 추진되는 네트워크 거버넌스도 존재한다(Provan and Kenis, 2008).[2]

조직 역량 대비 위험의 규모

위험관리 조직의 역량 대비 위험의 규모에 따라 위험관리 전략이 달라질 수 있다. 위험의 규모에 비해 관리 조직의 역량이 매우 클 때 관료주의적 위험관리가 이뤄질 수 있다. 전사적 위험관리의 경우는 한 조직이 해당 위험을 감당할 수 있는 역량이 있을 때 유용하다. 전사적 위험관리는 개별 조직이 스스로 위험관리를 하므로 그 조직의 역량을 넘는 큰 위험이 닥치면 한계에 직면한다. 네트워크 거버넌스는 일반적으로 한 조직이 감당하

---

2 키스 프로밴(Keith Provan)과 패트릭 케니스(Patrick Kenis)는 네트워크 조직을 참여자 관리 네트워크(participant-governed network)와 주도 조직 관리 네트워크(Lead Organization-Governed Network), 네트워크 행정조직(Network Administrative Organization)으로 나눈다(Provan and Kenis, 2008).

기 어려운 재난이 닥치는 경우에 요청된다. 미국의 카트리나 재난, 일본의 후쿠시마 원전 사고, 한국의 허베이 스트리호 기름 유출 사건 등이 네트워크 거버넌스가 필요한 재난이라고 할 수 있다.

통합적 위험관리 대비 분산적 위험관리

모든 위험을 통합해 관리하는 통합적 관리 방식을 택하느냐 유형별로 분리된 분산적 관리방식을 택하느냐에 따라 위험관리 행정 이론을 구분할 수 있다(이종열 외, 2004; 이재은, 2005). 관료주의는 모든 유형의 위험관리를 최고 의사결정 기구의 명령과 통제하에서 관리하는 통합적 위험관리 방식을 채택할 가능성이 크다. 전사적 위험관리는 하나의 조직 내부의 하부조직들끼리는 통합적인 위험관리를 추진한다. 하지만 개별 조직이 조직의 위험을 자율적이고 독립적인 방식으로 관리하므로 서로 다른 조직 간에는 분산적 위험관리 시스템을 구축한다. 다시 말하자면 관료주의와 전사적 위험관리의 차이점은 전자가 지휘통제하에 있는 모든 기관이 표준화된 형태의 통합적 위험관리를 추진한다면, 후자는 조직 내부로는 통합적 위험관리를 하지만 개별 조직의 위험관리 방식은 서로 다를 수 있다는 것이다. 네트워크 거버넌스는 이런 분산형과 통합형 위험관리 방식을 양단으로 하는 스펙트럼 내에 다양한 형태로 분포할 수 있다.

위험관리 단계

예방, 대응, 대비, 복구라는 전통적인 재난 및 위기관리 단계(Petak, 1985)에 기초해 위험관리 행정 이론을 엄밀히 구분하는 것은 어렵지만, 그 효용성은 논의할 수 있다. 관료주의는 모든 관리 단계에 사용된다. 하지만 위험의 대형화, 복합화, 불확실성의 증가로 인해 예방에 있어 관료주의의 효용성이 떨어지는 현상이 일어났다. 그러나 위험관리의 복구 단계에서 신속하고 긴급한 대응이 필요할 때 관료주의는 여전히 유용하다.

전사적 위험관리의 경우는 전 주기 위기관리 단계에 적용될 수 있으며, 코소(COSO)나 국제표준기구(ISO)에서도 전 주기 관점에서 위험관리의 절차를 제시한다. 다만, 조직의 특성에 따라 전사적 위험관리를 예방 단계에만 적용하는 기관이 있는가 하면 전 주기 단계에 적용하는 기관도 있다. 전사적 위험관리는 예방 단계에서 조직의 위험관리 역량 강화에 유용할 것으로 판단되나, 복구 단계에서 위기가 대형화되어 한 조직의 역량으로 해결될 수 없을 때는 한계가 있을 것으로 판단된다.

네트워크 거버넌스는 복구 단계에서 위험의 대형화로 인해 정부 부문의 자원이 부족할 경우 효용성이 높다고 할 수 있다. 하지만 최근 들어 위험이 복잡화되고 불확실성이 증가함에 따라 예방 단계 위험 정보의 모니터링에서부터 다양한 이해관계자들이 참여하는 네트워크 거버넌스의 필요성이 제기되고 있다.

신뢰

관료주의는 조직 내부 및 조직 간 신뢰를 크게 중요하게 다루지 않으며, 법적·제도적 측면에서 명령과 통제 체계를 갖추기만 하면 된다. 하지만 실제로 이런 명령과 통제가 제대로 작동되기 위해서는 조직 간 신뢰가 있어야 가능하다. 반면 전사적 위험관리와 네트워크 거버넌스는 신뢰를 위험관리에서 매우 중요하게 다룬다. 전사적 위험관리에서의 신뢰란 조직의 명성이나 신용을 의미하며, 조직은 전사적 위험관리를 통해 그 명성을 관리하게 된다(Power, 1999, 2007). 네트워크 거버넌스는 신뢰로 작동된다고 할 정도로 신뢰가 매우 중요한 요소이다(Moynihan, 2009). 공공부문 조직뿐만 아니라 비정부 부문과의 상호작용으로 네트워크가 만들어지기 때문에 조직 간·개인 간 신뢰는 네트워크 형성에 필수적이다.

다만, 전사적 위험관리와 네트워크 거버넌스의 신뢰에는 한 가지 중요한 개념적 차이가 있다. 전사적 위험관리에서 다루는 신뢰가 조직 전체 차원의 신뢰를 의미한다면, 네트워크 거버넌스에서의 신뢰는 개인 간 상호작용에 의한 신뢰를 의미한다. 그런데도 전사적 위험관리가 제대로 작동하기 위해서는 미시 사회적 차원에서 조직 구성원들 간 신뢰가 필수적이다(Power, 2004).[3]

위험 분석에서 과학의 역할

과학철학적인 측면에서 보면, 관료주의적 위험 분석은 전문가의 판단에 의존하는 과학적 실증주의에 바탕을 두고 있으며 불확실성을 잘 고려하지 않는다(김은성, 2009). 전사적 위험관리의 위험 분석은 과학적 실증주의에 기반을 두고 있으나, 조직적 차원에서 핵심 위험지표(key risk indicator)를 도출해 관리하기에 '행정학적 실증주의(administrative positivism)'을 기반으로 한다(Power, 1999). 행정학적 실증주의는 위험의 계량화를 추진하되, 관련 조직 구성원들의 공동 노력을 통해 계량화가 이뤄진다는 것을 의미한다. 마지막으로 네트워크 거버넌스는 이런 과학적 실증주의에 근거한 계

---

3 파워(Power, 2004)는 사회적 학습으로서의 전사적 위험관리의 필요성을 주장한 바 있다. 그는 전사적 위험관리가 코소(COSO)나 국제표준기구(ISO)에서 만든 위험관리의 가이드라인을 수동적으로 따르는 "법칙에의 순응(rule-based compliance)"이 아니라, 조직 구성원들의 상호작용과 신뢰를 통한 "사회적 학습(social learning)"이 되어야 한다고 주장한다.

표 4-1 위험관리 행정 이론의 비교

구분	관료주의	전사적 위험관리	네트워크 거버넌스
행정 철학	관료주의	신공공관리론	거버넌스론
관리 방식	명령과 통제	내부통제	조정과 협력
조직/위험 규모	조직 > 위험	조직 = 위험	조직 < 위험
권한 및 책임	최고 의사결정 기구	최고 위험관리관	공유된 권한 및 책임
위험관리 유형	통일된 통합적 위험관리 (조직 내외부 통합 관리)	자율적 통합 위험관리 (조직 내 통합/조직 간 자율 관리)	통합적 위험관리와 분산 위험관리 간 다양한 스펙트럼
위험관리 단계	예방관리 < 복구관리	전 주기 관리	전 주기 관리
신뢰	N/A	명성(거시사회적)	협력자 간 신뢰 (미시사회적)
과학철학	과학적 실증주의	행정적 실증주의	탈실증주의

량적 위험 분석에 비판적이며, 여러 조직의 경험과 조정을 통한 '탈실증주의(postpositivism)'를 선호한다(Fischer, 2000). 신기술과 신지식의 도래로 불확실성이 매우 증대함에 따라, 다양한 기관 및 조직이 가지고 있는 경험과 역량을 활용해 이런 불확실성에 대응해야 할 필요성이 커지면서 네트워크 거버넌스가 부각되고 있다(Koppenjan and Klijn, 2004).

4. 통합적 위기관리와 전사적 위험관리

국가 위기관리[4] 시스템에 대한 학술적 논의는 주로 분산적 접근보다 통

4 위험관리, 위기관리, 재난관리, 이 세 용어들이 혼용된다. 이 용어들은 서로 중첩하는 부분이 있으나 굳이 비교하자면 다음과 같은 구분이 가능하다. 일반적으로 위험관리라는 용어는 사건이 미래적이고 불확실할 때 사용하는 용어다. 위기관리는 사건이

합적 접근을 선호하는 경향이 있다(이동훈, 1999; 이재은, 2005; 이재은, 2013; 이종열 외, 2004; 김열수, 2005; 이덕로 외, 2009). 이재은(2005)에 따르면 통합 위기관리 시스템은 위기 유형, 위기관리 과정, 위기관리 조직, 위기관리에 필요한 자원의 통합·표준화를 말한다. 첫째, 위기 유형의 통합은 자연재해, 인재, 국가 기반시설 위기, 전통적 안보 위기의 통합관리를 의미한다. 둘째, 위기관리 프로세스의 통합은 예방, 대비, 대응, 복구 중심의 위기관리 활동의 통합과 연결을 의미한다(Petak, 1985). 셋째, 위기관리 기구 통합은 국가안전보장회의 위기관리센터, 국무총리실 비상기획위원회, 소방방재청, 지방자치단체, 기업, 비정부기구를 서로 연계하는 것을 말한다. 넷째, 자원의 통합은 재난관리를 위한 인적·물적 자원의 통합 관리 시스템을 구축하는 것을 말한다.

통합적 위기관리와 분산적 위기관리는 서로 다른 장단점이 있다(이종열 외, 2004: 357; 한국방재협회, 2008: 40; 위금숙 외, 2009: 33). 이종열 외(2004)에 따르면 분산적 위기관리는 특정 재난별, 소관 기관별 재난의 관리책임을 명확하게 하고 특정 위기 관련 조직의 전문성을 활용할 수 있는 장점이 있다. 하지만 분산적 위기관리 시스템의 단점으로는 복합 재난 대처 능력의 한계, 각 부처 간 업무의 중복 및 연계의 미흡, 재원 마련과 배분의 복잡성 및 권한과 책임의 분산으로 인해 국가 위기 발생 시 총괄 조정기능의 미흡 등이 있다.

2000년대 이전 한국의 위기관리체제는 위기 발생의 원인을 기준으로 자

징후가 나타나 위험이 임박했을 때 사용하며, 재난관리는 사건이 이미 일어나 재난이 발생하여 이에 대한 대응과 복구가 필요한 경우에 사용하는 용어다(정지범, 2009). 또한 위험 분야에 따라 용어가 달라질 수도 있는데, 일반적으로 과학기술·보건·환경·재정 분야에는 위험관리, 국가안보의 경우 위기관리, 풍수해 및 화재 등에 대해서는 재난관리라는 표현을 많이 사용한다.

연재해, 인적 재난, 사회적 재난 등 유형별로 나누고, 발생 원인에 따라 소관 부처별로 관리하는 분산적 위기관리체제를 구축해 왔다. 하지만 2000년대 들어서 통합적 위기관리의 필요성이 제기됐다(이종열 외, 2004). 통합적 위기관리는 재난 발생 때 총괄적 자원 동원이 가능해 거대·복합 재난에 대응할 수 있다는 장점이 있으나, 위기관리의 업무와 책임이 특정 부서에 집중할 수 있다는 단점이 있다.

통합적 위기관리는 노무현 정부와 이명박 정부의 핵심적인 정책과제가 됐다. 노무현 정부는 대형 재난에 대한 성찰을 바탕으로 한국의 위기관리체제를 새롭게 정비했다. 노무현 정부는 국가안전보장회의를 확대 개편하고 그 산하에 위기관리센터를 설치했다. 2004년 3월 기존 재난 관련 법률을 통폐합해 자연 재난과 인적 재난을 포괄하는 '재난및안전관리기본법'을 만들었다. 이 법은 기존의 재난관리법과 자연재해대책법과는 달리 재난 개념을 확대해 자연재해는 물론 에너지와 통신 등의 국가기반체계의 마비로 인한 피해를 재난에 포함했다. 재난및안전관리기본법과 함께, 재난 관련 업무 체계의 일원화를 통한 정책 심의 및 총괄 조정기능을 강화할 수 있는 소방방재청을 2004년 6월 1일 설립했다.

하지만 노무현 정부가 추진한 재난및안전관리기본법은 자연 재난 및 인적 재난 등 재난 분야의 통합을 추진했으나, 전쟁·테러·금융위기 등 기타 유형의 위기에 대한 통합적 위기관리 시스템까지 구축한 것은 아니었다. 그래서 노무현 정부는 정부수립 이후 최초로 국가 위기 발생 시 이를 효율적으로 관리하기 위한 '국가위기관리기본지침'을 수립했다. 이 지침에 따라 수십 개의 유형별 재난 대응 표준 매뉴얼을 제정했다(김열수, 2005). 이 지침을 통해 참여정부는 재난뿐만 아니라, 전통적 안보와 국가 핵심 기반 위기를 통합하는 '포괄적 안보'(이재은, 2013) 개념을 도입하고자 했다.

2008년 출범한 이명박 정부도 통합적 위기관리를 추진했으나 노무현 정부와 다른 행보를 보였다. 재난관리를 위한 통합적 시스템의 구축은 이명박 정부도 매우 중요시했다. 2008년 2월 제17대 대통령직 인수위원회에서 안전한 사회를 구현하기 위한 통합적 재난안전관리 체계 구축을 국정과제로 확정했다. 2008년 12월 행정안전부는 통합적 재난안전관리 종합 대책을 만들었으며, 제2차 국가안전관리기본계획(2010~2014)의 중점 추진과제로 통합적 재난관리 시스템을 추진했다. 하지만 재난을 제외한 전통적 안보 및 금융 등 기타 위기와의 통합에 대해서는 노무현 정부와 달리 통합할 의지가 없었다. 이에 이명박 정부는 출범과 함께 전통적 안보, 재난, 국가 핵심 기반의 통합적 관리를 주도적으로 추진한 국가안전보장회의 사무처를 해체했다.

전사적 위험관리는 위기관리의 통합성과 자율성을 동시에 띤다는 점에서 통합적 위기관리와 유사점과 차이점이 있다. 우선 전사적 위험관리는 코소(COSO), 국제표준기구(ISO) 등 국제조직을 중심으로 이루는 위험관리 표준화의 흐름 속에 있으며, 이는 통합적 위기관리 시스템을 구축하기 위한 위기 대응 매뉴얼의 표준화와 일맥상통한다. 더불어, 전사적 위험관리는 최고 위험관리관을 임명하고 내부통제 시스템을 구축한다는 측면에서 조직 내부에 통합적 위기관리 시스템을 지닌다. 이런 점에서 청와대 국가안전보장회의 주도로 추진했던 통합적 위기관리 시스템과 전사적 위험관리는 위기관리 대상 조직의 단위와 범위는 다르지만 조직 관리 방식에서는 일맥상통한다.

하지만 전사적 위험관리는 기업의 자율적 위험관리로부터 발전한 위험관리 모델이다. 조직 간의 관계는 위계적·종속적 관계가 아니며 서로 분권화되어 있다. 또한 전사적 위험관리에서의 조직 개념은 조직 스스로 위험을 관리할 수 있는 능력과 시스템을 가진 '자율조직'이다. 이런 점에서 전사적 위험관리 개념은 청와대 국가안전보장회의가 추진했던 범정부적 통합 위기관리 시스템과 다르다.

5. 공공기관위기관리지침의 추진 역사

2004년 3월 4일부터 6일까지 중부지방에 폭설이 내려 고속도로가 마비됐다. 그리고 2003부터 2005년까지 제주도에서 정전 사태가 일어났다. 이에 청와대는 정부 부처뿐만 아니라 공공기관 위기관리 시스템의 필요성을 인식하게 됐다. 당시 이 지침의 제정을 총괄했던 당시 청와대 국가안전보장회의 사무처 안철현 국장에 따르면, 2006년 당시 청와대는 정부 기관의 위기관리체제 구축은 어느 정도 성과를 거둔 데 비해 국가경제와 국민 생활, 그리고 정부 기능에 핵심적인 역할을 하는 공기업 및 준정부 기관의 위기관리는 체계적으로 이뤄지고 있지 못하다고 판단했다. 또한 기관 간 편차가 심해 자칫 공공기관의 조직 위기가 국가적인 피해를 초래할 가능성도 있다고 생각했다. 특히 청와대는 공기업들이 경영평가에만 중점을 두고 위기관리 및 재난관리에는 소홀하다고 판단했다. 이에 국가안전보장회의 사무처(위기관리센터)는 공기업 및 준정부 기관의 위기관리를 체계화하기 위해 정부의 위기관리 시스템과 연계된 표준화된 매뉴얼을 마련하고자 '공공기관위기관리지침'의 제정에 착수했다.

이를 위해 공공기관위기관리지침 제정을 주도한 안철현 국장은 첫째, 공기업 및 준정부 기관의 체계적인 위기관리를 위해서는 위기관리체제 구축의 방향성을 제시하고 가이드라인이 되는 공공기관위기관리지침이 선행되어야 한다고 봤으며, 둘째, 이 지침이 제정되면 이를 기초로 각 공공기관(공기업 및 준정부 기관)의 위기관리체제를 구축 및 정비하고, 셋째, 기획예산처(현 기획재정부)가 매년 실시하는 공공기관 경영평가제도에 위기관리 분야를 포함시켜 공공기관의 위기관리에 대한 지속적인 평가를 통해 위기관리 시스템의 발전을 고취·유도·견인해 나간다는 목표를 설정했다.

감사단 초청 위기관리 중요성 홍보 및 공동연구 T/F 구성

청와대 국가안전보장회의 사무처는 공공기관의 위기관리 시스템을 구축하기 위해서는 공공기관의 감사단을 활용해야겠다고 판단하고 2006년 5월 24일 정부 투자기관 감사단을 초청해 정부의 위기관리 시스템의 운영체계에 관해 설명했다. 앞서 언급한 바와 같이 감사 부서의 내부통제가 전사적 위험관리에 매우 중요하다. 당시 청와대 국가안전보장회의 사무처는 전사적 위험관리 및 비즈니스 연속성 계획에 대해 알고 있었지만 애초부터 이 개념을 고려하고 감사단을 초빙한 것은 아니었다. 단지 2003년부터 2005년까지 구축한 정부 위기관리체제에 맞게 공기업 및 준정부 기관의 위기관리 수준을 끌어 올려야 하는데, 이를 위해선 경영 전반에 대한 감사 및 징계권을 갖고 있음에도 실제 그 역할이 미흡한 감사들이 체계적 위기관리의 중요성을 인식하고 위기관리 업무에서 중요한 역할을 담당하는 것이 타당하다고 판단했던 것이다.

즉, 정부 위기관리체제의 연장선상에서 공기업 및 공공기관의 위기관리 체제를 구축하는 과정에서 자연스럽게 전사적 위험관리 기법을 접하게 된 것이다. 국가안전보장회의 사무처는 2006년 6월에서 7월까지 정부 투자기관 감사 실무 담당자와 감사실장을 초빙해 위기관리에 대한 진단평가의 필요성을 인지시키고 감사실이 위기관리 업무 진단평가 기능을 강화할 수 있는 방향으로 노력해 달라고 요청했다.

동 사무처는 2006년 7월 대통령에게 공공기관 위기관리 지침의 수립계획을 보고했다. 이후 국가안전보장회의 사무처는 공공기관 위기와 관련해 재난·갈등·경영/재무 위험·홍보 등 네 가지 분야에 걸친 지침을 만들기로 하고 공동연구 T/F를 구성했다. 그런데 애초부터 이 네 가지 유형에 초점을 맞춘 것은 아니었다. 한국조폐공사 관계자에 따르면, 처음에 국가안전보장회의는 재난에만 초점을 맞춘 국가 위기관리체제를 제시했다고 한다. 하지만 정부 중심이 아닌 공공기관 중심으로 만들어야 한다고 주장이 나와 이 네 가지 유형에 초점을 맞추고, 전문기관의 참여를 통해 공공기관 위기관리에 관한 선행 연구를 추진하는 계획을 세웠다. 조폐공사관계자는 다음과 같이 이야기했다.

당시 위기는 주로 재난 쪽에 포커스를 맞추셨던 거예요. 국가위기관리체제를 가져가려고 했던 거니까. 제가 그때 들어가서 위기관리지침을 쓸 수 있는 사용자 중심으로 해야 한다, 기관에게 맞는 쪽으로 해야 하지 정부에서 하라는 쪽으로 단순히 가져다 하면 무용지물이다. 그래서 안철현 국장님하고 둘이 고민을 해서, 그러면 전문기관을 동원하여 선행 연구를 하자고 한 것입니다.

당시 삼일회계법인(경영 및 전사적 위험관리 분야: 장승국, 황문기), 삼성방재연구소(재난 분야: 이호준), 삼성경제연구소(경영 분야: 민승규), 숙명여대(홍보 분야: 유종숙 교수), TRC코리아(재난 BCP 분야), 조폐공사(시범 공기업) 등 5개 기관과 1개 공기업이 위기관리 표준 지침 개발을 위한 T/F에 참가했다. 2006년 8월 4일 주요 참여 기관의 참석하에 공기업 위기관리 표준 모델 개발을 위한 공동연구 협약식을 가졌다(공공기관위기관리지침 T/F, 2006).

2006년 공공기관 위기관리 실태조사

2006년 8월 24~25일 양일 동안 T/F는 공공기관을 제조,[5] 사회간접자본

(SOC), 서비스 기관으로 분류하고 총 8개 기관을 방문해 위기관리 실태를 조사했다. 이 인터뷰 조사의 목적은 "공기업 위기관리 표준 모델 개발을 추진하면서 선행 연구의 하나로 정부 투자기관의 기능 이해 및 위기관리의 현주소를 진단하고, 기관별 업무 성격에 따라 각기 다른 관점에서 관리하는 위기관리 실태를 파악해 표준 모델 개발의 기초자료로 활용"하고자 함이었다. 당시 인터뷰 조사 자료에 따르면 T/F는 위기관리 정책 및 매뉴얼, 위기관리 교육, 위기관리 조직, 기관별 위기 유형, 공중과의 관계 등에 대해 조사를 했다.

당시 T/F가 조사한 공공기관 위기관리 현황 조사 결과를 살펴보면 정부의 통합적 위기관리 시스템에 대한 의지를 엿볼 수 있다(공공기관위기관리지침 T/F, 2006). T/F는 전사적 위기관리체제를 평가하면서 조직 및 위기관리 유형적 측면에서 통합성의 정도를 분석했다. T/F는 전사적 차원에서 위기관리 정책(방침, 지침)이 제도화되어 있는지, 종합적으로 위험을 조정 및 통제하는 부서가 있는지를 평가했다. 그 결과, T/F팀은 위기관리 업무수행 체계 또는 조직과 관련해 공공기관에 태풍, 폭우, 폭설 등 위기 유형별로 업무를 담당하는 주관부서가 설정되어 있으나 종합적으로 조정·통제하는 기능을 담당하는 부서가 없다고 평가했다. 이에 따라 전사적 차원에서 위기를 종합적으로 조정하는 기능을 담당하는 기구의 설치 또는 업무분장이 필요하다고 판단했다.

더불어 기관별 조직구조의 표준화에 대한 의지를 엿볼 수 있는데, T/F는 위기 발생에 대비한 비상대책 기구 편성 및 운영과 관련해 '재난관리위

---

5 제조기관으로 한국조폐공사, SOC 기관으로는 한국전력공사·한국도로공사·한국토지공사·한국가스공사, 진흥 및 서비스 기관으로는 한국관광공사를 조사했다(공공기관위기관리지침 T/F, 2006).

원회', '재난안전대책본부' 밑에 각 대응반을 구성해 대책 기구를 편성 및 운영하고 있으나, 재난관리위원회와 재난안전대책본부의 역할, 하부 대응반의 구성 체계가 기관별로 다르다고 평가했다. 이에 따라 재난안전대책본부로의 일원화 및 하부 대응반의 적정한 편성 등에 대해 표준화된 방향 제시가 필요하다고 T/F는 평가했다. 기관과 공중과의 관계와 관련해 기관별 특성에 따라 관리하는 조직이 고객만족처(고객), 기획처(정부), 홍보실(언론) 등 각기 다르다고 평가했다. 그래서 공중 유형의 특성에 따라 관련 전담 부서를 지정해 관리하는 것이 합리적이며, 위기 발생 시에는 종합적으로 관리하는 기능의 설정이 필요하다고 평가했다.

T/F는 위기 유형별 매뉴얼을 검토하면서 네 가지 유형별로 기관의 위기관리 상황을 평가했다. 기관별 위기 유형과 관련해 대부분 기관이 고유 사업 분야와 관련된 내용을 위기로 분류하며, 일부 기관에서는 재난보다는 재무 분야에 비중을 두는 등 기관별 특성에 따라 위기 유형이 다양하게 표출되었다고 T/F는 평가했다. 특히 재난 부문은 나름대로 매뉴얼을 확보하고 있으나, 갈등관리 부문의 매뉴얼 확보는 미흡하다고 평가했다. 예를 들어 한국도로공사는 폭설에 대한 재난관리체계는 구축하고 있으나, 경영 위험이나 커뮤니케이션 위험의 관리는 없었다.

T/F는 대다수 공공기관이 위기관리 커뮤니케이션 체계 구축 및 운영을 홍보실(팀)에서 담당하고 있고 위기별 대응을 위한 실무 표준 매뉴얼 확보도 미흡하다고 평가하고, 위기관리 커뮤니케이션 전략 및 방법 등이 포함된 매뉴얼 확보를 위한 방향 제시가 필요하다고 주장했다. T/F는 공공기관이 자체적으로 분류한 위기 유형에 대해서도 표준화된 체계에 의한 매뉴얼로 관리가 필요하다고 주장했다.

마지막으로, 내부통제와 관련하여 T/F는 위기관리에서 감사부의 역할을 강조했다. T/F는 위기관리 진단평가(감사) 체계 구축 및 운영과 관련해

표 4-2 주요 공기업 위기관리체제 실태(2006): T/F팀 조사 결과

기업명	중점 관리 위기 분야	위기 경험 사례	위기관리체제 형태	총괄 조정 부서 유무	개선 중점 사항
한국전력	1. 경영/재무 위험 2. 공급 부족 및 정전 3. 재난/안전사고 4. 파업 5. 갈등	1. 구조조정 관련 파업 2. 광역 정전 3. 고유가에 따른 비용 증가	**통합형** · 전사적위험관리 시스템(전사적 위험관리) 구축 중	**총괄 조정 부서 부재** · 설치 필요성 인정, 검토 중 · 설치 시 전사적 위험관리 부서가 담당	1. 경영진 인식 제고 2. 위기관리 홍보 3. 진단/평가 프로그램 4. 위기관리 조직 통합 5. 위기관리 지식 DB 구축
도로공사	1. 재난 2. 갈등 3. 경영/재무 위험 4. 홍보	1. 폭설에 따른 마비 2. 터널 내 폭발 사고 3. 농민 시위로 마비	**분산형** · 각 분야별 전담 조직 체제로 운영	**총괄 조정 부서 부재** · 경영혁신팀, 경영 위기/매뉴얼만 종합 관리	1. 진단/평가 프로그램 2. 경영진 인식 제고 3. 위기관리 IT 시스템 구축
토지공사	1. 경영/재무 위험 2. 재난 3. 홍보	1. 집단 갈등 2. 부정적인 언론보도 3. 환경단체와의 마찰	**통합형** · 전사적 위험관리 시스템(전사적 위험관리) 구축	**총괄 조정 부서 부재** · 전사적 위험관리 부서가 담당하는 방안 검토 중	1. 경영진 인식 제고 2. 위기관리 교육 프로그램 3. 위기관리 전담(총괄) 조직 설치
가스공사	1. 경영/재무 위험 2. 테러/보안 사고 3. 재난/안전사고 4. 수급 차질	없음	**분산형** · 각 분야별 전담 조직 체제로 운영 · 전사적 위험관리 시스템(전사적 위험관리) 설치 검토 중	**총괄 조정 부서 부재** · 향후 전사적 위험관리 부서 설치 시 동 부서가 담당하는 방안 검토 중	1. 위기관리 IT 시스템 구축 2. 모의훈련 실시 3. 위기관리 진단/평가 프로그램 4. 위기관리 교육 프로그램
철도공사	1. 수송 안전 2. 홍보 3. 경영/재무 위험 4. 노사관계	1. 철도공사 유전 사업 부실 2. 노조 파업에 따른 운행 마비 3. 태풍 등 자연 재난	**분산형** · 각 분야별 전담 조직 체제로 운영	**총괄 조정 부서 부재** · 가장 위기 업무 소요가 많은 수송 안전 분야에서 담당 하는 방안 검토	1. 위기관리 IT 시스템 구축 2. 위기관리체제의 통합 3. 위기관리 지식 DB 구축
수자원공사	1. 시설 방호/재난/안전사고 2. 수질오염 3. 갈등	1. 태풍으로 댐 만수위 2. 다목적댐 전체 방류 3. 가뭄으로 저수율 급감 4. 수질 오염 사고/관로사고로 단수	**분산형** · 각 분야별 전담 조직 체제로 운영 · 분야별 위원회(복수) 체제	**총괄 조정 부서 부재** · 전사적 위험관리 체계 구축 시 동 전담 부서가 담당할 필요성 공감	1. 위기관리 전담(총괄) 부서 설치 2. 위기관리체제 통합 3. 위기관리 교육 프로그램 설치
조폐공사	1. 기술 관리 2. 제품 유출 3. 보안/테러 4. 경영/재무 위험 5. 홍보	1. 결함 제품 발생 2. 언론의 부정적인 왜곡 보도	**통합형** ·전사적위험관리 시스템(전사적 위험관리) 구축 중	· 전사적위험관리 시스템(전사적 위험관리) 운영 부서에서 총괄 조정하는 방안 검토 중	1. 위기관리체제 통합 2. 위기관리 교육 프로그램 3. 위기관리 지식 DB 구축

자료: 공공기관위기관리지침 T/F(2006).

재난관리 담당 부서에서 주기적으로 점검을 시행하고는 있지만, 자체 감사실의 위기관리 분야 감사 기능이 미흡하여 자체 감사실의 위기관리에 대한 진단평가 방향 제시가 필요하다고 주장했다.

공공기관의 반발 및 우려

정부는 처음에는 '지침'이 아니라 '매뉴얼'을 만들려고 했다. 매뉴얼을 만들어 최대한 자세하게 위험관리 프로세스를 설명하려고 계획했다. 하지만 당시 국가안전보장회의 사무차장은 '지침' 형태로 강제적인 구속력을 부여하지 않으면 이 매뉴얼이 제대로 실행되지 못할 것으로 판단했다. 그래서 2006년 12월까지 매뉴얼 형태로 만들다가 2007년 초에 지침으로 전환했다. 매뉴얼의 경우는 사례연구 보고서처럼 사례 예시가 많지만 지침으로 만들면서 내용이 축약됐다.

이 지침의 제정이 추진되자 한국가스공사, 한국공항공사, 한국전력공사, 한국철도공사 등 자체 위기관리 시스템을 이미 구축한 공공기관들은 우려를 표시했다. 한국전력공사의 경우 2004년도 지식경제부에서 추진한 전력분야 위기 대응 실무 매뉴얼을 갖추고 있었다. 한국도로공사는 2004년 대전 폭설로 인한 고속도로 불통 사태를 경험하면서 방재 관리 시스템을 구축했다. 한국가스공사는 2005년부터 안전·환경·보건·품질을 종합적으로 관리하는 EHSQ(Environment Health Safety Quality) 경영시스템을 구축하고 있었다. 한국공항공사의 경우 공항 시설물은 재난및안전관리기본법에 따라 관리하고, 항행안전시설은 국토해양부가 매 분기 비행 점검을 하고, 항공 안전은 2005년 2월부터 SMS(Safety Management System)를 통해 관리하며, 보안 분야는 국제민간항공기구(ICAO)의 점검을 받고 있었다. 그 외 다른 정부 지침을 따르고 있던 공기업들(한전 등) 및 국제표준기구 등의 국제기준을 따르고 있던 기업들(예: 석유공사)도 이미 운영하는 절차가 정부 지침과 중복되어 비효율적이라는 지적도 있었다. 그래서 이 기관들은 공공기관위기관리지침이 새롭거나 특별하다기보다는 기존의 법이나 계획과 충돌할 가능성이 있으며 위기관리 업무가 중복될 수 있다는 반응을 보였다.

이는 공동연구 T/F가 청와대에 제시한 건의 사항에서 드러난다. T/F는 청와대에 제출한 건의 사항에서 "표준 모델 개발 시 기관별 특성을 고려해 큰 틀에서 제시하고 기관별 특성에 따라 자율적으로 구축하도록 유도해야 한다. 표준 모델 개발의 유효성, 시의성에 대한 각 기관의 의견 수렴과 아울러 정부 주도의 표준 모델이 새로운 규제로 작용할 수 있다는 일부 시각에 대한 대비가 필요하다"라는 점을 지적했다(공공기관위기관리지침 T/F, 2006). 기존 정부 정책과의 중복 가능성 우려에 대해 공동연구 T/F는 "정부 조직 내 여타 기관에서 추진되는 각종 안전관리 시스템과 중복이 되지 않도록 사업계획을 수립하고 중복으로 추진된 사업에 대해서는 통합 관리가 필요할 것으로 사료된다"라는 점을 청와대에 건의했다(공공기관위기관리지침 T/F, 2006). 하지만 당시 재난 및 국가 위기에 관한 법률이 통합되어 있지 않은 상황에서 위기관리의 통합을 추진하는 지침이 분산된 개별법 위에 있을 수는 없는 상황이었다.[6] 따라서 공공기관위기관리지침이 지향했던 통합적·전사적 위기관리 시스템은 그 실효성을 갖기 어려웠고 업무 중복의 우려가 있었다.

한국공항공사 관계자는 당시 상황에 대해 다음과 같이 말했다.

사실 맨 처음에는 국가안전보장회의가 나오다 보니까 법도 아니지만 국가

6 예를 들어 한국공항공사의 경우 국가 중요시설물 SOC기관에 대한 법률, 재난및안전관리기본법 등 다양한 법률이 존재했다.

안전보장회의를 무시할 수는 없고 해 가지고 좀 먹혔어요. 그런데 그것의 가장 큰 단점은 지침이 법을 상회할 수는 없다는 것이죠. 지침은 지침일 따름이고 법은 우리나라 체계상 가장 상위에 존재하는 것이잖아요. 그래서 (분산되어 있는) 기존 법률들과 공공기관위기관리지침이 서로 중복되지는 않는가 하는 것이 가장 크게 걱정을 했었던 것입니다.

이에 청와대 국가안전보장회의는 공공기관위기관리지침을 추진하면서 기존 정부의 위기관리 매뉴얼 체계 안에 있는 것은 그대로 따르고, 기존 매뉴얼에 없는 위험 요인의 경우는 이 지침에 맞게 새롭게 매뉴얼을 구축하려고 했다. 예를 들어 한국전력공사의 경우 전기 사고와 풍수해 등은 국가재난안전관리 체계에 있기 때문에 전력 분야 위기 대응 실무 매뉴얼을 활용하고, 매뉴얼이 없는 경영 위험 및 갈등 같은 위기는 공공기관위기관리지침에 따라 추진할 수 있도록 했다.

하지만 공공기관위기관리지침에서 제시된 경영·재난·홍보·갈등 등 네 가지 위기의 전사적 통합화에 대해서도 공공기관의 불만이 있었다. 왜냐하면 기관마다 위기와 관련한 고유 업무가 다르고 우선순위가 다르므로 표준화와 통합화의 필요성에 대한 의견이 달랐기 때문이다. 어느 기관은 재정적자에 중점을 두고, 어떤 기관은 안전관리에 초점을 맞추다 보니 우선순위가 달라 불필요한 위기도 관리를 해야 하는지에 대한 이견이 존재했다.

예를 들어 한국가스공사와 한국공항공사의 경우 재난 및 안전은 많이 다루지만, 경영 및 홍보 위험을 관리해야 하는지에 대한 의문을 제기했다. 왜냐하면 전사적 위험관리를 하기 위해서는 추가적인 예산과 인적자원이 필요하기 때문이다. 특히, 위험 식별, 평가, 위험 인식 등의 기준이 경영 위험과 재난은 엄연히 다를 수 있다. 경영 위험은 주로 예방 중심으로 가야 하고 재난은 주로 대응 위주로 가는 경향이 있다. 따라서 기관이 중점을 두는 위험에 따라 위험관리 프로세스가 달라질 수 있음에도 불구하고 공공기관위기관리지침은 기관별 위험의 특수성을 고려하지 못하는 한계가 있었다. 특히 이 지침이 '매뉴얼'이 아닌 '지침'의 방식으로 표준화를 추진했기 때문에 공공기관들은 우려를 표시했다.

그러나 이런 공기업의 의견과 주장에 대해 국가안전보장회의 사무처의 안철현 국장은 다음과 같은 의견을 가지고 있었다. 그는 2011년 11월 6일 나에게 보낸 이메일에서 다음과 같이 말했다.

> 첫째, 공기업은 사업성 측면을 무시할 순 없지만, 한편으로는 공공성이라는 또 다른 가치를 구현해야 하는 특별한 조직이자 공기업의 위기는 곧 국가적 피해로 연결될 수 있는 특성이 있어 위기관리 부문에 대해 사업적 관점이나 비용의 관점에서 접근하려는 것은 공공성과 공기업이 갖는 위기관리의 중요성을 감안할 때 재고되어야 한다. 둘째 정부의 각 부처도 각기 다른 위험 요인과 업무 특성을 지니고 있지만 상호 유기적 관계에 있어 국가 차원의 위기관리 표준화와 통합적 운용이 필요한 것과 마찬가지로 다양한 공기업도 각 사별로 소관 위험과 업무가 다를지라도 국가 및 정부와 밀접한 관련이 있고 실제로 위기관리 분야에서 정부 각 부처와 유기적 구조인 점을 고려할 때, 정부 위기관리체제와의 연계, 공기업별 위기관리체제의 표준화, 정부와의 통합적 구조는 불가피한 점이 있다. 셋째, 공공기관위기관리지침에서 규정한 4대 위기 영역은 공기업마다 정도 및 수준, 우선순위의 차이는 있으나 공통으로 조직의 존립 및 발전을 위해 관리가 필요한 영역이며, 지침에서 위기관리의 우선순위를 일률적으로 규정한 것은 아니다. 넷째, 공공기관위기관리지침에서 규정하려는 것은 위기관리의 구체적 내용이 아니라 어느 공기업이든 위기관리에 공통으로 필요한 기본요소(조직·자원·문서)와 활동(예방·대비·대응·복구에 관한 사항)을

기본적으로 제시하고자 하는 것으로서, 각 공기업 위기관리에 대한 가이드라인의 성격을 갖는다.

'공기업·준정부 기관 경영 및 혁신에 관한 지침' 개정 추진

공공기관위기관리지침은 하나의 '권고' 성격의 지침일 뿐이지 의무적 사항은 아니다. 따라서 공공기관이 그 지침을 따르지 않을 경우 강제할 법적 수단을 가지고 있지 않았다. 그러므로 청와대 국가안전보장회의는 이 지침의 실효성을 높이는 방안을 모색했다. 당시 기획예산처가 운영하던 '공기업·준정부 기관 경영 및 혁신에 관한 지침'이 있었고 개정 작업을 하고 있었기 때문에 여기에 위기관리 조항을 넣어야겠다고 판단하고 예산 팀과 공기업 관리팀을 찾아가서 설득했다. 청와대는 경영평가지표에 위기관리 항목이 들어가지 않으면 공공기관이 지침에 따라 움직이지 않을 것으로 판단했다. 청와대는 기획예산처와 협의해 '공기업 및 준정부 기관 경영 및 혁신 지침'에 위기관리 관련 조항(제38조, 위기관리)을 신설하고 위기관리 수행의 가이드라인으로 국가안전보장회의 사무처가 제정한 공공기관위기관리지침을 사용토록 규정했다. 이 조항의 내용은 다음과 같다.

> 공기업·준정부 기관은 국가안전보장회의 사무처장이 마련한 공공기관위기관리지침에 따라 제반 위협요인을 체계적으로 관리하고 위기 발생 시 피해를 최소화하기 위한 위기관리 대책을 수립, 시행해야 한다.

청와대 국가안전보장회의 사무처의 해체와 공공기관의 자율적 위기관리

이런 노력은 다음 정부 출범 직전까지 진행되어 여러 공기업이 자체적으로 위기관리 유형을 선정하고 유형별 위기관리 매뉴얼을 수립하는 한편, 전사적 위험관리 시스템, 업무 연속성 계획, 상황관리 시스템, 위기관리센터 설치 등의 구체적인 성과를 이룬 공기업도 나타나기 시작했다. 그러나 2008년 새 정부가 출범하면서 청와대 국가안전보장회의 사무처와 동 사무처 내 위기관리센터를 폐지함에 따라 이 지침은 추진 동력을 잃었다.

2009년 8월 1일 청와대 국가위기상황센터는 이명박 정부 들어 1년 넘게 방치된 공공기관위기관리지침을 공공기관의 자율에 맡기기로 했다. 그렇게 되면서 공공기관은 위기관리 매뉴얼을 공공기관위기관리지침에 따라 운영할 필요가 없어졌다. 이는 공공기관위기관리지침이 제정될 당시 여러 공공기관에서 문제점으로 제기한, 각 공공기관의 특성을 고려할 때 일률적으로 지침에서 규정한 내용대로 위기관리 매뉴얼을 관리하기 어렵다는 비판을 수용한 것으로 해석할 수 있다. 당시 이익동 청와대 국가위기상황센터 과장은 "공공기관들이 자체적으로 운영하고 있는 위기관리 매뉴얼을 조사해 본 결과 대부분 완성도가 높고, 잘 운영되고 있어 공공기관들이 위기관리를 좀 더 자율적으로 할 수 있도록 지침을 개정할 예정"이라고 말했다(김수한, 2009.9.7).

기획재정부도 위기관리에 관한 후속 조치(경영평가 지표 반영 등)를 하지 않고, 단지 2010년도 '공기업 및 준정부 기관 예산편성지침'에만 위기관리의 적극화를 권고하는 선으로 물러났다. 이 지침에는 "다양한 위협요인과 급변하는 경영환경에 대처하는 위기관리를 강화한다"라고 규정하지만, 이를 공공기관 경영평가 기준 및 지표에는 명시적으로 반영하지 않았다. 경영평가 대상은 대부분 가시적 사업실적에 초점을 맞췄으며, 비가시적 업무인 위기관리는 평가 대상 및 지표로서 주목받지 못했다. 공공 분야 감사 직무도 대부분 회계/결산 감사 및 회계 관련 직원의 직무 관찰 분야로 한정된다.[7]

결국, 공공기관은 표준화·통일화를 기반으로 한 통합적 위기관리보다는 개별 공기업의 실정 및 필요에 따라 자율적·분산적 위기관리가 이뤄졌으며, 감사 부서의 진단평가도 거의 부재한 가운데 일부 공기업에서만 공공기관위기관리지침상의 내용을 참고해 감사 부서의 위기관리 분야 진단평가를 적극적으로 검토했다.[8]

6. 공공기관위기관리지침과 전사적 위험관리

공공기관위기관리지침은 '공공기관의운영에관한법률'의 적용을 받는 공공기관 중에서 위기 발생 시의 파급 영향을 고려해 17개 공공기관[9]에 우선 적용하고 향후 여타 기관으로 확산하고자 했다. 공공기관위기관리지침을 통해 위기관리의 표준화를 진행했기 때문에 공공기관 위기관리의 '강제적 동형화'의 구체적인 내용을 살펴볼 수 있다. 청와대 위기관리센터는 이 지침을 만들면서 통합적 위기관리의 관점에서 전사적 위험관리를 변형했다.

---

7 공공 감사에 관한 법률 제12조(감사기구의 장의 임무 등) ① 감사기구의 장은 제37조에 따른 감사기준과 감사 활동 수칙을 준수하고, 자체 감사 대상기관의 회계와 사무 및 그 소속 공무원이나 직원의 직무를 독립적으로 감사한다. ② 감사기구의 장은 자체 감사 대상기관 소속 공무원이나 직원의 부정·비리 행위를 예방하기 위해 노력해야 한다.

8 2011년 8월 한국공항공사 감사실이 공기업 중 두 번째(최초는 2007년 한국조폐공사)로 공사의 위기관리체제 및 위기 대응 실태를 문서 조사 및 모의훈련 방식을 통해 진단평가 했다.

9 우선 적용한 기관은 한국관광공사, 한국전력공사, 한국석유공사, 대한석탄공사, 대한광업진흥공사, 대한주택공사, 한국수자원공사, 한국도로공사, 한국토지공사, 한국철도공사, 대한무역투자진흥공사, 농수산물유통공사, 한국농촌공사, 한국조폐공사, 한국가스공사, 인천국제공항공사, 한국공항공사 17곳이다.

즉, 통합적 위기관리와 전사적 위험관리가 서로 결합되어 공공기관위기관리지침이 탄생했다. 전사적 위험관리의 관점에서 볼 때, 공공기관위기관리지침의 내용은 세 가지 함의를 가진다. 첫째, 통합적인 접근을 시도했다. 둘째, 최고 위험관리관 개념을 도입했다. 셋째, 내부통제 시스템을 제시한다.

통합적인 접근

공공기관위기관리지침은 통합적 위기관리의 목표하에서 전사적 위험관리 기법을 설계했다. T/F는 공공기관 위기관리 시스템의 '통합성' 및 '표준화' 여부에 특히 관심을 가지고 공공기관의 위기관리를 평가했다. 이는 청와대가 정부 부처의 통합적 위기관리 시스템과 공공기관 위기관리 시스템의 연계성에 초점을 맞췄음을 의미한다. 이런 의도는 T/F가 제출한 기타 건의 사항에서 "범정부적으로 일원화된 위기관리 표준 모델과 단일 대응기관이 필요하다"라는 점을 지적한 것에서도 엿볼 수 있다.

다양한 형태의 전사적 위험관리가 존재하고 있음에도 불구하고(Mikes, 2009, 2011), 가장 지배적인 전사적 위험관리의 모델은 조직 위험에 대한 통합적 접근을 추진하는 것이다. 공공기관위기관리지침도 두 가지 측면에서 통합적 접근을 시도했다. 첫째, 공공기관의 위험 유형을 경영 위험, 재난, 커뮤니케이션(홍보), 갈등 등 네 가지 유형으로 표준화하고 통합적으로 관리하려고 했다.

둘째, 위기관리 프로세스에 전통적인 재난관리 단계를 응용해 공공기관 위기관리 활동을 공통·예방·대비·대응·복구로 구분했다. 이 위기관리 프로세스는 전사적 위험관리기법을 만든 코소(COSO), 국제표준기구(ISO)의 위험관리 프로세스와 다르다. 당시 연구 T/F에 참여했던 삼일회계법인은

표 4-3 공공기관 위기 분야 및 유형

분야	유형
경영 위험	· 관련 정책 및 경영환경 악화 등 경영 환경적 위험 · 외환 리스크 증대, 유동성 악화 등 재무적 위험 · 주요 기술 유출, 경영상 중대 사항의 폭로, 부주의에 의한 시설 및 시스템 마비 등 운영상 위험
재난	· 자연 재난에 의한 대규모 피해 · 인적 재난에 의한 대규모 사고 및 피해 · 기술 및 작동 오류에 의한 시스템 가동 중단 등
커뮤니케이션 위기(홍보)	· 이미지·평판 악화, 신뢰 실추 · 부정적 언론보도로 비난 대두 · 비판적 여론 확산으로 경영활동에 장애 등
갈등	· 내외부 관계집단 간 장기간 갈등과 피해, 충돌 · 갈등과 충돌로 업무 수행 및 공공서비스 기능 차질 등

자료: 국가안전보장회의 사무처(2007).

예방·대비·대응·복구로만 절차를 가져간다면 각 공공기관이 받아들일 때 혼선을 초래할 것이라고 지적했다. 이에 우선 재난관리 절차와 유사하게 네 가지 단계로 표준화하고 난 후, 추후 세부적인 과정에서 전사적 위험관리의 방법론을 활용하는 방식으로 추진됐다.

이 위기관리 프로세스는 전사적 위험관리와 전통적인 재난관리가 융합된 형태다. 기본적인 틀은 재난관리에서 사용하는 예방·대비·대응·복구를 따라가되(Petak, 1985: 3; 이재은, 2005: 3), 공통의 부문을 마련해 전사적 위험관리에서 거론되는 위험식별 및 위험평가 등을 제시하고 있다. '공통'은 "본격적인 예방·대비·대응·복구 활동에 앞서 수행되거나, 전 과정에 걸쳐 지속되어야 할 공통적 기능"을 의미하며, "위기 유형 및 위협요인의 도출, 징후 감시 및 식별·전파, 위협 수준의 평가 및 경보, 대내외 협조 관계의 구축·유지"를 주요 내용으로 삼는다(국가안전보장회의 사무처, 2007). 전사적 위험관리의 단계가 재난관리와 다름에도 불구하고 예방·대비·대응·복구 체계를 유지하고자 하는 것은 2004년 7월 제정된 국가위기관리기본지침에 대한 일관성을 갖기 위한 것으로 보인다.

내부통제 시스템

내부통제 시스템의 구축은 전사적 위험관리에서 필수적이다. 내부통제란 집행부의 위험관리 성과를 평가하는 업무를 담당하는 내부 부서를 설치하는 것을 말한다. 전사적 위험관리에서 내부통제 시스템은 위험관리를 담당하는 전담 부서와 전담 부서의 운영 위험을 평가하는 감사 부서로 이원화된 시스템을 구축하는 것을 말한다. 공공기관위기관리지침에 따르면, 일반 부서와 감사 부서 모두 조직의 위험관리 성과를 검사하고 평가할 수 있다. 이들 부서는 정기적으로 또는 수시로 위기관리 시스템의 운영 및 활동을 점검·평가해 점검 결과에 따른 개선 계획을 수립하고, 그 결과를 경영진에 보고할 수 있다(국가안전보장회의 사무처, 2007).

공공기관위기관리지침은 총괄 부서와 감사 부서 모두에게 진단평가기능을 제공했다. 이 지침에 따르면 "진단평가 기구는 위기관리체제 운영 및 활동 실태에 대해 정기 또는 수시로 진단평가하는 조직을 말하며, 정기 또는 수시로 위기관리체제 운영 및 활동 실태를 진단평가해 보완·개선 대책을 수립, 경영진에 제시한다"(국가안전보장회의 사무처, 2007). 이 지침에 따르면 "위기관리 총괄 부서는 유형별 위기관리 활동 실태에 대한 진단평가 계획을 수립, 시행하고 필요 시 경영진의 지시에 따라 수시로 진단평가를 실시한다. 감사 또는 감사위원회는 연도 감사 운영계획에 위기관리체제의 구축 및 운영 실태에 대한 진단평가 계획을 반영, 시행하고 필요시 감사의 지시를 받아 감사를 실시한다"(국가안전보장회의 사무처, 2007).

공공기관위기관리지침이 추진한 내부통제는 전사적 위험관리에서 추진한 이중적 통제 시스템에 기초하고 있다. 이 지침에 따르면 감사 부서뿐만 아니라 총괄 부서에도 위기관리 활동을 진단평가 할 수 있는 기능과 권한을 부여한다. 따라서 총괄 부서가 전담 부서의 위기관리를 일차적으로 통제하고, 감사 부서는 총괄 부서와 전담 부서의 위기관리를 이차적으로 통제한다. 따라서 "통제의 통제(control of control)" 시스템이 구축된다고 할 수 있다(Power, 2007). 물론 공공기관위기관리지침은 총괄 부서와 감사 부서가 모두 위기관리에 대한 진단평가를 해야 하는지, 아니면 어느 한 부서만 담당하는지에 대해 특별하게 규정하고 있지는 않다. 다만 공공기관위기관리지침에서 제시된 내부통제는 위기의 사전 예방에 기초한 실시간 모니터링보다는 사후 통제적인 성격이 강했다. 지침에 따르면 총괄 부서와 감사 부서는 연도별 계획을 통해 진단평가를 시행한다고 되어 있다. 이 계획을 통해 진단평가를 한다면 정해진 일정에 따라 평가하는 것으로, 실시간 모니터링보다는 사후 통제적인 성격이 강하다. 실시간 모니터링은 시나리오에 기초해 위험징후가 나타나면 위험이 위기로 전환되기 전에 예방하는 것을 의미하나, 공공기관위기관리지침의 진단평가 기능은 이런 의미를 포함하지는 않는다.

위기관리임원

공공기관위기관리지침은 총괄 부서,[10] 전담 부서,[11] 유관 부서, 비상대책

10 공공기관위기관리지침에 따르면 총괄 부서의 조직 형태는 조직이 직면한 위기의 특성에 맞게 자율성을 부여해 전략/기획부서, 위기 상황 종합부서, 중요 위기관리 업무 수행 부서, 비상 대비 부서 등 기존 부서가 겸임을 할 수 있도록 했다.

11 공공기관위기관리지침에 따르면 "전담 부서는 해당 분야 및 유형별 위기관리를 담당하는 부서로서 위기를 예방 및 대비하고 위기 발생 징후나 발생 사실을 인지해 조직 체계 및 절차에 따라 신속하게 보고하고, 대응 조치를 전담한다".

기구, 진단평가 기구 등의 조직을 제시하고 위기관리 업무의 총괄 권한을 가지는 위기관리 임원의 임무를 제시했다. 이 지침에 따르면 "총괄 부서는 공공기관의 제반 위기관리 업무를 기획 및 조정, 총괄하는 부서로서 위기관리 관련 업무에 관해 경영진 및 의사결정기구를 보좌하며 부서장은 위기관리 담당관의 직무를 수행한다." 이 지침은 최고 위험관리관(Chief Risk Officer)을 '위기관리 임원'으로 호칭했다(국가안전보장회의 사무처, 2007). 이 지침에 따르면 "위기관리 임원은 위기관리 총괄 부서를 직접 관장하고, 기업 내 위기관리 업무의 총괄 또는 조정, 경영진에 대한 정기 또는 수시 보고 및 자문 업무를 독립적으로 수행한다. 위기관리 임원은 사내외에서 위기관리에 대한 전문적인 지식과 경험을 보유하고 업무에 대한 성실한 자세와 책임감이 있는 인물 중에서 선임한다. 위기관리 업무 범위가 넓은 조직은 독자적인 직제로 설치하여 선임하고, 업무 범위가 좁은 조직은 해당 부서 담당 임원이 겸임할 수 있다"라고 규정했다(국가안전보장회의 사무처, 2007).

이런 위기관리 담당관 제도는 전사적 위험관리와 관계가 있으나, 이미 정부는 2004년 7월 제정된 국가위기관리기본지침(대통령 훈령 제124호)에 의거, 부처 위기관리 업무의 종합적/체계적 수행을 위해 '부처 위기관리 담당관제도'를 도입해 부처 위기관리 업무를 총괄 수행토록 했다. 따라서 부처와 공공기관의 위기관리의 연계선상에서 위기관리 담당관제도가 도입되고 있음을 엿볼 수 있다. 즉, 공공기관 위기관리 담당 임원을 만들어 부처와 공공기관 간의 통합적·체계적 위기관리 시스템을 구축하기 위한 것으로 풀이된다.

이런 관점에서 전사적 위험관리기법이 공공기관의 위기관리에 왜 쉽게 결합할 수 있는지를 엿볼 수 있다. 전사적 위험관리기법에 기초한 조직의 내부통제와 전사적 차원의 위험관리 표준화는 당시 정부가 추진했던 '명령'

과 '통제'를 기반으로 한 통합적 위기관리 시스템이 추진하는 방식과 유사하다. 조직 내부의 통합적 위기관리 시스템의 구축은 총괄 부서를 마련하고 위기관리 임원들을 임명함으로써 이뤄졌다. 총괄 부서와 위기관리 임원은 전담 부서의 위기관리 활동을 통제하는 역할을 하며, 정부의 위기관리부서와 소통함으로써 결국 정부로부터 공공기관까지 일사불란한 통합적 위기관리체제가 형성되는 것이다.

7. 마무리

이 장은 제도적 접근법으로 공공기관위기관리지침을 분석했다. 청와대는 공공기관위기관리지침을 통해 위기관리를 표준화하고 통합적 위기관리 시스템을 구축함으로써 공공기관 위기관리의 강제적 동형화를 추진했다. 전사적 위험관리를 공공부문에 도입하는 과정은 국가 위기관리 시스템의 통합적 위기관리와 분산적 위기관리의 갈등 속에서 일어났다. 전사적 위험관리는 개별 조직의 위험관리 역량 강화를 목표로 하므로 통합적 위기관리보다는 오히려 분산적 위기관리에 더 적합한 위험관리기법일 수 있다. 하지만 전사적 위험관리기법을 공공부문에 도입한 노무현 정부의 위기관리 정책은 공공기관의 분산적 위기관리를 통합화하려는 목표하에서 공공기관 위기관리를 추진했다. 그래서 이 정책은 다음 같은 특징을 가지고 있다.

첫째, 국가위기관리기본지침에 따라 전사적 위험관리의 과정이 변형됐다. 공공기관위기관리지침은 위기관리 과정을 기존의 재난관리 과정(예방·대응·대비·복구)와 유사하게 개념화했다(Petak, 1985). 삼일회계법인의 지적에도 불구하고, 공공기관의 위기관리 활동이 국가위기관리기본지침 및 전통적인 재난관리에서 사용하는 예방·대비·대응·복구 단계를 따른 것도 국가 위기관리체제와 공공기관 위기관리체제의 연계에 초점을 뒀음을 의미한다. 둘째, 같은 맥락에서 공공기관의 위기관리 담당관 제도는 공공기관의 위기관리를 국가 위기관리 시스템과 연결하기 위해 만들어졌다. 공공기관 위기관리 담당 임원은 공공기관의 위기관리를 지휘통제하고 책임질 뿐만 아니라, 부처의 위기관리 담당관과 소통하는 역할을 수행한다. 즉, 공공기관에 대한 정부의 지휘와 통제는 정부 부처와 공공기관의 위기관리 담당 임원의 상호작용을 통해 이뤄진다. 셋째, 공공기관위기관리지침은 의무적으로 따라야 할 사항은 아니며 자율적인 행동강령의 성격을 갖는다. 지침을 따르지 않는다고 해서 강제적으로 규제할 수 있는 법적 수단은 없기에 실효성이 떨어진다. 따라서 청와대는 기재부에서 관할하는 '공기업·준정부 기관 경영 및 혁신에 관한 지침' 38조에 위기관리 조항을 넣음으로써 기관평가에 반영해 공공기관이 위기관리를 스스로 할 수 있도록 유도하고자 했다.

결국 정부와 공공기관의 관료주의적 위계가 공공기관위기관리지침에서 구현되는 것을 볼 수 있다. 이는 전통적 관료주의의 경로의존성으로 볼 수 있다. 그 결과 공공기관위기관리지침이 추진하는 위기관리의 형태는 전통적인 전사적 위험관리가 추진하는 자기규제보다는 강제된 자기규제(enforced self-regulation)로 보는 것이 타당하다(Braithwaite, 1982). 기업에서 추진하는 전사적 위험관리는 조직을 독립된 자율조직으로 간주하고 조직 스스로의 자기규제에 초점을 둔다(Gunningham and Rees, 1997; Sinclair 1997). 하지만 공공기관위기관리지침은 정부가 공공기관의 자기규제적 위험관리를 강제적으로 유도하는 공동 규제, 메타규제, 또는 강제된 자기규제의 성격을 갖는다고 할 수 있다(Braithwaite 1982). 강제된 자기규제는 국가 규제와 기업의 내부 규제를 연결하는 것을 말한다. 이에 따라 위험 규제와 위험관리의 경계가 모호해진다. 또한 전통적인 관료주의가 외부통제를 의미한다면, 전사적 위험관리는 조직 내부의 통제와 관리를 연결한다. 이에 따라 '내부통제의 외부화'와 '외부통제의 내부화'의 차이도 모호해진다(Power, 2007: 62).

전사적 위험관리가 공공기관의 위기관리로 그 형태가 변형됐음에도 불구하고 이를 탈동조화의 사례로 보기는 어렵다. 그 이유는 첫째, 탈동조화는 도입된 제도와 실천의 간극을 의미하는데, 전사적 위험관리는 전통적인 관료제와 마찬가지로 계층적으로 작동되어 이런 간극이 일어나지 않을 수 있기 때문이다. 전사적 위험관리의 내부통제 시스템과 위기관리 표준화는 관료적 명령 통제 시스템으로 구축된 한국 정부의 통합위기관리와 잘 양립할 수 있었다. 둘째, 공공기관위기관리지침은 이명박 정부에 의해 사실상 무효가 됐기 때문에 이 지침의 실천을 논할 수 없어 탈동조화를 이야기할 수 없다. 다만 이명박 정부가 자율적·분산적 위기관리를 추진했고, 일부 공공기관들도 공공기관위기관리지침에 대해 우려를 표명했다는 점에서 탈동조화의 가능성을 가늠할 수 있다. 실제 이명박 정부 이후 한국 공기업들의 위기관리 방식의 실천은 내부통제 조직의 구성과 그 실천 방식에서 다양했다(김은성·정지범, 2014). 공공기관위기관리지침의 흔적이 여전히 일부 남아 있는 기관도 존재하고, 전문적인 컨설팅 기관과 협의하면서 국제표준기구와 코소(COSO) 표준에 따라 전사적 위험관리 시스템을 자발적으로 구축한 기관도 있었다.

유전자변형생물체 위험 거버넌스와 기술관료주의적 사전예방원칙

사전예방원칙은 1980년대 이후 기후변화, 환경오염, 식품 안전과 관련된 국제 규약의 핵심 원칙 중 하나다. 이는 완전한 과학적 증거가 없는 경우에도 위험의 잠재적 결과가 심각하고 돌이킬 수 없는 경우 예방 조치를 추진하는 것을 말한다(Thornton, 2000; Raffensperger and Tickner, 1999). 이 원칙에 따르면 과학적 불확실성을 공공보건과 환경을 보호하기 위한 예방 조치에 반대하는 논리로 사용해서는 안 된다. 일반적으로 사전예방원칙은 기술관료주의의 반대 개념으로 간주된다(Thornton, 2000). 기술관료주의란 사회적 의사결정에서 과학적 증거를 강조하는 정책적 접근을 말한다(Thornton, 2000: 419~420). 사전예방원칙이 위험이 발생하기 전에 위험을 최소화하려 한다면, 기술관료주의는 비용편익분석 또는 위험편익분석을 통해 위험을 최적화하는 공리주의를 추구한다.

위험 규제 관련 국가 간 비교분석에는 크게 세 가지의 연구 흐름이 있다(Wiener and Rogers, 2002). 첫 번째 경향은 한 국가의 위험 규제 체제를 기

* 이 장은 Kim(2014c)와 김은성(2010b)의 내용을 바탕으로 수정·보완했다. Kim(2014c)에서는 이해관계 접근법과 제도적 접근법이 혼합된 형태였으나, 일부러 분리해 배치했다.

술관료주의나 사전예방원칙 중 하나로 해석한다. 예를 들어 유럽연합의 위험 규제 정책은 미국의 그것보다 더 사전예방적이고 엄격하다는 주장이다(Daley, 2000; McNeil, 2000). 두 번째 경향은 역사적 연구로, 위험 규제의 역사적 변화를 탐구한다. 예를 들어 1980년대 중반까지 미국의 위험 규제 체제는 유럽연합보다 더 엄격하고 사전예방적이었다.[1] 그러나 1980년대 레이건 행정부 이후 미국의 위험 규제 체제는 기술관료주의적 성격이 강화된 반면, 유럽연합의 위험 규제 체제는 '유전자변형생물체(Living Modified Organism: LMO)' 논란과 광우병 파동 여파로 사전예방원칙을 위험 규제의 기본 원칙으로서 제도화했다(Vogel, 2001). 셋째, 사례 기반 비교 연구로, 위험 규제의 강도는 정책 사례에 따라 다르다고 주장한다. 유전자변형작물(Genetically Modified Organism: GMO)[2]과 기후변화 사례의 경우 유럽연합의 정책은 미국 정책보다 더 사전예방적이나 신약 승인, 가솔린 규제 및 미사일 방어 사례의 경우 미국 정책이 더 사전예방적이다(Wiener and Rogers, 2002; Wiener et al., 2011). 이처럼 위험 규제는 국가적·역사적·사회적 맥락에 따라 기술관료주의와 사전예방원칙을 오간다.

이 장은 기존 연구와 다른 새로운 관점을 제시한다. 기존 위험 규제 연구는 기술관료주의와 사전예방원칙을 맥락에 따라 구분했다면, 이 장은 하나의 정책 속에 공존하는 기술관료주의와 사전예방원칙을 분석한다. 이 현상을 분석하기 위해 '기술관료주의적 사전예방원칙'이라는 개념을 제안

---

1 미국 사전예방원칙의 사례로는 식품, 의약품 및 화장품법의 딜레이니 조항, '국가환경정책법', '공기청정법', '멸종위기종법', '물청정법', '산업안전보건법', '오염방지법'(1990), 'Proposition 65'(캘리포니아) 등이 있다(Raffensperger and Tickner, 1999: 5).

2 이 글에서 GMO는 유전자변형작물, 유전자변형식품, 유전자재조합 식품 등으로 지칭된다.

한다(Kim, 2012). 기술관료주의적 사전예방원칙은 사전예방원칙과 기술관료주의의 공존 또는 융합을 의미한다. 기술관료주의정책과 사전예방원칙이 서로 섞여 있거나 서로 융합되어 있는 것을 말한다.

이 장에서 분석하는 기술관료주의적 사전예방원칙의 사례는 한국의 GMO 위험 규제 정책이다. 2000년, 한국 정부는 국제연합(UN)이 마련한 '바이오안전성에 관한 생물다양성 협약 카르타헤나 의정서'(이하 카르타헤나 의정서)에 서명했다.[3] 이 의정서는 사전예방원칙을 핵심 원칙으로 하고 있다. 이 의정서에 따라, 2001년 한국 정부는 '유전자변형생물체의국가간이동등에관한법률'(이하 LMO[4]법)을 제정해 2008년 1월부터 시행하기 시작했다(한국바이오안전성정보센터, 2008). 카르타헤나 의정서가 국제법이라는 점에서 이 정책도 '강제적 동형화'의 사례로 볼 수 있다. 또한 이 정책이 기술관료주의(이영희, 2010)의 영향을 많이 받았다는 점에서 기술관료주의의 경로의존성(path dependence)을 생각해 볼 수 있는 사례다. 사전예방원칙의 강제적 동형화와 기술관료주의의 경로의존성으로 인해 기술관료주의와 사전예방원칙이 한국 GMO 정책 속에 서로 혼재되어 있다. 그 결과 사전예방원칙을 기반으로 하는 형식적 제도와 기술관료주의적 실천 간에 간극이 나타난다. 한국의 정부 관료들은 사전예방원칙 기반의 GMO 정책을 시행할 때 기술관료주의에 기초해 정책을 설계했다. 이는 제도적 접근법의 탈동조화(decoupling)에 해당한다.

3 환경 및 개발에 관한 리우 선언에서 카르타헤나 의정서의 사전예방원칙을 재확인한다. 쿠알라룸푸르 책임 및 배상에 관한 보충 의정서에서도 사전예방원칙을 필수적인 것으로 간주했다.

4 LMO는 씨앗과 같이 환경으로 배출될 때 살 수 있는 GMO다. GMO는 LMO뿐만 아니라 살아 있지 않은 GMO 식품도 포함된다.

이 장은 기술관료주의를 정치적 측면보다는 제도적 관점에서 다룬다. 첫째, 사전예방원칙, 기술관료주의, 기술관료주의적 사전예방원칙 개념을 제시한다. 둘째, 한국 GMO 정치의 역사적 궤적을 다룬 뒤, 한국 GMO 정책에서 나타난 기술관료주의적 사전예방원칙을 분석한다. 마지막으로 GMO 정책에 대한 이해관계 접근법을 통해 제도적 접근법과의 차이를 살펴본다.

1. 전통적인 위험 규제 정책: 기술관료주의

전통적 위험 규제 정책은 "건전한 과학(Sound Science)" 접근법(Raffensperger and Tickner, 1999: 2~3), '위험 기반 접근법(risk based approaches)'(Peel, 2005: 205), 또는 기술관료주의적 접근법(technocratic approach)으로 부른다. 기술관료주의는 사회적 의사결정에 있어 위험의 과학적 증거를 강조하는 증명 기반 규제(proof-based regulation)를 강조한다. 기술관료주의는 과학적 지식의 축적을 통해 진실에 도달할 수 있다는 실증주의에 바탕을 둔다. 그래서 과학적 불확실성이 해소될 때까지 사전예방적 정책 조치를 취하지 않는다(Whiteside, 2006: 39). 전통적인 위험 규제 정책은 위험의 과학적 증거가 있을 경우에만 규제가 가능하다(Whiteside, 2006: 39). 규제는 공포와 의심에 기반하지 말아야 하며 위험평가는 감정이나 이해관계에 영향을 받지 말아야 한다. 따라서 관찰을 정량화하고, 과학적인 증명을 통해 위험의 객관적인 증거를 얻어야 한다. 기술관료주의는 과학적 불확실성이 높은 장기적 위험, 즉 위험의 불가역성 및 지속성 같은 세대 간 영향보다는 단기적 위험에 더 초점을 맞춘다(Thornton, 2000; Raffensperger and Tickner, 1999).

전통적인 위험 규제 정책의 최종 목표는 위험의 최적화(optimization)다.

위험편익분석, 위험평가, 비용편익분석 같은 계량적인 분석을 활용해 비용을 줄이고, 편익을 극대화해 최적화된 지점에서 위험을 관리하려 한다. 따라서 어느 정도의 위험은 받아들이려는 경향이 있다. "위험이 없다면 얻는 것도 없다(no gain without risk)"라는 격언은 전통적인 위험 규제 정책의 문화적 코드로 볼 수 있다. 전통적 위험 규제 정책은 생태계가 위험을 수용할 수 있는 동화능력(assimilative capacity)을 지닌다고 생각한다. 환경오염이 생태계의 동화능력이 감당할 수 있을 정도 이상으로 일어나지 않는다면, 자연계가 자체적으로 이 오염을 정화할 수 있다고 생각한다. 따라서 전통적인 위험 규제 정책은 배출물이 자연계로 방출되는 생산시설의 최종 파이프에서 배출량을 조절하는 최종배출조절 기술(end_of_pipe technologies)에 초점을 둔다. 미국 위험연구회(US National Research Council)는 이를 '한계가설(threshold hypothesis)'이라고 부른다. 자연계가 동화할 수 있는 오염물질의 최대 한계를 계산하고 자연계가 수용할 수 있는 배출량을 설정하는 것을 말한다. 전통적 위험 규제 정책에서의 주요 질문은 "얼마나 안전해야 안전한가?", "어느 정도의 위험을 받아들일 수 있는가?", "인간과 생태계가 분명한 부정적 효과 없이 얼마나 많은 오염을 동화할 수 있는가?"이다. 이것이 바로 "허용 가능한 배출(acceptable discharge)"(Thornton, 2000) 개념이다. 인간과 생태계는 허용 가능한 범위에서 그 위험을 동화시킬 수 있고, 편익과의 균형을 찾음으로써 위험을 최적화할 수 있다고 생각한다. 마지막으로, 기술관료주의는 위험평가와 의사결정에서 시민참여를 배제하는 경향이 있다(Fischer, 2000). 또한 잠재적 피해자 또는 규제 기관은 독성물질의 피해를 과학적으로 입증할 책임이 있다(Costanza and Cornwell, 1992).

2. 사전예방원칙

사전예방원칙의 역사적 기원은 1974년 서독 '물 보호법'으로 거슬러 올라간다. 이 법에서 사전예방원칙은 독일어로 미래 예측(vorsorgeprinzip)을 의미했다(Fisher et al., 2006). 1980년대부터 1990년대까지, 사전예방원칙은 기후변화, 환경오염, 식품 안전 및 생물 안전과 관련된 다양한 국제협약에서 개발됐다(Raffensperger and Tickner, 1999: 4; Fisher et al., 2006: 6).[5] 1999년 윙스프레드 컨퍼런스(Wingspread Conference)에서 학자들은 대안 평가, 전 주기 위험관리, 위험 증명의 수익자 부담, 시민참여, 정보공개 등을 사전예방원칙의 세부 정책으로 제시했다(Raffensperger and Tickner, 1999: 8). 2001년 17개국 85명의 과학자가 로웰 선언(Lowell Declaration)을 발표했는데, 이 선언에서 사전예방원칙은 조기경보 기능을 갖춘 지속적인 모니터링 및 감시 시스템을 포함했다(Fisher et al., 2006: 45~46).

사전예방원칙은 미래 위험 예측 및 모니터링, 위험회피, 위험 증명의 부담 이전, 시민참여, 알권리 등 다양한 정책을 포괄한다(김은성, 2011; Kim, 2012). 첫째, 미래 위험 예측 및 모니터링으로 조기경보시스템, 장기 위험 평가, 전 주기 위험관리로 구성된다(Whiteside, 2006; Geiser, 1999). 사전예방원칙은 위험의 장기적인 영향을 다루며, 생산에서 소비까지 위험물질의 수명주기 전체에 대한 전 주기적 모니터링을 시행한다. 이 원칙은 위험을 최소화하고 회피하고자 한다(Tickner, 1999: 163). 전통적인 위험 규제 정책

5 환경 및 개발에 관한 리오 선언(1992), 생물학적 다양성 협약(1992)이 그것이다. 유엔 기후변화협약(1992), 오존층을 고갈시키는 물질에 관한 몬트리올 의정서(1994), 생물 안전에 관한 카르타헤나 의정서(2000) 등이 있다. 사전예방원칙은 또한 유럽연합의 마스트리히트 조약(1992)을 기초로 한다.

은 급속 독성 같은 위험의 단기적 영향에 초점을 두고 독성물질의 축적적 특성에 대한 고려는 부족하다면, 사전예방원칙은 위험의 세대 간 영향 등 장기적 영향을 많이 고려한다(Raffensperger and Tickner, 1999).

둘째, 위험회피 정책으로 제로 방출, 가외 시스템, 대안 기술의 개발이 포함된다(Thornton, 2000; Myers, 2000; Whiteside, 2006; Raffensperger and Tickner, 1999). 전통적인 위험 규제 정책은 이미 개발된 기술 혹은 활동의 허용 가능한 위험의 규제 범위를 정하는 데 관심을 두지만, 사전예방원칙은 기존 활동의 위험을 완전히 회피할 수 있는 대안들을 찾는 데 초점을 둔다. 사전예방원칙을 옹호하는 사람들은 전통적인 위험 규제 정책이 최종 배출량의 조절에 초점을 맞추기 때문에 다이옥신 및 생체호르몬 등 축적되는(accumulative) 물질의 위험을 해소하는 데는 실패했다고 주장한다(Thornton, 2000). 이 독성물질은 계속해서 축적되기 때문에 생태계(혹은 인체)의 동화능력이 제로라는 것이다. 따라서 전통적인 위험 규제 정책은 독성물질의 저장소를 계속 이전하는 역할만 할 뿐 독성물질의 총량은 계속해서 증가한다는 것이다. 예를 들어 다이옥신은 반감기가 매우 길어 인체에 한번 흡수되면 죽을 때까지 몸에서 계속 축적되기에 생태계(혹은 인체)의 동화능력이 제로다.

셋째, 사전예방원칙은 또한 위험 증명의 부담을 잠재적 피해자에서 잠재적 수익자로 옮긴다(김은성, 2011a; Myers, 2000; Costanza and Cornwell, 1992). 마지막으로, 이 원칙은 위험평가와 위험 결정과정에 보다 많은 타당성과 투명성을 추구한다(Whiteside, 2006; O'Brien, 1999; Myers, 2000). 이를 위해 시민참여를 촉진하고 위험 및 안전 정보를 공개해 시민들 스스로 위험을 선택할 수 있는 알권리를 제공한다(Whiteside, 2006; Lewis, 1999).

3. 기술관료주의적 사전예방원칙

표 5-1에서 제시한 전통적인 위험 규제 정책과 사전예방원칙의 차이에도 불구하고, 사전예방원칙이 전통적인 위험 규제 정책과 반드시 별개의 것은 아니다. 사전예방원칙은 비용편익분석 등 기술관료주의적 접근과 중첩적으로 진행될 수 있다(김은성, 2009, 2011). 기술관료주의적 사전예방원칙은 한 국가의 위험 규제 체제의 거시적이고 미시적인 풍경을 드러낸다. 첫째, 거시적 관점에서 위험 규제 체제는 서로 다른 정책 전통에서 이질적으로 유래한 다양한 정책을 혼합한 집합체로 볼 수 있다. 다시 말해, 기술관료주의적 사전예방원칙은 위험 규제에서 기술관료주의 정책과 사전예방원칙 기반 정책의 '공존'을 의미한다. 이 관점에서 볼 때 한국의 GMO 규제는 일종의 사전예방원칙으로서 위험 증명의 수익자 부담 정책도 있지만, 기술관료주의적 위험평가와 의사결정과정에 의존한다.

둘째, 미시적 관점에서 볼 때, 하나의 위험 규제 정책이 사전예방원칙과 기술관료주의를 모두 가질 수 있다. 다시 말해 기술관료주의는 사전예방원칙과 연계된 개별적인 위험 규제 정책에 배태되어 있을 수 있다. 이 정

표 5-1 전통적 위험 규제 정책과 사전예방원칙 간 비교

구분	전통적 위험 규제 정책	사전예방원칙
정책 목표	위험의 최적화(optimization)	위험의 최소화(minimization)
위험	위험의 과학적 증거가 없으면 안전	안전의 증명이 없으면 위험
불확실성	· 확률의 문제 · 불확실성 제거 가능	· 계산 불가능한 인식론적 불확실성 존재 · 불확실성 대응 가능
규제 대상	개별 물질	집단(class)
정책 수단	위험편익분석 및 비용편익분석 최종생산물 규제 오염통제	위험회피 전략 가외 시스템 구축 및 제로 방출 등 과정 기반 규제 오염 예방 정책

책은 순수한 기술관료주의도 아니고, 순수한 사전예방원칙도 아니며, 기술관료주의와 사전예방원칙의 '융합'이다. 사전통보동의절차(advance informed agreement)와 증명 기반 GMO 표시제(proof-based GMO labelling)가 그 예다. 비록 두 정책 모두 사전예방원칙에 근거하지만, 기술관료주의적 인식론이나 공리주의적 사고를 바탕으로 실천된다.

4. 한국 GMO 정책의 간략한 역사

한국 GMO 정책의 시작은 생명공학육성법이 개정된 1995년으로 거슬러 올라간다. 이 법의 개정 조항에는 GMO의 처리, 이전 및 사용과 관련된 안전기준이 포함되어 있었다. 1998년 시민단체와 정치인들이 GMO 안전 관련 사회적 논의를 추진하고, GMO 수입에 대한 언론의 보도가 증가함에 따라 사회적 논쟁이 촉발됐다. 이후 인간 배아 연구와 유전자 치료와 같은 다양한 생명공학 문제도 등장했다. 시민단체들은 '생명안전생명윤리연대' 등 여러 연대조직을 만들어 공개 포럼을 개최하고 GMO의 수입과 사용을 반대하는 캠페인을 벌였다. 1998년 유네스코와 시민과학센터는 합의 회의를 개최했다. 이 회의는 유전자변형식품과 인간 복제에 대한 대중의 관심을 촉진하는 결과를 낳았고, GMO 표시제와 위험평가를 위한 독립기구 설립을 권고하는 계기가 됐다. 1999년 두부에 유전자 변형 옥수수를 사용하는 사건들이 GMO 표시 관련 대중의 논쟁을 불러일으켰다.

2000년대 들어 인간 복제와 줄기세포 연구, 인간 배아 연구와 관련된 생명 윤리 문제에 대중의 관심이 쏠리면서 GMO 문제에 대한 대중의 관심은 감소했다. GMO 문제에 집중하기 위해 2000년에 새로운 시민단체인 '유전자조작식품반대생명운동연대'가 창설됐다. 농어촌사회연구소라는 시민단체가 주도했고 GMO 표시제 문제에도 적극 대응했다(권영근, 2008; 김은진, 2010). 2000년에는 시민단체와 관료의 타협을 통해 GMO 표시제에 비의도적 GMO 혼입의 허용 비율이 만들어졌다. 2008년 정부는 GMO 표시를 제품 기반 표시제에서 과정 기반 표시제로 전환하는 새로운 법안을 통과시켰으나 국회를 통과하지 못했다. 미국은 GMO의 최대 수출국으로서 양국 간 무역 협상에서 한국의 GMO표시제를 비판했다.

이후 한국의 GMO 정책은 상당한 변화를 보여왔다. 2000년 9월 김대중 대통령은 카르타헤나 의정서에 서명했다. 그로부터 1년 후, LMO법이 처음으로 제정됐다. LMO법은 GMO 표시제와는 다른 길을 택했다. 농림부와 식품의약품안전청이 먼저 GMO 표시제를 제정했고, LMO법은 산업자원부가 주도했다. 또한 LMO법이 새로운 법제였던 반면, GMO 표시제는 식품위생법, 사료관리법 등 기존 법률에 의거해 구축됐다. LMO법에는 GMO표시 조항도 포함돼 있지만 이 조항은 구체적인 규제 내용이 없는 일반적인 권고 사항일 뿐이다. 즉, 한국 GMO 표시제는 기존 규제법에 기초해 만들어진 것이다.

LMO법은 카르타헤나 의정서에 대한 정부의 대응에서 비롯됐다. 정부는 처음에는 이 법의 제정을 망설였으나, 정부 논의를 통해 산업자원부가 의정서의 주관 기관을 맡게 됐다. 2003년 9월 11일 한국 정부가 LMO법을 제정했지만 시행하는 데는 7년이 걸렸다. 그 이유는 GMO 관리에서 부처 역할 분담과 관련한 정부 내 공감대를 형성하기 어려웠기 때문이다. 농림부와 환경부는 산업자원부가 LMO법의 집행 및 감독 기관으로 선정된 것을 달가워하지 않았다.

5. 사전예방원칙과 기술관료주의의 공존

이 절에서는 장기적 위험 영향평가와 합의 회의라는 사전예방원칙 기반 정책의 부재를 통해 기술관료주의적 사전예방원칙을 살펴본다. 여기서 기술관료주의적 사전예방원칙은 사전예방원칙과 기술관료주의의 공존을 의미한다.

미래 위험 예측 및 모니터링: 장기 위험평가의 부재

한국의 GMO 정책은 미래 예측과 위험 감시를 위한 조기경보시스템을 갖추고 있다. 식품위생법에 따라 국내 또는 외국에서 승인되지 않았거나 위험한 GMO가 고의 또는 의도하지 않게 혼입됐을 때 작동하는 상시적인 조기경보시스템을 운영하고 있다(식품의약품안전청, 2007: 9).[6] 하지만 미래 예측 및 GMO 위험 모니터링을 위한 GMO 위험평가는 전통적인 위험평가 기법에 기초하고 있으며, 급성 독성에만 초점을 두고 있다. 그래서 만성 독성, 생식 독성, 유전 독성, 면역독성, 변이원성 독성, 발암원성 독성 등 지속적이고 불가역적인 위험 또는 세대 간 영향 같은 장기적 위험은 다루지 않는다. 이런 장기적 위험평가의 부재는 기술관료주의의 특성이다.

실질적 동등성은 한국의 GMO 위험평가의 기본 원칙이다.[7] 국제식품규

---

6 이 시스템은 관심, 주의, 경계, 심각의 네 가지 단계별로 판단 기준을 설정해 놓고 있다(식품의약품안전청, 2007: 11).

7 실질적 동등성 개념은 OECD를 중심으로 발전했다. 1983년 OECD 과학기술정책위원회는 유전자변형생물체의 안전한 사용을 위한 과학적 원칙과 기준을 마련하기 위해 생물공학 기술 전문가 그룹을 창설하고 보고서를 발표했다. 이 보고서들에서 실질적 동등성 개념이 등장했다(배영자, 2005: 365; 김은성, 2011a).

표 5-2 식품의약품안전청 안전성 평가 심사 분야

일반식품 분과	분자생물학 분과	독성 분과	알레르기 분과	영양 분과
· 식품 일반 · 섭취 방법 · 섭취량	· 유전적 소재 분자 생물학적 특성 도입 · 유전자의 안전성	·단회투여독성 ·반복투여독성 ·독성물질 D/B와의 비교	·알레르기성 평가 ·물리화학적 감수성 평가 ·알레르기 D/B와의 비교	·영양성 평가 ·항영양소 평가 ·성분분석

자료: 식품의약품안전청(2007).

격위원회(CODEX)와 OECD에서 마련한 이 원칙은 유전자변형식품의 성분이 기존 식품과 동일 성분임을 입증하면 기존 식품과 같은 정도로 안전하다고 규정하고 있다. 한국보건산업진흥원·식품의약품안전청(2009: 18)은 '실질적 동등성'을 다음과 같이 정의한다.

> 지금까지 경험적으로 안전하다고 판단해 온 식품들의 특성을 허용 가능한 안전한 수준, 즉 평가 기준으로 하여 기존의 식품과 유전자재조합식품의 영양소, 영양억제인자, 독성 등의 구성 성분, 가공 조리 방법 등의 섭취 형태 및 예상 섭취량 등에 대해 비교 평가하여 차이가 있는지 여부를 판단하는 방법이다.

이와 같은 성분 검사에서 GMO 종과 기존 종의 차이가 없다면 두 종은 실질적으로 동등하다고 판단하며, 독성 및 알레르기나 영양학 등 별도의 위해성 심사를 하지 않는다. 즉, 만약 새로운 GMO가 자연 품종과 유전적으로 같다면 그 GMO의 위험은 자연 품종과 같다. 따라서 GMO는 위험평가에서 면제된다. 이 기본적인 성분 조사에서 차이가 있다면 위의 표에서 제시한 바와 같이 독성 및 알레르기나 영향학적 불균형 등의 위해성평가를 한다. 실질적 동등성은 수용 가능한(acceptable) 몸의 동화능력에 근거한 '일일섭취허용량(Acceptable Daily Intake: ADI)' 개념에 기초한다(김은진,

2007: 23).[8] 이 개념은 위해성평가 비용 대비 효과를 고려한 공리주의적 개념이며 기술관료주의와 관련한다.

교육과학기술부, 농촌진흥청, 한국바이오안전성정보센터 관계자들은 실질적 동등성 검사가 이상적인 기법은 아니지만, GMO의 안전성을 입증할 수 있는 가장 신뢰할 수 있는 위험평가 기법으로 판단한다. 다만 한국 정부에는 실질적 동등성을 시험하기 위한 공식적인 실험 지침이 없다. 따라서 기업들은 자신만의 방법으로 위해성 실험을 할 수 있으며 추후 정부의 심사를 거치게 된다. 농촌진흥청 관계자는 나에게 보낸 이메일(2010년 6월 7일)에서 다음과 같이 말했다.

> LMO가 위험한지 아니면 안전한지를 증명하는 과학적 증명 방법이 없으므로 ……. 개발자가 현재 나와 있는 최근, 신뢰성 있는 증명 방법(실질적 동등성, case)을 이용하여 증명하는 방법입니다. …… 미국, 일본 등의 기초적인 가이드라인은 있으나, 증명 방법 등이 나오는 가이드라인은 없으며, 만약 이와 같은 증명 방법을 제시하는 것은 LMO의 안전성을 증명할 수 있는 과학적인 방법이 나왔다는 것을 의미하는 것입니다.

이처럼 한국 정부는 GMO 위험을 검사하기 위한 세부적인 가이드라인

---

8 김은진(2007: 23)은 다음과 같이 말한다. "이 개념의 문제점은 철저히 '비용 대 효과(Cost/Benefit Analysis)'라는 분석 방법이 우선되고 있다는 점에 있다. 미국 정부는 실질적 동등성 개념의 타당성을 주장하면서 다음과 같은 이유를 제시했다. 첫째, GMO에 대해 의약품이나 식품첨가물 같은 수준의 안전성 평가를 의무화하면 시간과 비용이 너무 많이 든다. 둘째, GM작물 내지 식품 전체를 기존의 독성시험으로 평가하고 일상적으로 대량 섭취하는 것에 '일일섭취허용량' 등의 개념을 적용하는 것이 실용적이라는 것이다."

을 제공하지 않는다. 정부의 가이드라인에 의한 증명 방법을 수행해 진행된 승인 신청을 기각하거나, 향후 문제가 발생하면 민원 제기의 소지가 있다. 가령 이 가이드라인에 따라 GMO의 위해성을 평가하여 정부 심사를 통과한 후 GMO의 새로운 위험이 발견되면 정부가 책임을 져야 하기 때문이다. 그때 그 가이드라인이 부메랑이 될 수 있다. 그래서 정부는 GMO 제품의 안전성 검증에 대한 자율성을 기업에 주면서 GMO가 사용 승인된 이후에 문제가 발생하면 승인을 취소할 수 있도록 한다. 따라서 통합 고지 별지 제4-4호 서식에, "본 심사 결과는 제출된 자료에 의하여 결정된 것이며 그 외 사항에 의한 모든 책임은 신청자에 있습니다. 환경위해성 관련 새로운 사항이 알려질 경우 즉시, 농촌진흥청장에게 통보하여 협의하여 주시기 바랍니다"라는 문구를 표시하고 있다.

물론 정부는 실질적 동등성이 절대적 안전과 같다고 생각하지는 않는다. 식품의약품안전청 관계자에 따르면 실질적 동등성에서 안전은 절대적 안전을 의미하는 것은 아니며, 기존의 종만큼 안전하다는 것을 의미한다고 말했다. 식약청 관계자는 다음과 같이 이야기했다.

> 만약 콩을 GMO로 만들었다면, GM 콩과 GM 이전의 콩을 비교하는 것이다. 성분분석을 하면 차이가 날 텐데, 차이 나는 분야에서 독성이 있는지, 알레르기 문제가 있는지 없는지, 영양학적으로 불균형이 있는지 없는지 등을 보는 것이다. 차이 나는 것은 당연하다. 차이 나지 않으면 GMO는 가치가 없다. 차이 나는 부분에서 평가를 하고, 그런 부분에서 문제가 없다면, 새로 만들어진 GM 콩은 기존의 일반 콩만큼 안전하다고 본다. 물론 절대적으로 안전한 것은 아니다. 절대적으로 안전한 것은 세상 어디에도 없다. 그만큼 안전하다 그런 개념이다.

정부 관계자들은 GMO의 장기적 위험과 관련된 불확실성은 인정하지만, 위험의 과학적 증거가 발견되지 않는 한 안전하다고 주장했다. 이런 인식은 GMO의 위험성이 과학적으로 입증되기 전까지는 안전하다는 기술관료주의적 사고에 근거한 것이다. 식약청 관계자는 다음과 같이 말했다.

> 현재 알려져 있는 불확실성 같은 경우는 없다. 단지 소비자들이 걱정하는 것이 100년, 200년, 계속 먹어보고도 괜찮겠냐? 그런 불확실성이 하나 있는 것이다. 그것은 아무도 장담 못 한다. 우리가 1996년부터 GMO를 재배해서 전 세계적으로 많이 먹어왔는데, 사람은 아직 한 세대가 안 지났다. 그런데 가축의 경우는 많이 지났다. 우리나라뿐만 아니라 다른 나라 가축들 경우, 한우도 그렇고, 돼지도 그렇고, 대부분 GMO 작물을 먹는다. 그거 먹고 가축의 경우는 망하지 않았다. 그걸 보면 위험하다고 말할 수 없다. 위험하지 않다고 말하는 것이 맞다, 현재까지는.

정부 관계자들은 사전예방원칙을 반과학이나 비과학으로 간주하지 않는다. 한국바이오안전성정보센터 관계자는 사전예방원칙이 과학을 보충하는 것이긴 하지만 근거 없는 두려움을 가져서는 안 된다고 말했다. 그 관계자는 사전예방원칙이 어느 정도의 과학적 증거를 바탕으로 실행되어야 한다고 주장했다. 식약청 관계자는 추상적인 불확실성과 구체적인 불확실성을 구분함으로써 한국 GMO 규제는 과학적 증거가 없는 추상적인 불확실성이 아닌 과학적 증거가 있는 구체적 불확실성에 기반을 둔다고 강조했다. 그는 사전예방원칙에 대해 다음과 같이 말했다.

> (사전예방의 원칙)은 반과학적이라고 생각 안 한다. 과학적인 범위 내에서 사전예방의 원칙 해야지. 하지만 과학적인 생각 안 하고, 예를 들어서 노트북

쓰면 전자파가 나오는데, 전자파가 인체에 100% 무해하다는 것을 입증하기 전까지는 사용하지 말자, 그러면 문명 발전이 없다. 그런 것까지 사전예방의 원칙을 적용하면 큰 문제가 생긴다. 그런 걸 보면 먹는 것은 다른 분야에 비해서 사전예방의 원칙이 확고한 편이다. 사전예방의 원칙을 만들어서 하고 있고, 그 외에 과학이란 것이 100% 안전한 것이 아니기 때문에 사고가 나면 위기 대응 시스템을 다 갖추고 있다. 문제가 생기면 회수, 폐기하고 주민들에게 빨리 알려서 먹지 않게끔 한다.

요약하면, 한국의 LMO법은 카르타헤나 의정서에 따라 사전예방원칙을 제정했지만, 위해성평가는 실질적 동등성 개념에 의존하고 있다. 이 사실은 사전예방원칙과 기술관료주의가 공존하고 있음을 입증한다. 비록 LMO법이 사전예방원칙을 기반으로 만들어졌지만, 정부 관계자들은 기술관료주의적 인식을 한다. 이것이 바로 기술관료주의적 사전예방원칙이다. 사전예방원칙을 기반으로 하는 정책과 기술관료주의 인식이 혼합되어 있다. 이는 사전예방원칙을 기반으로 한 형식적 제도와 기술관료주의적 실천의 간극을 낳아 정책의 탈동조화를 초래한다.

시민참여: 정부 합의 회의의 부재

위험 의사결정과정에서의 시민참여는 사전예방원칙의 중요한 정책 중 하나이다(Whiteside, 2006; O'Brien, 1999; Myers, 2000). 공청회, 시민단체의 정부 자문위원회 참여, 합의 회의에 이르기까지 다양한 수준의 시민참여가 있을 수 있다. 규제 기관에 따라 GMO안전검사위원회의 시민참여 정도가 다르다. 식품의약품안전청(이하 식약청)의 '유전자재조합식품안전성평가자료심사위원회'는 20명의 전문위원으로 구성돼 있다. 그런데 위원회에는 시민단체에서 전문가를 위원으로 추천할 수 있지만, 시민들의 직접적인 참여는 불가능하다. 이와는 대조적으로 농촌진흥청의 '유전자변형생물체환경위해성전문가심사위원회'는 직접적인 시민참여가 이뤄지고 있는데, 30명의 위원 중 3명의 시민단체 관계자가 이 위원회에 참여한다.

규제 기관마다 시민참여 정도가 다르듯, 시민참여에 대한 공무원들의 인식도 제각각이다. 식약청 관계자는 시민들의 직접적인 참여는 전문적 지식이 부족하기에 안 된다고 비판한다. 시민들은 정책과 제도의 평가에는 참여할 수 있지만, 안전성 평가에는 도움이 안 된다고 주장했다.

다음은 식약청 관계자의 주장이다.

> 소비자가 참여하여 안전성 평가하는 것은 도움이 전혀 안 된다. 그분들은 다른 제도적 평가를 할 때 (참여 가능하다). …… 대신에 (위험평가에 있어) 소비자 단체의 전문가 추천을 받는다. 소비자가 참여하는 자체는 말이 안 된다. 과학적인 내용을 다루는데, 전혀 문외한이 와서 그 자리에 있는 것 자체가 말이 안 된다.

이와 대조적으로, 농촌진흥청 관계자들은 시민단체 출신 위원들이 위원으로서 처음 참가하는 전문가들보다 더 많은 지식을 가지고 있다고 평가하면서, 시민참여에 대해 긍정적이다.

다음은 농촌진흥청 관계자의 말이다.

> 우리들은 처음 초기 때부터 NGO 단체나 환경단체 있는 분들을 추천을 받아서, 그분들이 와서 처음에는 잘 모르는데, 그러면 위원들이 설명하고, 이것은 무슨 내용이고 과학적으로 무슨 내용이고 해서 …… 사실은 지금 계신 분들이 새로 오신 분들보다 더 알고 있다, 그렇게 이야기할 정도로 전문가화시켰

다. 그분들도 사실은 지금 TV나 NGO 단체에서 할 때 제일 앞에서 설명하는 분들이다. 그러니까 뭐 우리 쪽에 있는 사람들이 아니라, 그쪽에 있는 분들도 정확하게, 시민단체에서 판단할 수 있도록, 그게 가장 중요하다고 생각한다.

일반인들이 신기술을 평가하는 합의 회의에서 더 높은 수준의 시민참여가 일어날 수 있다. 한국은 '과학기술기본법'에 따라 기술영향평가가 의무화돼 있지만, GMO 관련 합의 회의는 아직 시행되지 않았다. 한국에서 최초의 합의 회의는 유네스코 한국위원회와 '시민과학센터' 공동 주관으로 열렸으며 1998년에 유전자재조합식품, 1999년에는 복제 관련 주제를 다뤘다.[9] 그러나 이 합의 회의는 정부에서 조직한 것이 아니었기에 한계가 있었다. 시민과학센터 김동광 박사는 이런 한계에도 불구하고 합의 회의가 대중적인 논쟁을 불러일으켰으며, 유전자재조합식품 표시제의 제도화에 영향을 미쳤다고 주장했다.

합의 회의에 대한 정부 관계자들의 태도는 일관적이지 않다. 한 농촌진흥청 관계자는 GMO의 안전성 심사는 매우 전문적인 지식이 필요하기에 시민 패널만으로 안전성을 평가하는 것은 매우 어렵다고 주장했다. 그는 또한 합의 회의를 위한 시간적 제약을 지적한다. 규제 기관에서 이뤄지는 GMO 안전성 심사는 대개 1~2년이 걸리는 반면 합의 회의는 상대적으로 단기간 동안 개최되기 때문에 한계가 있을 수 있다. 이와 대조적으로, 한국바이오안전성정보센터 관계자는 합의 회의의 제도화를 매우 긍정적으

9 1998년 11월 14일부터 11월 16일까지 열린 'GM 식품의 안전 및 생명 윤리를 위한 합의 회의'는 연구개발, 생산, 유통, 소비에 대한 정보공개를 강조했다. 이와 관련해 합의 회의는 GM 표시제 시스템과 GMO의 위험성을 독립적으로 평가할 수 있는 책임 있는 국가기구 설립을 제안했다(이병량·박기묵 2006: 153). 이 회의는 14개의 시민 패널과 14개의 전문가 패널로 구성됐다.

로 생각했는데, 원자력 관련 합의 회의에 참여한 자신의 경험을 다음과 같이 이야기하면서 합의 회의가 "충분히 합리적이었고 한쪽 의견으로 치우치지 않았다"라고 주장했다.

> 2004년도에 원자력으로 시민 합의 회의를 한 적이 있다. 그때 내가 시민 패널로 신청해서 참가를 했는데, 발표할 때 대표로 발표했는데 …… 그때 직접 경험해 보니까, 생각보다 훨씬 논의 과정이 좋더라. 충분히 합리적이고 치우치지 않더라. 처음에 이야기했을 때 이른바 말하는 찬(贊)원자력, 반(反)원자력이 있었는데, 이 비율이 비슷비슷했었는데 나중에 가면서 바뀌기도 하더라. 결국 전반적으로는 약간 타협안 비슷하게 결론을 내렸는데, 왜냐하면 만장일치로 가야 하기 때문에 이분들이 원자력 지식이 있는 사람도 아니고 관심이 있을 뿐인데, 며칠이 안 되지만 3박 4일이었나 했는데, 한 달 이상의 과정을 거쳐서 하는 건데, 좋더라. 책을 읽어보면 그런 장점이 있다는 것이 나오는데, 그 장점이 충분히 우리나라에서 발휘될 수 있다는 생각이 들더라.

합의 회의는 기존의 GMO 안전성 심사를 대체할 수 없다. 하지만 합의 회의의 목적은 안전성 심사에서 이뤄지는 과학적 검증과는 다른 차원의 것이다. 위험 규제 정책 결정과정에서는 과학적 검증뿐만 아니라, 사회적 가치도 고려해야 한다.

정리하면, 사전예방원칙에서 장기적 위험 영향평가는 미래 위험 예측과 연계되며, 합의 회의는 시민참여와 결부된다. 이 두 가지 정책의 부재는 기술관료주의적 특성이 뚜렷하다는 것을 말한다. 조기경보시스템, 역전된 증거 부담, GMO 표시 같은 사전예방원칙 기반 정책이 한국 정책에 존재한다는 점을 고려할 때, 장기적 위험영향 평가와 합의 회의의 부재는 사전예방원칙과 기술관료주의의 공존을 의미한다.

6. 기술관료주의와 사전예방원칙의 융합

이 절은 기술관료주의와 사전예방원칙의 '융합'을 다룬다. 이를 위해 '사전통보동의절차'와 '증명 기반 표시제'를 분석한다. 사전예방원칙의 정책 유형 중에서 사전통보동의절차는 증명 부담의 역전, 증명 기반 표시제는 알권리 정책과 관련된다. 두 정책 모두 사전예방원칙에 해당하나 기술관료주의에 따라 실천된다.

역전된 증명 부담: 사전통보동의절차

카르타헤나 의정서에 따라 사전예방원칙과 연계된 LMO법의 핵심 정책은 증명 부담의 역전이다. 피해자가 피해를 증명하는 것이 아니라 수익자가 제품의 안전을 증명하는 정책이다. 이 정책은 안전성이 입증될 때까지 위험이 존재한다는 사전예방원칙 개념을 가진다. 따라서 제품 수익자는 제품의 안전을 증명하거나 더 안전한 대안이 없다는 것을 증명해야 한다(Costanza and Cornwell, 1992; Thornton, 2000; Raffensperger and Tickner, 1999). 이런 철학을 기초로 한국 정부는 안전 입증의 부담을 제품의 수익자에게 전가했다(김은진·최동근, 2006).

'증명 부담의 역전'과 관련된 GMO 정책 중 하나가 '사전통보동의절차(advance informed agreement procedure)'다. 카르타헤나 의정서에서 비롯된 이 정책은 수출국이 자국 GMO의 안전을 입증해 수입국의 동의를 얻어야 하는 사전 고지된 동의 제도다. 이 절차는 수출이 이뤄지기 전에 수출국이 제출한 환경위해성평가서를 수입국이 검토해 GMO의 수입 여부를 결정한다. 그러나 이 정책은 환경에 방출되는 재배용 LMO에 대해서만 시행된다. 사료용·식품용·가공용 GMO의 경우는 이 규칙의 적용을 받지 않고 수입국의 법률에 따라 일반 승인 절차를 따른다.[10] 재배용 LMO의 경우 지식경제부(현 산업통상자원부)에 사전 수입 동의서를 제출하고, 그 외 제품은 식약청 등 관계 기관에서 승인 절차를 받는다.

기술관료주의적 사전예방원칙은 사전통보동의절차에 사용되는 GMO 검사 방법과 관련한다. 국내의 경우 수입되는 유전자변형작물에 대한 검사는 서류심사로 이뤄지며 GMO 업체들이 제공한 안전성 평가 자료에 대해서 전문가 심의위원회를 통해 검토한다. 이 심사위원회는 실험 오류, 실험 재현 가능성, 실험 결과의 타당성 등을 검토한다. 물론 정부 기관은 서류심사만 하는 것은 아니며 현장검사와 실험실 검사를 할 수 있도록 제도화되어 있지만, 현재까지 수입되지 않은 환경 방출용 LMO를 제외하고 모두 서류심사로 한다.[11] 그런데 GMO 관련 기업들이 자사 제품에 대해 부정적인 내용을 쓰지 않을 것이기 때문에 시민단체들은 서류심사 방식을 비판했다.

한국 정부는 공리주의적 관점에서 검증 실험을 하는 것을 꺼린다. 여기서 공리주의는 위해성평가의 비용 대비 효과와 관련한다. 과학적 서류평가

10 일반적인 승인 요청과 사전통보동의절차의 차이는 첫째, 일반적인 승인 요청은 수입자와 생산자가 하지만 사전통보동의절차는 수출국 및 수출자가 제출하는 것이다. 둘째, 일반적인 승인은 식품의약품안전청이나 농업진흥청을 통해 이뤄지나, 사전통보동의절차는 지식경제부(현 산업통상자원부)를 거친다는 것이다. 하지만 위해성평가서는 둘 다 제출해야 한다.

11 '농업용유전자변형생물체의 국경검사세부실시 요령'에 따르면, 서류심사란 "현장검사 전에 유전자변형생물체 승인서, 신고서 등 서류의 구비 여부와 적정성 여부를 확인하는 것을 의미한다. 현장검사란, 검사 현장에서 표시사항 확인, 시료 채취 및 간이속성검정(Strip Test)을 실시하는 등 실험실 검사를 의뢰하기 전까지 하는 검사를 말한다. 실험실 검사란 현장검사에서 채취한 시료를 이용해 실험실에서 유전자변형생물체의 포함 여부를 정밀하게 검사하는 것을 말한다"고 한다.

만으로 충분하며, 많은 비용을 들여 위해성평가를 할 필요가 없다는 사고다. 한국바이오안전성정보센터 관계자는 GMO 업체들이 오랜 시간과 많은 비용을 들여 GMO의 환경 평가와 연구개발을 했기 때문에 국내에서 현장검사를 반복하는 것은 시간과 비용 면에서 소모적이라고 주장했다. 국립환경과학원의 한 관계자는 국내에서 새롭게 하는 환경위험평가는 최소 3년이 걸리고 많은 비용이 들 것이라고 주장했다. 농촌진흥청 관계자는 황우석 교수의 과학 사기 사건에도 불구하고 과학 논문심사에서 서류심사만 하지, 재현성과 조작을 확인하기 위해 편집위원회에서 검증 실험을 하지는 않는다고 주장했다. 다음과 같은 그의 발언은 과학적 심사에 대한 강력한 믿음을 보여준다.

> 과학을 접해본 사람이나, 논문을 써본 사람들은 (시민단체의) 그 말에 동의를 하지 않을 것이다. 일일이 한 건, 한 건 실험을 해서는 아예 처음부터 이벤트를 주고 평가하는 게 맞을 것이다. 우리가 100억을 들여서 안전해, 안 해 하는 것과 똑같다는 것이다. 하지만 이미 세계적으로 나온 논문들 인정할 수 있는 것을 우리 정부 기관이 돈을 내고 한다는, 아니면 개발사가 100억부터 내놓으면 평가해 줄게, 이렇게 할 수 있는 부분이 아니다. 가장 합리적인 것은 과학적으로 증명된, 세계가 인정하는 과학적으로 인정된 자료를 가지고 검토하는 것이 가장 중요하다.

과학적 증명과 과학적으로 인정된 자료를 강조하는 사고는 기술관료주의의 표현이다. 이처럼, 사전통보동의절차가 사전예방원칙에 기초한 정책임에도 불구하고 GMO의 심사는 기술관료주의적 서류심사에 의존한다. 이는 사전통보동의절차에서 기술관료주의와 사전예방원칙이 결합되어 있음을 의미한다. 사전통보동의절차는 형식적 차원에서 사전예방원칙에 기초하나, 그 제도의 실천적 차원에서는 기술관료주의가 작동한다. 이것이 바로 기술관료주의적 사전예방원칙의 현상이다.

알권리: 증명 기반 GMO 표시제

또 하나의 기술관료주의적 사전예방원칙의 사례는 GMO 표시제다. 한국의 GMO 표시제 정책은 GMO 정보를 공개해 시민들이 스스로 위험을 선택할 수 있는 권리를 제공하는 '알권리 정책'이다. GMO 표시제에는 증명 기반(GMO 검출 기반) 표지제와 과정 기반(원산지 기반) 표시제가 있다(Phillips and Isaac, 1998). 증명 기반 표시제는 최종 제품에서 GMO가 검출됐을 때 이를 표시하는 것이다. 과정 기반 표시제는 GMO가 생산 공정에 포함되는 경우 최종 제품에 GMO 표시를 하는 것이다. 과정 기반 표시제를 위해서는 생산부터 소비까지 전체 공정에서 GMO 사용을 점검하는 추적 시스템이 필요하다. 유럽은 과정 기반 표시제를 채택한다. 반면 한국은 '유전자재조합식품 등의 표시기준'에 따라 증명 기반 표시제를 채택하고 있다. 이 제도에 따라 옥수수와 콩으로 만든 유전자변형식품은 GMO 표기를 했지만 GMO가 공정에서 분해되고 최종 제품에는 GMO가 포함되지 않는 식용유, 간장, 전분 등은 표시 의무가 면제된다(한국보건산업진흥원·식품의약품안전청, 2009: 83).[12]

12 당시 농림부와 식약청은 자발적인 형태로 이 정책을 시행하려고 시도했다. 이 정책은 처음에는 콩과 옥수수를 목표로 했으나 2001년 7월 이후 27개 품목으로 확대했다. 그러나 옥수수로 만든 GM 사료는 2007년 말까지만 해도 이 정책의 적용을 받지 않았다. 그 이전에는 국가에 따라 표기가 달라지기도 했다. 즉, 미국과 아르헨티나의 LMO는 LMO로 표기됐지만, 중국과 브라질 GMO의 경우 비LMO로 표기됐다(교육과학기술부, 2008: 14).

증명 기반 표시제는 기술관료주의와 사전예방원칙의 혼성물이다. 이 정책은 알권리 정책이지만, 최종 배출 조절(end-of-pipe) 기술과 위험의 과학적 증명에 초점을 둔 기술관료주의에 기반을 둔다(Thornton, 2000). 증명 기반 표시제는 최종 생산물의 GMO 함량에 따라 표시 여부를 판단하는데 과학적 증거가 필요하다. 최종생산물에 GMO가 없으면 해당 제품은 표시 의무가 면제되며 제품 생산과정에 GMO가 있는지는 추적하지 않는다. 이 GMO의 추적성 결여는 최종 배출규제를 의미하며 기술관료주의와 관련된다. 따라서 이 제도가 알권리 정책으로 사전예방원칙에 근거하고 있으나 기술관료주의의 특징이 있음을 알 수 있다.

한국의 GMO 표시제는 원료 5순위제다. GMO 표시제는 식품에 사용된 원료 중 5순위 이내에 GMO가 존재할 때만 적용된다. GMO가 6순위에 있다면 GMO가 존재하더라도 표시 의무가 면제된다. 그리고 비의도적 혼입률은 3%다. 비의도적 혼입률이란 운송 및 소비과정에서 GMO와 비GMO가 섞일 수 있는 것을 말하는데, GMO가 3% 이상 발견되면 GMO표시를 의무적으로 해야 하는 것을 말한다. 수입 단계에서 비의도적 혼입률이 3% 이하임을 증명하기 위해 '구분유통증명서'를 제출하도록 하고 있다. 정성검사 결과로 유전자변형식품이 검출됐다 하더라도 이것이 비의도적 혼입인지를 알 수 없기 때문에 해당 제품이 구분유통증명서를 구비했는지를 확인한다.

1999년 11월부터 농림부를 포함한 몇몇 정부 기관은 의도하지 않은 GMO 혼입 비율을 5%로 제정하려고 시도했다(이병량·박기묵, 2006: 55). 이 기간에 한국 정부는 5%의 비율을 제정한 일본 정부와도 협의했다. 결국, 한국 정부는 이 비율을 3%로 결정했다. 3% 이내의 비의도적 혼입률은 시민단체와 정부의 협상으로 결정됐으나 기술관료주의도 작동했다. 그것은 최종 생산물의 GMO 함량을 평가하는 기술에 대한 기술관료주의적 사고에서 비롯됐다. 농촌진흥청 관계자에 따르면 한국 정부 관계자들은 유럽 기준인 0.9%는 과학적으로 입증하기 어렵다고 생각했고, 5% 비의도적 혼입 비율은 여론의 질타를 받을 것으로 판단했다. 즉, 3%의 비의도적 GMO 혼입률을 결정하는 데 과학적 증명이라는 기술관료주의적 관점이 반영되어 있었다.

한편 식약청은 2008년 10월 7일 '유전자재조합식품 표시 기준' 개정안을 입안 예고하고 증명 기반 표시제를 과정 기반 표시제로 전환하고자 했다. 이 개정안은 5순위 정책을 포기하고 GMO가 없는 식용유, 전분, 간장에도 GMO표시를 하려고 추진했다(한국보건산업진흥원·식품의약품안전청, 2009: 10).[13] 증명 기반 표시제와 과정 기반 표시제는 2001년 이후로 계속해서 대립하고 있었는데 2008년도에 유전자 변형 옥수수가 수입되고 광우병 사태 같은 여러 식품 안전 관련 사회적 논란이 벌어지면서 정부가 시민단체의 요구를 수용한 것이다. 기존 증명 기반 표시제에 대한 시민단체의 비판은 5순위제를 향했다. 5순위제의 맹점은 가령 GMO가 15% 존재하더라도 6순위가 되면 GMO 표시를 하지 않을 수 있었다. 그래서 시민단체가 이 제도의 개정을 계속 요구하자 식약청이 국민의 알권리를 위해 이를 수용하고자 했다.

식약청은 2008년 6월 29일과 7월 5일 유럽, 일본 등 주요 국가의 현지 조사를 수행했다. 식약청은 입안 예고 이후 2008년 11월 5일과 12월 19일

---

13 유전자재조합식품의 표시 기준 개정안(2008.10.7)의 주요 내용을 요약하면 다음과 같다(한국보건산업진흥원·식품의약품안전청, 2009: 10). ① 유전자변형작물이 가공식품의 사용 원료 함량 기준 5순위에 해당하지 않으면 이를 사용해도 표시를 면제하는 현행 규정을 삭제해 함량 순위와 관계없이 모든 성분을 표시하도록 한다. ② 간장, 식용유, 전분당 등 최종 제품에 유전자재조합 단백질 성분이 남아 있지 않은 제품까지 표시를 확대한다. ③ GMO-Free 정의 및 표시 규정을 마련한다.

두 차례의 공청회를 개최했다. 이러한 개정안에 대해 식품업계는 식품 가격 상승에 의한 소비자 피해 및 식품 기업의 해외 이전 등의 우려를 표명했다. 그래서 식약청은 식품업계의 입장을 고려해 2~3년의 유예기간을 두었다. 2008년 10월 15일부터 2009년 1월 15일까지 세계무역기구(WHO)에 GMO 식품 표시제 개정안을 통보했으며, 식약청은 세계무역기구의 통보에 따라 회원국에서 제출한 10여 건의 의견과 입안 예고에 따라 국내 기업이나 시민단체, 일반 국민 등이 제출한 160여 건의 의견을 검토해 표시제 개정 최종안을 마련했다. 하지만 이 법안은 국무총리실 규제혁신위원회를 통과해 2009년 4월 국회에 제출됐지만 보류되어 사실상 통과되지 못했다.

2020년 현재까지도 유전자 표시제는 변화하지 않았다. 20대 국회 출범 이후 소비자 단체를 중심으로 표시제 개정안에 대한 요구가 높았으며, 이에 더불어민주당이 개정안을 내기도 하고, 특히 2017년 대선에서 당시 문재인 대통령 후보가 GMO 표시 강화 및 학교급식에서 제외하는 것을 대선 공약으로 내세우면서 GMO 관련 과정 기반 표시제가 만들어질 것이라는 기대가 높았다. 하지만 문재인 정부 출범 후 이 공약은 실행되지 못했다.

요약하면, 제도적 접근법으로 볼 때 한국의 GMO 표시제는 최종 제품의 GMO 함량에 의존하는 최종 배출량 규제라는 점에서 기술관료주의적 특성을 띤다. 또한 비의도적 GMO 혼입률 3%의 결정 과정에서도 기술관료주의가 나타났다.

7. 이해관계 접근법으로 다시 보기

이 사례를 이해관계 접근법으로 다시 살펴보자. 제도적 접근법은 주로 정책을 만드는 정부 관계자를 중심으로 제도를 어떻게 받아들였고 실천했는지를 분석한다. 이에 반해 이해관계 접근법은 정부 외 다양한 이해관계자들의 입장도 살펴보면서 정책을 분석한다. GMO와 관련해 국내 정치와 국제 정치의 두 가지 맥락에서 이해관계 접근법의 적용이 가능하다.

첫째, 국내 정치적 차원에서 볼 때 기술관료주의적 사전예방원칙은 정부와 시민단체의 갈등과 타협의 결과물로 해석할 수 있다. 한국 정부는 시민단체의 요구를 받아들여 사전예방원칙의 특성을 가진 카르타헤나 의정서를 기반으로 LMO법을 만들었으나, 과학자와 산업계의 이해를 반영해 기술관료주의적 방식으로 정책을 설계했다고 할 수 있다. 그래서 제도적 접근법에서 기술관료주의는 '경로의존성'의 산물이나 이해관계 접근법에서 기술관료주의는 '이익집단 정치'의 산물이다.

이는 실질적 동등성, 시민참여, GMO 표시제에 대한 시민단체들의 논의를 통해 가늠할 수 있다. 실질적 동등성은 이른바 '건전한 과학(sound science)'의 예다. 건전한 과학은 GMO 위험을 강조하는 시민과 운동가들의 비판을 비이성적·감정적·비과학적이라 비난하고, GMO 검사의 과학성을 강조하기 위해 기업 관계자들이 자주 사용하는 이데올로기적 표현이다. 그래서 시민단체들은 실질적 동등성 개념을 비판했다. 당시 김명진 시민과학센터 부소장은 실질적 동등성 개념이 유전적으로 동일한 GMO에 대한 독성 검사를 면제해 주는 것이라 주장했다. 권영근 농어촌사회연구소 소장도 실질적 동등성과 절대적 동등성은 서로 상이하며 둘을 구별할 수 있는 완벽한 방법은 없다고 말했다.[14]

---

14 권영근(2008: 16)은 또한 제초제 내성이나 살충제 내성 콩의 실질적 상이성을 주장하면서 다음 같은 사항에서 상이하다고 주장했다. 다음과 같은 점에서 검증 기술이 존재해야 하는 데 아직 충분하지 않다는 것이다. ① DNA 구조가 일부 변경됐다. ② 대사기구가 일부 변경됐다. ③ 새로운 단백질이 생성됐다. ④ 새로운 기능이 부여됐다. ⑤ 대사 생산물이 일부 변환됐다. ⑥ 제조 과정에서 유해물질의 농축이 일어났다.

> 실질적으로 동동하다는 것은 형태, 성분, 성질, 기능 등 실제의 구체적 생활에서 겉으로 들어나는 것들이 동등하다는 것이지, 본질적·내용적으로는 다르다는 것을 의미한다. …… GMO작물이나 식품의 안전성에 대해서는 실질적 동등성과 절대적 동등성 간에 무엇이 다른지를 세부에 이르기까지 명확하게 밝혀야 하는데, 이를 실천할 학문적 방법론이 아직은 불완전하다(권영근, 2008: 11~12).

실질적 동등성에 대해 정부와 시민단체는 서로 다른 개념적 경계를 만든다. 정부 관계자들은 과학과 비과학의 경계를 만들려고 하고, 시민단체들은 유전자재조합식품과 천연 식품 사이의 경계를 그린다. 시민과학센터의 김동광 박사는 실질적 동등성이 과학과 비과학의 경계 구획(boundary demarcation)의 기준으로 활용된다며, 한국 정부는 실질적 동등성에 대한 반대를 비과학으로 취급하고 있다고 말했다.

시민단체들은 장기적인 위험평가를 강조하면서 실질적 동등성 개념을 비판했다. 권영근 농어촌사회연구소 소장은 실질적 동등성의 테스트가 급성 독성만을 대상으로 하며, GMO의 장기적 영향에 대해서는 동등성 평가를 하지 않기에 미흡하다고 주장했다(권영근, 2008: 14). 그러므로 정부와 시민단체의 이 논쟁은 과학과 비과학의 논쟁이 아니라, 2개의 서로 다른 과학의 대립이다. 시민단체들은 더 많은 연구와 조사가 필요한 '확장된 과학'을 요구했다. 그들은 한국의 자연환경이 수출국의 자연환경과 다르므로 새로운 환경평가가 필요하다고 주장했다. 최준호 환경운동연합 활동가는 GMO 개발 기업이 자체적으로 한국 규제 기관에 제출한 자료를 신뢰할 수 없다고 주장했다. 농어촌연구소 권영근 소장은 서류 검사 외에 독립적인 검증 실험을 해야 한다고 강조했다.

다음으로 시민단체들은 GMO 정책에서 시민참여가 그 범위와 영향 면에서 제한적이라고 주장했다. 권영근 농어촌연구소 소장은 농촌진흥청 내 시민단체 대표들이 LMO 관련 일반 심사에는 참여하지만 세부 심사에서는 제외된다고 말했다. 최준호 환경운동연합 활동가는 정부위원회에서 시민단체 대표자의 수가 너무 적어, 의사결정 결과에 거의 영향을 미치지 못한다고 말했다. 시민과학센터의 김동광 박사는 합의 회의를 제대로 시행하기 위해서는 독립적인 평가 기관을 설립해야 하며, 안정적인 예산 확보[15]가 필요하다고 말했다. 덧붙여 교육과학기술부(현 과학기술정보통신부)처럼 연구개발을 장려하는 부처가 아닌 규제정책을 추진하는 정부 기관, 즉 보건복지부 산하 혹은 국회 산하에서 합의 회의가 시행되어야 한다고 주장했다.

GMO 표시제의 비의도적 혼입 비율 3%는 당시 김성훈 농림수산식품부 장관과 시민단체 간 협상에서 비롯됐다. 유기농의 열렬한 지지자로서 김 장관은 GMO에 대해 비판적이었다. 그는 유전자변형작물에 대한 표시제의 필요성을 공감하고 이 정책의 수립을 추진했다. 그는 GMO 표시 관련 정부위원회에 시민단체 관계자들이 참여하는 것을 도왔다. 2000년 정부는 소비자시민모임 및 한국여성민우회 등 시민단체 대표 2명을 포함하는 18명의 전문가로 구성된 위원회를 설립해 GMO 표시제에 대해 논의했다. 시민단체 참여자들의 수는 다른 전문가들에 비해 적었지만, 이들은 비의도적 GMO 혼입률 3%를 결정하는 데 상당한 역할을 했다. 정부는 이 비율을

---

15 김동광 박사는 합의 회의의 대표성을 확보하기 위해서는 시민을 모집, 선발하는 것이 아니라, 무작위로 추출해야 하는데, 이를 위해서는 상당한 재정적 지원이 필요하다고 주장했다. 하지만 한국농어촌연구소 권영근 소장은 본인의 합의 회의 참여 경험을 이야기하면서 무작위 추출 방식에 대해 비판적이었다. 그는 시민들이 사전에 GMO에 대해 어느 정도 지식이 있다면 합의 회의는 가능한데, 잘 모르는 사람들을 대상으로 하거나 무작위로 시민을 추출하는 것은 별로 타당하지 않다고 주장했다.

5%로 하길 원했고, 시민단체들은 1%를 요구했다. 관료와 비정부단체의 협상으로 결국 혼입률 3%를 결정하게 됐다. 제도적 접근법에서 이 혼입 비율의 결정에 기술관료주의가 작동했지만, 이해관계 접근법의 관점에서는 정부와 시민단체의 타협의 결과다.

둘째, 국제정치적 맥락에서 기술관료주의적 사전예방원칙은 국제무역에서 한국 정부의 이해가 반영된 결과로 해석할 수 있다. 정부가 GMO 위험에 대한 검증 실험을 꺼리는 이유는 GMO 관련 국제무역과도 관련된다. 한국 정부는 몬산토와 같은 외국 기업이나 미국 정부와의 분쟁을 원하지 않는다. 직접 검증 심사가 길어져 통관을 통한 외국산 GMO 제품 수입이 중단되면 해외 GMO 기업에서 강한 통상 압력이 발생한다. 실제 당시 정부관계자들은 LMO 환경위험평가에 대한 한국의 새로운 요구는 수출국들의 보복 규제를 촉발할 수 있으며 무역의존도가 높은 한국에 심각한 부담이 될 것이라고 주장했다.

특히 기술관료주의적 사전예방원칙은 미국식 기술관료주의와 유럽식 사전예방원칙의 절충이라고 볼 수 있다(김은진·최동근, 2006: 123). 실질적 동등성 논쟁은 한국만의 문제가 아니며, 국제무역기구 SPS(Sanitary and Phytosanitary Standard) 협정과 카르타헤나 의정서의 차이를 드러낸다(Vikhlyaev, 2005). 한국 정부는 OECD가 제안하고 미국과 국제무역기구가 지지하는 실질적 동등성의 원칙을 따르고 있다. 미국 정부는 실질적 동등성 개념을 옹호하면서, 신약 실험처럼 GMO의 위험을 평가하는 것은 시간과 비용이 너무 소요되고 독성 테스트에 수용 가능한 일일 섭취량(Acceptable Daily Intake) 개념을 적용하는 것이 실용적이라고 주장했다(김은진, 2007: 23). 즉 실질적 동등성의 개념 속에 비용편익분석과 수용 가능한 배출 개념이 있으며, 이는 기술관료주의를 나타낸다.

셋째, 한국의 GMO 표시제는 의무적인 증명 기반 표시제인데 유럽의 강제적 과정 기반 표시제와 미국의 자발적 증명 기반 표시제 사이에 있다고 볼 수 있다. 한국의 GMO 표시제는 유럽연합과 유사하게 의무적이지만 비의도적 GMO 혼입률에 대한 한국 정책은 유럽보다 규제가 낮다. 한국의 비율은 3%로 유럽(0.9%)보다 높다. 이와는 대조적으로, 미국은 특정한 혼입 비율에 대한 규제 없이 자발적인 표시제를 사용한다. 유럽연합은 GMO 추적시스템을 가지고 있으나, 한국과 미국은 이를 시행하지 않는다. 미국과 유럽 간 GMO 규제의 차이는 두 국가 농업의 차이로부터 비롯된다. 유럽이 GMO에 대한 보다 엄격한 규제를 하는 이유는 유럽 농업이 유기농 중심이기 때문이며, 미국에서 GMO의 수입을 방어하기 위한 것이다. 미국이 GMO에 규제가 약한 이유는 유럽과 반대로 미국의 농업은 GMO를 기반으로 하고 있고 GMO 농산물을 해외에 수출하기 때문이다.

2003년 한미 FTA 협상에서 미국 정부는 비의도적 GMO 혼입률을 일본과 같이 5%로 높이라고 요구했다. 그러나 한국 정부는 이런 미국의 요구를 수용하지 않았다. 미국 무역대표부는 한국의 GMO 표시제가 미국산 GMO의 한국 수출에 걸림돌이 될 것으로 전망했다. 2007년 한미 FTA는 한국 GMO 표시제 관련 내용을 포함한 6개 조항에 합의했다. 이 조항은 한국 GMO 표시제의 투명성과 예측 가능성을 강조했다. 한국이 카르타헤나 의정서에 가입한 이후 양국 간 무역에 불필요한 장벽이 만들어져서는 안 된다는 점을 강조했다. 이 협상에서 한미 양국은 미국 GMO를 과학적 증거로만 규제하겠다는 양해각서를 교환했다. 결과적으로 한국의 LMO법은 사전예방원칙에 기초한다는 점에서 형식적으로 유럽의 규제를 모방하지만, 그것의 정책적 실천은 미국식 기술관료주의를 따른다고 할 수 있다.

한국의 GMO 정책이 미국과 유럽의 중간지대를 채택하는 이유는 GMO에 대한 한국 정부의 양면적인 이해관계와 관련한다. 한국은 한편으로 유전자변형작물을 경작하지 않고, 농민과 시민들이 GMO에 찬성하지 않기 때문에 유럽과 이해관계가 유사하다. 유럽도 자국의 농업 보호를 이유로 GMO에 대한 사전예방원칙이 강한 것처럼 한국 정부도 농업을 보호할 필요가 있다. 하지만 한국 정부는 연구개발을 위해 유전자 재조합 기술을 장려하고 아직 걸음마 단계인 관련 사업들을 발전시킬 필요도 있었다. 게다가 옥수수와 콩의 경우 공급 부족으로 외국산 작물의 수입에 의존할 수밖에 없으므로, 한국 정부는 국내 식품 가격을 GMO 식품으로 통제해야 했다. 이와 같은 한국 정부의 양가적 입장은 한국 GMO 규제에서 왜 기술관료주의적 사전예방원칙이 나타났는지를 잘 설명한다.

8. 마무리

국내 LMO법은 카르타헤나 의정서에 따라 한국 GMO 정책에 사전예방원칙을 구축하기 위해 설계됐다. 제도적 접근법으로 볼 때 국제법을 따른 것이므로 강제적 동형화의 결과다. 하지만 이 정책의 실제적 실천은 전통적인 위험 규제 정책의 특성인 기술관료주의의 경로의존성의 영향을 받았다. 따라서 기술관료주의는 사전예방원칙과 공존하거나 사전예방원칙 관련 GMO 정책에 융합되어 있다. 한국 GMO 정책은 사전예방원칙과 연계된 역전된 증명 부담, 조기경보시스템, 표시제를 가지고 있지만, GMO 위험과 관련해서는 과학적 증거의 중요성과 공리주의적 사고를 강조한다. 한국의 GMO 정책은 GMO의 장기적인 위험보다는 단기적인 위험을, GMO 생산과정보다는 최종 생산물, 시민참여보다는 기술 관료적 전문성을 강조한다. 이런 경향은 기술관료주의적 사전예방원칙를 드러낸다. 기술관료주의적 사전예방원칙은 카르타헤나 의정서와 같은 국제조약이 국내 규제 문화에 맞춤화되면서 나타나는 이른바 정책적 글로컬리제이션

(Glocalization) 현상이다(Robertson, 1995). 기술관료주의적 사전예방원칙은 글로벌 규제와 국가 단위 위험 규제 정책의 혼합을 가리킨다. 이 현상은 서구 국가로부터 정책을 도입하는 개발도상국에서 두드러진다.

기술관료주의적 사전예방원칙은 사전예방원칙 기반 정책 수단과 기술관료주의적 인식 간의 불일치를 나타낸다. 사전예방원칙을 도입했음에도 정부 공무원들의 인식은 여전히 위험이 과학적으로 증명되지 않았을 때 안전하다는 기술관료주의적 인식의 영향을 받는다. 기술관료주의는 한국 전문가와 기술관료들의 습속 중 하나이며 위험 규제 정책의 제도적 문화로서 경로의존성을 구축한다. 특히 한국의 사전예방원칙은 실질적 동등성 원리와 함께 불편하게 공존한다. 이는 결국 사전예방원칙 기반 정책과 기술관료주의적 실천 간의 간극을 의미한다. 이는 제도적 접근법의 '탈동조화'에 해당한다. 즉, 한국의 GMO 정책은 해외 정책과 동형화가 되지만 기존 위험 규제 정책문화의 경로의존성으로 인해 수입된 정책이 외국과는 다르게 실천된다.

한국 GMO 정책에 대해 제도적 접근만 가능한 것이 아니라, 국내외 정치적 측면에서 이해관계 접근법으로도 기술관료주의적 사전예방원칙을 설명할 수 있다. 국내 정치적 측면에서 볼 때 기술관료주의적 사전예방원칙은 한국 정부가 시민단체의 요구를 수용해 사전예방원칙을 받아들였으나, 과학계와 산업계의 이해가 반영됨으로써 기술관료주의 방식으로 실천된 결과로 볼 수 있다. 또한 국제정치적 측면에서 기술관료주의적 사전예방원칙은 한국 GMO 규제가 미국과 유럽 규제를 절충하고 있음을 의미하며, 이는 한국 농업과 연구계의 이해를 반영한 결과다. 이처럼 한 정책을 분석할 때 이해관계 접근법과 제도적 접근법을 서로 교차해 활용할 수 있다. 서로 다른 접근법을 통해 이 정책이 어떻게 제도화됐는지에 대한 전체적인 조망이 가능하다.

더 읽을거리

강나은·김찬동. 2020. 「지방공기업제도의 '역자치적' 변화에 대한 통합적 분석: 역사적 신제도주의의 구조·제도·행위 통합모형을 중심으로」. ≪지방정부연구≫, 제24권 2호, 33~56쪽.

김보람. 2019. 「한국 물관리 제도의 경로의존성에 관한 연구: 1948년~2018년 국가 물관리 제도의 형성과 지속, 층화」. ≪한국정책학회보≫, 제28권 4호, 33~74쪽.

김서용·김선희. 2019. 「제도변화에서 제도적 논리의 역할에 대한 사례분석: 지방공기업 경영평가제도를 중심으로」. ≪지방행정연구≫, 제33권 3호, 137~178쪽.

김선명. 2000. 「한국 금융제도의 경로의존에 관한 연구: 역사적 제도주의 접근법을 중심으로」. ≪한국정책학회보≫, 제9권 3호, 187~215쪽.

김선희. 2009. 「비판적 실재론에 의한 제도변화 설명가능성 탐색: 역사적 제도주의와 비교를 중심으로」. ≪행정논총≫, 제47권 2호, 338~374쪽.

김윤호. 2016. 「"분리행위"(decoupling)의 비판적 고찰: 원전비리 사건을 중심으로」. ≪한국행정학보≫, 제50권 1호, 235~263쪽.

김태은. 2015. 「역사적 제도주의 연구 경향과 비판적 논의」. ≪한국행정학보≫, 제49권 4호, 57~96쪽.

민윤경. 2021. 「국립대 거버넌스 정책에 대한 대학의 형식적 순응 현상: 국립대 총장간선제를 중심으로」. ≪교육행정학연구≫, 제39권 1호, 399~424쪽.

변수연. 2018. 「정책 집행에서 나타나는 조직의 디커플링 행동 분석: 대학입학사정관제 참여대학의 사례 비교를 중심으로」. ≪교육행정연구≫, 제26권 3호, 37~66쪽.

유한별·나태준. 2019. 「지방자치단체의 갈등 관련 조례 제정에 미치는 영향 요인 연구: 신제도주의 동형화(isomorphism) 이론을 중심으로」. ≪지방정부연구≫, 제23권 2호, 47~70쪽.

장유미·유한별·하연섭. 2019. 「지방자치단체의 '마을 만들기' 사업 관련 조례의 확산요인 연구: 제도주의 이론에 근거한 사회적 압력을 중심으로」. ≪지방정부연구≫, 제23권 2호, 97~116쪽.

정장훈·조문석·장용석. 2011. 「일·가정 양립제도의 도입과 디커플링이 조직성과 향상에 미치는 영향」. ≪노동정책연구≫, 제11권 2호, 179~215쪽.

채성준. 2017. 「역사적 제도주의 관점에서의 국가보안법 경로변화 연구」. ≪한국동북아논총≫, 제83호, 239~261쪽.

천세봉·하연섭. 2013. 「과학기술정책 거버넌스 변동에 관한 신제도주의 분석: 노무현 정부와 이명박 정부를 중심으로」. ≪한국정책학회보≫, 제22권 4호, 87~114쪽.

하연섭. 2011. 『제도 분석: 이론과 쟁점』. 다산출판사.

하태수. 2001. 「제도변화의 형태: 역사적 신제도주의를 중심으로」. ≪행정논총≫, 제39권 3호, 113~137쪽.

_____. 2002. 「제도의 이전, 토착화 그리고 신제도주의」. ≪행정논총≫, 제40권 1호, 46~69쪽.

Czarniawska, B. and G. Sevon(eds.). 1996. *Translating Organizational Change*. Berlin: Walter de Cruyter.

DiMaggio, P. J. and W. W. Powell. 1983. "The Iron Cage Revisited: Institutional Isomorphism and Collective Rationality in Organizational Fields." *American Sociological Review*, Vol.48, No.2, pp.147~160.

Greenwood, R. et al(eds.). 2008. *The Sage Handbook of Organizational Institutionalism*. London: SAGE.

Kim, E. S. 2012. "Technocratic Precautionary Principle: Korean Risk Governance of Mad Cow Disease." *Journal of Risk Research*, Vol.15, No.9, pp.1075~1100.

Meyer, J. W. and B. Rowan. 1977. "Institutionalized Organizations: Formal Structure as Myth and Ceremony." *American Journal of Sociology*, Vol.83, No.2, pp.340~363.

Zucker, L. G. 1987. "Institutional Theories of Organization." *Annual Review of Sociology*, Vol.13, pp.443~464.

제3부

해석적 접근법

해석적 접근법은 정책 담론 혹은 정책 관련 지식의 분석으로 사회적 의미를 해석하는 접근법이다. 담론(discourse)의 일반적인 개념은 논의, 소통, 말의 양식을 의미한다. 하지만 해석적 관점에서 담론은 단순히 소통의 기호 혹은 매개체가 아니라 사람들의 행위를 가능케 하고, 반대로 제약하기도 하는 권력을 가진 사회구조이다(Hajer, 1995). 다시 말하면 담론에 따라 퍼포먼스(실천)가 일어나고, 특정 담론이 다른 담론의 생산을 저해한다는 점에서 권력적이다(Butler, 1997; Foucault, 1990, 1995). 담론은 사회(또는 사회적 의미)를 만든다. 다시 말하면 사회는 담론으로 구성된다. 사회적 의미란 사회를 지칭하는 모든 것들의 의미를 말한다. 예를 들어 정부, 관료, 시민, 기업가, 정치, 전문성, 국가, 민족, 시장, 집단, 젠더, 위험, 윤리 등이 될 수 있다. 우리는 이런 단어들을 무심코 사용한다. 하지만 이들은 하늘에서 갑자기 떨어져 나타난 것이 아니라, 사회에 의해 구성된 것이다. 정책 또한 이런 의미를 구성하는 데 중요한 역할을 한다. 사람들은 같은 단어를 사용하면서 서로 다른 의미를 생각하기도 한다. 이때 담론 갈등이 일어나고 궁극적으로 특정한 의미가 사회를 지배하게 되지만, 소수집단은 여전히 그들의 의미를 고수하기도 한다. 그 과정은 정치적이다. 해석적 접근법은 이런 의미들이 어떻게 구성되는지를 살펴보고 담론 권력과 지식정치를 분석하는 것이다. 정책은 담론정치의 산물이다. 정책사회학의 모든 접근법은 담론 분석을 수반할 수 있다. 하지만 담론 분석이라고 해서 그것이 바로 해석적 접근법이 되는 것은 아니다. 사회적 의미의 담론적 구성을 구현할 때만 해석적 접근법이라 할 수 있다.[1]

1 예를 들어 나는 '담론정책모형(narrative policy framework)' 이론(Jones and McBeth, 2010)을 해석적 접근법으로 보지 않는다. 이 이론은 담론 분석을 추진하지만, 구조주의에 기초하며 연역적이고 계량적·실증적인 분석을 지향한다. 이 이론은

해석적 접근법은 비판적 정책분석 또는 탈실증주의적 정책분석 등으로 지칭되어 왔다. 해석적 접근법에서 가장 핵심적인 철학은 사회구성주의와 후기구조주의다. 사회구성주의와 후기구조주의는 서로 유사하면서도 그 이론적 역사는 다르다. 사회구성주의는 상징적 상호작용 이론과 민속방법론 같은 미국의 미시사회학에서 비롯됐으며, 행위자의 담론과 실천을 통해 사회가 형성된다고 보는 관점이다. 후기구조주의는 유럽(특히 프랑스)에서 형성됐으며, 탈근대주의 언어학의 영향을 받아 형성된 철학으로서 사회가 담론으로 구성된다고 보는 관점이다. 미시사회학에서 출발한 사회구성주의와 달리 후기구조주의에는 미시, 거시의 선험적인 구분이 없으며 이런 구분 또한 담론의 결과물에 불과하다고 본다. 행위자의 언설뿐만 아니라 담론으로 구성된 모든 문헌 및 서류가 연구의 대상이다. 서로 다른 이론적 역사가 있음에도 불구하고 사회구성주의와 후기구조주의는 서로 유사하다. 예를 들어 하나의 지배적인 사회구조가 영속하는 것이 아니라 다양한 구조가 만들어질 수 있으며, 담론과 실천을 통해 그 사회구조가 계속 변화될 수 있다고 해석한다. 이런 관점은 구조기능주의에 대한 사회구성주의의 비판이면서 동시에 구조주의에 대한 후기구조주의의 비판이다. 실제 학자들은 경험연구에서 사회구성주의와 후기구조주의를 자주 혼합해 사용한다.

해석적 접근법을 하기 위해서는 우선 어떤 '의미'를 분석할 것인지를 선택해야한다. 정책의 영향을 받는 여성·남성 및 사회적 소수자나 피해 집단

담론의 구성적 역할보다는 정책행위자의 설득과 소통 같은 담론의 도구적 역할 혹은 정치적 전술로서 담론의 역할에 초점을 둔다고 볼 수 있다. 이런 점에서 해석적 접근법보다는 이해관계 접근법에 더 가깝다고 생각한다. 또한 이 이론은 옹호연합이론과도 관계가 있다.

등 '대상 집단(target population)'에 주목할 수 있으며(Schneider et al., 2014), 관료·전문가·기업가·시민 같은 정책행위자(Kim, 2016b; 김은성, 2022; 이문수, 2012), 또는 더 큰 단위인 정부·국가·시장의 의미에 주목할 수도 있고, 정책과 관련된 주요 개념인 사회 불평등과 민주주의·사회정의·위험·기술 등이 분석 대상으로 될 수도 있다. 이외에도 매우 다양한 의미가 있을 수 있으며, 그 의미의 선택은 연구자의 몫이다.

다음으로는 연구자가 선택한 '의미'를 생산하는 '원인'이 되는 지식과 담론을 찾아야 한다. 그 담론에는 질적 연구에서 사용하는 모든 텍스트가 해당할 수 있다. 사람들의 발언, 법 및 정책 보고서, 해당 분야의 전문 서적, 인터넷 공간의 댓글 등을 수집할 수 있다. 결국 연구자가 분석하는 어떤 'X의 의미'는 이런 '담론과 지식의 구성물'이 되는 것이다. 연구자는 논문을 쓸 때 그 의미가 어떻게 형성되는지를 해석하고 서술해야 한다. 정책 논쟁에서 사회집단에 따라 상이한 의미가 형성될 수 있다. 이때 집단에 따른 서로 다른 의미들의 차이를 비교하고, 특정한 담론이 헤게모니를 갖게 되는 담론의 구조화 및 제도화 과정을 분석한다.

'의미'의 사회적·담론적 구성에 초점을 둔다는 점에서 해석적 접근법은 거버넌스 분석에서 이해관계 접근법과 큰 차이가 있다. 이해관계 접근법은 거버넌스를 분석할 때 공무원·정치인·기업·시민들 등 정책행위자들의 정치적 관계에 주목한다. 그래서 관료주의·민주주의·전문가주의 등 개념들을 주로 활용한다. 하지만 해석적 접근법에서 거버넌스는 'X의 의미'를 생산하는 '담론 장치' 혹은 '지식 공장'이 된다. 이해관계 접근법에서 시민권은 관료주의보다는 시민참여를 지향하는 참여·숙의 거버넌스에서 많이 발견될 것이다. 하지만 해석적 접근법에서는 관료주의이든 참여적 거버넌스든 모두 '시민권'의 개념을 생산한다. 예를 들어 나는 '소리 시민권(sonic citizenship)' 개념을 활용해 층간소음 갈등 거버넌스를 분석한 바 있다(Kim,

2016b; 김은성, 2022). 이 연구에서 소리 시민권은 층간소음 갈등 거버넌스에서의 시민참여를 의미하지 않으며, 기술관료주의와 협력적 거버넌스 과정에서 생산되는 소리 지식과 담론의 결과물이다. 마찬가지로 이문수(2012)는 미셸 푸코의 이론을 활용해 신공공관리론 및 신자유주의 거버넌스에서 생산되는 '기업가' 개념에 대해 분석했다. 신거버넌스를 기반으로 한 행정개혁은 '기업가'로서의 관료와 시민의 정체성을 생산한다.

제3부는 환경정책 및 과학기술정책에 대한 해석적 접근법이다. 특히 여기서는 과학기술학자인 실라 재서노프의 두 가지 개념을 활용하여 정책을 분석한다. 실라 재서노프는 과학기술학 이론을 활용해 정치와 정책을 분석한 대표적인 학자 중 한 사람이다. 그녀의 대표적인 개념으로는 과학과 사회의 "공동생산(co-production)", "공공 인식론(civic epistemology)", 그리고 가장 최근에 제안된 개념인 "사회기술적 상상(socio-technical imaginaries)"이 있다(Jasanoff, 2004, 2005; Jasanoff and Kim, 2009, 2015). 서로 용어는 다르지만, 기본적인 개념은 큰 차이가 없으며, '공동생산'이 가장 기본적인 개념이다. 여기서 공동생산이란 과학적 지식과 사회적 지식이 같이 형성된다는 의미다. 달리 표현하면 자연적 질서와 사회적 질서가 공동으로 생산된다는 개념이다. 여기서 사회질서에 해당하는 것이 '공공 인식론'이다. 공공 인식론은 공공 지식(public knowledge)에 대한 인식론을 의미한다. 민주주의, 국가, 정부, 기업, 기업가, 전문성, 시민권, 위험, 윤리 등 정책에서 다루는 모든 지식은 공공 지식이라 할 수 있다. 사회기술적 상상도 공공 인식론과 유사한 개념으로 볼 수 있는데 굳이 구분한다면 사회기술적 상상은 좀 더 과학기술과 사회의 미래 비전 혹은 상상에 더 초점을 둔다고 할 수 있다. 이 개념은 베네딕트 앤더슨(Benedict Anderson)의 '상상된 공동체' 개념에서 영향을 받은 것으로 알려져 있다(Anderson, 1991). 이를테면 민족, 국가, 공동체는 언어의 구성물이다. 사회기술적 상상이란 과학기술 담

론에서 만들어지는 국가 및 공동체의 미래 이미지를 분석하는 개념이라 볼 수 있다.

제6장은 제2장에서 이미 다룬 바 있는 기후변화 정책을 해석적 접근법으로 분석한다. 하지만 제2장과 달리 제6장은 온실가스배출권거래제 정책에만 초점을 둔다. 독자들은 제2장과 제6장을 서로 비교함으로써 이해관계 접근법과 해석적 접근법의 차이를 이해할 수 있을 것이다. 제6장은 탄소시장, 상품시장, 정부 개념이 정책 담론을 통해 어떻게 구성되는지를 분석한다. 이를 위해 재서노프의 공동생산 개념과 경제사회학에서 경제와 사회의 관계를 설명하기 위해 사용한 '배태(embeddedness)' 개념을 서로 융합한다. 재서노프의 공동생산 개념은 크게 '구성적인(constitutive)' 것과 '상호적인(interactional)' 것으로 나뉘는데, '구성적 공동생산'과 '배태' 개념이 결합한다. 탄소시장과 상품시장의 관계는 '상호적 공동생산' 개념으로 분석하고, 탄소시장과 정부의 관계는 '구성적 공동생산'으로 분석한다.

제6장은 첫째, 탄소시장 개념이 사회적으로 어떻게 구성되는지를 분석한다. 시장을 구성하는 기본요소, 즉 자원·정보·화폐 거래와 대비되는 온실가스·온실가스배출량·온실가스배출권 등 배출권거래 개념을 둘러싼 담론 속에서 탄소시장의 의미가 매우 다양하게 구성되는 것을 분석한다. 둘째, 탄소시장과 상품시장의 상호적 공동생산을 분석한다. 탄소시장과 상품시장의 공동생산은 탄소시장이 상품시장에서의 시장경쟁력, 기업 간 불평등, 사회 불평등에 영향을 줄 때 나타난다. 셋째, 탄소시장과 정부의 구성적 공동생산을 분석한다. 총량 제한, 무상할당 등 온실가스배출권거래제의 세부 정책 속에서 탄소시장과 정부의 의미가 같이 구성되는 것을 고찰한다. 담론적 구성물로서 탄소시장, 상품시장, 정부를 분석함으로써 온실가스배출권거래제를 만든 이명박 정부의 정치적 특성을 해석한다.

제7장은 정책 이동에 대한 해석적 접근법이다.[2] 제7장을 제2부의 제도

적 접근법과 비교해 본다면 유사점과 차이점을 이해할 수 있다. 제7장을 제도주의 차원에서 분류한다면 스칸디나비아 제도주의로 분류할 수 있다. 스칸디나비아 제도주의는 행위자-연결망 이론, 후기구조주의에 영향을 받은 제도주의의 한 학파로서 제도를 사회적·담론적 구성물로 해석한다. 이 학파는 제도적 접근법으로 분류할 수도 있으나 사실 해석적 접근법으로 불러도 무방하다. 제7장에서는 스칸디나비아 학파에서 활용한 '번역' 개념과 실라 재서노프의 '사회기술적 상상' 개념으로 한국의 융합기술정책을 분석했다. 여기서 번역 개념은 행위자-연결망 이론에서 나온 것이다. 행위자-연결망 이론은 초기에 번역의 사회학으로 불렸다. 제7장은 서구에서 만들어진 융합기술 개념이 한국에서 어떻게 번역되는지, 그리고 이런 번역이 일어날 때 한국의 과학기술적 상상의 산물인 기술발전주의가 어떤 역할을 하는지에 주목했다. 자크 데리다(Jacques Derrida)가 말하듯 번역이 일어나는 과정에서 '해체(deconstruction)'가 일어나고 새로운 의미가 형성된다(Derrida, 1988). 이처럼 한국의 기술발전주의는 융합기술의 번역에 영향을 준다. '발전주의'는 제도적 접근법에서는 경로의존성을 만드는 '제도'에 해당하고, 해석적 접근법에서는 '사회기술적 상상'에 해당한다.

한국은 서구를 모방해 융합기술정책을 만들었지만, 경제성장의 수단으

---

2 정책 이동에 대한 연구가 해석적 접근법으로만 가능한 것은 아니며, 제도적 접근법과 물질적 접근법으로도 가능하다. '번역' 개념은 제도적 접근법의 '탈동조화'와, 물질적 접근법에서는 어셈블리지의 '창발(emergence)' 개념과 유사하다. 제2부의 GMO 정책은 사전예방원칙이라는 국제 정책이 국내정책으로 이동한 사례이며, 전사적 위험관리는 기업의 위험 정책이 공공부문으로 이동한 사례다. 제도적 접근법은 거시적 제도와 미시적 실천의 간극을 주목한다. 다른 한편, 물질적 접근법에서는 어셈블리지가 다른 맥락(국가, 공공부문, 시장)으로 이동하면서 정책 어셈블리지(policy assemblage)의 변화로 새로운 정책효과가 '창발'된다고 해석한다. 정책 이동과 관련해 어떤 접근법을 활용할 것인가는 연구자의 선택이다.

로 과학기술을 상상했기 때문에 서구와 다르게 기술융합을 해석했다. 서로 다른 국가의 사회기술적 상상은 서로 소통하기 어려우므로, 기술적 비전의 번역은 본래의 의미를 바꾼다. 한국의 사회기술적 상상인 '기술발전주의'로 인해 '인간 능력 향상' 같은 트랜스 휴머니즘(transhumanism), '지속가능발전' 같은 서구의 사회기술적 상상은 한국으로 쉽게 번역되지 않는다. 이명박 정부는 새로운 성장 동력으로 융합기술을 상상했다. 박근혜 정부의 융합기술 비전은 유럽의 사회적 문제 해결형 혁신(societal challenges driven innovation) 논리를 모방했지만, 실제 구현하지는 않았다. 기술발전주의로 인해, 사회문제를 해결하는 연구개발을 모토로 하는 보다 민주적이고 지속가능한 사회기술적 상상은 한국의 기술 정책으로 쉽게 번역되지 않았다.

6 온실가스배출권거래제와 미래 탄소시장의 상상

2012년 5월, 이명박 정부는 '온실가스배출권의 할당 및 거래에 관한 법률'을 제정했다. 이 법은 온실가스감축목표 달성을 위한 배출 허용량을 설정하고 그 한도 내에서 탄소시장을 통해 배출권을 거래하도록 하는 총량제한배출권거래제로 설계됐다. 총량제한배출권거래제는 총량 제한, 할당, 이월, 차입, 상쇄, 거래 등의 세부 정책으로 구성되며, 이 정책의 설계에 따라 탄소시장이 설계된다. 탄소시장의 설계를 둘러싸고 기업과 시민단체, 정부 등 주요 이해관계자들 간 논쟁이 일어났다. 그들은 서로 다른 미래 탄소시장의 모습과 정부의 역할을 상상했다.

온실가스배출권거래제에 대한 두 가지 접근법이 있다. 제2장의 이해관계 접근법은 온실가스배출권거래제가 제도화되는 과정에서 정책 설계를 둘러싼 이익집단 정치를 분석한다(Stephan and Paterson, 2012: 545; Colby, 2000; Heinmiller, 2007; Mackenzie, 2007). 이와는 대조적으로, 해석적 접근법은 탄소시장의 사회적·담론적 구성을 분석한다(Callon, 1998; Mackenzie, 2010; Descheneau, 2012; Lane, 2012; Paterson and Stripple, 2012). 이해관계

* Kim(2014a)와 김은성(2012a)의 내용을 바탕으로 수정·보완했다.

접근법이 이해관계자를 중심에 두고 분석한다면, 해석적 접근법은 담론으로 구성된 '의미'에 더 초점을 둔다. 이 장의 해석적 접근법과 제2장의 이해관계 접근법을 서로 비교해 보면 두 가지 접근법의 차이를 이해하는 데 도움이 될 것이다.

이 장은 온실가스배출권거래제 관련 사회갈등 담론과 관련 법률에 나타나는 탄소시장, 상품시장, 정부의 담론적 생산을 분석한다. 이해관계자들의 정책 담론에서 탄소시장과 정부의 다양한 의미가 어떻게 구성되고 경쟁하는지를 검토하고 온실가스배출권거래제에 의해 이런 의미가 어떻게 제도화되는지를 살펴본다. 나아가, 정책 담론을 통해 만들어진 탄소시장과 정부의 관계 및 탄소시장과 상품시장의 관계를 조사한다. 이 분석을 위해 실라 재서노프(Jasanoff, 2004)의 '공동생산' 개념과 경제사회학의 '배태' 개념을 서로 결합한다(Polanyi, 2011; Granovetter, 1985; Callon, 1998).

이 장은 첫째, 탄소시장의 사회적 구성을 분석하기 위해 온실가스, 온실가스배출 정보, 온실가스배출권, 온실가스배출권거래의 해석적 유연성을 분석한다. 이것들은 각각 상품, 정보, 화폐, 시장거래처럼 시장을 구성하는 기본적인 요소다. 둘째, 상품시장과 탄소시장의 관계를 분석한다. 탄소시장이 상품시장에 미치는 영향을 시장경쟁력, 기업 불평등, 사회 불평등 측면에서 분석한다. 마지막으로 탄소시장과 정부의 관계 분석에서는 정부의 역할을 찰스 린드블롬(Charles Lindblom)이 구분한 규제자, 지원자, 가격 관리자, 시장 참여자, 재분배자로서 분석한다(Lindblom, 2001). 총량제한배출권거래제를 구성하는 세부 정책에서 이런 역할이 어떻게 구성되는지를 살펴볼 것이다.

1. 공동생산과 배태

해석적·비판적 정책분석은 1990년대 후반부터 공공정책 연구에 등장했다(Hajer, 1995; Dryzek 1997; Shore and Wright, 1997; Fischer and Hajer, 1999). 해석적 접근의 목표는 정책 문제를 해결하는 것이 아니라 정책 담론에서 나타나는 정책 문제의 다양한 구성을 드러내는 것이다(Bacchi, 1999). 해석적 접근법은 공공정책과 관련된 담론, 기호, 아이디어 및 이미지의 분석에 초점을 둔다. 이런 관점에서 공공정책이란 이미지·상징·이야기·내러티브가 어떻게 만들어지고, 충돌하고, 사라지는지를 보여주는 담론 영역이다.

제6장은 후기구조주의에 따라 탄소시장, 상품시장, 정부를 온실가스배출권거래제 관련 정책 담론의 결과로 본다. 탄소시장과 상품시장의 상반된 의미가 사회적 갈등 속 주요 행위자의 담론으로 어떻게 구성되는지, 그리고 온실가스배출권거래제 법률의 내용에서 한국 정부의 의미가 어떻게 나타나는지를 짚어본다. 또한 이 장은 과학기술학에서 과학과 사회의 관계를 설명하기 위해 고안된 실라 재서노프(Jasanoff, 2004)의 '공동생산' 개념의 논리를 이용해 시장과 정부의 관계를 설명한다.

실라 재서노프는 공동생산의 모델을 "구성적인(constitutive)" 것과 "상호적(interactional)"인 것으로 구분했다. 둘의 차이는 공동생산을 수행하는 개체들이 원래 분리되어 있었는지에 달려 있다. 말하자면 구성적 공동생산은 그 개체들이 원래 하나이며 그들의 존재론적·인식론적 경계가 없는데, 사회적으로 그 경계가 구성되어 분리된다고 가정한다. 반면, 상호적 공동생산은 공동생산이 일어나기 전 서로 분리된 개체들의 가능성을 인정한다. 즉, 서로 독립적인 개체들이 상호작용할 때 '상호적 공동생산' 현상이 나타난다. 구성적 공동생산을 다룰 때는 개체의 선험적인 분리를 인정하지 않지만, 상호적 공동생산은 사회적 맥락에 따라 분리할 수 있다. 구성적 공동생산에 참여하는 개체들의 의미는 항상 함께 생산되나, 상호적 공동생산에 참여하는 개체들의 의미는 상호작용을 할 경우에만 함께 생산된다. 단, 재서노프는 과학과 사회의 관계를 설명하기 위해서 이 개념을 활용하지만,[1] 나는 탄소시장, 상품시장, 정부의 관계를 설명하기 위해 이 개념이 가진 논리를 응용한다.

'배태'란 경제사회학에서 경제와 사회의 관계를 설명하는 개념이다. 배태란 경제가 사회에 "묻어 들어간다"라는 의미이며, 경제와 사회를 분리할 수 없다는 개념이다. 칼 폴라니(Karl Polanyi)는 "인간 경제가 경제적·비경제적 제도에 배태되고, 특히 비경제적 제도가 필수적"이라고 주장한 바 있다(Polanyi, 2011: 7). 폴라니는 물건을 사고파는 시장경제만이 경제가 아니라 비경제적 제도도, 예를 들어 친족이나 부족 혹은 타국에 선물을 주거나 조공을 바치는 선물 경제(gift economy), 그리고 부족·국가의 조세 혹은 분배 제도도 경제라고 주장했다. 폴라니의 배태 개념이 거시적이라면, 마크 그래노베터(Mark Granovetter)의 배태 개념은 미시적이다. 그래노베터는 경제가 개인의 관계 속에 배태되어 있다고 말했다(Granovetter, 1985). 신고전주의 경제학 또는 신제도주의 경제학에서 가정한 바와 같이 경제에서 개인들이 원자화되어 있는 것이 아니라, 다양한 개인들 간 관계 속에서 경제적 행위가 일어난다고 보았다.

한편, 행위자-연결망 이론의 대표적인 학자 중 한 사람인 미셸 칼롱은

---

1 예를 들어 자연과 사회의 분리를 선험적으로 받아들이느냐, 아니면 구성된 것으로 해석하느냐의 차이다(김은성, 2022: 99). "상호적 공동생산은 자연과 사회를 본래 분리된 것으로 보고 난 후 그들의 상호작용을 분석한다. 이와 대조적으로, 구성적 공동생산은 이 둘의 선험적 분리를 전제하지 않는다"(Jasanoff, 2004: 22). 즉, 자연과 사회는 애초에 선험적으로 분리되어 존재하지 않으며 사회적·물질적 실천의 결과로서 자연과 사회가 분리되어 구성된다(김은성, 2022: 99).

경제학 및 과학기술에 의해 형성되는 새로운 시장의 출현을 주목하면서 경제학에 경제가 배태된다고 주장했다. 파생금융상품과 알고리즘 거래는 원래 자연적으로 발생한 것이 아니라 경제학 이론과 인공지능 기술에 의해 인위적으로 만들어진 시장이다. 언어에 의해 실재가 구성된다는 수행성(performativity)[2] 개념을 활용해 칼롱은 경제란 경제학 이론에 의해 수행된 것이라고 주장한다. 이것을 그는 수행적 경제학(performative economics)이라고 불렀다.

제6장은 세 가지 배태 개념 중 칼롱과 폴라니의 배태 개념을 활용한다. 우선, 탄소시장이 자연적으로 존재하는 것이 아니라 경제학 이론에 의해 인위적으로 만들어졌다는 점에서 칼롱의 배태 개념을 활용한다(Mackenzie and Millo, 2011). 나아가 탄소시장은 기후변화에 대응하기 위한 정부 제도의 일환이라는 점에서 폴라니의 배태 개념도 활용한다.

또한 '공동생산' 개념과 경제사회학의 '배태' 개념을 서로 결합한다. 탄소시장과 정부의 관계처럼 두 개체 중 어느 하나가 다른 개체에 이미 배태되어 있을 때, 이를 구성적인 공동생산이라고 부른다. 탄소시장은 기후변화에 대처하는 국가의 주요한 행정 수단이다. 따라서 정부의 비전은 탄소시장의 비전에 이미 배태되어 있으며, 그 반대도 마찬가지다. 탄소시장과 정

---

2 수행성 개념은 존 오스틴(John Austin)의 언어 행위(speech act) 이론에서 나왔으며(Austin, 1962), 주디스 버틀러(Butler, 1997)에 의해 발전했다. 이 이론에 따르면 사물은 언어의 수행적 결과다. 언어에 따라 물질적 실재가 만들어진다. "수행성이란 언어의 행위적·물질적 효과를 말한다. 예컨대 오늘 날씨가 화창하다는 주장은 오늘 날씨가 좋기에 놀러 가자 혹은 빨래를 하자는 행위를 포함하는 말이다. 언어가 단순히 실재를 반영하는 것이 아니라, 언어에 따라 실재가 나타나는 것을 말한다. "말이 씨가 된다"라는 한국 속담을 떠올려 볼 수 있다. 말이 현실이 된다, 말이 실재가 된다는 말이다. 이것을 언어의 수행성이라 할 수 있다. 단, 세상일이 말하는 대로 되지 않듯 수행성이 항상 성공적으로 일어나지는 않는다"(김은성, 2022: 39).

부 간의 경계가 없다. 이와는 대조적으로, 탄소시장과 상품시장의 관계는 상호적 공동생산 개념에 기초한다. 탄소시장과 상품시장은 서로 별개의 독립적인 시장이다. 다만, 탄소 가격의 증가로 상품 가격이 상승할 때 두 시장은 상호작용한다. 온실가스배출권 가격이 상승하더라도 이것이 상품 시장의 제품 가격에 반영되지 않도록 정부가 규제한다면, 두 시장은 서로 영향을 주지 않으며 자율적일 수 있다. 이런 의미에서 두 시장의 공동생산은 구성적인 것이 아니라 상호적인 것이다. 상호적 공동생산은 주어진 상황에 따라 발생할 수도 있고 그렇지 않을 수도 있다.

이 글은 미래 탄소시장에 대한 해석적 접근법이지만, 다루는 주제는 이해관계 접근법에서 주로 다루는 사회경제적 불평등과 시장경쟁력이다. 물론 이해관계 접근법과 해석적 접근법은 같지 않다. 전자는 주로 이익을 외생적·고정된 변수로 취급하는 외부주의 접근법이며, 후자는 이익을 담론에 의해 내생적으로 구성된 것으로 간주한다는 점에서 서로 다르다. 하지만 두 가지 접근법이 연구 주제에 있어 반드시 구분되어야 할 이유는 없다. 다시 말하면 정치경제학적 논점들을 해석적 접근법으로 분석할 수 있다. 그래서 제6장은 사회경제적 불평등과 시장경쟁력 같은 문제를 상품시장의 구성된 의미와 연결하고, 재분배 문제를 정부의 의미와 연계한다.[3] 나아가 탄소시장과 관련한 취약계층으로서 기업·근로자·저소득층의 정체성을 다룬다.

---

3 이런 연결은 후기구조주의가 문화적 정의(즉, 인정 정의)에 초점을 맞추면서 분배적 정의를 소홀히 했다는 비판을 받아왔기 때문에 의미 있다(Fraser, 1997). 낸시 프레이저(Nancy Fraser)는 정치경제학과 후기구조주의의 본질적인 전쟁은 없다고 주장한다(Fraser, 1997: 32). 구성주의 진영의 학자 중 정치경제학과 구성주의의 연결을 시도하는 학자들에는 제프리 체켈(Jefferey Checkel)과 에마누엘 알더(Emanuel Alder)가 있다.

2. 탄소시장의 사회적 구성

시장이 형성되기 위해서는 물질적·지식적·인적 자원이 필요하다. 물적 자원이란 상품으로 거래될 수 있는 재화와 재화의 물물교환을 대신해 사용되는 화폐, 거래가 이뤄지는 공간과 시스템을 의미한다. 인적 자원이란 기본적으로 거래에 참여하는 판매자와 구매자, 거래를 간접적으로 지원하는 회계사 등 다양한 사람들을 의미한다. 그리고 시장에서 가격에 영향을 미치는 다양한 정보들은 지식 자원에 해당한다. 탄소시장은 온실가스를 재화로 활용한다. 이 재화는 탄소배출권이라는 화폐를 통해 거래된다. 탄소배출권의 가격을 형성하는 데 각 기업의 온실가스배출량 정보와 배출권 거래 가격정보가 중요한 역할을 한다. 마지막으로 온실가스배출권거래제의 대상 기업들이 배출권의 판매자 혹은 구매자가 되며 그들의 배출권거래를 통해 탄소시장이 형성된다.

이 절은 탄소시장의 해석적 유연성을 분석한다. 다시 말하면 서로 다른 이해관계자가 탄소시장의 구성 요소인 온실가스, 온실가스배출량 정보, 온실가스배출권, 배출권거래와 관련해서 어떤 경쟁적 의미들을 생산하는지 분석한다.

온실가스: 위험 대 재화

온실가스는 탄소시장을 둘러싼 사회적 논쟁에서 위험 또는 수익성이 있는 상품으로 상상된다. 기후변화행동연구소 등 환경단체와 대통령 직속 녹색성장위원회, 환경부 등 정부 기관들은 온실가스를 기후변화의 원인으로 지목하고 인류에게 미치는 파국적인 영향을 강조해 왔다. 한편, 온실가스의 상품화는 탄소시장에 필수적이다. 탄소시장은 온실가스를 재화로 활용해 거래하는 시장이다. 탄소시장은 시장의 외부효과로 존재하는 온실가스를 수익 상품으로 시장 메커니즘에 내부화해 거래함으로써 온실가스를 줄이는 기능을 수행한다. 하나금융 등 일부 금융 관련 연구소는 탄소시장이 녹색금융 형태로 새로운 사업 지평을 열 수 있다고 말했다. 한국금융연구원도 탄소시장을 새로운 수익사업의 기회로 삼아야 한다고 주장하며 탄소시장에서 금융회사의 역할을 강조했다(구본우, 2010).

그러나 에너지기후정책연구소와 같은 진보적인 시민단체들은 탄소시장이 자연환경 같은 공공재를 상품화한다고 비판한다. 그들에게 탄소시장은 자연에 대한 생태적 개념을 변화시키는 것이다. 탄소시장의 상품으로 자연이 사유화되면, 세상을 만드는 생산의 주체로서 자연의 관념은 상실된다고 그들은 주장했다. 에너지기후정책연구소의 이진우(2010)는 다음과 같이 주장했다.

> 자연 같은 공공재가 자본화되어 있는 상태에서 자본은 자연을 생산 주체로 인정하지 않고, 상품으로 취급하기 때문에 자연에 대한 재생산이 아닌 관리전략을 채택할 수밖에 없다. 결국 자본이 외부비용을 내재화하는 것은 공공재에 대한 보호나 사회적 편익 증가가 목적이 아닌 사유재산에 대한 편익을 극대화하려는 움직임에 다름 아니다. 따라서 사유화된 편익을 극대화하기 위해 공공적 편익이 훼손될 가능성이 상존하게 된다. 그 경우 기후변화대응이라는 공공의 대전제를 벗어난 상태가 유지되기 때문에 목표 달성은 힘들어질 수 있고, 사회적 편익은 불균등하게 된다(이진우, 2010: 39).

온실가스배출 수준: 공공정보 대 민간 정보

시장은 부족한 자원뿐만 아니라 정보의 교환이 일어나는 장소이다

(Preda, 2009). 시장은 무역과 생산량에 대한 정보를 생성할 뿐만 아니라 뉴스, 이야기, 소문을 만드는 곳이다. 주식시장에서의 기업 정보와 마찬가지로 기업별 온실가스배출량 정보는 탄소시장에서 중요하다. 온실가스배출량은 탄소시장을 형성하는 가장 기초적인 정보이며, 탄소 가격을 결정하는 데 매우 중요한 역할을 한다.

탄소시장은 다양한 종류의 정보를 수반한다. 이해관계자들은 기업별 온실가스배출량 데이터가 공공정보인지, 기업의 사적정보인지를 놓고 다툰다. 시민단체들은 이 정보를 공공정보로 간주하고 기업이 기후변화에 얼마나 이바지하는지에 대해 시민들이 알권리가 있다고 주장했다. 그러나 기업들은 종종 이 데이터가 기업의 사적정보라고 주장한다. 온실가스배출량은 생산효율과 제조원가와 연관된 정보를 나타낼 수 있다고 그들은 주장했다. 이와 같은 정보를 활용해 특정 기업의 생산효율을 평가할 수 있으며, 필요에 따라 경쟁 기업은 제품가격을 낮춰 시장을 선점할 수 있다고 주장했다.

'탄소 정보공개 프로젝트(Carbon Disclosure Project: CDP)'는 온실가스배출량의 공개와 관련한 프로젝트다. 영국 정부와 35개 기관 투자자들의 자금 지원을 받아 2000년 설립된 CDP라는 환경단체가 이 프로젝트를 통해 온실가스배출 관리 상태를 조사한다. 이 기관이 수집한 정보에는 이전 회계 연도 동안 배출된 온실가스배출량이 포함된다. 이자해(2010: 56)에 따르면, 2009년도 이 단체의 설문조사 결과 한국 대기업 50개 중에서 16개 기업만이 설문조사 항목에 답한 반면, 27개 기업은 응답을 거절했다. 국제적으로도 탄소량 정보공개에 대한 기업의 태도는 우호적이지 않다. 한국 응답률은 타 국가에 비해 낮은 편이다. 낮은 응답률의 이유는 기업의 기술정보를 경쟁사 및 감독기관에 노출할 수 있다는 우려 때문이다.

대한상공회의소 지속가능경영원 관계자는 온실가스배출 총량은 영업비밀이 아니지만, 원료별·공정별 온실가스배출량은 기업의 생산효율성과 연관되기 때문에 기업의 중요한 영업비밀이라고 주장했다. 국가가 공개하는 온실가스배출량은 기업별·산업별 이산화탄소 배출 총량이며 세부 원료별 이산화탄소 배출량의 정보는 아니다. 이 관계자는 이렇게 말하면서도 한국에는 녹색공시제도, 환경정보공개제도 등 온실가스배출량을 의무적으로 보고하는 제도가 너무 많다고 주장했다.[4]

시민단체들은 온실가스배출량 정보를 중요한 공공정보로 받아들인다. 기후변화행동연구소 안병옥 소장은 배출량 정보에 대한 시민들의 접근이 어렵다고 주장했다. 기업들은 기업 정보 비밀 유지를 이유로 배출량 정보를 공개하지 않지만, 시민은 정보공개법을 통해서만 배출량 정보공개를 요청할 수 있다고 말했다. 특히 이런 법률에도 불구하고 시민들이 사실상 접근하기란 쉽지 않다고 시민단체 관계자들은 주장했다.

온실가스배출권: 화폐 또는 파생금융상품으로서 오염권

일부 진보 시민단체들은 온실가스배출권을 이산화탄소를 합법적으로 배출할 수 있는 미래 '오염권' 혹은 오염 허가권으로 해석한다(이정필, 2011). 에너지기후정책연구소의 이정필(2011)은 온실가스배출권이라는 용어가 권리의 긍정적 이미지와 결합해 온실가스배출의 부정적인 이미지를 감추는 연막이라고 주장했다. 이런 관점에 비춰보면, 무상할당 정책은 기후변

4 첫째, 에너지 관련 명세서를 3월까지 온실가스배출정보센터에 제출해야 한다. 둘째, 상장제도에 녹색공시제가 있어 상장기업들은 관련 정보를 제공해야 한다. 마지막으로 환경부에서 환경정보공개제도가 있어 각 기업의 온실가스배출량을 정부에 등록해야 한다.

화에 책임이 있는 기업에 무상으로 상품을 주는 것이 된다. 그랜드파더링(grandfathering)에 의한 무상할당 정책은 기존 온실가스배출량 실적에 따라 무상으로 온실가스배출권을 할당함으로써 오염권을 합법적으로 기업에 제공하는 정책이다. 이월 정책은 기업의 오염권을 지속적으로 보장하는 정책이 된다.

또한 온실가스배출권은 통화와 금융파생상품을 의미하기도 한다(Button, 2008). 통화로서 온실가스배출권은 기업끼리 온실가스를 서로 교환하는 매개체 역할을 하거나 온실가스에 대한 금전 가치를 보유한다는 것을 의미한다. 온실가스배출권거래제 법안 22조는 온실가스배출권을 '자본시장과 금융 투자업에 관한 법률'의 적용을 받는 금융파생상품, 상장증권, 금융투자상품으로 명확히 규정하고 있다.

> 배출권거래소에서의 거래와 관련된 시세조종행위 등의 금지 및 배상책임, 부정거래행위 등의 금지 및 배상책임, 정보이용금지에 관하여는 「자본시장과 금융투자업에 관한 법률」 …… 준용한다. 이 경우 "상장증권 또는 장내파생상품" 또는 "금융투자상품"은 배출권으로, "전자증권중개회사"는 "배출권거래를 중개하는 회사"로. "거래소"는 "배출권거래소"로, "금융투자업자 및 금융투자업관계기관"은 "배출권거래소 회원"으로 본다(온실가스배출권거래제 공포안 제22조).

파생금융상품으로서 배출권의 의미는 배출권거래제의 이월 정책과 밀접한 연관이 있다. 배출권은 주식 또는 상품권과 유사할 수도 있다. 주식과 상품권(쿠폰)의 차이점은 이월 가능 여부에 달려 있다. 주식은 무한정 이월이 가능하나, 쿠폰 및 상품권은 특정 기간 내에 사용하지 않으면 소멸한다. 배출권 이월 정책은 바로 배출권이 주식처럼 기능할 것인지 상품권처럼 기능할 것인지를 결정하는 정책이다. 계획 기간 간 배출권의 이월이 허용되지 않는다면 배출권은 주식처럼 증권 계좌에 무한정 예치할 수 있는 것이 아니라, 일정 기간 내에 사용하지 않으면 안 되는 상품권과 쿠폰 같은 것이 된다. 기업은 배출권이 돈이나 주식처럼 영원히 이월되기를 원하며, 환경단체들은 배출권의 이월에 제한을 두어 일정 기간이 지나면 소멸되는 상품권으로 만들기를 원한다.

온실가스배출권거래제의 이월 정책은 계속 변해왔으며, 이에 따라 배출권의 의미도 달라졌다. 2010년도에 처음 입법예고 한 온실가스배출권 법안에서는 계획 기간 간 배출권의 이월이 허용되지 않았다. 이때 배출권의 의미는 상품권 또는 쿠폰과 유사한 것이다. 계획 기간 내에 판매하지 않으면 상품으로서 가치를 상실하는 것이다. 하지만 2011년 이후 법안을 수정하면서 이월에 대한 제한 조항을 삭제했다. 이 법안의 시행령에 제시된 배출권 이월 정책은 계획 기간 간 무한정 이월을 허용했기 때문에 배출권은 결국 쿠폰이나 상품권이 아니라 주식 등의 파생금융상품과 유사하게 된다.

소유권의 지속 가능성 측면에서 온실가스배출권은 상품권보다는 주식과 유사하다. 그러나 주식은 개별 기업의 가치를 반영하며 기업에 따라 주식의 가격은 달라진다. 하지만 배출권은 주식처럼 특정 기업의 가치를 의미하지 않으며, 온실가스를 교환하는 화폐와 같은 것이다. 따라서 탄소 배출권은 온실가스를 거래하는 화폐적 기능과 주식 같은 파생금융상품의 가격 휘발성을 모두 가진다.

배출권의 거래: 투기의 가능성

탄소시장이 신고전주의 경제학의 이론적 모델인 완전경쟁시장이 될 것인지, 아니면 투기를 초래할 것인지를 생각해 볼 수 있다. 완전경쟁시장이란 신고전주의 경제학에서 상품의 판매자와 구매자가 서로 손해를 보지 않고 모두 이득을 얻는 파레토 최적성(pareto optimality)을 만족하는 이상적인 시장 모델이다. 하지만 산업계, 환경단체, 정부는 완전경쟁시장으로서 탄소시장의 가능성에 대해 모두 부정적이다. 오히려 그들은 탄소시장에 투기가 일어날 것이라 예측한다.

한 정부 관계자가 예상하는 한국 탄소시장의 초기 모습은 '완전경쟁시장'이 아니다. 그의 주장에 따르면 완전경쟁시장이 되기 위해서는 많은 기업이 시장에 참가해야 하고 그들의 거래가 원활하게 일어나 서로의 이익을 효율적으로 조정할 수 있어야 한다. 하지만 한국에 탄소시장 거래소가 설립되더라도 배출권의 거래량이 미미할 것으로 그는 예상했다. 한국 탄소시장이 유럽의 탄소시장에 비해 규모가 매우 작기 때문이다. 탄소시장에 참여하는 대상업체도 450여 개밖에 되지 않으며, 상위 몇 개 기업이 차지하는 비율이 50%가 넘는다. 특히 포스코와 같은 기업이 탄소 배출량의 10%를 차지한다. 나머지의 상당 부분은 발전업계에 해당한다. 따라서 완전경쟁 시장이 되기는 어렵다. 수요와 공급에 많은 할당 업체가 있으면 매점매석, 투기 등이 완화될 수 있는데 한국 초기의 탄소시장은 시장규모가 작기에 일부 투기가 일어나면 업체들의 피해가 눈덩이처럼 커질 수 있다는 게 정부의 판단이다. 또한 철강 부문의 경우 에너지 효율 달성도가 이미 높기 때문에 감축 여력이 크지 않다. 그래서 총량 제한이 엄격해지면 배출권을 사야 하고, 외부세력의 투기에 의한 시장 혼란이 발생할 가능성이 크다고 생각한다.

산업계는 탄소시장이 제3의 세력(예: 금융계)에 의해 투기시장이 될 수 있다고 생각한다. 제조업계를 대변하는 대한상공회의소 지속가능경영원 관계자에 따르면 한국 탄소시장은 배출권의 거래가 매우 적을 가능성이 크므로 매점매석 때문에 가격 변동이 많이 일어날 수 있다. 투기로 인한 가격 폭등이 일어날 때 비싼 가격에 탄소배출권을 사야 하므로 결국 기업들의 산업경쟁력에 위협이 된다는 것이 산업계가 탄소시장을 바라보는 시각이다. 그래서 산업계는 금융회사의 탄소시장 참여도 반대한다. 대한상공회의소는 공식적으로 산업부문 전체를 대표하게 되어 있지만, 탄소시장에 관한 입장은 금융회사보다 제조업의 경제적 이익을 대변하는 쪽에 가깝다. 다음은 지속가능경영원 관계자의 말이다.

> 현물만 거래가 되면, 양이 적기 때문에 얼마 거래가 되지 않습니다. EU ETS에서도 현물과 선물을 보면 선물이 훨씬 많이 거래되거든요. 특히 우리나라에서 배출권거래 시장이 열린다면 하루에 거래되는 양이 거의 없을 거예요. 제 생각에는 한 달에도 거래되는 양이 현물은 거의 없을 거예요. 그렇기 때문에 결국은 뭔가 가상의 어떤 상품을 만들어내서 거래해야지 시장이 돌아갑니다. 그게 이제 선물을 만드는 거거든요. 그럼 결국 선물이라는 것은 투기와 자본에 대한 거래 아닙니까? 그래서 이제 그렇게 투기화가 될 것이라는 우려가 있고. 또 한 가지는 현물이 워낙 적기 때문에 누군가가 매점매석을 하게 되면 가격이 폭등할 수가 있다 이 얘기죠. 그래서 이제 그런 두 가지 측면에서 우리나라에선 배출권거래제가 안 맞다 이런 얘기를 하는 거죠.

환경단체들은 탄소시장이 신자유주의적 투기시장이 될 것이라고 전망한다. 진보 환경단체들은 탄소시장으로 인한 이익이 일부 기업이나 금융자본에 편중되면서 투기를 양산할 것이라고 예상했다. 2010년 11월 정부가 배출거래제에 관한 법률안을 입법예고 하자, 기후정의연대는 "배출권거래제도는 온실가스 감축 대안으로 적절치 않습니다"라는 성명을 발표하면서 이 제도가 "기업과 투기자본을 위한 제도"라고 비판했다. 2012년 7월 23일 온실가스배출권거래제 시행령이 입법예고 되자 환경운동연합은 성명서를 통해 한국의 배출권거래제가 "기득권 집단의 투기와 잉여자본의 획득을 위한 머니게임"으로 활용될 수 있다고 비판했다. 녹색연합 등 환경단체들도 2010년 11월 29일 공동성명서에서 "배출권거래제가 비용 효과적인 온실가스 감축 방안이 될 것이라는 희망과 다르게, 새로운 자본 투기의 장만 될 수 있다는 우려를 완전히 불식시키지 못하고 있다"라고 비판했다.

배출권거래제를 비판하고 탄소세를 옹호해 왔던 에너지기후정책연구소는 간접적인 규제 장치가 없다면 탄소시장이 국제적인 "투기자본의 놀이터"가 될 수 있음을 경고했다.[5] "온실가스를 배출할 수 있는 권리(배출권)는 미래 수익을 창출할 수 있는 자산이 되며, 이를 거래하는 전 세계적인 탄소시장이 형성되면, 이윤을 찾아 돌아다니는 국제적인 투기자본이 몰려서 투기를 일삼게 되리라는 것이다"(한재각·이정필, 2011: 18). 당시 에너지기후정책연구소 부소장 한재각은 다음과 같이 탄소시장이 신자유주의의 연장선상에 존재한다고 주장했다.

> 신자유주의적 세계화에 한국도 속한 상황에서 시장주의에 대한 선호가 강력하게 존재하는 거고, 그런데 사실은 상상되는 시장에 대한 무비판적인 선호

---

5 탄소배출권시장의 비판론자들은 유럽 탄소배출권시장의 가격 휘발성을 토대로 탄소시장의 불확실성 문제를 제기한다. EU ETS가 1기(2005~2007)에 배출권을 과잉으로 무상 할당 하면서 가격 폭락을 불러왔다는 것이다(이진우, 2010). 이진우 에너지기후정책연구소 상임위원은 "EU ETS의 2기의 배출권 가격은 상대적으로 안정됐기 때문에 문제점이 보완된 것으로 여기는 주장"도 있으나 "2기의 배출권 가격 역시 2008년 중후반부터 폭락세로" 접어들었다고 주장한다(이진우, 2010: 41). 그는 탄소시장은 감축 노력에 의한 가격의 유동성보다 경기변동에 따른 배출권 가격 유동성이 더 크기 때문에 시장을 통한 감축 안전성이 담보되지 않는다고 주장했다. 더불어 그는 시장 불확실성을 더 일으키는 요인으로 과잉 할당뿐만 아니라, 이행국의 경기변동으로 인한 잉여 배출권이 탄소시장에 쏟아지면서 시장의 교란을 초래한다고 주장한다(이진우, 2010: 42).

에 의해서 다른 모든 것들은 쟁점적으로 묻히고 시장을 통하면 뭔가 다 해결될 거라고 장밋빛 전망만 주장하는데, 균형 잡힌 시각이 필요합니다.

요약하면, 탄소시장은 총량제한배출권거래제를 둘러싼 사회적 갈등 속에서 다양한 해석이 가능하며, 온실가스는 위험 및 수익 상품으로, 온실가스 정보는 공공 및 기업 정보로, 온실가스배출권은 오염권 및 파생금융상품으로 간주한다. 온실가스, 온실가스배출정보, 온실가스배출권은 여러 가지 상충하는 의미가 있지만, 투기로서의 온실가스배출권거래의 의미는 산업계, 환경단체, 정부 관계자 모두 동의했다.

3. 탄소시장과 상품시장의 상호적 공동생산

탄소시장과 상품시장은 서로 다른 기원과 역사가 있으나, 탄소시장이 상품시장에 영향을 미칠 때 서로 연결될 수 있다. 이를테면 탄소시장과 상품시장의 상호작용은 온실가스배출권 가격의 변동에 따라 달라진다. 2008년 이후 유럽 실물 경제위기는 온실가스배출권 가격의 하락 추세를 자극했다. 이는 상품시장이 탄소시장에 영향을 준 사례다. 다만 탄소시장이 온실가스배출권 가격을 안정적으로 유지하거나 정부가 탄소 가격의 가격 상한(price ceiling)이나 하한(price flooring) 정책을 효과적으로 사용한다면 탄소시장과 상품시장의 연동이 적어져서, 두 시장 모두 자율적인 영역으로 존재할 것이다. 따라서 두 시장의 연계(공동생산)는 불가피한 것이 아니라 정부 정책이나 특정 시장 조건에 의존하기 때문에 '배태' 개념을 사용하기 어렵다. 그러므로 탄소시장과 상품시장의 공동생산은 구성적인 것이 아니라 상호적이다.

이 절은 시장경쟁력, 기업 불평등 및 사회 불평등 측면에서 상품시장의 의미를 분석한다. 탄소시장이 상품시장에 미치는 영향을 인정할 때 탄소시장과 상품시장의 의미가 함께 생산된다. 여기서 이 영향은 탄소시장이 상품시장 내 기업의 시장경쟁력, 대기업과 중소기업의 계층적 관계, 저소득층 및 근로자에게 미치는 영향 등을 말한다. 이 세 가지 영향은 모두 탄소시장에 대한 이해관계 접근법에서 필수적인 내용이지만, 이 글은 해석적 접근법으로 분석한다. 또한 탄소시장과 상품시장의 공동생산은 기업 근로자 또는 저소득 가정 같은 취약집단의 정체성도 만든다.

시장경쟁력

탄소시장이 기업의 시장경쟁력에 어떤 영향을 줄 것인가를 논할 때 탄소시장과 상품시장의 관계가 형성된다. 한국 정부와 산업계는 탄소시장이 산업계의 부담을 가중함으로써 기업의 시장경쟁력을 약화시킬 수 있다고 보고 있다. 그들은 탄소시장이 이산화탄소를 많이 배출하고 무역의존도가 높은 기업의 시장경쟁력을 저하시킬 수 있다고 주장했다. 이때 무역의존도가 높은 기업은 취약기업이라는 정체성을 갖게 된다. 그들은 한국 경제가 에너지 집약적인 산업구조로 되어 있어서 탄소시장이 제조업 생산 활동을 방해할 것이라고 주장했다. 대한상공회의소 산하 지속가능경영원의 한 관계자는 중국, 일본, 대만이 총량제한배출권거래제를 시행하지 않기 때문에 삼성 같은 한국 반도체 사업의 국제경쟁력이 훼손될 것이라고 주장했다. 2018년 3%의 온실가스배출권의 유상 경매가 성사되면 국내 반도체 기업에 연간 900만 달러의 추가 부담이 생긴다고 말했다. 이 연구원 관계자는 유럽과 한국 경제의 차이를 강조하면서 탄소 배출이 일정하고 서비스업을 기반으로 한 성숙한 산업구조가 있는 유럽과 달리, 한국은 무역 집약도가 높은 제조업에 의존하고, 탄소시장에서 얻는 이익은 부수적인 영업외수익일 뿐이며 제조업의 성장에 별로 도움이 안 된다고 주장하면서 다음과 같이 말했다.

> 우리나라는 에너지 다소비형 산업구조를 가진 제조업 중심의 산업구조거든요. 우리 기업들이 제품 생산을 늘리려면 필연적으로 에너지가 수반되는 거죠. 그러다 보면 이산화탄소 배출이 늘어날 건데, 물론 이산화탄소를 사고팔고 함으로써 이산화탄소를 줄임으로써 수익이 창출될 수는 있어요. 근데 그거는 영업외수익이거든요. 그러니까 사실은 기업이 연속적으로 성장을 하려면, 일시적인 영업외수익으로 이익을 내서는 성장할 수가 없습니다. 결국은 영업이익을 계속적으로 많이 내는 기업이 결국은 우량기업이 됩니다. …… 배출권거래제도하에서 우리나라에 기업들이 사실은 사고팔 수 있는 이산화탄소량이 많지가 않아요. 일시적으로 생산량을 조정을 해가지고 이 배출권을 팔아서 이익을 냈다고 치더라도 그 기업이 그럼 그 다음 연도에 또 영업외수익을 낼 수 있겠습니까? 불가능하지 않습니까. 그 이후에는 더 많이 배출을 해야 하니까. 그렇기 때문에 우리나라 구조에 안 맞는다는 얘기입니다. 그럼 EU는 왜 EU ETS가 되느냐. EU는 기본적으로 서비스업종이 많고 계속적으로 제조업에서 서비스업종으로 구조 전환이 이뤄지고 있고요. 또 배출권거래제를 도입한 주목적이 발전 쪽에 도입을 한 거거든요. 그래서 전기료하고 연동해서 도입이 되기 때문에 가능했다 이렇게 보는 거고. 그래서 우리나라 산업구조와 유럽의 산업구조가 다르다는 거죠. …… 우리나라의 주력산업은 전기, 전자, 철강, 조선, 기계, 디스플레이, 정유, 석유화학 등 제조업 중심인데 다 포기하고 금융 의료 서비스로 간다 하면 선진국보다 잘할 수 있겠습니까?

이와 같은 탄소시장에 대한 부정적 인식 또는 두려움은 국제 온실가스배출권 가격의 폭락과 관계가 있다. 지속가능경영원 관계자는 "최근 전 세계적인 경기침체와 더불어 국제 탄소시장의 미래가 불투명한 상황에서, 한국이 국제 탄소시장 선점을 이유로 규제 위주의 배출권거래제를 추진하는 것은 국가 산업경쟁력 제고 차원에서 바람직하지 않다"라고 말했다. 그 증거로 그는 "유럽에너지거래소(EEX)에서 거래된 탄소배출권(CER: certified emission reductions)의 2012년 12월 만기 선물가격은 톤당 2.8유로로, 2011년과 비교하면 30% 하락"했다고 주장했다. 새로운 신흥시장으로서의 배출권시장의 매력은 떨어지는 반면 기존 상품시장의 경쟁력을 약화시킬 것이라는 우려가 지배적이라는 것이다.

요약하면 해석적 관점에서 볼 때, 탄소시장과 상품시장의 상호적 공동생산은 산업계가 탄소시장으로 인한 기업의 시장경쟁력에 대해 심각한 우려를 제기할 때 발생한다. 산업계는 무역 집약도가 높은 제조업의 정체성을 취약 업종으로 구성한다.

기업 불평등

상품시장에 존재하는 대기업과 중소기업 간 불평등이 탄소시장에서도 재현될 때 탄소시장과 상품시장은 공동으로 생산된다. 상쇄(offsets)는 하나의 사례다. 상쇄는 대기업이 중소기업의 온실가스배출 감소 활동을 지원하거나 제3세계의 청정 개발 활동에 참여함으로써 자체 온실가스배출량을 줄이지 않고 온실가스 저감 의무를 이행할 수 있도록 하는 정책을 말한다. 배출권거래제 이해관계자들은 상쇄정책이 가진 기업 간 불평등에 대해 논쟁을 벌였다. 환경단체들은 상쇄를 통해 대기업과 중소기업의 불평등한 지배구조가 재생산될 수 있다고 우려했다. 왜냐하면 한국 정부는 그동안 대기업을 계속 지원해 왔기 때문이다. 이때 환경시민단체는 중소기업의 정체성을 취약한 기업으로 구성한다. 그러나 한국 정부와 산업계는 이런 주장에 동의하지 않았다.

상쇄정책의 예로 지식경제부의 그린크레디트(Green Credit) 제도를 들 수 있다. 이 제도는 동반성장 차원에서 대기업과 중소기업 간 협력을 위해 제도화된 것으로 중소기업의 녹색기술 개발을 대기업이 지원함으로써 인센티브로 대기업의 배출권 의무를 경감하는 정책이다. 그러나 대기업과 중소기업의 예속적 지배구조 속에서 상쇄제도가 올바르게 실천될 수 있을지를 환경단체는 의문시했다. 이 제도의 취지는 대기업이 협력업체에게 기술을 지원하는 대가로 정부가 대기업에 배출권을 지원하는 형태로 추진되는데, 협력업체가 대기업의 요구를 거부할 수 없는, 대기업과 중소기업의 지배구조로 인해 문제가 발생할 수 있다는 것이다. 배출권거래제에 기본적으로 찬성하는 기후변화행동연구소도 비슷한 취지에서 그린크레디트 제도를 비판한다. 안병옥 소장은 이 제도가 현행 시장의 대기업 지배구조 아래에서 실행되면 중소기업에 대한 압력의 수단으로 이용될 수 있다고 비판한다.

> 우리나라 같은 경우는 대기업과 중소기업의 특수한 관계가 있잖아요. 대기업의 횡포 같은 것이 중소기업이 감당하기 어려운 측면이 있기 때문에 그런 게 개입이 됐을 때 문제라든가. 대기업이 자기들의 계열사를 통해서 재벌 기업 같은 경우에는 스스로 노력하지 않으면서 산업 부문의 하위 부분을 쥐어짜서 한다든가 이런 부작용이 우려되어 그거는 옳지 않다고 주장했는데 어쨌든 그건 제 얘기를 받아들이지 않았습니다. 지경부가 적극적으로 찬성해서 밀어붙였던 것이었습니다.

하지만 지속가능경영원 관계자는 환경단체의 이런 비판에 대해 동의하지 않았다. 그는 그린크레디트 제도는 대기업보다는 협력업체가 유리한 제도이며 대기업에서 자금과 설비를 지원해 주는데 협력업체가 손해 볼 것이 없다고 주장했다. 실제 정부가 상쇄에 대해 검증하기 때문에 환경단체의 비판은 지나치다고 그는 주장했다. 환경부도 상쇄제도로 대기업에서 중소기업으로 자금이 유입될 것이므로 중소기업에 도움이 될 것이라고 주장했다.

질문: 상쇄제도(그린크레디트 제도 등)가 중소기업에 도움이 될지 아니면 대기업과 중소기업 간의 현 지배구조하에서 중소기업에 새로운 압력으로 작용할지?

환경부 공무원 답변: (배출권 할당 대상이 아닌) 중소기업에 (국제기준에 부합하는) 상쇄 수요가 있다면, 당연히 대기업은 자기 감축보다는 중소기업에 투자하여 감축 의무를 달성하려 할 것이고, 이는 양측(대기업과 중소기업) 모두에게 좋은 상황입니다. 이는 중소기업에 대한 온실가스 감축은 에너지 효율 개선 투자자금의 유입을 의미하기 때문입니다.

요약하면 상품시장에 존재하는 대기업과 중소기업의 계층 관계가 탄소시장에서 특히 상쇄정책에서 재현될 때 상품시장과 탄소시장은 공동으로 생산되고, 중소기업들은 취약업종으로서의 정체성을 구성하게 된다. 그리고 이 정체성에 대해서는 이해관계자들이 서로 다른 견해를 보였다.

사회 불평등

탄소시장이 근로자와 저소득층의 복지에 영향을 줄 때 탄소시장과 상품시장이 공동으로 생산된다. 이때 시민단체들은 저소득 가정과 근로자 모두를 취약집단으로 그 정체성을 구성한다. 기후정의연대 및 에너지시민회의 등 시민사회단체들은 온실가스 가격의 증가가 상품가격에 반영될 경우 초래될 수 있는 할당 대상업체 근로자의 고용환경 불안, 물가상승이 저소득층 가계에 미치는 영향에 대해 우려했다. 따라서 기후정의 혹은 에너지 복지의 차원에서 사회적 약자를 위한 정책을 정부가 조속히 강구할 것을 촉구했다. 에너지기후정책연구소 한재각 부소장은 온실가스배출권거래제의 도입을 통해 에너지 비용부담이 계층마다 상이하고 특히 저소득계층의 경우 그 부담이 매우 심각할 수 있다고 경고했다. 더불어 "에너지 비용의 상승은 각 기업의 고용에 영향을 미칠 수 있으며, 이 경우에 고용이 축소되는 산업에 참여하는 노동자들에게 사회적 부담이 전가될 가능성"이 있다고 주장했다. 이에 따라 저소득층의 에너지 비용 증가 및 고용 감소의 가능성을 미리 대비해야 할 필요가 있다고 주장했다. 이를 위해 한재각 부소장은 "배출권거래제를 통해서 얻어지는 세수 중에 일부를 에너지 복지와 노동자들의 고용 전환을 지원하기 위한 기금으로 활용할 필요가 있다"라고 주장했다. 또한 "기본적으로 화석연료의 사용을 줄이고 재생에너지 확대를 유도한다는 점에서 세수 일부를 재생에너지 연구개발과 투자를 위해서 사용해야" 한다고 말했다. 환경운동연합도 2012년 7월 23일 성명서에서 "배출권거래제 시행으로 인해 국내 기업의 추가 비용부담이 생산원가의 상승을 유발하고 소비자에게 전가되는 것을 단연코 반대"하며, 유상할당으로 얻은 이익이 중소기업의 세 부담 완화와 에너지 복지비용으로 활용되어야 한다고 주장했다. 이 성명서는 다음과 같이 말한다.

유상할당 및 거래제를 통한 수익의 활용처에 대해 기업들의 이윤 확대를 위한 기술개발이나 기업의 경영 체계 개선 비용, 세제 지원, 보조금 지급 등으로 사용할 것이 아니라 EU처럼 유상할당 수익의 활용처를 관련 9개 부문으로 명시하고, 정부도 역시 이를 토대로 재생가능에너지 기술, 에너지 효율 기술 등 환경산업 육성 및 확대 보급을 위한 재원으로 활용하거나 중소기업의 세 부담 완화와 저소득층 및 에너지 취약계층을 위한 에너지 복지 비용 등으로 사용되어야 한다.

요약하면, 탄소시장과 상품시장의 상호적 공동생산은 시장경쟁력, 기업 불평등, 사회 불평등에 관한 이해관계자들의 입장에 따라 선택적으로 일어난다. 한국 정부와 기업에는 이 같은 공동생산이 시장경쟁력에 관해서만 일어난다. 그들은 높은 무역 집약도를 가진 제조업이 탄소시장에 취약하다는 새로운 정체성을 창출한다. 기업 불평등과 사회 불평등의 문제에서 두 시장의 공동생산은 환경시민단체에 의해서만 확인된다. 시민단체들은 탄소시장의 결과로 인한 중소기업, 저소득 가정, 근로자들의 취약성을 강조한다. 앤 슈나이더와 헬렌 잉그럼의 '대상 집단(target population)의 사회적 구성' 이론의 관점에서 볼 때 온실가스배출권거래제의 대상 집단에 대한 상이한 구성이 나타났다(Schneider et al., 2014).

4. 탄소시장과 정부의 구성적 공동생산

미셸 칼롱은 "경제학에 모든 지식과 실천이 포함되어 있다면, 경제는 사회가 아니라 그 경제학에 배태되어 있다"라고 말했다(Callon, 2007: 30). 이 주장은 그의 '수행적 경제학(performative economics)'의 기본적인 토대가 된다. '수행성' 개념은 자기 성취 예언(self-fulfilling prophecy) 개념과 오스틴(Austin, 1962)의 언어 행위이론에서 비롯됐다. 오스틴의 언어 행위이론은 담론이 실재를 수행한다는 개념이다. 즉, 경제라는 실재가 경제학적 지식에 따라 구성된다는 것이다. 도널드 매켄지(Donald MacKenzie)와 유발 밀로(Yuval Millo)는 이 개념을 파생금융시장에 적용했다(Mackenzie and Millo, 2011). 파생금융시장은 경제학 이론에 의해 만들어진 시장이다. 마찬가지로 탄소시장도 자연적으로 존재하는 것이 아니라 로널드 코스(Ronald Coase)와 존 하크니스 데일즈(John Harkness Dales)의 총량제한배출권거래제라는 이론에 의해 만들어진 것이다(Mackenzie, 2007; 2009).

한편, 탄소시장은 정부가 관리하기 때문에 정부를 탄소시장과 분리할 수 없다는 점에서 탄소시장과 정부의 공동생산은 '구성적'인 것으로 볼 수 있다. 칼 폴라니의 배태 관점에서 볼 때 탄소시장은 기후변화에 대처하기 위한 정부 비전으로 만들어졌다(Polanyi, 2011). 정부 비전은 탄소시장의 특정 정책 설계에 녹아 있다. 이런 점에서 한국의 탄소시장은 총량제한배출권거래제 이론과 기후변화에 대응하는 이명박 정부의 비전으로 만들어진 것이다. 경제이론과 국가 비전의 결합은 한국 탄소시장의 특수성을 형성한다.

이 절은 온실가스배출권거래제 담론에서 '정부' 개념의 담론적 구성을 분석한다. 정부의 '의미'를 찰스 린드블롬(Lindblom, 2001)이 제시한 규제자, 지원자, 가격관리자, 시장 참여자, 재분배자로 구분하고 온실가스배출권거래제의 법률이 어떤 '의미'를 수용 혹은 배제하고 있는지를 살펴본다. 여기서 형성되는 정부의 의미는 정부가 탄소시장을 어떻게 바라보는지에 대한 관점과 밀접하게 연관된다. 정부가 바라보는 탄소시장은 세 가지의 의미를 가진다. 첫째, 정부는 온실가스배출 저감을 위한 '행정적 도구'로서 탄소시장을 인식한다. 이는 정부와 일부 환경단체(예: 기후변화행동연구소)가 바라보는 탄소시장에 대한 관점이다. 둘째, 정부는 탄소시장에 의해 기업 경쟁력이 약화할 수 있다고 본다. 이는 산업계에서 바라보는 탄소시장의 의미다. 셋째, 정부는 탄소시장이 파생금융상품시장이 될 수 있다고 간

주한다. 즉, 정부의 의미는 서로 다른 탄소시장의 의미와 상응해 만들어진다. 이때 탄소시장과 정부의 구성적 공동생산이 나타난다.

규제자로서 정부

탄소시장이 온실가스배출을 줄이기 위한 중요한 행정 수단이 될 때 규제자로서 정부의 의미가 생성된다. 녹색성장위원회 관계자는 나와의 인터뷰에서 온실가스배출을 효율적으로 규제하는 제도로서 총량제한배출권거래제와 관련된 한국 정부의 역할을 정의했다. 교토 협약 이후 기후변화 관련 국제 규제에 대응해 한국 경제를 저탄소 에너지 효율이 높은 산업구조로 전환시키는 한국 정부의 역할을 상상했다. 이 녹색성장위원회 관계자는 배출권거래제를 통한 정부의 역할을 다음과 같이 규정한다. 첫째, 탄소시장의 시장 메커니즘을 통해 비용 효과적으로 온실가스 감축을 달성한다. 둘째, 비용 효과적인 시장 메커니즘의 유인을 통해 저탄소 녹색기술 투자를 유도해 신성장동력을 창출하고 저탄소, 고효율 에너지 산업구조로 개편한다. 온실가스감축목표를 효율적으로 달성하기 위한 시설 투자, 녹색기술 개발 및 투자를 촉진하고 중장기적으로 에너지 다소비, 탄소의존형 경제구조를 환경과 경제가 선순환하는 체제로 전환한다. 셋째, 교토의정서를 중심으로 이뤄지는 기후변화 대응을 위한 국제적 공조 체제를 유지한다. 포스트교토체제와 다양한 국제협상에서 제기될 수 있는 기후변화 이슈 등에 대해 능동적으로 대응한다. 선진국의 탄소 관세 부과 움직임 등 향후 온실가스 규제를 중심으로 한 무역규제에 대응한다.

온실가스배출권거래제 법안 제3조의 배출권거래제 기본 원칙에서는 국가 온실가스 목표 달성을 위한 '규제자'로서 정부 의미가 드러난다. 정부는 "기후변화에 관한 국제연합 기본 협약 및 이와 관련한 국제적 합의에 따른

원칙을 준수하고"(제3조 1항), "국가 온실가스감축목표를 효과적으로 달성할 수 있도록 시장기능을 활용할 것"(제3조 3항)을 규정한다. 즉, 탄소시장은 '규제자'로서의 정부가 기후변화 문제를 해결하는 세계적인 추세에 맞춰 2020년도 BAU 대비 30%의 온실가스 저감 목표를 달성하기 위한 핵심적인 행정적·정책적 도구다. 이런 측면에서 온실가스 저감을 위한 '행정적 수단'으로서 탄소시장의 의미와 '규제자'로서 정부의 의미가 공동으로 생산된다. 여기서, 총량제한제도는 '규제자'로서 정부의 의미를 형성하는데, 이 제도는 온실가스배출에 대한 정부의 강력한 감독과 통제를 의미한다. 높은 배출권 총량은 온실가스배출 허용량을 증가시킴으로써 기후변화에 대한 정부의 감독과 규제가 약화하는 것을 의미하며 낮은 배출권 총량은 기업의 온실가스배출 허용량을 줄임으로써 정부의 규제가 강화되는 것을 의미한다.

지원자로서 정부

탄소시장의 의미가 상품시장에서 기업 경쟁력과 연결될 때 '지원자'로서 정부의 의미가 만들어진다. 탄소시장이 기업의 산업 경쟁력을 약화할 것이라는 시각을 산업계와 정부는 공유하는데, 이런 의미에서 정부의 바람직한 역할은 산업계의 시장경쟁력을 강화하는 지원자 역을 수행하는 것이다. 온실가스배출권거래제 법안의 기본 원칙에서는 국가 온실가스 목표 달성을 위한 지원자로서 정부의 의미가 드러난다. 제3조 2항은 정부가 "배출권거래제가 경제 부문의 국제경쟁력에 미치는 영향을 고려할 것"을 주문하고 있다.

배출권 무상할당 정책은 지원자로서 정부의 의미에 필수적이다. 배출권거래제 제12조 배출권 할당 관련 제3항에 보면 "배출권의 할당은 유상 또는 무상으로 하되, 무상으로 할당하는 배출권의 비율은 국내 산업의 국제 경쟁력에 미치는 영향, 기후변화 관련 국제협상 등 국제적 동향, 물가 등 국민경제에 미치는 영향"을 고려해 정하도록 규정한다. 2010년부터 2012년까지 온실가스배출권거래제의 초기 무상할당 비율은 계속 증가했다. 이는 탄소시장이 기업의 시장경쟁력에 미치는 영향을 심각하게 받아들이고 있음을 시사한다. 더불어 2012년 5월 정부의 공포안에 무역 집약도 또는 탄소 집약도 등 민감 업종에 대한 새로운 기준들이 무상할당 요건으로 반영됐다. 법안에는 "무역 집약도가 대통령령으로 정하는 기준보다 높거나 이 법 시행에 따른 온실가스 감축으로 인한 생산비용이 대통령령으로 정하는 기준 이상으로 발생하는 업종에 속하는 할당 대상업체에 대해서는 배출권 전부를 무상으로 할당할 수 있다"라고 규정한다.

게다가, 지원자로서 정부의 의미는 기업을 위한 다양한 지원 정책에 의해 형성된다. 애초 2010년도 배출권거래제 입법예고 법안에서는 산업계에 대한 지원책으로 온실가스배출권거래로부터 얻은 이익으로 기금을 만들어 활용하는 방안이 제시됐다. 입법예고안 제28조에 따르면 "정부는 온실가스 감축, 에너지 절약 및 저탄소 녹색산업의 진흥을 위해 배출권의 경매 수익금, 배출권거래소의 수익금 등을 재원으로 저탄소 녹색 기금을 설치"하고자 했다. 하지만 법안이 수정되는 과정에서 무상할당 비율이 증가함에 따라 경매 수익금을 통한 기금의 설치가 어려워지자 금융상·세제상의 지원 정책으로 산업계 지원 방향을 전환했다. 2012년도 온실가스배출권거래제 공포안 35조에 따르면 "정부는 배출권거래제 도입으로 인한 기업의 경쟁력 감소를 방지하고 배출권거래를 활성화하기 위해 온실가스 감축 설비를 설치하거나 관련 기술을 개발하는 사업 등 대통령령으로 정하는 사업에 대하여는 금융상·세제상의 지원 또는 보조금의 지급, 그 밖에 필요한 지원을 할 수 있다"라고 명시한다. 요약하면 기업의 산업경쟁력 관점에서 인식된 탄소시장의 의미는 총량제한배출권거래제에서 무상할당 정책 및 다양한 산업계의 지원책을 낳았다. 이 정책에서 산업계 규제를 완화하고 산업계에 도움을 주는 '지원자'로서의 정부의 의미가 형성됐다.

가격관리자로서 정부

가격관리자로서 정부의 의미는 투기적인 파생금융상품시장으로서 탄소시장의 의미와 공동으로 생산된다. 가격관리자로서 정부의 역할은 탄소가격의 폭락과 폭등을 막고 공정하고 투명한 배출권거래 시장의 환경을 만드는 것이다. 탄소시장이 변동성이 크고 증권시장과 유사하게 작동하기 때문에 경제적 상황과 연동한다. 주식시장에서 급격한 주가 폭락 및 급등을 방지하는 브레이크 제도를 두는 것과 마찬가지로 탄소시장에서도 어느 정도 가격 휘발성을 제어할 수 있는 정책이 필요하다는 논리가 만들어진다. 이런 정책들을 통해 탄소시장은 자유방임시장이 아니라 정부 '개입'과 '간섭'이 포함된 관리되는 시장의 의미가 형성된다.

온실가스배출권거래제 기본 원칙(제3조)은 가격관리자로서 정부의 의미를 제시한다. 제3조 4항에 따르면 정부는 "배출권거래제가 일반적인 시장 거래원칙에 따라 공정하고 투명하게 이루어지도록 할 것"을 주문했다. 이런 목적을 달성하기 위한 구체적인 정책은 다음과 같다. 온실가스배출권거래제 법안 제22조에 따르면 정부는 배출권거래소를 설립해 배출권거래의 정보공개, 배출권거래 시장에 대한 감시, 배출권거래에 관한 분쟁조정 등의 역할을 수행한다. 이를 위해 정부는 제22조 3항에서 거래와 관련된 시세 조종행위 등의 금지 및 배상책임, 부정거래, 정보 이용 금지 등의 역할을 '자본시장과 금융투자업에 관한 법률'에 따라 추진한다. 온실가스배출권거래제 시행령에서 제시한 시행령 예고안[6]에서 제시한 배출권시장의 불안전성은 다음과 같다.

① 배출권의 가격이 6개월 연속으로 직전 2개 연도 평균 가격보다 3배 이상 급등한 경우.
② 최근 1개월의 평균 배출권거래량이 직전 2개 연도의 같은 월평균 거래량 중 많은 경우보다 2배 이상 증가하여 직전 2개 연도의 평균 가격보다 2배 이상 급등한 경우.
③ 최근 1개월 동안의 배출권 평균 가격이 직전 2개 연도 평균 가격의 60%보다 낮은 경우.

이런 불안정한 시장을 안정시키기 위해서 정부는 시장 안정화 조치를 취할 수 있다. 온실가스배출권거래제 시행령 예고안에 따르면 배출권시장이 불안할 때 정부는 다음과 같이 추가 할당, 총량 제한, 상쇄, 가격 상하한제 등의 다양한 정책적 통로를 통해 탄소시장에 개입하게 된다.

① 배출권 예비분의 최대 25% 추가 할당.
② 배출권의 최소·최대 보유 한도의 설정.
③ 상쇄 배출권 제출 한도의 확대·축소.
④ 일시적인 최고·최저 가격의 설정 등의 방식으로 시장 안정화 조치.

그러나 가격관리자로서 정부의 의미는 금융업계에 불리하다. 온실가스배출권거래제는 시장안정화조치로 공적 금융기관[7]을 제외한 민간 금융권

6 온실가스배출권거래제 법안 23조에서는 배출권시장의 불안전성으로서 가격 폭등 개념만 있고 폭락 개념이 없었으나, 시행령이 마련되면서 폭락 개념이 도입됐다.

의 시장 참여를 제한하는 정책 조치를 했다. 이 제도는 한국이 거의 유일하게 채택하고 있는 제도다.[8] 사실상 이 조치는 법안 제정 과정에서 강화됐는데, 처음에는 1차 계획 기간까지의 참여를 제한했으나 최종안의 부칙 제3조에는 온실가스배출과 직접 관련이 없는 할당 대상업체가 아닌 기업에 대해서 제2차 계획 기간까지 참여를 제한한다.[9]

하지만 금융계와 제조업계 중 어느 기업들이 탄소시장을 교란할 것인가의 논란이 있을 수 있다. 이산화탄소를 많이 배출하는 제조업계는 금융계를 잠재적 교란자로 낙인하고 있으나 녹색성장위원회는 에너지 다소비업체도 현재 시장 지배적 위치에 있기에 탄소시장을 교란할 수 있다고 본다. 환경부 관계자도 "에너지 상위 업체(포스코 등)의 배출량이 절대적으로 크기 때문에 배출권시장에서의 시장지배력의 남용도 우려된다"라고 주장했다. 그렇다면 금융권 탄소시장 참여 제한조치는 오히려 파생상품시장에서

---

7 제외된 공적 금융기관에는 한국산업은행, 중소기업은행, 한국수출입은행, 한국정책금융공사 등이 있다.

8 유럽과 호주, 뉴질랜드의 경우 이와 같은 제도를 채택하고 있지 않다. 호주의 경우는 시장의 유동성을 확보하고, 탄소시장의 비효율성과 담합 등의 부정적인 영향을 방지하고, 소규모 기업이 금융 중개인을 통한 거래를 선호하는 점을 고려해 제3자 참여를 허용한다. 유럽의 ETS 시장의 경우 상호 연계를 합의한 제3국의 제3자 참여를 허용하고 있다. EU ETS 탄소시장의 참여자는 의무 구매자와 금융 중개자로 구성되는데 의무구매자 간의 거래 촉진을 위한 금융 중개인들의 활발한 참여와 선물·옵션·스왑 같은 파생상품으로 참여자들의 위험이 관리 가능하다고 보았다. 이를 통해 탄소시장의 유동성을 확보하고 안정적인 가격 형성에 이바지할 수 있다는 것이다. 더불어 거래시장 관련 사내 전문가가 부족하거나 지속적인 참여가 어려운 중소 규모 회사들을 위해 금융회사의 거래 중개가 중요하다고 보고 있다.

9 배출권거래제 등록에 관한 특례 부칙 제3조에 따르면, "할당 대상업체와 배출권거래시장의 안정적 형성을 위해 대통령령으로 정하는 자가 아니면 2015년 1월 1일부터 6년을 넘지 않는 범위에서 대통령령으로 정하는 날까지는 배출권거래 계정의 등록을 신청할 수 없다".

잠재적 경쟁 기업인 금융권에 대한 제조업의 견제로 해석될 수 있다.[10]

정부 입장에서는 제조업이 탄소시장의 가격 교란을 일으키면 금융권의 참여가 오히려 시장 안정화에 도움이 될 수도 있다. 하지만 배출권거래제의 제도화 과정에서는 제조업 중심의 직접규제 대상의 목소리가 높으므로 산업계의 의견을 받아들여, 2차 계획 기간까지 금융권의 참여 제한조치를 제도화했다. 요약하면 '파생금융상품'으로서 탄소시장의 의미는 배출권의 공정한 거래 환경을 구축하는 '가격관리자'로서 정부의 의미와 공동으로 생산된다.

시장 참여자로서 정부

정부는 탄소시장의 관리자일 뿐만 아니라 직접적인 참여자가 될 수도 있다. 온실가스배출권거래제 법안에 따르면 민간 금융권의 탄소시장 참여를 2차 계획 기간까지 금지하고 있으나 한국산업은행, 중소기업은행, 한국수출입은행, 한국정책금융공사 등 공적 금융기관의 시장 참여는 허용했다. 따라서 이와 같은 공적 금융기관은 정부를 대표해 시장 참여자의 역할을 수행할 수 있다.

10 한국이 제3자의 배출권거래 참여 제한 제도를 채택한 것은 바로 제조업 중심의 산업계의 이해관계가 반영되고, 금융권의 이해관계는 오히려 배제됐다는 것을 의미한다. 산업계의 입장에서는 이 조치를 통해 금융권의 탄소시장 진입을 막음으로써 탄소시장이 투기시장이 되는 것을 막고 탄소시장에서의 잠재적 경쟁자인 금융권을 배제할 수 있는 것이다. 금융권이 배출권거래제의 제도화에 관심이 있었다면 이런 시장 안정화 정책을 제도화하는 데 어려움이 있었을 것이다.

재분배자로서의 정부

온실가스배출권거래제에 재분배자로서 정부의 의미는 없다. 산업계 지원책은 시설 및 장비 인프라 구축과 녹색기술 개발에 초점을 두고 있으며, 탄소배출 기업에 근무하는 근로자의 고용 안정화와 재취업 교육에 관한 내용을 포함하고 있지 않다. 그뿐만 아니라, 한국의 배출권거래제 정책에는 배출권거래제로 인한 물가상승과 에너지 가격 상승으로 인해 피해를 입을 수 있는 저소득층에 대한 지원 정책이 없다.[11]

탄소시장으로 인해 전기 가격 상승이 일어날 때 저소득층에 영향을 줄 수 있다. 녹색성장위원회 관계자에 따르면, 한국의 전기 가격에 대한 통제는 외국과 다르다. 외국의 경우는 배출권 가격이 전기 가격에 연동되어 움직이나 한국은 연계가 되어 있지 않다. 한국의 전기 가격은 시장이 아니라 정부가 사회정책 및 산업정책으로 가정용 전력과 산업용 전력 가격을 철저하게 통제하고 있기에 현재 체제에서 탄소 가격이 전기 가격으로 전가되지 않는다. 이에 따라 한국 발전업계는 배출권의 가격이 전기 가격에 반영될 수 있도록 전기 가격이 자유화되어야 한다고 정부에 건의해 왔다. 다만 배출권 가격이 전기 가격으로 전가되지 않더라도 물가상승이 발생할 수는 있다. 배출권거래제의 시행으로 인해 제조업의 경우 해당 기업의 제품가격이 상승할 수 있으므로 이로 인한 물가상승이 발생할 수 있다.

---

11 이런 점에서 호주의 노동당 정부가 추진하는 배출권거래 정책과 차별화된다. 노동당 정부의 호주의 산업계 지원책은 할당 대상업체 지원책과 더불어 근로자의 고용 및 재취업, 교육에 대한 지원책을 포함하고 있다. 더불어 저소득층에 대한 매우 세부적인 지원 정책을 포함하고 있다. 호주 산업계 지원책은 철강·알루미늄·시멘트·아연 제조업 등에서 고용 및 경제력 지원(A$ 92억), 철강산업 지원책(A$ 12억), 석탄기업 지원책(A$ 3억), 녹색기술지원책(A$ 13억)으로 구성되어 있다.

요약하면 탄소시장의 세부 정책들은 정부의 다양한 의미를 생산하고, 이 의미들은 탄소시장의 의미와 함께 구성적으로 공동생산된다. 한국 정부의 의미는 온실가스배출권거래제의 특정 정책 체계에 '배태'되어 있다. 특히, 시장경쟁력과 연계된 탄소시장과 파생금융시장에 대한 부정적인 의미는 매우 강하다. 이와 대조적으로 수익성이 높은 탄소시장에 대한 장밋빛 희망이나 기업 및 사회 불평등의 관점에서 바라본 탄소시장의 디스토피아는 온실가스배출권거래제에 없다. 이런 관점에서 이 제도는 규제자, 지원자, 가격 관리자, 참여자로서의 정부 의미를 구성하지만 재분배자로서의 의미는 만들지 않았다.

5. 마무리

2010년대 초 한국의 총량제한배출권거래제를 둘러싼 논쟁에서 탄소시장과 정부의 의미가 정책 담론에서 다양하게 상상됐다. 총량제한배출권거래제의 정치에서 미래의 탄소시장을 위한 많은 경쟁적 비전이 존재하고 있었다. 또한 상품시장과 정부의 의미에 대한 담론을 낳았다. 이런 담론들은 2012년 온실가스배출권거래제를 처음 제도화하는 과정에서, 그리고 한국 탄소시장이 아직 시작되지 않은 시점에 만들어진 것이었다. 당시 탄소시장의 상상이 약 10년이 지난 지금 모두 현실화한 것은 아니다. 사실상, 제2장에 살펴봤듯이 배출권거래제의 규제완화로 인해 한국 탄소시장은 대기업에게 결코 위협이 되지 않았고 신재생에너지 경제로의 산업 전환도 거의 일어나지 않았기에, 이에 따른 전통 제조업 노동자들의 실업이 증가한 것도 아니다. 대기업을 위한 무상 배출권 할당이 많았기 때문에 그린크레디트 정책을 통한 상쇄 배출권도 거의 필요 없었다. 하지만 이런 상상된 미래의 담론정치가 당시 기후변화 정치에서 광범위하게 퍼져 있었고 기후변화 정책 결정과정에 영향을 미쳤다.

이 글은 두 가지 공동생산 모델을 사용해 탄소시장, 상품시장, 정부 간의 관계를 분석했다. 온실가스배출권거래제의 세부 정책에서 정부와 탄소시장은 구성적으로 공동생산된다. 대조적으로 탄소시장과 상품시장의 공동생산은 온실가스 가격이 상품시장에 영향을 미칠 때만 나타나므로 상호적인 것이다. 온실가스배출권거래제는 시장경쟁력과 파생금융시장과 연계된 탄소시장의 의미를 창출하지만, 금융계에서 상상한 수익성 있는 탄소시장의 의미는 만들지 않는다. 시민단체들의 비전 중에서는 투기시장으로서 탄소시장의 의미만 이 제도에 존재한다. 그러나 이 의미는 제조업계와 정부도 동의하기에 논쟁거리가 되지 않는다. 시민단체가 만든 기업 불평등, 사회 불평등과 연계된 또 다른 탄소시장의 의미를 정부는 신뢰하지 않는다.

상상된 탄소시장과 정부의 가능한 역할의 특성을 고려할 때, 한국의 온실가스배출권거래제는 이명박 정부의 보수 정치를 그대로 드러낸다는 결론을 내릴 수 있다. 그동안 이명박 정부의 핵심 국정 기조인 저탄소·녹색성장 개념은 환경과 경제의 공진화를 강조해 왔으나, 경제성장에 초점을 두고 있으며 사회적 형평성 개념이 없다는 비판이 있었다(윤순진, 2009). 이런 비판은 이 장의 내용과 상응한다. 이처럼 이해관계 접근법과 해석적 접근법은 서로 다른 길을 갔지만 동일한 결론에 도달할 수 있다.

사회기술적 상상과 융합기술정책의 세계화

기술융합 개념은 오늘날 연구개발 정책에서 일종의 유행(fashion)처럼 보인다. 이 개념은 2000년대 초 미국에서 처음 만들어져서 유럽연합을 거쳐 한국으로 들어왔다. 국가마다 기술융합의 다양한 정의와 비전이 존재한다. 일반적으로 기술융합 개념은 기술 수준에서의 융합뿐만 아니라 사회, 산업 및 다양한 분야와의 융합으로 정의된다(Roco and Bainbridge, 2003; Nordmann, 2004; 국가과학기술위원회, 2014). 한국의 정책 입안자들은 2000년대 초 미국과 유럽연합이 융합기술정책을 수립한 직후 서구 융합기술정책을 모방하기 시작했다. 그러나 한국의 기술융합 개념은 서양의 것과는 그 의미가 다르다. 미국, 유럽연합, 한국은 융합기술정책 의제 설정과정에서 각각 인간 능력 증진, 지속가능발전, 국가성장 등 다른 사회 기술 비전을 만들었다(Roco and Bainbridge, 2003; Nordmann, 2004; 국가과학기술위원회, 2014).

제7장은 기술융합의 서구 모델이 한국 연구정책의 문화, 특히 기술발전주의와 어떻게 조응하는지를 분석한다. 기술발전주의란 과학기술을 국가 경제성장의 엔진으로 보는 것을 말한다. 이 장은 기술융합의 세계화를 분

* Kim(2018)과 김은성(2011)을 바탕으로 수정·보완했다.

석하기 위해 '사회기술적 상상'(Jasanoff and Kim, 2009, 2015)과 '번역'(Callon, 1986; Czarniawska and Sevón, 1996; Sahlin and Weldlin, 2008) 개념을 활용한다. 사회기술적 상상은 과학기술이 창조한 바람직한 미래에 대한 집단적 비전을 말한다(Jasanoff and Kim, 2009). 제7장은 먼저 세 국가의 융합기술 정책 아젠다에서 형성된 일종의 사회기술적 상상으로서 인간 능력의 향상, 지속가능발전, 기술발전주의를 분석한다. 다음으로 '번역' 개념에 대해 살펴본다. '번역'은 융합기술 비전 및 정책의 글로벌 확산과 수용을 설명하는 데 사용된다. 이는 기술 정책이 한 국가에서 다른 국가로 옮겨갈 때 단순히 복제되는 것이 아니라 현지 환경에서 재해석, 편집, 조정되는 것을 의미한다(Sahlin and Weldlin, 2008).

기술융합의 비전이 서구 국가에서 한국으로 번역될 때 한국의 사회기술적 상상으로서의 기술발전주의는 어떤 역할을 하는가? 융합기술정책의 세계화 과정에서 인간 능력의 향상과 지속가능발전 같은 서구의 사회기술적 상상은 어떻게 번역되는가? 이 글은 융합기술정책의 세계화에도 불구하고 기존에 있던 한국의 사회기술적 상상, 즉 기술발전주의 때문에 서구의 사회기술적 상상이 한국에서 잘 번역되지 않는다고 주장한다. 한국은 인간 능력의 증진, 지속가능발전 또는 사회적 문제(societal challenge)를 해결하기 위한 융합기술정책을 강조하는 미국 및 유럽연합과는 대조적으로 신성장동력으로서의 기술 융합을 강조한다.

이 글은 첫째, '사회기술적 상상'과 '번역' 개념을 소개한다. 둘째, 한국 연구개발 정책의 강력한 사회기술적 상상인 기술발전주의의 역사를 탐구한다. 셋째, 인간 능력 향상과 지속가능발전 등 서구 융합기술의 '사회기술적 상상'을 탐구하기 위해 미국 및 유럽연합 융합기술정책의 정의와 비전을 분석한다. 넷째, 융합기술 비전에 대한 한국의 번역을 다룬다. 이명박 정부(2008~2012)와 박근혜 정부(2013~2017)의 융합기술정책을 중심으로 정책 결정과정에서 서구 기술융합 모델과 기술발전주의의 관계를 면밀하게 검토한다.

1. 사회기술적 상상과 번역

'사회기술적 상상'이란 과학기술이 만드는 바람직한 미래에 대한 국가 비전을 분석하기 위해 과학기술학에서 사용하는 개념이다(Jasanoff and Kim, 2009, 2015). 실라 재서노프와 김상현(Jasanoff and Kim, 2015: 4)에 따르면 이 개념은 "집단적으로 소유되고, 제도적으로 안정화되며, 공적으로 수행된 바람직한 미래에 대한 비전"을 의미하며, 이 비전은 "과학기술의 진보를 지지하는 혹은 그것을 통해 달성 가능한 사회생활과 사회질서의 형태에 대한 공유된 이해로 움직인다"고 한다. 사회기술적 상상은 과학기술의 개발에 배태되어 있고 한 나라를 위해 좋은 것과 바람직한 것의 규범을 나타낸다. 상상은 특정한 정책 기능을 수행하므로 단순한 착각이나 환상이 아니다(Jasanoff and Kim, 2009). 그것은 상상과 현실 사이에서 진동한다. 최근 사회기술적 상상 개념은 스티븐 힐가트너(Stephen Hilgartner)의 "사회적·기술적 전위대" 개념(Hilgartner, 2015)처럼 다양한 수준과 차원으로 진화했는데, 이는 엘리트 집단의 비전이 사회환경에서 어떻게 영향력을 발휘할 수 있는지를 말한다. 일부 학자들은 국가적인 상상이 지역적 상상과 어떻게 경쟁하는지도 주목했다(Eaton et al., 2014; Kim S.H., 2014).

정책공동체의 구성원들이 비슷한 사회기술적 비전을 상상할 때, 그들이 설계하는 정책은 유사해진다. 사회기술적 상상은 또한 때때로 구성원들의 생각과 행동을 제약하는 제도적 규범이나 명령으로 진화할 수 있다. 사회기술적 상상이 항상 정적인 것은 아니지만, 기술 정책의 역사에서 특정한 사회기술적 상상은 다른 것들보다 더 오래 지속될 수 있다. 이것이 오래 살아남을수록 정책도 비슷해지고, 정책공동체 구성원들이 이를 당연시한다. 그 결과 독특한 기술 정책문화가 형성된다. 이것은 제도적 접근법에서의 제도 개념과 유사하다.

사회기술적 상상은 때때로 기술 정책의 세계화에 저항하는 지역적 힘으로 작용해 국가 간 정책적 차이를 초래한다. 정책이 세계화될 때 기술 정책의 명칭과 유형은 다른 나라에 이식할 수 있지만, 사회기술적 상상은 잘 전달되지 않을 수 있다. 그 이유는 이런 상상들이 지역적으로 토착화되어 있기 때문이다. 그러므로 사회기술적 상상은 정책적 비전의 '번역'을 수행하며 기술 정책의 의미를 바꾼다.

'번역' 개념은 스칸디나비아 제도주의에 바탕을 둔다. 이 학파는 제도에 대한 해석적 접근법을 추구한다. 1980년대 이후, 스칸디나비아 학파는 조직의 외생적 제약보다는 사회적 구성물로서 제도를 연구했다. 이 학파는 리처드 스콧, 제임스 마치, 존 마이어와 같은 조직 사회학자들과 피터 버거, 토마스 루크만 같은 사회구성주의자들, 그리고 브뤼노 라투르, 미셸 칼롱, 카린 크노어 세티나를 포함한 과학기술 사회학자들의 영향을 받았다. 스칸디나비아 제도주의는 제도화된 아이디어가 어떻게 한 맥락에서 다른 맥락으로 옮겨지는가에 초점을 맞춘다. 행위자-연결망 이론에 기초해 이 학파는 '번역' 과정을 통한 정책 아이디어의 이전을 탐구한다(Czarniawska and Joerges, 1996; Czarniawska and Sevón, 1996). 브뤼노 라투르는 번역을 다음과 같이 설명한다.

> 주장들, 주문들, 인공물, 상품 등 어떤 것의 시공간적 확산은 사람들의 손에 달려 있다. 이 사람들은 많은 다른 방식으로 행동할 수 있는데, 표시(token)를 떨어뜨리거나, 수정하거나, 변형시키거나, 배신하거나, 덧붙이거나 또는 전용

한다(Latour, 1986: 267).

스칸디나비아 제도주의는 번역을 만드는 "편집" 과정에 초점을 둔다(Sahlin and Wedlin, 2008; Sahlin-Anderson, 1996). 이 학파는 제도를 외부의 것 또는 채택된 것으로 취급하는 대신 아이디어와 실천이 번역 과정에서 재해석되고 재구성된다고 가정한다. 번역은 "아이디어가 한 환경에서 다른 환경으로 이전함에 따라 나타나는 고의적·우발적 또는 의도하지 않은 변형 또는 지속적인 조정과 변화의 잠재력"을 의미한다(Greenwood et al., 2008: 17). 살린과 웨드린(Sahlin and Wedlin 2008: 219~221)은 다음과 같이 명시한다.

> 아이디어는 진공상태에서 확산하지 않으며, 다른 사상, 행위자, 전통, 제도의 맥락에서 능동적으로 전달되고 번역된다. …… 확산하는 것은 이미 만들어지고 바꿀 수 없는 입자나 상품이 아니라 반복적인 번역을 겪는 아이디어였다.

이 글의 가설은 기술융합의 비전이 서구에서 한국으로 이동하면서 기술발전주의에 따라 본래의 의미가 바뀌는 번역을 겪으리라는 것이다. 이 글은 융합기술정책이 전 세계로 확산하면서 서로 다른 사회기술적 상상과 어떻게 상호작용하는지를 분석한다. 미국과 유럽연합은 기술융합의 사회기술적 상상으로서 '인간 능력의 향상' 또는 '지속가능발전'의 비전을 창조했다. 그러나, 기술융합이라는 개념이 한국에 널리 퍼졌음에도 불구하고 한국 융합기술정책에 이런 서구적 상상은 잘 이식되지 않는다. 이는 기술발전주의의 영향 때문이다. 이 글은 기술융합과 기술발전주의의 상호작용에 주목한다.

2. 기술발전주의

기술발전주의는 한국 과학기술정책의 문화를 형성하는 오래된 사회기술적 상상이다(Jasanoff and Kim, 2009). 과학기술의 발전을 통해 부국을 건설하겠다는 비전이다. 이는 "기술민족주의"(허상수, 2004) 또는 "발전국가주의"(Kim S.H., 2014)라고도 불린다. 한국의 연구 정책 대부분이 국가성장을 추구한다는 점에서 기술발전주의는 연구개발 정책들을 매우 유사하게 만든다. 많은 과학자와 정책 입안자들은 기술발전주의를 당연하게 여긴다. 국가경제의 성장을 추동하는 기술개발을 목표로 하는 국가 연구개발 정책과 정부 연구기관의 비전에 이런 상상이 반복적으로 재현된다.

기술발전주의는 조선시대(1392~1897)의 '부국강병'이라는 구호에서도 발견된다(허상수, 2004). 1800년대 후반부터 일제강점기(1910~1945)까지 과학기술은 근대화 사상과 밀접한 관련이 있었다(Kim, 2008). 기술발전주의에서 가장 중요한 근대적 순간은 박정희 정부(1961~1979) 때다. 박정희 정부는 국가가 경제를 이끌고 대기업 재벌을 지원하고 통제하는 이른바 '발전국가(development state)'의 모델을 만들었다(Johnson 1987; Amsden, 1989; Evans and Stephens, 1988; Park, 2011). 박 전 대통령의 발전국가는 강력한 국가개입, 정부와 기업의 긴밀한 관계, 노동운동의 탄압으로 특징지어진다. 박정희 정부는 산업정책뿐 아니라 과학기술정책도 주도했다. 천연자원이 부족한 한국의 상황에서 국가경제를 발전시키는 수단으로 과학기술이 강조됐다. 1970년대까지 박정희 정부의 주요 목표는 과학기술 개발을 통해 부유한 나라를 만드는 것이었다. 심지어 원자력 정책도 발전주의에 따라 추진됐다(Jasanoff and Kim, 2009).

1980년대부터 1990년대 초반까지 한국 정부는 선진기술 개발을 위한 '추격형 혁신' 전략을 추진했다. 이 전략은 반도체와 자동차 수출은 물론

중화학공업의 성장에 크게 이바지했다. 이 전략이 유효해서 한국은 반도체·조선·자동차 분야에서 선두주자로 발돋움할 수 있었다. 그러나 1990년대에는 기술 무역장벽(WTO의 TRIPS 협정)의 증가 및 중국·인도 같은 다른 개발도상국들의 추격으로 '추격형 혁신 전략'이 한계에 도달했다. 한국의 경제성장률은 1990년대부터 둔화하기 시작했다(Kim, 2011).

1990년대 후반부터 한국 정부는 국가 기술혁신 체계를 '추격 시스템'에서 선진·원천 기술개발을 통한 '탈추격 시스템'으로 전환하고자 노력했다(성지은·정병걸, 2007). '신성장동력'이라는 용어는 한국의 과학기술 전략에서 이런 전환을 상징했다. 차세대 국가성장 동력으로 원천기술을 창출하기 위한 노력이 이뤄졌고, 이로 인해 이동통신과 디지털 텔레비전이 성공을 거뒀다.

2000년대 한국의 연구개발 정책은 작지만 중요한 변화를 수반했다. 한편으로, 기술발전주의는 여전히 영향력 있는 사회기술적 상상이었다. 탈추격형 혁신을 지원하기 위해 정부는 생명공학, 정보기술, 나노기술, 융합기술 등 신기술에 대한 연구개발 투자를 확대했다. 이 기술들은 모두 국가성장을 견인할 수 있는 유망한 미래 기술로 평가됐다. 한편, 일부 정책학자들은 사회 및 환경 문제를 해결하는 방안으로 '사회문제 해결형 혁신'을 논의하기 시작했다(송위진 외, 2013; 정병걸·성지은, 2019). 그 결과 제2차(2008~2012)와 제3차 과학기술 기본계획(2013~2017)은 경제성장은 물론 삶의 질까지 강조했다. 여기서 신기술은 고령화, 저출산, 공중보건, 기후변화와 같은 문제를 해결할 핵심 수단으로 비쳐졌다. 발전국가의 기술관료주의적 거버넌스와 달리 사회문제 해결형 혁신을 이행하기 위해서는 민주적 거버넌스와 새로운 연구개발 평가 시스템이 요구된다(송위진 외, 2013). 이를 달성하기 위해, 한국의 사회문제 해결형 혁신은 기술발전주의와 구별되는 보다 지속 가능하고 민주적인 미래를 위해 새로운 사회기술적 상상이 필요했다.

그러나 한국에서 사회문제 해결형 혁신의 출현은 기술발전주의에서 급진적으로 벗어나는 것을 의미하지 않았다. 기술발전주의는 사회문제 해결형 혁신을 계속 지체시켰다. 사회문제 해결을 목표로 언급하면서도, 정부는 한국형 사회문제 해결형 혁신에서 환경·의료·방재·[1]노화 같은 새로운 분야에서의 산업 경쟁력을 강조했다(송위진 외, 2013). 결과적으로 이 새로운 혁신은 기술발전주의의 포획에서 여전히 벗어나지 못했다.

3. 미국과 유럽의 기술융합

융합기술에 대한 미국과 유럽연합의 사회기술적 상상은 각각 '인간 능력의 향상'과 '지속가능발전'이다. 두 가지 모두 2000년대 초 융합기술정책의 한국적 비전인 기술발전주의와는 다르다. 미국에는 두 버전의 융합기술이 있는데, 하나는 2003년 버전이고 다른 하나는 2013년 버전이다(Roco and Bainbridge, 2003; Roco et al., 2013). 미국의 융합기술 개념은 나노기술, 생명공학, 정보기술, 인지과학을 통합하는 기술환원주의에 뿌리를 둔다(Schmidt, 2008). 융합기술 개념은 "다양한 법칙의 동일한 우산"하에서 자연현상의 인과관계를 환원해 이해할 수 있게 한다는 것이다(Roco and Bainbridge, 2003: 72). 또한 미국의 융합기술(NBIC) 개념은 인간 능력 증진을 추구하는 트랜스 휴머니즘(transhumanism)[2]에 기초한 기술 낙관주의를 내포한다(Ferrari, 2008).

---

1 나는 2014년 이후 몇 년 동안 한국과학기술기획평가원 재난 연구개발 평가위원회에 참가한 적이 있다. 당시 한국의 재난 연구개발은 산업 경쟁력의 확보와 재난 문제의 해결이라는 두 목표를 모두 가지고 있었다. 이것이 사회문제 해결형 혁신의 모습이다.

이것은 미하일 로코(Mihail Roco)와 윌리엄 베인브리지(William Bainbridge)의 보고서에 분명히 나타난다.

> 인지과학자가 그것을 생각할 수 있다면, 나노 사람들은 그것을 만들 수 있고, 바이오 사람들은 그것을 구현할 수 있고, IT 사람들은 그것을 감시하고 통제할 수 있다(Roco and Bainbridge, 2003: 13).

특히 미국의 융합기술 개념은 안전한 물, 지속가능발전, 평화 및 빈곤 같은 사회정의의 문제를 다루지 않는다(Bibel et al., 2004). 트랜스 휴머니즘적 상상의 배후에는 군사적 이해가 일부 있었다. 예를 들어 트랜스 휴머니즘은 미군 슈퍼 솔저 프로젝트의 논리가 됐다. 슈퍼 솔저 프로젝트는 군인들의 신체적·정신적 능력을 향상시키는 것을 목표로 한다(Roco and Bainbridge, 2003: 17). 실제로 국방부는 융합기술의 주요 투자기관이었다(Lane and Kalil, 2005; Gallo, 2009).

몇몇 학자들은 미국과 유럽 융합기술 개념의 초창기 차이를 관찰했다(Schmidt, 2008; Ferrari, 2008; Kjølberg et al., 2008; Fuller, 2009). 유럽은 융합기술과 사회의 다양한 상호작용을 강조하면서 미국 융합기술 개념의 기술환원주의를 극복하려 했다(Ferari, 2008). 예를 들어 '유럽 지식 사회를 위한 융합기술(이하 CTEKS)'이라고 불리는 유럽연합의 융합기술 개념은 기술융

2 트랜스 휴머니즘은 인간 초월주의로도 번역할 수 있다. 이 철학은 기술 발전으로 인간의 능력이 증진될 수 있다는 사고다. 기계와의 결합을 통해 새로운 능력을 갖춘 포스트 휴먼을 생각해 볼 수 있다. 신유물론과 함께 포스트 휴머니즘의 한 학파로서 인간의 본질이 고정된다는 인류학적 본질주의를 기각한다. 인류학적 본질주의를 비판한다는 점에서 또 다른 포스트 휴머니즘인 신유물론과 유사하나, 신유물론에 비해 상대적으로 기술적 낙관주의가 강하다. 제8장에서 이 부분을 다시 다루도록 하겠다.

합보다는 융합기술의 다양성을 추구했다. 앨프레드 노먼(Alfred Nordmann)은 "융합기술이 점점 더 균질해지는 기술 문화를 촉진하기 위해 사용될 수 있지만, CTEKS는 자연과 문화적 다양성을 육성하는 지역 해결책의 개발을 위한 도구가 되어야 한다"라고 주장했다(Nordmann, 2004: 42). 미국의 2003년 융합기술 비전과는 대조적으로, CTEKS 개념은 지속가능발전과 민주주의를 다뤘으며(Ferrari, 2008), 이는 일종의 사회문제 해결형 혁신 기반 접근법으로 간주할 수 있다. 이것은 융합기술에 대한 유럽의 사회기술적 상상이다.

카밀라 키에베르그(Kamilla Kjølberg) 등에 따르면, 융합기술과 관련한 불확실성에 직면해 미국의 개념은 기술관료주의적인 하향식 접근법에 의거하지만, 유럽연합은 접근 방식으로 참여적 거버넌스를 선호한다(Kjølberg et al., 2008). 2003년 미국 융합기술의 기술관료주의, 기술낙관주의, 트랜스 휴머니즘적 상상과 대조적으로 유럽 CTEKS 개념의 사회기술적 상상은 보다 민주적이고 생태적이었다. CTEKS 개념이 지속가능발전과 민주주의를 강조하는 이유 중 하나는 이 보고서를 작성한 전문가 그룹에 아리 립(Ari Rip) 같은 과학기술학자들이 참여했기 때문으로 추측된다(Nordmann, 2004: 56~57).

한편 2013년 미국은 '사회의 이익을 위한 지식과 기술의 융합(CKTS)'이라는 새로운 융합기술 개념을 개발했다. 이로써 2003년도 융합기술정책 전략의 기술 중심적인 융합기술 정의를 보다 확장하고자 했다. 이 개념은 경제적 생산성, 새로운 산업 및 제품, 인간의 신체 및 인지 잠재력, 지속가능한 삶의 질을 포함한 향후 10년간 다양한 사회적 도전에 대한 해결책을 포함한다(Roco et al., 2013: 2).

미국 융합기술 개념의 이런 변화 뒤에는 두 가지 사회적 맥락이 있었다. 첫째, 2000년대 후반의 글로벌 금융위기가 융합기술의 경제적 중요성을 강조하게 했다. 둘째, 기술융합 관련 미국과 유럽의 국제 협력이 미국의 융합기술 개념에 영향을 미쳤다(Roco et al., 2013: 2). 예를 들어 2000년대 중반 이후, 미국 융합기술을 최초로 제안한 미하일 로코는 국제 위험 거버넌스 의회(International Risk Governance Council)에서 오트윈 렌(Otwin Renn) 같은 유럽 학자들과 함께 일했다. 그 결과로 그는 사회적 요구를 위한 나노기술의 책임 있는 거버넌스와 혁신에 관심을 갖게 됐다(Roco et al., 2011a; 2011b). 이후 지속가능발전이 CKTS 개념에 통합됐다.

미국은 호주, 중국, 유럽연합, 일본, 한국을 포함한 여러 나라의 학계·산업계 및 정부의 주요 전문가들로부터 융합기술에 대한 의견을 받았다(Roco et al., 2013: 9).[3] 5개 이상의 국제 워크숍에서, 다양한 국가들은 융합기술 개념에 대해 논의했다. 2012년 9월 20일부터 9월 21일까지 미국과 유럽은 벨기에 루벤에서 '미국·유럽연합 NBIC2 워크숍'이라는 공동 워크숍을 개최했다. 이 워크숍에는 '인간 개발', '지속가능발전', '인간 개발과 기술의 공동 진화'라는 세 가지 작업반이 있었다(Roco et al., 2013: 303). 이런 상호작용의 결과로 2013년 미국의 융합기술 개념이 유럽 개념에 훨씬 가까워졌으며, 융합기술의 미래 주요 비전으로서 사회적 문제를 다뤘다. 로코 등(Roco et al., 2013: 384)의 보고서에는 2013년에 새롭게 설립된 유럽연합 프레임워크 연구 및 혁신 프로그램인 호라이즌 2020(Horizon 2020)과 미국의 CKTS 간 공통성이 언급된다. 이에 따르면, 호라이즌 2020은 '뛰어난 과학', '산업 리더십' 및 '사회문제'라는 세 가지 측면에서 각각 성장, 경쟁력, 사회적 문제의 해결책 및 고용에 초점을 맞추고 있으며, 이것은 CKTS의 지식·기술 및 사회적 구성 요소와 매우 유사하다.

3 이 보고서는 유럽의 호라이즌 2020과 '융합 연구정책 개발 센터'를 위한 한국 프로그램에 대해 언급하고 있다.

표 7-1 국가 간 기술융합 개념

국가	연도	융합기술 정의	융합기술 비전
미국	2003	기술융합	인간 능력의 향상
	2013	지식, 기술 및 사회의 융합	경제적 생산성과 새로운 산업과 제품, 인간의 신체적·인지적 잠재력, 지속가능한 삶의 질
유럽연합	2008	사회와 기술의 공진화	지속가능발전과 자유민주주의
	2013	사회와 기술의 공진화	성장, 경쟁력, 고용 및 사회적 문제 해결
한국	2008	기술, 분야 및 산업의 융합	경제성장
	2014	기술, 분야 및 산업의 융합	경제성장 사회적 문제 해결

요약하면 미국과 유럽연합의 융합기술정책 의제는 2000년대 초반 매우 다른 사회기술적 상상으로 만들어졌지만, 2010년대에는 이런 의제가 서로 비슷해졌다. 처음에 미국의 의제는 인간 능력을 향상시키는 기술적 낙관주의를 기반으로 한 기술관료주의적 상상으로 추진됐지만, 유럽연합은 지속가능발전에 중점을 둔 보다 민주적이고 생태적인 상상으로 추진됐다. 이후 융합기술 관련 국제적인 협력의 결과로 융합기술의 의제들이 서로 비슷하게 된다.

4. 한국의 기술융합 번역

2000년대 중반부터 융합기술은 한국의 미래 사회 또는 기술 발전을 위한 핵심 플랫폼 기술로 여겨져 왔다. 국내의 과학자들과 정책 전문가들은 기존의 기술적 한계를 넘고 원천기술을 개발하기 위해 기술융합이 필수적이라고 강조해 왔다. 2001년 앨빈 토플러(Alvin Toffler)는 김대중 대통령에게 제출한 「위기를 넘어: 21세기 한국의 비전(Beyond the Crisis: Korea in the 21st Century)」이라는 보고서에서 생명공학과 정보기술의 융합이 21세기 기술 발전을 주도할 것이라는 점을 강조했다. 이후 2003년과 2005년 미국 정부가 융합기술 관련 정책 보고서를 발표하면서 한국 정부는 융합기술에 주목하기 시작했다. 2007년 4월 노무현 정부(2003~2008)는 '국가융합기술발전기본방침'을 발표했다. 이 지침은 과학기술부가 기획했으며 범부처 계획은 아니었다. 1년 후 이명박 정부(2008~2013)가 새로 출범하면서 9개의 정부 부처가 참여한 '국가융합기술발전기본계획'(2009~2013)을 만들었다.

이명박 행정부의 융합기술정책

이명박 정부에서 국가융합기술발전기본계획(2009~2013)의 설계를 주도한 부처는 교육과학기술부와 지식경제부였다. 이 부처들은 한국과학기술기획평가원 주도로 국가융합기술발전기본계획을 만드는 데 서로 협력했다. 2007년 5월부터 2008년 11월까지 협의를 통해 정책을 마련했다. 한국과학기술기획평가원은 공동 작업반과 융합기술 실무위원회를 조직했다. 공동 작업반은 대학 및 정부 연구기관 정책 전문가 12명으로 구성됐다. 공동 작업반에 참여한 한국과학기술기획평가원 위원들은 이 계획을 작성하는 데 핵심적인 역할을 했다. 융합기술 실무위원회는 잠정적인 계획을 검토하고, 정책 관련 부처 간 그리고 사회적 이해관계를 조정했다. 2008년 10월, 국가과학기술위원회 융합기술전문가위원회는 이 계획을 검토하고 확정했다.

국가융합기술발전기본방침과 국가융합기술발전기본계획은 융합기술을 다르게 개념화했다. 국가융합기술발전기본방침에서 제시된 융합기술은 기술적 한계를 극복하고 장기적으로 새로운 시장을 창출하기 위해 나노기술, 바이오 기술, 정보기술 등 이종 기술의 화학적 결합으로 정의됐다. 이른바 'NBIT 융합'으로 불린다. 이 개념은 NBIC라고 불리는 미국의 2003년 융합기술 정의와 유사하다. 다만 기술적 융합의 축으로 인지과학을 포함하지 않는다. 미국의 2003년 융합기술 정의와 마찬가지로, 이 개념은 기술환원주의적이며 인문학·사회과학으로 그 개념을 확장하지는 않았다.

이와는 대조적으로, 국가융합기술발전기본계획에서 제시된 융합기술의 정의는 더 포괄적이다. 미국의 융합기술 정의를 모방했던 국가융합기술발전기본방침와 달리 한국의 정책문화와 2008년 당시의 사회적 맥락에 따라 새로운 개념을 제시하고 있다. 이 계획에서 제시한 융합기술은 "NT(나노기술), BT(바이오 기술), IT(정보기술) 등의 신기술 간 또는 이들과 기존 산업·학문 간의 상승적인 결합을 통해 새로운 창조적 가치를 창출함으로써 미래 경제와 사회·문화의 변화를 주도하는 기술"로 정의됐다. 이 계획에서 융합기술의 정의는 경제적·사회적 수요를 해결하기 위한 학문 및 산업과의 결합까지 포함한다. **그림 7-1**에서 보듯이, 융합기술의 첫 번째 유형은 인문·사회과학·문화예술과 신기술의 융합을 반영하고 있으며, 이것은 유럽연합의 CTEKS 개념과 유사하다. 두 번째 융합기술 유형은 NBIT 융합으로 미국의 2003년 NBIC 융합기술 개념과 유사하다.

그러나 한국의 융합기술 정의는 여기서 끝나지 않는다. 세 번째 융합기술은 한국 고유의 유형으로, 신기술과 기존 산업의 융합이다. 이 세 번째 유형은 한국 경제에서 조선, 자동차 제조, 철강 생산 같은 전통적인 제조업의 높은 비율을 반영한다. 예를 들어 2014년 한국은행 산업연관표에 포함된 2010년 산업생산은 한국의 제조업 대비 서비스업 비중이 49% 대 40%인 반면 OECD 평균은 26% 대 56%였다(한국은행, 2014). 그래서 세 번째 유형은 1970년대 박정희의 발전국가 이래 경제성장에 크게 이바지한 기존 제조업의 개선에 중점을 두었다. 제조업은 정부의 전폭적인 지원으로 발

그림 7-1 국가융합기술발전기본계획의 융합기술의 정의

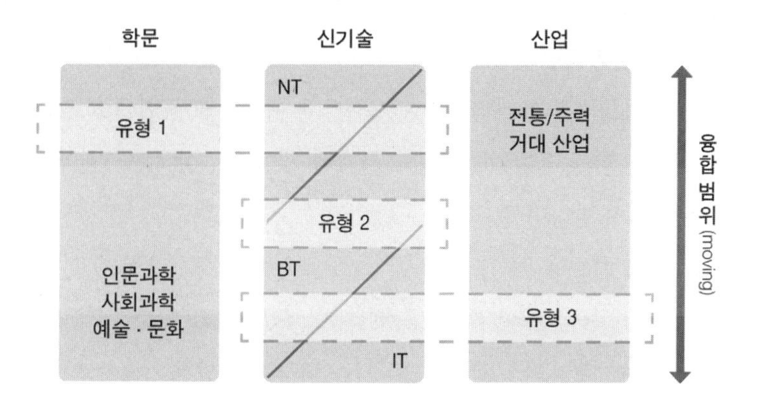

- 유형 1: 신기술과 기존 학문(인문, 사회, 예술 · 문화 등) 간의 융합
  예시: 융합형 콘텐츠 및 지식서비스 기술, 뇌인지과학 연구
- 유형 2: 신기술 간의 융합
  예시: 나노바이오 소자, IT 나노소자 기술
- 유형 3: 신기술과 기존 산업 간의 융합
  예시: 지능형 자동차 기술, 미래첨단도시 건설기술

전국가의 핵심 동력이 되어왔다. 이처럼 한국의 오래된 사회기술적 상상인 기술발전주의는 한국 융합기술의 개념 설계에 녹아 있었다. 결국 한국 융합기술의 정의에는 유럽연합(유형 1), 미국(유형 2), 한국(유형 3)의 융합기술 개념들이 혼재해 있다. 하지만 사실 한국의 융합기술 번역은 훨씬 더 복잡하다. 기술발전주의는 유형 1과 유형 2의 개념에도 녹아 있다. 이를 설명하도록 하겠다.

이명박 정부 융합기술정책의 사회적 맥락

당시 한국의 기술융합 개념에 영향을 준 여러 가지 상황이 있었다. 첫째, 한국의 융합기술 번역은 2008년 이명박 정부가 출범하면서부터 추진

한 조직개편과 관련한다. 이명박 정부가 정부 부처를 축소하면서 과학기술부와 교육부가 통합해 교육과학기술부가 출범했고, 이와 함께 학술진흥재단과 한국과학재단을 통합해 한국연구재단을 만들었다. 이런 조직개편은 인문학·사회과학과 과학기술 간 융합, 즉 유형 1의 융합기술 정의에 영향을 미쳤다. 당시 융합기술정책의 설계에 참여했던 한국연구재단 관계자는 다음과 같이 말했다.

> 사실 저희 연구재단이 학술진흥재단과 합쳐졌거든요. 학술진흥재단은 철학하고 역사하고 언어학을 하는 곳입니다. 연구재단은 완전 기술이고, 교육부하고 과학기술부가 합쳐진 상태에서 사실 이런 것(인문학·사회과학과 기술 간 융합)을 잘할 수 있지 않겠느냐는 차원에서. 예전 그림보다는 이 그림이 우리나라에 맞을 것 같다는 생각이 들었습니다.

둘째, 융합기술의 정의는 기술발전주의를 따르는 이명박 정부의 철학을 반영한다. 이명박 정부는 창의적인 기술융합을 통해 새로운 성장 동력을 만들려고 했다. 현대건설 사장 출신의 이명박 대통령은 박정희 전 대통령의 경제발전주의의 열렬한 추종자였다. 1960년대부터 1970년대까지 현대건설은 박정희의 한국 근대화 사업을 추진하는 데 중심적인 역할을 했다. 이명박 대통령은 서울시장 시절 청계천 개발 사업으로 유명해졌다. 대통령선거 운동에서 그는 경제발전을 강조했고 선거에서 승리했다.

대통령 재임 기간 녹색성장 정책 같은 주요 정책은 2008년 세계경제위기에 대처하는 것을 목표로 했다. 저탄소녹색성장기본법에서 녹색기술이 강조된 후 2009년 1월, 정부는 범부처 계획으로 '녹색기술연구개발종합 대책'을 마련했다.[4] 그의 녹색기술 정책은 녹색 분야에서 새로운 성장 동력을 창출한 일종의 '환경발전주의'(Kim, 2016c)를 내포하고 있었다. 이명박 정부는 기술융합을 녹색성장을 위한 녹색기술 개발의 중심이라고 보고 녹색융합기술정책을 개발했다. 하지만 한국의 녹색성장은 지속가능발전과는 그 개념이 달랐다. 이 개념은 경제성장과 환경보호의 이질적인 결합으로 인해 환경단체들로부터 많은 비판을 받았다(진상현, 2013; 윤순진, 2009; Kim, 2016c). 이 개념은 경제발전주의의 연장선상 위에 있었다. 게다가, 융합기술 자체는 지속가능성과는 아무런 관계가 없다. 융합기술은 단지 녹색성장을 위한 도구로 간주됐다.

셋째, 과학기술부 주도로 마련한 국가융합기술발전기본방침과 달리 국가융합기술발전기본계획에는 다른 부처도 관여했다. 국가융합기술발전기본방침의 제한적 정의는 여러 부처가 참여하는 범부처적인 기본계획의 성격에 맞지 않아 보다 포괄적인 정의를 만들고자 했다. 한국연구재단 관계자는 다음과 같이 말했다.

> 국가융합기술발전기본계획을 처음 만들려고 했는데, 융합이라는 것 자체가 워낙에 방대합니다. 그러다 보니 합의를 보기가 어려웠습니다. 기본방침에서 만든 것은 미국식을 따라가다 보니까 너무 제한적이었습니다. 당시 인문학·사회과학과의 융합, 통섭 이야기도 나오고 그러니까. 그래서 기본계획을 마련하면서 유형을 3개로 나눠서 좀 더 넓은 범위를 다루고자 했죠. 여기 참여하고

4 녹색기술연구개발종합 대책은 녹색기술을 다음과 같이 정의한다. "전통적인 녹색기술은 재생에너지, 청정에너지 등 환경친화적 자원 활용 기술을 의미"하며, "최근에는 목적, 기능, 활용 중심의 전통적인 녹색기술 범주에서 IT, BT, NT 등 신기술 간 또는 기존제품 산업 간 융합을 지향하는 융합 녹색기술로 영역을 확장"한다. "우리의 강점 분야인 IT, BT, NT 등을 활용한 융합 녹색기술 개발로 기존 기술의 한계 극복 또는 새로운 시장 창출"이 가능하다고 주장했다. 여기서 "녹색기술" 개념은 신재생에너지와 원자력 같은 에너지원 기술, 전력, 수송, 주택에서의 고효율화 기술, 그리고 대기오염 및 폐기물 사후처리 기술이다.

있는 정부 부처 중에는 보건복지부, 문화부, 문화체육관광부도 있기 때문에 우리가 그냥 NBIC만 했을 때는 그러한 부처들이 참여하기 힘들 경우도 있잖아요. 그래서 융합기술의 정의를 확장하는 식으로 했죠.

지식경제부는 국가융합기술발전기본계획 기획 과정에 적극적으로 참여했고, **그림** 7-1에서 세 번째 유형의 융합기술, 즉 신기술과 기존 산업의 융합 개념이 만들어지는 데 이바지했다. 지식경제부는 기업·산업 융합 창출과 산업경쟁력 강화를 위한 전략을 한국과학기술기획평가원에 제공했다. 2011년 4월 지식경제부는 산업융합촉진법을 독자적으로 제정했다.[5]

기술발전주의가 융합기술의 번역에 미친 영향

이명박 정부는 '인간 능력의 향상'이나 '지속가능발전'이 아니라 경제성장을 위한 기술혁신의 방법으로 기술융합을 번역했다. 유형1의 융합기술 즉 인문학·사회과학과의 융합도 신기술의 사회적 함의를 탐색하기 위한 것이 아니라 창조적 혁신을 통한 새로운 성장 동력 개발이 필요했기 때문이었다. 한국과학기술기획평가원 전문가에 따르면, 유형 1은 유럽연합의 CTEKS 개념과 닮았다고 한다. 실제 공동 작업반과 융합기술실무위원회 전문위원들은 NBIT의 기술 중심적인 개념이 충분하지 않다고 주장했다.

---

5 지식경제부는 '나노융합산업 발전전략'(2009.3.17)에서 "나노융합산업은 나노기술을 기존 기술에 접목해 기존제품을 개선 혁신하거나 전혀 새로운 나노 기능에 의존하는 제품을 창출하는 산업"으로 정의했다. 2011년 4월 5일에 제정된 산업융합촉진법(시행 일자: 10월 6일)은 산업융합의 정의를 "산업 간, 기술과 산업 간, 기술 간의 창의적인 결합과 복합화를 통해 기존 산업을 혁신하거나 새로운 사회적·시장적 가치가 있는 산업을 창출하는 활동"으로 정의하고 있다.

인문학자들도 2008년 10월 공청회에서 이를 지적했다. 그러나 공동 작업반의 정책 입안자들은 기술발전주의에 근거해 유형 1을 다르게 해석했다. 그들은 제조업의 육성을 위해 유형 1이 반드시 필요하다고 주장했다. 공동 작업반에 소속되어 있었던 한국연구재단 관계자는 인문학·사회과학과의 융합이 그토록 중요한 이유는 인문학·사회과학을 활용해 미래 사회의 분명한 이미지를 창출할 수만 있다면 미래 유망 상품을 만들 수 있기 때문이라고 밝혔다. 다음은 이 관계자의 말이다.

> 심리학이나 철학이나 예술과 기술융합이 가능하고, 주력산업, 선박이나 자동차 등 전통산업도 신기술과 융합이 될 수 있다고 봤습니다. 그런 차원에서 폭넓게 그림을 보여드린 거죠. 일단은 제가 보기에는 요즘은 R&D가 융합이 아닌 게 없거든요. 다 융합이라고 해도 과언이 아닙니다. 앞으로의 융합은 기술 간의 융합보다는 학문 간의 융합이 중요할 것 같습니다. 그래야 새로운 기술이나 제품이나 만들어낼 수 있지 않겠습니까? 인문학·사회과학과의 융합이 중요한 이유는 미래의 사회상이나 미래 예측이 어렵지만, 그것을 잘해서 사전에 관련된 기술개발이나 인력 양성을 해놓아야만 아이패드 같은 것도 만들 수 있다고 봅니다.

유형 1은 기존 추격형 전략의 한계에 직면한 한국이 신성장동력 원천기술을 개발하기 위한 기술적 돌파구를 마련하기 위해 필요한 것이다. 과거 한국 기업들은 선진국의 첨단기술을 모방해 싼 가격에 팔았다. 하지만 이제 한국의 기술 수준은 선진국들과 동등하며, 모방할 수 있는 선진국 모델이 많이 남아 있지 않았다. 이런 맥락에서 인문학·사회과학은 새롭고 창의적인 고부가가치 제품을 개발하는 데 필요하다. 공동 작업반에서 융합기술 개념도를 만드는 데 핵심적인 역할을 한 한국연구재단 관계자의 다음과 같은 발언에서 유형 1의 기술발전주의가 잘 드러난다.

> 요즘은 제일 민감한 게 디자인이나 소음, 감성 그런 쪽이라고 생각이 됐거든요. 감성공학, 인지공학이 굉장히 중요합니다. 그러려면 신기술뿐만 아니라 인문학·사회학 관련 사람의 심리, 감성, 인지 같은 것도 이런 주력산업과 연결이 되어야 좀 더 고부가가치가 있는 상품이나 기술로서 발전할 수 있다고 봅니다. 차 같은 경우도 BMW나 벤츠나 현대차나 성능은 똑같습니다. 다만 문화가 다르거든요. BMW에도 문화가 있고, 벤츠에도 문화가 있기 때문에, 사람들이 두세 배 돈을 주고 그 차를 사는 이유가 그 문화를 사는 것이거든요. 그러니까 앞으로 우리나라 주력산업인 자동차도 현대만의 고급스러운 문화를 만들지 않으면, 계속 비싸게 팔 수가 없거든요. 그게 핸드폰도 그렇고 자동차나 비행기나 모든 제품이 한국의 독특하고 고급스러운 문화를 넣어줘야만 되기 때문에, 앞으로의 주력산업도 신기술뿐만 아니라 인문학과도 접촉을 많이 해야만 좋은 고부가가치 상품을 만들 수 있지 않을까 생각합니다.

마찬가지로, 유형 2 융합기술도 서양의 첨단기술을 모방하는 것을 넘어 신성장동력의 기반으로서 원천기술을 개발하기 위해 필요한 것이다. 유형 2는 미국의 2003 NBIC 융합 프로그램을 모방했음에도 불구하고 인간 능력의 향상을 목표로 하지 않았다. 그 이유는 바로 유형 2가 인간 능력의 향상에 필수적인 인지과학을 융합기술 정의에 포함하지 않았기 때문이다. 당시 공동 작업반에 참가했던 나노팹센터의 나노기술 정책 전문가에 따르면 당시 융합기술 개념에서 인지과학은 기술이 아닌 기초과학으로 인식해 제외했다고 한다. 이것은 기술발전주의를 반영한다. 이 전문가에 따르면, 역사적으로 한국의 연구개발 정책은 기초과학에 대한 장기적인 투자보다 경제적 이익을 더 빨리 창출할 수 있는 기술개발과 응용에 더 집중됐다.

융합기술정책을 수립할 때 공동 작업반 내에서 인간 능력의 증진에 대한 논의가 없었다고 그는 덧붙였다.

이처럼 한국의 정책 전문가들은 2000년대 중반 서구 융합기술 개념이나 사회기술적 상상과는 상당히 다른 개념으로 융합기술을 해석했다. 기술융합이라는 용어를 사용하고 NBIT 융합을 융합기술 일부로 간주했지만, 한국 고유의 융합기술 개념을 만들었다. 과학기술정책연구원은 한국, 미국, 유럽연합의 융합기술 연구개발 정책을 비교하면서 한국 융합기술정책이 두 가지 목표를 추구한다고 주장했다. 첫째는 산업과 경제성장, 둘째는 선진국 기술 수준의 80% 달성 등이다(이광호 외, 2013: 12). 한국형 융합기술은 추격형 시스템의 기술발전주의에 따라 경제성장을 추구하는 연구개발이라는 것이다. 보건복지부는 2010년에 유비쿼터스 헬스케어 융합기술 프로그램을 추진했다. 과학기술정책연구원 보고서(이광호 외, 2013)에 따르면, 보건복지부는 사회 서비스 관점보다 경제적 관점에서 이 프로그램에 접근했으며, 이와 관련해서 글로벌 비즈니스 모델을 개발해 보건 산업을 활성화하는 것을 목표로 했다. 이는 2000년대 초 미국과 유럽의 초기 융합기술정책이 각각 인간 능력의 향상이나 지속가능발전 같은 특정한 사회기술적 상상을 하고 있었던 것과 대비된다.

요컨대 이명박 정부의 한국 정책 입안자들은 서구의 융합기술정책 의제를 융합기술의 이름과 종류만을 모방하는 방식으로 벤치마킹했다. 그러다 보니 실제 융합기술정책 결정과정에 서구 국가들의 사회기술적 상상인 인간 능력의 증진과 지속 가능성에 대한 논의는 없었다. 이는 서구의 융합기술정책이 어떻게 번역되는지를 잘 보여준다. 이처럼 서구의 사회기술적 상상은 융합기술의 한국적 개념으로 이식되지 않았는데, 그 이유는 한국 융합기술 개념이 기술발전주의에 깊게 뿌리 내리고 있었기 때문이다.

박근혜 정부의 융합기술정책

2014년 박근혜 정부는 새로운 융합기술정책으로 '창조경제 실현을 위한 융합기술 발전전략(안)'(이하 '융합기술발전전략')을 만들었다(국가과학기술위원회, 2014). '창조경제'는 박근혜 정부의 핵심 슬로건이었으며, 박근혜 정부는 창조경제를 만드는 데 융합이 필수적이라 판단했다. 2013년 2월 25일 취임 연설에서 박근혜 대통령은 창조경제를 위해 과학기술 문화와 산업을 융합해야 하며, 이 융합으로 창의성이 만발하고 산업 간 장벽을 허물 수 있다고 말했다.

박근혜 정부의 융합기술정책은 2012년 과학기술연구원에 설립한 융합연구정책센터에서 만들어졌다. 이 센터는 미래창조과학부(옛 교육과학기술부)가 융합기술발전전략을 기획하기 위해 구축한 곳이다. 2013년 10월 이 전략을 마련하기 위해 융합연구정책센터는 실무팀, 운영위원회,[6] 5개의 분과 위원회를 설립했다. '융합기술발전전략'과 이명박 정부의 '국가융합기술발전기본계획'은 정책 결정과정에서 다음과 같은 차이가 있었다.

첫째, 범부처 계획인 국가융합기술발전기본계획과 달리 미래창조과학부가 '융합기술발전전략'을 주도했다. 산업통상자원부(옛 지식경제부)는 이미 이명박 정부 시절 만든 산업융합촉진법이라는 자체 정책을 갖고 있었기 때문에 이번 정책에서 부처 간 조정이 덜 필요했던 것으로 보인다. '융합기술발전전략'은 산업융합촉진법과 관련된 융합기술 분야를 제외했다.

둘째, 운영위원회는 사회문제 해결 방안으로서 융합기술의 필요성을 강조하며 경제성장을 위한 융합기술 관점을 비판했다. 운영위원회에 자문했

---

6 운영위원회는 산학, 대학, 정부 기관 전문가들로 구성됐다. 5개의 소위원회는 대부분 과학자로 구성됐다.

던 과학기술정책연구원 융합기술정책 전문가에 따르면 미래창조과학부 관계자들은 애초 과거와 마찬가지로 기술융합을 통한 신성장동력 창출에 관심이 많았다고 한다. 하지만 신성장동력으로서의 융합기술에 비판적 생각이 많았던 이 전문가는 '융합기술발전전략'이 경제성장에 치중하면 산업융합촉진법의 하위 정책으로 귀속될 것이라고 당시 운영위원회에 말했다고 한다. 당시 과학기술정책연구원, 한국과학기술기획평가원 등 정부 정책기관의 일부 정책 전문가들은 삶의 질과 관련된 '사회문제 해결형 혁신'의 필요성에 공감했다. 이들은 2013년 제3차 과학기술기본계획(2013~2017년)에 삶의 질을 위한 연구개발 계획을 도입하는 데 크게 기여했다.

'융합기술발전전략' 같은 세부 연구개발 정책은 상위 과학기술정책에 의거해 기획된다. 그래서 융합연구정책센터는 16개 상위 정책을 점검했는데, 그중 가장 상위 정책은 제3차 과학기술 기본계획이었다. 그 결과 '융합기술발전전략'이 선정한 15개의 핵심 융합기술 중 14개는 제3차 과학기술기본계획이 수립한 120개 국가 핵심기술 전략 로드맵 30개에서 나왔다. 3차 과학기술 기본계획에 따라 '융합기술발전전략'은 융합기술을 경제성장과 삶의 질에 연계시켰다. 당시 융합연구정책센터는 국내의 사회문제 해결형 혁신 정책 수립에 큰 역할을 한 과학기술정책연구원의 송위진 박사(송위진 외, 2013)를 실무 팀에 조언하는 수석 편집인 중 한 명으로 초청했다. 2000년대 중반부터 그는 핀란드, 스웨덴, 네덜란드 등 유럽 국가들이 추진한 리빙랩의 정책 실험 등 지속가능한 사회를 위한 책임 있는 기술혁신이나 시스템 전환을 연구해 왔다. 운영위원회 위원들은 기술 자체의 발전을 넘어 사회적 문제를 해결할 수 있는 연구개발을 목표로 해야 한다고 입을 모았다. 그래서 '융합기술발전전략'은 기존 과학기술기본계획이 사회문제의 해결이 아니라 기술의 시장규모와 경제적 관점에서 융합기술의 개발에 초점을 뒀다고 명시하고 있다(국가과학기술위원회, 2014).

융합기술정책에서 '사회문제 해결형 혁신'을 강조하는 것은 서구 융합기술정책을 모방한 것이다. 서구의 융합기술정책을 분석하면서, 한국의 정책 전문가들은 미국의 2013년 융합기술정책의 변화를 관찰했다. '융합기술발전전략'은 2013년 미국의 융합기술정책(Roco et al., 2013)이 연구개발 우선순위를 건강, 안보, 고용, 환경, 천연자원, 지속가능발전과 관련된 다양한 사회문제 해결로 전환했다고 명시한다(국가과학기술위원회, 2014). 그러한 국제적인 벤치마킹은 융합기술 개념에서 국제적인 유사성을 증가시켰다. 그러나 이런 유사성은 한국이 아니라 서구 국가들이 만든 것이다. 2008년 세계경제위기 이전 서구 융합기술정책 의제에는 경제성장에 초점을 맞춘 사회기술적 상상이 뚜렷하게 반영되지 않았다. 그러나 2008년 경제위기로 인해 미국과 유럽은 경제 생산성과 신산업 창출을 강조하기 시작했다. 사실, 미국의 2013년 보고서(Roco et al., 2013)는 여러 국가의 전문가들로부터 의견을 받은 결과다. 한국, 일본 및 미국은 2012년 10월 15일부터 16일까지 서울에서 미국·한국·일본 NBIC2 워크숍을 개최했다(Roco et al., 2013: 304). 이 워크숍에서 한국 참가자들은 새로운 산업의 창조와 발전을 위한 융합기술 사용을 강조했다. 미국은 CKTS 접근 방식에서 경제성장을 견인하는 역할을 하는 융합기술이라는 비전을 강조하면서 한국과 미국의 융합기술 개념이 얼마나 비슷한지를 강조했다.

박근혜 정부의 기술융합 비전은 다음과 같다. 첫째, 제3차과학기술기본계획에 따라 '융합기술발전전략'은 15가지 핵심 융합기술정책을 경제성장과 행복의 두 가지 범주로 분류한다. 융합기술의 첫 번째 범주인 '경제성장'은 산업 융합이 아니라 경제성장을 위한 기초 원천기술의 개발을 의미한다. 기술발전주의에 따라 만들어졌으며 '경제성장'의 융합기술 범주는 이명박 정부의 융합기술 개념을 닮았다. 이 범주는 고성장 스마트기술과 미래 유망 융합기술로 나뉜다. 대조적으로, 융합기술의 두 번째 범주는 '행복' 개념을 기반으로 한다. '행복'은 대통령 선거운동에서 국민 행복의 시대를 열겠다는 박 대통령의 구호다. 그것은 서구 국가들이 강조한 사회문제 해결형 혁신을 반영한다. 이 범주는 건강한 삶, 지속가능한 깨끗한 삶, 안전한 사회로 나뉜다. 첫 번째 범주는 기술발전주의에 기반을 뒀으나, 두 번째 범주는 서구 국가들의 사회문제 해결형 혁신과 민주적이고 지속 가능한 융합기술 비전과 관련한다. 이처럼 한국 융합기술은 경제성장 중심의 연구와 사회문제 해결형 혁신 중심의 연구가 결합한 복합적인 비전을 나타낸다. 그러므로 융합기술의 비전에 있어 박근혜 정부는 이명박 정부와 다르다. 다만 이런 차이가 공식적·제도적 차원에서는 발생했지만 실천에서는 그렇지 않다.

기술발전주의가 사회문제 해결형 혁신기반 융합기술에 미친 영향

이제 왜 사회문제 해결형 혁신을 기반으로 한 박근혜 정부의 융합기술 비전이 제대로 실천되지 않았는지를 논의할 필요가 있다(Czarniawska and Sevón, 1996). 사실 박 대통령의 구호인 국민의 행복은 허구다. 그녀는 대통령 선거운동 기간에 국민의 행복을 위한 사회복지와 경제민주화를 강조했다. 그러나, 대통령이 된 후 복지와 경제민주화와 관련된 많은 정책을 폐지했다. 그녀의 연구정책도 아버지 박정희의 발전국가 유산을 반영해 과학기술을 경제성장의 동력으로 강조했다. 게다가 그녀의 창조경제 정책은 매우 관료적인 방식으로 실행됐다.

기술발전주의는 박근혜 정부의 융합기술 비전에 영향을 미쳤다. 과학기술정책연구원 융합기술정책 전문가는 사회문제 해결형 혁신 프로젝트가 시작됐지만, 정부 관계자와 기관들은 여전히 과거의 답습에서 벗어나지 못한다고 말했다. 한국은 서구정책의 맥락을 완전히 이해하지 못한 채 껍데

기만 벤치마킹했기에 한국적 토양에 정착시키는 것이 어렵다고 덧붙였다. 그의 말처럼 CTEKS의 지속가능한 상상은 한국에서 매우 다르게 번역됐으며 그 이유는 기술발전주의의 때문이다.

결국에 가서는 돈을 벌자는 것으로 귀결이 되는 거죠. 그러니까 그게 유럽에서 나오는 그 지속가능한 성장에서 그 성장이란 말은 없었죠. (한국은) 지속가능성에 대한 개념을 잘못 차용을 한 거죠. …… 그러니까 CTEKS에도 그게 녹아져 있잖아요? 서스테이너빌리티(Sustainability: 지속가능성)란 개념이 뭐냐면은 잘 아시겠지마는 성장을 잠시 유보하더라도 공동의 선을 먼저 이루는 게, 굉장히 철학적 배경으로부터 쭉 내려오는 것들이 있거든요? 근데 우리는 서로 배치되는 개념인 성장과 서스테이너빌리티를 같은, 묶어가지고 굉장히 이질적인 개념, 그게 학문적이나 철학적으로도 거기에 대해서 충분한 논의 없이 사실은 뭉뚱그려서 가져가는 거고요. 다시 융합 쪽으로 돌아와서 이야기를 하자면은 문제 해결형, 사회문제 해결형을 하자고 하면서도 사회문제 해결을 하려고 하면 사회문제가 무엇인지에 대한 정의가 먼저 이뤄져야 하거든요. 근데 그 부분에 대한 논의는 없어요. 그냥 이게 사회문제다. 물 부족이 사회문제다. 환경오염이 사회문제다. 굉장히 그 피상적인. 그로부터 출발하기 때문에 그 사회문제를 구체화시키는 작업이 없기 때문에 사실 논리가 취약하죠.

2013년, 미래창조과학부는 소아비만과 관련한 생명공학·정보기술 융합 플랫폼 개발이라는 사회문제 해결형 혁신기반 융합기술 프로그램을 시작했다. 하지만 한국연구재단과 과학기술정책연구원의 관계자들은 이 프로그램이 유망하지 않아 보인다고 말했다. 2014년 12월 한국과학기술기획평가원은 한국 융합기술 연구개발 결과를 평가하면서 그 한계를 강조했다(김홍영·박소희, 2014). 이 보고서는 박근혜 정부가 사회문제 해결을 위해 융합기술 개발을 추진하지만 얼마나 지속될지는 미지수라고 말했다(김홍영·박소희, 2014: 205). 2015년 5월 한 융합기술정책 전문가는 행복 융합기술의 현황에 대한 나의 질문에, 당시 암울한 한국 경제 상황 때문에 정부 관계자들은 행복을 위한 융합기술 투자보다 국가경제를 회복하기 위한 연구개발 투자를 강조하고 있다고 말했다.

정리하면, 박근혜 정부는 사회문제 해결형 혁신기반 융합기술 연구개발을 한국의 지배적인 사회기술적 상상인 기술발전주의와 연결했다. 서구의 '사회문제 해결형 혁신'을 모방하려 했지만 뚜렷한 비전을 구현하기 위한 노력보다는 형식만 반영했다. 사회문제 해결형 혁신의 민주적이고 지속가능한 사회기술적 상상은 기술발전주의 때문에 한국의 융합기술정책으로 제대로 번역되지 못했다.[7]

5. 마무리

이 글은 사회기술적 상상과 기술 정책 세계화의 관계를 분석했다. 사회기술적 상상은 지역에서 생겨나 국가를 넘어 세계로 이동할 수 있다(Jasanoff

7 기술발전주의 외에도 사회문제 해결형 연구개발은 그것의 당위성에도 불구하고 다음 같은 요인 때문에 쉽지 않다. 첫째, 사회문제 해결형 연구개발은 주로 시민참여를 통해 이뤄지는데, 이 과정에서 전문가와 시민단체 관계자들의 협력이 쉽지 않다. 둘째, 교수 등 연구자들은 논문 및 특허 등으로 연구 성과를 인정받는데, 사회문제 해결형 연구개발은 지역의 사회문제 해결에 초점을 두기 때문에 연구자들의 유인효과가 크지 않다. 셋째, 사회문제 해결형 연구개발의 성과 평가가 쉽지 않다. 연구개발의 사회적 효과는 단기간에 나타나지 않을 수 있으며, 연구개발 외적인 사회, 정책적 요인에 의해 그 사회적 효과가 영향을 받을 수 있기에 연구개발과 성과 간의 인과관계가 불명확할 수 있다(송위진 외, 2013).

and Kim, 2015). 그러나 사회적 환경이 달라지면 다른 나라의 사회기술적 상상과의 상호작용에 따라 본래의 의미가 상실될 수 있다. 특히 한 나라의 기술 정책문화가 기술발전주의 같은 독특한 사회기술적 상상에 깊이 뿌리내리고 있을 때, 기술 정책의 세계화가 일어나더라도 타국의 사회기술적 상상들이 잘 전달되지 않는다. 국경을 가로지르는 사회기술적 상상들의 만남은 공개적인 갈등보다는 은밀한 번역을 통해 이뤄지며, 이때 기술적 비전의 의미 전환이 발생한다.

사회기술적 상상으로서 기술발전주의는 오랫동안 한국의 연구개발 정책을 지배해 왔다. 2000년대 중반 이후 서구 국가에서 한국으로 융합기술이 넘어왔을 때도 융합기술 개념은 기술발전주의의 영향을 받았다. 기술발전주의는 융합기술정책 수립 과정에서 '인간 능력 향상' 및 '지속가능발전'과 같은 서구 융합기술 비전들의 번역에 걸림돌이 됐다. 그 대신 기술발전주의로 인해 한국의 정책 입안자들은 경제성장의 비전과 서구의 융합기술 모델을 결합했다. 이명박 정부와 박근혜 정부 모두 기술융합을 국가 번영을 뒷받침하는 새로운 성장 동력으로 해석했다. 두 정부 간 약간의 차이에도 불구하고, 기술발전주의는 한국 특유의 융합기술정책을 만드는 데 이바지했다. 결국, 기술발전주의는 서구 융합기술의 사회기술적 상상인 트랜스 휴머니즘, 지속가능발전의 세계화에 저항했다.

융합기술의 세계화는 기술적 비전의 번역이 어떻게 공식적인 정책과 그 실천 간의 괴리를 낳는지 잘 보여준다. 그런 점에서 '번역' 개념은 제도적 접근법의 '형식적 동형화' 혹은 '탈동조화'와 유사하다. 한국의 융합기술정책은 표면적으로는 서구 선진 정책 비전에 부합하지만, 그것의 실천은 다르다. 한국 정책 입안자들은 연구개발 정책을 만들 때 관습적으로·형식적으로 서구의 정책을 모방한다. 그들은 외국 기술 정책과의 비교를 통해 한국이 기술적으로 다른 나라에 뒤처질 수 있다고 주장하는데, 이 논리는 새로운 연구개발 정책을 입안하는 데 매우 유용하다. 그것은 바로 한국이 서구 선진국을 따라잡기 위해 노력하는 빠른 추적자(fast follower)이기 때문이다(성지은·정병걸, 2007). 이처럼 서구 연구개발 정책은 한국 정책의 의제와 우선순위에 정당성을 제공한다. 그러나 일단 정책이 수립되면 실제로 정책적 실천은 서구정책이 지향하는 바와 다르게 전개되는 경우가 많다. 박근혜 정부의 사회문제 해결형 혁신기반 융합기술 연구개발 프로그램과 녹색 분야에서 경제성장을 추구했던 이명박 정부의 녹색 융합기술정책에서 보듯이 그 실천은 기술발전주의의 영향으로 달라진다.

최근 '사회문제 해결형 혁신'에 대한 관심이 높아졌음에도 불구하고, 사회기술적 상상으로서 기술발전주의는 한국 연구개발 정책에 여전히 강력한 영향을 미치고 있다. 게다가 한국의 과거 영광이었던 제조업이 세계경제 불황으로 침체하면서, 기술발전주의는 여전히 활개를 펼치고 있다. 인도와 중국의 경쟁적 위협이 증가함에 따라 기술발전주의는 한국 연구개발 정책의 더욱 중요한 동력이 되어 왔으며, 융합기술은 한국 경제의 과거 영광을 되찾는 데 필요한 첨단기술로 자리매김했다.

더 읽을거리

강신택. 2021. 『한국 행정학의 해석학적 접근』. 박영사.

김대성. 2008. 「여성주의 행정이론의 젠더 정체성에 대한 정책 담론분석: 사회적 구성주의의 적용」. ≪한국거버넌스학회보≫, 제15권 1호, 35~56쪽.

______. 2012. 「문화정책변동의 담론분석: 사회적 구성주의의 비판적 재해석」. ≪한국정책연구≫, 제12권 4호, 83~99쪽.

김정부. 2021. 「근대국가 통치성(governmentality)의 형성과 재정·예산제도의 발전: 영국·프랑스·미국의 경험을 중심으로」. ≪한국행정논집≫, 제33권 2호, 401~436쪽.

배병룡. 2016. 「행정 현상 연구를 위한 해석적 방법론」. ≪한국사회와 행정연구≫, 제27권 3호, 177~198쪽.

이문수. 2012. 「통치성 관점에서 본 신자유주의적 행정개혁: 행정개혁론의 '기업가적' 관료에 대한 비판적 연구」. ≪한국행정연구≫, 제21권 4호, 43~72쪽.

이종원. 2011. 「지방적 지식(Local Knowledge)과 해석적 정책분석의 가능성과 한계」. ≪한국사회와 행정연구≫, 제22권 3호, 239~259쪽.

정종원·이종원. 2011. 「내러티브 탐구(Narrative Inquiry)와 행정현상 연구: 연구방법론으로서의 이해와 적용을 중심으로」. ≪한국 사회와 행정연구≫, 제22권 3호, 123~151쪽.

Bacchi, C. L. 1999. *Women, Policy, and Politics: The Construction of Policy Problems*. Thousands Oaks, CA: SAGE.

Bevir, M. 2011. "Public administration as storytelling." *Public Administration*, Vol.89, No.1, pp.183~195.

Dryzek, J. S. 1996. *The Politics of the Earth: Environmental Discourses*. Oxford: Oxford University Press.

Fischer, F. and H. Gottweis(eds.). 2012. *The Argumentative Turn Revisited: Public Policy as Communicative Practice*. Durham, NC: Duke University Press.

Hajer, M. 1995. *The Politics of Environmental Discourse: Ecological Modernization and the Policy Process*. London: Oxford University Press.

Jasanoff, S(ed.). 2004. *States of Knowledge: The Co-production of Science and the Social Order*. London: Routledge.

Jun, J. S. 2006. *Social Construction of Public Administration*. Albany: SUNY Press.

Kim, E. S. 2016. "Sound and the Korean public: Sonic citizenship in the governance of

apartment floor noise conflicts." *Science as Culture*, Vol.26, No.4, pp.538~559.
Kim, J. 2021. "Rethinking Public Administration and the State: A Foucauldian Governmentality Perspective." *International Review of public administration*, Vol.26, No.2, pp.175~191.
Roe, E. 1994. *Narrative Policy Analysis: Theory and Practice*. Duke University Press.
Schneider, A. L. and H. Ingram. 1997. *Policy Design for Democracy*. Lawrence: University of Kansas.
Shore, C. and S. Wright(eds.). 1997. *Anthropology of Policy: Critical Perspectives on Governance and Power*. New York: Routledge.
Shore C., S. Wright, D. Però(eds.). 2011. *Policy Worlds: Anthropology and the Analysis of Contemporary Power*. New York: Berghahn.

제4부

물질적 접근법

물질적 접근법은 공공정책의 물질적 실천에서 사물과 인간의 상호작용에 주목한다. 물질적 접근의 기본적인 요건은 정책 실천에서 사물을 다루는 것이다. 다만, 사물을 언급한다고 해서 물질적 접근법이 그냥 되는 것은 아니며, 신유물론에 기초한 독특한 서술이 필요하다. 예를 들어 사물을 정책행위자의 수단과 자원으로 다룬다면 이해관계 접근법일 뿐이며, 사회적 상징과 재현으로 사물을 서술한다면 해석적 접근법에 해당한다. 반면 신유물론은 사물을 인간과 존재론적으로 동등한 (정치적) 행위자로 서술한다.

물질적 접근법은 기존 접근법들과 다른 새로운 자료를 수집해야 하는가? 반드시 그렇지는 않다. 해석적 접근법처럼 물질적 접근법도 담론분석만으로 이뤄질 수도 있으며 사회적 의미를 분석할 수도 있다(Barry, 2013; Fox and Alldred, 2017). 다만, 이런 의미를 형성하는 데 사물이 어떤 역할을 하는지를 반드시 설명해야 한다. 물질적 접근법도 해석적 접근법에 속한다고 할 수 있다. 그런데 굳이 이 책에서 해석적 접근법과 물질적 접근법을 구분하는 이유는 사물의 역할에 주목하기 때문이다. 둘 다 담론 데이터를 사용할 수 있으나, 사물에 주목하느냐에 따라 두 접근법의 차이가 난다. 물질적 접근법이 담론분석을 할 때 주목하는 내용은 인간과 비인간 '기호'들의 상호작용이다. 주디스 버틀러(Judith Butler)와 도나 해러웨이(Donna Haraway)의 물질기호학은 언어적 기호와 물질적 객체를 구분하지 않기 때문에 기호들의 상호작용은 결국 객체들의 상호작용이 된다. 한편, 물질적 접근법은 기호뿐만 아니라 비언어적인 실천에 대한 분석을 통해서도 가능하다. 이를테면 문화기술지의 참여 관찰을 통해 정책 현장에서 일어나는 사물과 인간의 비언어적인 상호작용을 관찰하고 분석할 수도 있다. 이 경우 해석적 접근법과 차별화되는 물질적 접근의 특성이 더 두드러질 수 있다. 하지만 담론적 실천만을 연구하더라도 사물의 행위력에 주목한다면 물질적 접근법이 될 수 있다.

물질적 접근법에는 정책에 대한 두 가지 관점이 존재한다. 첫째, 정책이 수립되는 과정은 인간과 사물들의 상호작용을 통해 어셈블리지가 만들어지는 과정이다. 그래서 제도는 이 어셈블리지의 결과물이다. 둘째, 이미 만들어진 제도는 하나의 행위소(actant)로서 기능하며 사람들의 실천에 영향을 준다(Latour, 2005). '행위소'란 행위자-연결망 이론에서 비인간 사물에게도 행위력을 부여하기 위해 만든 신조어다. 사물, 장치, 기계뿐만 아니라 텍스트와 데이터도 모두 행위소다. 물질적 접근법은 행위력을 갖는 텍스트와 데이터로 제도를 해석한다. 법조문을 생각해 보자. 법이라는 사실을 제외하면 그냥 단어들의 나열일 뿐이다. 그런데 법조문은 사람들의 행위를 구속한다. 성경과 이슬람 경전을 생각해 보자. 종교인들은 교리의 구절에 따라 행동한다. 교리의 문구가 행위력을 가지고 인간의 행위에 영향을 준다. 정책 영역에서 사용되는 수많은 통계 데이터를 생각해 보자. 이 데이터는 그 나름의 생명력을 가지고 있으며 행위력을 행사한다. 이런 관점은 데이터를 정치적·경제적 이해가 반영된 결과물로만 보는 이해관계 접근법과 다르다. 제도는 데이터를 포함하고 있으며 그 데이터는 제도화되어 있어 당연하다고 간주되므로 인간에게 행위력을 행사한다. 제도적 데이터는 다른 데이터에 비해 강한 '수행성'을 가진다(Butler, 1997). 그 이유는 데이터가 제도화되면서 어셈블리지의 강도가 커지기 때문이다.

4부는 신유물론의 핵심 개념 중 하나인 '어셈블리지'를 정책분석에 활용한다. 들뢰즈와 가타리(Deleuze and Guattari, 1987)는 유기체, 사회, 생태계와 같은 복잡한 시스템의 역학과 개방성을 설명하기 위해 어셈블리지라는 개념을 만들었다. 어셈블리지는 영토화(territorialization)와 탈영토화(deterritorialization)의 작용을 통해 만들어진다. 영토화는 어셈블리지가 영토적·계층적 시스템을 의미하는 층(strata)을 만드는 것을 말한다. 이에 반해 탈영토화는 어셈블리지가 새로운 어셈블리지로 이동하는 것을 말한다. 어셈블리지로서의 시스템에는 영토화와 탈영토화가 같이 일어난다. 그래서 어셈블리지는 구조기능주의의 닫힌 시스템보다 열린 시스템의 가능성을 보여준다.

들뢰즈와 가타리의 어셈블리지 개념은 마누엘 데란다(Manuel DeLanda)의 '창발' 이론으로 계승됐다(데란다, 2019). 창발(emergence)이라는 시스템 전체의 특성은 시스템을 구성하는 세부 요소의 특징으로 환원할 수 없다는 개념이다.[1] 사변적 실재론자 그레이엄 하먼(Graham Harman)의 비유가 여기서 유용하다. 예컨대, 뉴욕의 증권 거래소가 하는 일은 증권 거래소를 구성하는 벽돌과 기계의 특성으로 환원될 수 없다(하먼, 2019). 또 하나의 예로 인간을 생명 시스템이라 할 때 전체로서 인간의 특성은 개별 유전자로 환원할 수 없다. '창발' 개념은 다른 국가, 조직 등 새로운 맥락으로 정책이 이동할 때 과거와 다른 새로운 정책적 실천이 일어나거나, 또는 정책이 집행될 때 애초 계획과 다른 의도하지 않은 사회적 영향이 발생할 때 사용할 수 있다(Savage, 2020).

행위자-연결망 이론에서 어셈블리지는 관계주의(relationalism)를 나타낸다. 어셈블리지는 프랑스어로는 아장스망이며 배열(arrangement)을 뜻한다. 비슷한 의미의 용어로 행위자-연결망 이론은 얽힘(entanglement)이라는 용어를 사용하기도 한다. 이 용어는 모두 전통 사회과학이 만든 다양한 경계들 예를 들어 자연과 사회, 인간과 비인간, 몸과 정신, 주체와 객체, 행위자와 구조 간의 경계를 넘고자 한다. 어셈블리지를 구성하는 인간과 사물은 관계적 행위자다. 관계적 행위력이란 행위력이 어셈블리지를 구성하는 세부 요소로 환원되는 것이 아니라, 행위자들의 관계와 상호작용의 결

---

1 들뢰즈와 가타리(Deleuze and Guattari, 1987: 306)는 어떤 것의 "성질(quality)은 하나의 어셈블리지에서 다른 어셈블리지로 이동하는 탈영토화의 선으로만 기능한다"라고 주장한다.

과라는 것이다(김은성, 2022).

공공정책분석에서 '어셈블리지' 개념은 크게 두 가지 함의를 갖는다. 첫째, 전통 정책학과 정치학에서 인간만을 정치적 행위자로 간주했다면, 어셈블리지 개념에서는 인간뿐만 아니라 사물도 존재론적으로 정치적 행위자다. 즉, 인간과 사물이 함께 정치 또는 정책을 구성한다. 하지만 여기서 오해를 피해야 하는 것은 사물이 인간처럼 정치적 행위자라고 해서 인간과 사물의 정치적 능력이 동등하다는 것을 의미하는 것은 아니다. 사람들의 정치적 능력이 제각기 다른 것처럼 사물과 인간의 정치적 능력은 다를 수 있다. 누가 더 큰 권력을 가지고 있는지는 선험적으로 판단할 수 없으며, 경험적으로 검증되어야 한다. 물론 행위자-연결망 이론은 인간과 사물의 권력적 비대칭보다는 어셈블리지의 결과로서 전체 권력의 생산에 더 관심을 둔다. 하지만 그렇더라도 인간과 사물 간 갈등의 부재를 전제하는 것은 아니다. 왜냐하면 어셈블리지가 만들어지는 과정에 사물과 인간은 서로 신뢰를 얻기 위한 지난한 과정을 겪고, 그때 둘 간 권력 갈등과 교환이 일어나기 때문이다.[2]

심지어 인간과 사물의 관계가 전통적인 정치학 관점에서 적대적이라 하더라도 어셈블리지가 만들어질 수 있다. 어셈블리지는 정치적 개념이기 전에 존재론적 개념으로 볼 수 있는데, 어셈블리지를 구성하는 행위소들이 서로 대립하더라도, 존재론적으로 상보적일 수 있다. 예를 들어 브뤼노 라투르(Latour, 1993a)의 파스퇴르 연구에서 보듯이, 인간과 세균은 서로 죽이지만 어셈블리지(행위자-연결망)를 통해 서로의 존재를 구성하는 관계적 행

2 행위자-연결망 이론의 권력 개념은 카를 마르크스와 막스 베버의 권력 개념과 다르다. 마르크스와 베버는 제로섬 관계에서 권력을 해석했다면, 행위자-연결망 이론에서 사물과 인간의 권력은 제로섬 관계가 아니다.

위자다. 이처럼 신유물론은 행위자들의 관계를 마르크시즘처럼 변증법적 이항대립으로 보지 않는다. 그러므로 어셈블리지 개념을 이익집단 혹은 정치적 동맹과 유사하게 바라보는 것은 (관계론적) 존재론 관점에서 한계가 있다. 행위소들이 서로의 존재에 영향을 주고받는다면[이른바 '정동(affect)'이 일어난다면] 어셈블리지가 구성될 수 있다.

둘째, 어셈블리지 개념을 통해 전통적인 정치학 혹은 정책학에서 정책을 분석할 때 사용하는 개념적 쌍들(conceptual binaries)을 넘어설 수 있다. 단적인 예로 우리는 통상 정책을 지칭할 때 보수적 또는 진보적 정책으로 부른다. 그러나 특정 정책을 이와 같은 이분법으로 해석하는 것은 지나친 단순화의 오류를 범할 수 있다.[3] 물론 현대의 정치학은 이보다 다양한 정치적 이데올로기를 제안한다. 예를 들어 보수주의, 자유주의, 사회주의, 사회민주주의, 사회적 자유주의 등을 고려하면, 정책에 대한 더 다양한 분류가 가능할 것이다. 하지만 이런 정치학적 분류를 넘어 어셈블리지 개념은 사물과 인간의 다양한 어셈블리지를 통해 훨씬 더 다양한 형태의 정치를 이야기할 수 있다. 사물의 정치에 따라 이미 익숙한 자유민주주의 또는 참여민주주의보다 더 다양한 민주주의가 일어날 수 있다.

제8장은 알고리즘 거버넌스에 대한 물질적 접근법이다. 알고리즘 거버넌스란 알고리즘의 판단에 근거해 정책적 의사결정을 하는 것을 말한다. 아마도 독자들은 알고리즘 편견에 관한 이야기를 많이 들어봤을 것이다. 인공지능 알고리즘의 결과물은 데이터를 만든 인간들의 편견과 선입견의 산물이라는 주장 말이다. 이것은 알고리즘 거버넌스에 대한 이해관계 접근이라 할 수 있다. 이해관계 접근법에서 볼 때 알고리즘 거버넌스는 강력한

3 이는 경제도 마찬가지다, 자본주의 경제, 사회주의 경제의 이분법은 경제 현상에 나타나는 수많은 어셈블리지로서의 경제를 지나치게 단순화하는 것이다.

이익집단의 정치의 결과물이다. 하지만 이와 달리 제8장은 신유물론 관점에서 알고리즘 거버넌스가 인간과 인공지능의 어셈블리지라고 간주한다.

특히 제8장에서는 정치학, 정책학, 경제학의 고전적 이론인 '주인-대리인 이론'을 신유물론적 관점에서 새롭게 해석한다. 인공지능의 등장으로 이해당사자와 전문가들은 인간 문제에 대한 정책적 의사결정을 컴퓨터 알고리즘에 맡긴다. 그러나 주인인 컴퓨터 과학자와 대리인인 컴퓨터 알고리즘 사이에서 발생하는 새로운 물질적 주인-대리인 문제에 알고리즘 거버넌스는 직면한다. 신유물론을 바탕으로 제8장은 정보 비대칭성 및 부정(malfeasance)과 '주인-대리인 문제'의 핵심 요소를 다룬다. 컴퓨터 알고리즘의 불가해성(inscrutability)은 주인-대리인 이론의 '정보 비대칭' 개념과 관련된다. 그리고 신유물론의 관계적 행위자 개념은 '부정' 개념과 연계된다. 주인-대리인 관계는 컴퓨터 과학자들과 컴퓨터 알고리즘들의 상호작용에서 비롯된 사회적·물질적 어셈블리지의 산물로 간주된다. 컴퓨터 알고리즘의 '불가해성'과 '수행성'의 결합으로 인해 컴퓨터 알고리즘의 부정을 인간이 확인하기 어렵게 됨에 따라 물질적 주인-대리인 문제가 만들어진다. 마지막으로 이 문제에 대처하기 위해 점증적 접근, 사전예방원칙, 기술적 다원주의 접근법을 권고한다.

제9장은 한국의 코로나19 감시하에서 확진자 동선 정보공개제도에 따라 구성된 시민권에 대한 신유물론적 접근이다. 시민권에 관한 연구는 지난 수십 년 동안 민주주의와 사회정의 이론의 발전과 함께 성장했고, 이후 마르크시즘과 페미니즘의 비판이 있었으며, 구성주의적·후기구조주의적 접근도 등장했다. 제9장은 시민권을 사물, 인간, 제도 어셈블리지의 산물로 간주하면서 시민권에 대한 신유물론적 접근을 시도한다. 특히 제9장의 특징은 사회 불평등 같은 정치경제학적 의제를 신유물론적 관점에서 다뤘다는 점이다.

한국의 코로나(COVID-19) 감시 시스템은 코로나 확진자의 동선 정보를 일반 국민에게 공개함으로써 시민의 의무, 인권, 평등 측면에서 '좋은 시민권(good citizenship)'에 대한 대중 담론을 생산한다. 이 글은 코로나 확진자의 동선과 관련한 세 가지 물질적 맥락(사물, 장소, 이동성)에서 '좋은 시민권'이 어떻게 구성되는지를 살펴본다. 신유물론적인 관점에서 시민권은 사물, 사람, 제도의 사회적·물질적 어셈블리지의 결과다. 이 글은 동선 정보 공개 정책을 사람들의 행동에 영향을 미치는 하나의 '행위소'로 간주한다. 이 제도화된 행위소는 또 다른 행위자인 맘카페 회원들과 상호작용해 '좋은 시민권'을 만든다. 동선 정보 데이터에는 마스크, 코로나바이러스, 장소, 확진자의 이동성에 대한 정보가 들어 있기에 시민권은 물질성, 장소성, 이동성을 갖는다. 특히 확진자의 프라이버시 침해 우려로 확진자의 사회적 맥락은 동선 정보에서 사라지고 마스크, 장소, 이동에 대한 정보만 남게 된다. 결국 동선 정보 정책은 환자들의 경제적·문화적 차이를 간과하고 시민의 권리와 평등보다는 의무를 더 강조하는 '획일적 시민권'을 낳는다. 그래서 비정규직 노동자, 성소수자, 배달 근로자들은 시민의 의무 준수에 더 큰 부담을 갖게 된다.

딥 러닝과 알고리즘 거버넌스의 주인-대리인 문제

정책결정권을 누군가에게 양도하는 것은 경제학, 정치학, 행정학의 고전적인 연구 주제였으며, '주인-대리인 이론'으로 연구됐다(Mitnick, 1984; Shapiro, 2005; Wood and Cook, 1989; Waterman and Meier, 1998). '주인-대리인 문제'는 '정보 비대칭성'과 주인과 대리인의 이해 또는 목표의 충돌에서 비롯되며 대리인의 '부정(malfeasance)'을 초래한다. 그러나 기존 주인-대리인 이론은 인간 중심적 접근법이며, 컴퓨터 알고리즘 같은 기계와 사물을 대리인으로 간주하지 않는다. 이 글은 신유물론적 관점에서 이 가정에 도전한다.

컴퓨터 알고리즘은 최근 인간 판단을 다양한 정도에서 대체하며(Završnik, 2018), 컴퓨터가 시키는 대로 알고리즘이 내린 판단을 정당화한다(Karppi, 2018). 알고리즘 거버넌스는 빅데이터를 알고리즘으로 분석해 의사결정에 사용하는 것을 말한다. 알고리즘 거버넌스는 기업 마케팅, 주식거래, 보험, 기업 신용평가에 사용된다(Boodhun and Jayabalan, 2018; Mackenzie, 2017). 예측 치안, 보건 및 환경 관리를 위한 알고리즘의 활용이 최근 공공 부문에

* 이 장은 Kim(2020)을 수정·보완했다.

서 점차 늘고 있다(Karppi, 2018; Hardyns and Rummens, 2018; Hino et al., 2018; Sun and Scanlon, 2019; Perry, 2013). 더욱 중요한 변화는 인공지능의 발달로 심층 신경망을 포함한 머신 러닝 기술이 알고리즘 거버넌스에 빠르게 접목되고 있다는 점이다(Kang and Kang, 2017; Mooney and Pejaver, 2018; Serban et al., 2019).

알고리즘 거버넌스는 작업의 위임, 정보 비대칭, 부정 같은 주인-대리인 이론의 기본 조건을 갖추고 있어 주인-대리인 문제 분석에 매우 적합하다. 데이터 과학자는 관료나 기업 경영자와 같은 주인을 대리하고, 이 주인들은 컴퓨터 알고리즘이 의사결정에서 어떻게 작동하는지를 거의 모른다. 이 경우 알고리즘 거버넌스는 기술관료주의 정치와 같은 전통적인 주인-대리인 문제로 회귀한다(최은창, 2017). 거기서 한 걸음 더 나아가, 컴퓨터 과학자들은 그들의 의사결정을 컴퓨터 알고리즘에 위임하는데, 알고리즘의 불투명성 때문에 데이터 과학자조차 알고리즘이 왜 그런 결정을 내렸는지 모를 때가 있다(Burrell, 2016; Gangadharan, 2015; Karppi, 2018; Johnson and Verdicchio, 2018).

그래서 다음과 같은 질문을 할 수 있다. 인간 주인뿐만 아니라 인간 대리인인 데이터 과학자도 컴퓨터 알고리즘의 작동 방식을 완전히 이해하지 못할 때 주인-대리인 문제는 어떻게 다뤄야 하는가? 이 장은 주로 컴퓨터 알고리즘의 불가해성(inscrutability)과 주인-대리인 문제의 관계에 주목한다. 이 점을 분석하기 위해 신유물론 관점에서 알고리즘 거버넌스의 주인-대리인 문제를 검토한다(Latour and Weibel, 2005; Marres, 2015). 또한 컴퓨터 알고리즘이 인간과 거버넌스를 공동으로 구성하는 또 하나의 대리인이라고 가정하면서, 알고리즘이 정치적 이데올로기의 재현이라는 기존의 정치경제학적 관점에 도전한다(O'Neil, 2016; Eubanks, 2018).

제9장은 기술관료주의나 정치경제학과 같은 인간 중심적인 접근법과 다

르게 딥 러닝 알고리즘(Deep learning algorithm)의 물질정치의 효과를 이야기함으로써 주인-대리인 이론 및 알고리즘 거버넌스에 관한 연구에 일조한다. 주인인 컴퓨터 과학자와 대리인인 컴퓨터 알고리즘 사이의 '물질적인' 주인-대리인 문제는 닉 보스트롬(Bostrom, 2014)을 제외하고 지금껏 학계에서 다뤄진 바 없다. 이 장은 보스트롬의 트랜스 휴머니즘 입장과 다른 신유물론 관점에서 이 문제를 해석한다. 이 장은 이론적 연구이나 예측 치안, 인사관리, 보건정책 및 환경 관리와 관련한 경험적 근거를 부분적으로 제시한다. 끝으로 알고리즘 거버넌스를 분석하는 데 기존 주인-대리인 이론의 한계와 신유물론 관점을 제시하고, 주인-대리인 문제를 해결하기 위한 다양한 정책적 대안을 제시한다.

1. 주인-대리인 이론

주인-대리인 문제는 주인이 대리인의 업무를 완전히 알지 못하는 '정보 비대칭성'의 상황에서 주인이 의사결정 권한을 위임한 대리인이 주인과 다른 이해관계를 가질 때 발생한다. 대리인은 주인의 이익과 모순되는 자신의 이익에 따라 '부정'을 저지를 수 있다. 주인-대리인 문제는 국회의원과 유권자, 관료와 전문가, 공무원과 시민의 관계뿐만 아니라 시장 실패, 에너지 소비, 보험 등 다양한 정치적·경제적 사례에서 논의됐다(Mitnick, 1984; Shapiro, 2005; Wood and Cook, 1989).

주인이 한 명이 아닐 때 주인-대리인 관계는 훨씬 더 복잡해진다. 이른바 '복수 주인 문제(multi-principal problems)'는 여러 주인의 이해관계가 서로 일치하지 않을 때 나타난다(Gailmard, 2009). 수전 셔피로(Susan Shapiro)는 "여러 명의 주인과 대리인이 존재하면 정보 비대칭성과 모니터링(monitoring)의 어려움이 가중될 수 있다"라고 말했다(Shapiro, 2005: 267). 더욱이 주인과 대리인은 복잡하게 구성되며, 때로는 하나의 존재가 동시에 주인과 대리인이 될 수 있다. 예를 들어 공무원들은 전문가들에게는 주인이지만, 시민들에게는 대리인이다.

주인-대리인 문제와 관련한 다양한 사회과학적 접근들이 있다(Downs and Rocke, 1994; Miller, 2005; Shapiro, 2005; Waterman and Meier, 1998). 이들은 행위자에 대한 서로 다른 관점과 주인-대리인 문제에 대해 서로 다른 해결책을 가진다(Shapiro, 2005). 대리인의 영어 명칭인 에이전시(agency)는 두 가지 의미가 있다. 하나는 위임 또는 주인을 대신해 행동하는 것, 다른 하나는 행위자를 가리킨다. 후자의 경우 학문과 이론에 따라 다양한 해석이 가능하다(Shapiro, 2005; Mitnick, 2006). 신고전주의 경제학과 신제도주의 경제학의 관점에서 주인-대리인 이론의 행위자들은 합리적이고, 사익을 추구하며(신고전주의 경제학), 때로는 기회주의적이다(신제도주의 경제학; Williamson, 1975). 사회학적 관점에서는 사회구조(또는 제도)에 의해 제약을 받는 행위자(제도·조직 사회학; DiMaggio and Powell, 1983), 특정 지식을 가진 전문가(직업사회학 또는 지식사회학; Fischer, 2000), 타인과 신뢰 관계를 형성하는 행위자가 존재한다(Granovetter, 1985).

마찬가지로 대리인 관계의 의미도 다양하다. 신고전주의 경제학을 기반으로 한 전통적인 주인-대리인 이론에서 대리인 관계는 일종의 '사회계약'으로 간주되나, 이후 다양한 사회이론에 따라 계층 구조, 분업, 전문성, 신뢰 등 다른 종류의 사회적 관계로 확장된다(Mitnick, 1984; Shapiro, 2005). 또한 결과 기반 인센티브, 감독 및 모니터링, 보험, 윤리 규정 및 모범 사례를 통한 자율 규제 등 주인-대리인 문제에 대한 다양한 해결책이 제안됐다. 주인-대리인 문제에 대한 해결책은 인센티브, 감시 및 치안 비용, 보험 등을 포함한 다양한 형태의 대리인 비용(agency cost)을 초래한다(Shapiro, 2005).

주인-대리인 문제에 대한 대부분의 기존 접근 방식은 인간 중심 접근이며, 인공물을 주인 또는 대리인으로 취급한 적이 없다.[1] 하지만 인류 역사에서 기계는 인간의 노동력을 대체했고 인간 주인을 대리하는 역할을 해왔다. 노동 자동화가 좋은 예이다. 게다가 우리는 인공물들이 인간에게 보복 효과(revenge effects; Tenner, 1996)를 발생시키는 여러 사례를 보아왔다. 여기서 보복 효과란 인간의 목표에 대치되는 기후변화, 화학 오염, 기술 재해와 같은 기술의 비의도적 결과를 의미한다. 이것은 알고리즘 거버넌스에도 마찬가지로 적용된다. 컴퓨터 알고리즘은 예기치 못한, 계획되지 않은 결과를 초래할 수 있는데, 이것은 주인-대리인 이론의 관점에서 부정행위와 유사하다.

닉 보스트롬(Nick Bostrom)은 인공지능과 관련된 주인-대리인 문제를 다룬 최초의 학자 중 한 명이다. 그의 이론에서 초지능(superintelligence) 개념은 인간과 인공지능 간의 새로운 주인-대리인 문제를 설명하는 데 매우 유용하다(Bostrom, 2014). 그의 관점에서 주인-대리인 문제는 인간보다 더 똑똑한 인공지능의 능력, 즉 초지능 혹은 일반 지능(general intelligence)에서 비롯된다. 그의 트랜스 휴머니즘은 신유물론과 마찬가지로 인간 본성에는 본질이 있다는 인류학적 본질주의에 도전하지만, 두 이론은 같지 않다. 게다가 주인-대리인 문제에 관한 내 생각은 인공지능의 초지능과는 무관하다. 사실, 나는 가까운 미래에 인공지능이 일반 지능에 도달하기 어렵고, 주인-대리인 문제는 일반 지능이 출현하기 전에 존재할 수 있다고 생각한다.

---

1 나는 인공물도 주인이 될 수 있다고 생각한다. 소수집단은 그들이 알고리즘 통치의 대상이 될 때 그렇게 느낄 것이다. 주인과 대리인의 지위는 동적이며 정적이지 않다.

2. 알고리즘 거버넌스

전자 거버넌스의 등장으로 정보기술이 거버넌스에 미치는 영향에 대한 학계의 관심이 높아졌다(Davis, 2005). 그 영향이 긍정적이든 부정적이든, 전자 거버넌스의 논의는 주로 거버넌스의 주요 행위자를 인간으로, 정보기술을 단지 인간을 위한 도구와 자원으로 간주한다. 정보기술의 역할은 인간 행위자와 공동으로 전자 거버넌스를 구축하는 것이 아니라 인간 행위자들에 의해 통제되며 거버넌스의 속도에만 영향을 미칠 뿐이다.

마찬가지로, 감시와 알고리즘 편향의 측면에서 알고리즘 거버넌스에 대한 최근의 비판은 컴퓨터 알고리즘이 관료, 전문가 또는 강력한 이해집단의 이익을 대변하고 자동화된 불평등을 가중할 수 있다는 인간중심주의적 논의로 채워져 있다(Clarke, 1988; Degli-Esposti, 2014; O'Neil, 2016; Eubanks, 2018; Završnik, 2018; Zuboff, 2019; Sætra, 2020; Janssen et al., 2016). 이 주장은 어느 정도 합리적이긴 하지만, 컴퓨터 알고리즘 자체는 좋지도 나쁘지도 않다는 가치중립적 견해를 담고 있다. 그래서 컴퓨터 알고리즘이 인간의 삶에 어떻게 영향을 미치는지는 인간이 그것을 어떻게 사용하느냐에 달려 있다고 본다. 이런 관점은 신유물론과 극명한 대조를 이루는데, 신유물론은 컴퓨터 알고리즘이 이보다 더 많은 것을 할 수 있다고 생각한다. 결과적으로, 인간중심주의적 비판은 다양한 알고리즘 간 권력의 스펙트럼을 검토하지 않은 채 내버려 둔다.

마찬가지로, 일부 학자들은 기술관료와 전문가들에게 정치적 의사결정 권한을 위임하는 기술관료주의 개념으로 알고리즘 거버넌스를 설명한다(König, 2019; Sætra, 2020). 하지만 이 문헌들은 인공지능이 전문가의 통제하에 있는지에 대해 명확한 이야기를 하지 않는다. 전통적 기술관료주의 개념은 전문가들이 과학적·기술적 지식을 소유하고 통제할 수 있다고 가정한다. 이 지식에는 인공지능도 포함된다. 하지만 딥 러닝 알고리즘의 불투명성을 고려하면 기술관료주의적 접근은 제한적일 수밖에 없다.

알고리즘 거버넌스에 머신 러닝이 활용되면서, 컴퓨터 알고리즘에 대한 인간 통제의 불가능에 대한 심각한 우려가 표면화됐다. 이와 관련해 일부 학자들은 하향식 규칙 기반 알고리즘과 상향식 머신 러닝 알고리즘의 차이에 주목했다(Danaher et al., 2017). 전자는 프로그램 되고 후자는 학습된다. 후자는 전자보다 통제가 더 어렵다. '루프(loop)'의 은유를 사용해, 국제연구거버넌스센터는 컴퓨터 알고리즘의 인간 제어를 위한 세 가지 조건을 분석한다. 인간이 루프 내에 있는 경우(이를 테면 능동적 통제가 가능한 경우), 루프 위에 있는 경우(경보 모드에서 필요한 경우 제어가 가능하다) 또는 루프에서 벗어난 경우(통제할 수 없는 경우)로 구분한다(EPFL IRGC, 2018: 3). 이 문제는 물질적 주인-대리인 논의의 핵심이다. 주인-대리인 문제와 관련된 다양한 알고리즘을 자세히 검토하는 것이 필요하다.

3. 신유물론과 주인-대리인 이론

신유물론 관점에서 공공정책은 사물이 정치적 힘을 발휘하는 물질정치의 사건이다. 신유물론은 정치 행위자가 순수한 사회적 존재라는 개념을 반박하고, 정치적 행위자로서 사물의 존재를 인정한다. 그러나 신유물론 관점에서 행위자는 인간이든 비인간이든 주권적·독립적 행위자가 아니라 관계적 행위자다. 다시 말하면 행위력이 인간이나 비인간 그 자체에 내재하는 것이 아니라 그들 상호작용의 관계적 효과라는 것이다(Law, 2010).

행위자-연결망 이론은 정치와 정책에 대한 물질적 접근법의 선두에 있다. 이 이론은 사물을 단지 인간의 수단 혹은 이데올로기의 재현으로 보지 않고, 인간과 함께 정치 또는 정책을 구성하는 존재로 본다(Law, 2010; Latour and Weibel, 2005). 행위자-연결망 이론 이후 많은 후학들은 정치, 참여, 대중, 시민권에 대한 새로운 개념을 제안했다(Mol, 1999; Law and Singleton, 2014; Marres, 2015; Alldred and Fox, 2019). 비슷한 맥락에서 이 장은 신유물론 관점에서 사회과학의 고전적 주제인 주인-대리인 이론을 해석한다.

신유물론에서 지금까지 주인-대리인 이론을 명시적으로 논의한 적은 없다. 하지만 이 이론이 오랫동안 사물의 능동적 행위력을 옹호했다는 점에서 인간 주인과 사물 대리인 사이에서 발생하는 '물질적' 주인-대리인 문제를 암묵적으로 인정했을 가능성이 높다. 우선, 신유물론 관점에서 물질적 주인-대리인 문제를 초래하는 '부정'은 인간의 의도와 다른 인공물의 행위력에서 나온다. 또한 신유물론 관점은 알고리즘 거버넌스를 인간과 컴퓨터 알고리즘의 '사회적·물질적 어셈블리지'로 간주한다(Introna, 2016; Deleuze and Guattari, 1987; Janssen and Kuk, 2016). 이 개념에서 컴퓨터 프로그래머는 알고리즘의 작동을 지시하지 않으며, 알고리즘과 공동으로 알고리즘 거버넌스를 구성한다(Introna, 2016). 알고리즘과 프로그래머의 주인-대리인 관계는 이 어셈블리지의 결과로 형성된다.

4. 알고리즘 거버넌스의 주인-대리인 문제

이제 알고리즘 거버넌스의 상황을 하나 상상해 보자. 고객으로서 정부가 인공지능 회사와 계약을 체결하고 기업 경영진은 회사의 데이터 과학자에게 컴퓨터 알고리즘을 사용해 이 작업을 수행하도록 요청한다고 하자. 여기에는 정부와 기업, 기업 경영진과 데이터 전문가, 데이터 전문가와 컴퓨터 알고리즘 간 세 가지 유형의 주인-대리인 관계가 존재한다.

첫째, 주인-대리인 관계는 교육 평가와 예측 치안 같은 공공정책의 일부 업무를 관료들이 민간 기업에 위임하는 신자유주의 시스템에서 시행된다(Sadowski and Selinger, 2014). 기업들은 컴퓨터 알고리즘을 통해 공공정책을 평가하고 개발해 정부에 권고한다. 신자유주의는 정책 비용을 줄이기 위해 알고리즘 거버넌스를 추진한다. 둘째, 주인-대리인 관계는 기업 조직 내에서 경영진이 컴퓨터 과학자에게 작업을 지시할 때 발생한다. 셋째, 주인-대리인 관계는 컴퓨터 과학자들이 그들의 작업을 컴퓨터 알고리즘에 맡길 때 일어난다.

처음 두 주인-대리인 관계는 기존 인간 중심의 주인-대리인 관계의 관점에서 설명할 수 있으나, 마지막 주인-대리인 관계는 대리인인 컴퓨터 알고리즘의 역할에 대해 새로운 설명이 필요하다. 이런 점에서 알고리즘 거버넌스는 각각 다른 유형의 정보 비대칭과 대리인 관계를 포함하는 세 가지 유형의 주인-대리인 관계의 조합으로 만들어진다.

알고리즘 거버넌스의 정보 비대칭성

정보 비대칭은 주인-대리인 문제의 핵심 조건 중 하나다. 제나 버럴(Jenna Burrel)의 알고리즘 거버넌스의 불투명성(opacity)에 대한 설명은 정보 비대칭을 이해하는 데 도움이 된다. 버럴은 다음과 같은 세 가지 범주로 불투명성을 분류한다. 첫째, "의도적 은폐로서의 불투명성," 둘째, "기술적 문맹으로서의 불투명성", 셋째, "인지적 불일치로서의 불투명성"이다(Burrell, 2016). 불투명성의 첫 번째 유형은 일종의 비밀주의(secrecy)에 해당하는데, 기업이 알고리즘 정보를 공공정보가 아닌 기업 정보라 비공개하는 것을 말한다(Pasquale, 2015). '기술적 문맹'이라고 불리는 두 번째 유형의 불투명성은 전문지식과 관련 있는데, 이것은 시민, 관료, 기업 경영진이 데이터 과학자들보다 컴퓨터 프로그래밍을 모른다는 것을 의미한다. 마지막 유형은 "(기계 학습) 알고리즘에 의해 수행되는 복잡한 수학 연산과 인간 추론(reasoning)의 인지 불일치"(Carabantes, 2019)에서 비롯된다. 이 불투명성을 컴퓨터 알고리즘의 불가해성(inscrutability)이라고 부른다(Ziewitz, 2016).

첫 번째 유형의 불투명성은 기업의 이해관계와 관련이 있다. 그러므로 정치경제학적 관점에서 주인-대리인 문제를 설명할 수 있다. 두 번째 유형의 불투명성은 지식사회학적 관점에서 전문성의 정치 개념으로 설명할 수 있다(Fischer, 2000). 세 번째 유형의 불투명성은 알고리즘 내 수많은 변수가 있기에, 알고리즘 의사결정이 어떻게 일어나는지 전문가도 자세히 설명하기가 어렵다는 것을 의미한다(Andrejevic and Gates, 2014: 186; Hardyns and Rummens, 2018).

세 번째 불투명성은 모든 컴퓨터 알고리즘이 불가해하다는 것을 의미하지는 않는다. 수작업 코딩 알고리즘(hand-coding algorithm), 머신 러닝 및 딥 러닝은 불가해성의 측면에서 서로 다르다. 그리고 알고리즘이 프로그램 됐는지 또는 학습됐는지, 이 학습이 지도 학습(supervised learning)인지 아닌지에 따라 불가해성의 정도가 달라진다. 인간에 의해 사전에 지정되거나 혹은 고정된 규칙에 기초한 수작업 코딩 알고리즘은 불가해성이 가장 낮은 알고리즘으로, 기술자가 인공지능의 작동을 상대적으로 제어하기 쉽다. 이런 알고리즘의 경우 전문성의 정치와 이익집단의 정치가 작동하는 전통적인 주인-대리인 이론의 관점에서 설명할 수 있다.

> 사전에 지정된 규칙 또는 고정 규칙에 기초하여 진행되는 알고리즘은 더 예측 가능한 것으로 간주되지만, 알고리즘이 일단 학습되면 규칙과 매개변수가 무엇인지 더는 확실히 알 수 없다. 그리고 이 알고리즘이 다른 알고리즘, 물리적 세계 및 우리 인간과 어떻게 상호작용 할 것인지 확신할 수 없다(EPFL

IRGC, 2018: 8).

하지만 딥 러닝은 일반적으로 머신 러닝보다 더 이해하기 어렵고, 머신 러닝은 다른 통계 기술보다 더 이해하기 어렵다(Hardyns and Rummens, 2018). 미 방위고등연구계획국(이하 DARPA)과 마누엘 카라반테스(Manuel Carabantes)에 따르면 컴퓨터 알고리즘의 정확성과 설명력 사이에 교환이 일어난다(DARPA, 2016; Carabantes, 2019). 더 정확하고, 더 효율적인 알고리즘일수록 더 불투명하고 모호하다. DARPA(2016: 7)는 다음과 같이 말했다.

> 기계 학습 성과(예측 정확도)와 설명력 사이에는 본질적인 긴장이 있다. 종종 가장 우수한 방법(딥 러닝)이 가장 설명이 부족하고, 가장 설명 가능한 방법(의사결정 트리)이 덜 정확하다.

2016년 DARPA 컨퍼런스에서 프로그램 매니저 데이비드 거닝(David Gunning)은 의사결정 트리, 랜덤 포레스트(Random forests), 앙상블 방법, 베이지안 신념망(belief nets), 마르코프 모델(Markov models), 통계 모델, 신경망 및 딥 러닝 등 학습 기법의 정확성과 설명 가능성을 평가했다. 그는 이런 기법 중에서도 딥 러닝이 가장 정확하지만 가장 설명이 어렵다고 말했다(Bornstein, 2016). 딥 러닝의 불투명 정도는 심층 신경망 층의 수와 층들의 연결에 따라 달라진다. 딥 러닝 알고리즘의 층수가 많을수록 인간은 이 알고리즘의 작동 방식을 이해하기가 더 어렵다. 브라이언 나이트(Brian Knight)는 다음과 같이 말했다.

> 어떻게 작동하는지 보기 위해 심층 신경망을 들여다볼 수는 없다. 네트워크의 추론은 수십 또는 수백 개의 복잡하게 상호 연결된 층으로 배열된 수천 개의

시뮬레이션된 뉴런의 동작에 포함되어 있다. 첫 번째 층에 있는 뉴런들은 각각 이미지의 픽셀 강도처럼 입력을 수신한 다음 새 신호를 출력하기 전에 계산을 수행한다. 이 출력물들은 복잡한 웹(web)에 공급되어 다음 층에 있는 뉴런에 공급되고, 그다음에 전체 출력이 생성될 때까지 계속 공급된다. 더하여, 네트워크가 원하는 출력물을 생성하는 방법을 학습할 수 있도록 개별 뉴런의 계산을 조정하는 역전파(back-propagation)라고 알려진 프로세스가 있다(Knight, 2017).

최근 일부 딥 러닝 알고리즘은 엄청난 수의 심층 신경망의 계층으로 인해 6000만 개의 가중치를 포함하는데, 이는 너무 복잡해서 인간이 이해하기 어렵다. 페드로 도밍구스(Pedro Domingos)는 우리의 "직관이 고차원에서는 실패한다"라고 언급했다(Domingos, 2012). 전문가들조차도 이 알고리즘이 왜 성공하고 어떻게 실패하는지를 완벽하게 설명할 수 없다(Bornstein, 2016).

요약하면, 딥 러닝의 불가해성은 주인으로서 컴퓨터 과학자와 대리인으로서 알고리즘 사이의 정보 비대칭 조건이 된다. 그 결과 알고리즘 거버넌스에 새로운 물질적 주인-대리인 문제가 생겨난다. 이 주인-대리인 문제는 딥 러닝 알고리즘이 잘못되어 가더라도 그 이유를 인간이 밝혀낼 수 없다는 새로운 두려움을 낳는데, 이는 악의적인 인간 대리인에 의해 고의적으로 만들어지는 이전의 주인-대리인 문제와 전혀 다르다(Sætra, 2020: 8).

알고리즘 거버넌스의 부정과 대리인 관계

정보 비대칭성과 함께 주인-대리인 문제의 또 다른 기본조건은 대리인의 부정행위, 즉 주인과 대리인의 이해 상충이다. 부정은 대리인의 행위력과 관련이 있다. 인공지능의 부정은 알고리즘 그 자체에서 나오는 것이 아니라 전문가와 알고리즘 간 상호작용의 결과물이다. 기존 주인-대리인 이론에서 부정행위는 인간 대리인이 부정행위를 저지를 것이라는 점에서 의도적인 것이다. '부정'이라는 용어 자체가 의도성을 내포한다. 즉 대리인의 행위력은 의도적인 행동과 관련되는데 이것은 행위력에 대한 전통 사회학적 관점이며, 신유물론의 관계적 행위자 개념과는 다르다(Schlosser, 2019). 나아가 데버라 존슨(Deborah Johnson)과 마리오 베르디키오(Mario Verdicchio)에 따르면 인공지능의 행위력은 실천의 결과로서 나타나는 것, 즉 '인과적'인 것이며 인간의 행위력처럼 '의도적'인 것은 아니다(Johnson and Verdicchio, 2018). 인공지능이 인간처럼 부정행위를 저지를 의도 또는 이해관계가 있는지는 분명하지 않다. 일부 사람들은 의도성을 인공지능의 행위력에 부여할 수 있지만, 이를 선험적으로 확인할 수는 없다. 알고리즘 거버넌스에서 부정이 감지되면 인공지능이 인간 주인과 다른 이해관계를 가질 것으로 추측할 수 있다. 그러나 나는 이에 대해 다소 불가지론적이다. 물질적 주인-대리인 문제를 논하기 위해 이 의도성을 굳이 받아들일 필요는 없다. 인공지능의 의도성을 굳이 가정하지 않고서도 인공지능이 인간 주인의 이익과 다르게 행동할 수 있다고 주장할 수 있다. 중요한 것은 인공지능이 의도하든, 하지 않든 물질적 주인-대리인 문제가 발생할 수 있다는 것이다.

알고리즘 거버넌스의 부정행위는 인간 대리인의 의도적 조작에서부터 "의도하지 않은 오류 전파"를 포함한 인공지능의 바람직하지 않은 성능에 이르기까지 다양할 수 있다(Mooney and Pajerver, 2018; Hino et al., 2018). 즉 "훈련 및 평가 데이터 세트의 선택, 전처리 기준의 선택, 학습 알고리즘과 초기 파라미터의 선택"에서 부정이 나타날 수 있다(Mooney and Pajerver, 2018: 105). 알고리즘 거버넌스에서 나타나는 부정의 일례로 알고리즘 편향을 들 수 있다. 최근 예측 치안(predictive policing)에서 인종 편견이 보고되고 있다(Ferguson, 2017; ZavrŠnik, 2018). 이런 편견이 전문가에 의해 의도적으로 조작됐다면 두 번째 주인-대리인 문제가 될 것이다. 그 대신 알고리즘 편향이 인간의 지침 없이 의도치 않게 발생하는 경우, 이 편향은 전문가와 알고리즘 사이에서 일어나는 세 번째 주인-대리인 문제에 해당한다. 후자의 경우는 빅데이터의 방대함과 머신 러닝 알고리즘의 불투명성으로 인한 인간 전문가의 인지적 한계 때문에 발생할 수 있다.

알고리즘 거버넌스는 세 가지 종류의 대리인 관계를 포함하는데, 그중 첫 번째는 정부 조직과 기업 조직 간 일종의 '계약'을 특징으로 한다. 이것은 신고전주의 경제학 및 신제도주의 경제학을 기반으로 하고 있으며, 기업 조직 같은 대리인이 이기적이거나 기회주의적이기 때문에 부정행위가 발생할 수 있다. 두 번째 대리인 관계는 기업 경영진과 컴퓨터 과학자 사이의 '계층적 관계'로 특징지어진다. 여기서 부정행위는 의사결정의 권한이 전문가들에게 위임될 때, 회사 경영자나 공무원들의 이해와 모순되는 컴퓨터 과학자들의 이익에 의해 비롯된다(Fischer, 2000).

세 번째 대리인 관계는 전문가와 컴퓨터 알고리즘 간의 '신뢰'를 특징으로 한다.[2] 신뢰라는 용어는 불가해한 인공지능과 인간의 관계를 논할 때 가끔 사용된다. 컴퓨터 과학자들은 인공지능과 신뢰를 쌓기 위해 노력한다. 루슬란 살라후트디노프(Ruslan Salakhutdinov) 애플 인공지능 연구실장 겸 카네기멜런 대학교 부교수는 설명 가능한 인공지능(XAI)을 논하면서 설명 가능성을 인간과 인공지능의 관계에 필수적인 요소로 보고, "그것이 신뢰를 도입할 것이다"라고 말했다(Knight, 2017). 2019년 오레일리(O'Reilly) 인공지능 콘퍼런스에서 PwC 법인의 아난드 라오(Anand Rao)도 "해석 가능성과 설명력을 위해 인공지능의 블랙박스를 열어야 이해당사자와 인공지능 간의 신뢰를 얻을 수 있다"라고 주장했다. 이런 맥락에서 전문가와 알고

2 초기 버전의 행위자-연결망 이론에서 인간과 비인간 네트워크는 '신뢰의 서클'이었다(Latour and Woolgar, 1979).

리즘 간의 주인-대리인 관계는 '신뢰'를 특징으로 한다고 말할 수 있다.

그러나 과학사에서 과학적인 설명의 해석 가능성을 높이기 위해 때때로 단순화를 불러온 것처럼, 설명 가능한 인공지능이 알고리즘의 복잡성을 희생시킬 수밖에 없는 것은 아닌가? 김빈 구글 브레인 선임연구원은 2019년 컴퓨터비전 및 패턴 인식 컨퍼런스(CVPR) 강연에서 설명 가능한 인공지능이 반드시 복잡성의 상실을 의미하는 것은 아니라고 주장했다. 그러나 그것은 적어도 아직은 희망에 불과하다. 설명 가능한 인공지능은 아직 갈 길이 멀다. 루슬란 살라후트디노프는 "인간 행동의 많은 측면을 자세히 설명할 수 없듯이 인공지능이 하는 모든 것을 설명하기는 불가능할 것"이라고 말한다(Knight, 2017). 이런 상황에서, 알고리즘에 대한 완전한 설명이 안 되더라도 어떤 시점에서 인공지능에 대한 신뢰가 만들어질 것이다. 신뢰란 완전한 확신 속에서 일어나는 것이 아니라 그냥 선택될 때가 있다. 그 인공지능을 사용하기 위해서 그냥 믿는 것이다.

이런 신뢰는 추가적인 위험을 수반하는데, 컴퓨터 예측이 정확하더라도 그 이유를 잘못 설명할 수 있고, 사실상 부정확한데도 컴퓨터 예측이 인간의 예측과 일치할 때 확증 편향을 가질 수 있다. 인공지능과 신뢰를 쌓는다고 해서 인간이 인공지능을 완전히 통제할 수 있는 것은 아니다. 인간과의 신뢰 속에서도 인공지능의 부정이 일어날 수 있다. 마크 그래노베터(Mark Granovetter)에 따르면, 부정행위는 불신이나 경쟁보다는 신뢰 속에서 더 쉽게 일어날 수 있다(Granovetter, 1985). 컴퓨터 알고리즘은 어셈블리지가 만들어지기 전뿐만 아니라 어셈블리지가 만들어진 후에도 인간 전문가들과 줄다리기를 한다.

물론 많은 공학 사례에서, 컴퓨터 알고리즘이 어떻게 작동하는지에 대한 과학적 이해가 없는 상황에서도 전문가들은 불가해한 딥 러닝의 작동을 잘 유도할 수 있었다. 예를 들어 얼굴 인식 같은 컴퓨터비전 기술의 경우, 엔지니어는 매우 짧은 시간 내에 딥 러닝 알고리즘의 출력이 그라운드 정답(ground truth)이라고 하는 명확한 목표에 도달하도록 노력한다. 이것이 데이터 과학자와 인공지능 전문가들이 하는 방식인데 일종의 공학적인 추론을 바탕으로 한다. 이는 딥 러닝 내부의 복잡성은 신경을 쓰지 않고, 입력과 출력에만 초점을 맞추면서 조절한다. 이때 딥 러닝이 비록 설명할 수는 없지만, 효율적으로 작동할 수 있다.

하지만 알고리즘 거버넌스는 컴퓨터비전 같은 과학적인 실험이 아니다. 알고리즘에 대한 신뢰는 과학적 추론을 넘어서 정책적 추론이 필요하다. 신뢰는 알고리즘 거버넌스의 세 단계, 즉 첫째로 알고리즘 예측, 둘째로 정책의 집행, 셋째로 정책 결과의 평가에서 보장되어야 한다. 문제는 이런 단계에 대한 신뢰 구축이 다음과 같은 불확실성이나 어려움에 직면할 수 있다는 것이다. 로돌프 티에보(Rodolphe Thiébaut)와 세바스티앙 코생(Sébastien Cossin)에 따르면, 건강 감시에서 머신 러닝 시스템에 대한 평가는 좋은 레퍼런스(즉, 골드 스탠더드)의 불완전성으로 인해 쉽지 않다(Thiébaut and Cossin, 2019: 232). 또한 머신 러닝의 성능이 데이터에 의존적이기 때문에 알고리즘은 새로운 데이터를 학습할 때마다 다시 평가해야 한다.

다음으로 알고리즘 예측과 정책 결정의 인과관계도 간단하지 않다. 수전 애시(Susan Athey)에 따르면 건강 정책의 자원 할당과 관련된 알고리즘 예측과 정책적 의사결정 사이에는 다양한 간극이 있다(Athey, 2017). 왜냐하면 알고리즘 예측은 어떤 환자가 가장 먼저 치료를 받아야 하는지 우선순위를 부여하는 데 정책 결정에 대한 인과적 추론을 제대로 제공해 주지 않기 때문이다(Kleinberg et al., 2015). 더욱이 환경 물관리(Environmental Water Management)의 경우, 알렉산더 선(Alexander Sun)과 브리짓 스캔런(Bridget Scanlon)은 "현재의 빅데이터 분석은 인과적 추론보다 상관관계의 추론을 하고 있으므로, 빅데이터만으로는 관찰된 환경의 인과적 메커니즘에 대한 설명을 제공할 수 없을 것"이라고 주장했다(Sun and Scanlon, 2019: 15).

또한 알고리즘 정책 결정과 정책 결과 간 인과관계의 불확실성은 다양한 사회적 요인으로 인해서도 나타날 수 있다. 예를 들어 과거 범죄 사실을 기초로 미래 범죄를 예측하는 예측 치안(Sheehey, 2019)의 경우, 선제적 조치의 효과는 아직 범죄율 감소 측면에서 입증되지 않았다(Hunt et al., 2014: xvi; Wilson, 2018). 윌슨(Wilson, 2018: 114)에 따르면 "부서 예산, 지역 우선순위, 다양한 환경적·사회적·정치적 요인" 등 여러 요인이 범죄율에 영향을 미치므로 예측 치안의 성과를 확실하게 가늠하기 어렵다.

이런 의미에서 컴퓨터 알고리즘을 통한 신뢰 구축에는 많은 우발적 상황이 수반된다. 그런데도 머신 러닝 지지자들은, 예를 들어 예측 치안에 의한 범죄 감소의 특정 비율을 강조함으로써 머신 러닝의 정확성과 그에 기초한 정책 조치의 유효성을 강조하는 경향이 있다. 선제적 조치의 집행 그 자체가 알고리즘으로 계산한 숫자, 차트, 표 등에서 범죄 통계의 진실성을 정당화한다. 다시 말하면 알고리즘 통계가 정확해서 정책이 집행되는 것이 아니라, 알고리즘에 따라 선제적 정책 조치를 실행함으로써 그 알고리즘이 만든 통계를 사실로 믿는 것이다.

이것은 이른바 '수행성'의 효과라고 불리는데, 이것은 알고리즘이 객관적 실재를 반영한다기보다 퍼포먼스를 통해 그 (객관적) 실재를 구성한다는 개념이다(Austin, 1962; Butler, 1997). 이 개념은 알고리즘의 '자기 성공 예언(self-fulfilling prophecy)'에 가깝다(Callon, 1998; ZavrŠnik, 2018). 예측 치안은 미래 범죄의 가능성을 현재 범죄의 필연성으로 바꾸어 이런 수행성 효과를 불러일으킨다고 한다(Sheehey, 2019, ZavrŠnik, 2018). 워싱턴 교육부의 교육 수행평가 시스템에서도 수행성의 효과가 발견된다. 캐시 오닐(Cathy O'Neil)은 이 시스템이 진실을 발견하기보다는 그들 자신의 진실을 만든다고 주장했다(오닐, 2017).

> 매스매티카의 평가 시스템이 와이사키와 205명의 교사들에게 실패자라는 꼬리표를 붙이자 워싱턴 교육 당국은 그들을 모두 해고했다. 그런데 이 평가 시스템에는 이 같은 결정이 옳은지에 대해 사후에 학습하는 과정이 있을까? 없다. 시스템이 교사들을 실패자라고 확신하면, 평가는 그것으로 끝이다. 206명의 '나쁜' 교사들은 교직을 떠나야 했다. 오직 성과가 부진한 무능 교사들을 워싱턴 교육청의 교단에서 끌어내리는 것, 그 사실 하나만이 가치 부가 모형의 효과성을 증명하는 것처럼 보였다. 이렇듯, WMD(대량살상무기)는 진실을 찾는 대신 스스로 진실을 구현한다(오닐, 2017: 22~23).

'수행성' 개념은 알고리즘이 세계를 설명하는 역할을 넘어, 세계를 창조하거나 세계에 개입하는 것을 가리킨다. 모든 알고리즘은 어느 정도 수행성의 효과를 지닌다. 그런데 수행성의 효과가 알고리즘의 불가해성과 결합하면 그 효과는 더욱 강력해진다. 그때 전문가들이 알고리즘의 부정을 파악하기 훨씬 더 어려워지고, 물질적인 주인-대리인 문제가 나타나게 된다. 다시 말하면 물질적인 주인-대리인 문제는 불가해한 딥 러닝 알고리즘이 수행성의 효과를 불러일으킬 때 발생할 수 있다. 이 점은 보스트롬(Bostrom, 2014)이 주인-대리인 문제를 설명하기 위해 사용한 초지능(superintelligence) 개념과 반드시 관련이 있는 것은 아니다. 한편, 알고리즘 외에도 일부 데이터 세트는 인간 전문가가 할당하는 분류 라벨과 구별되는 자체 편향을 가질 수 있다. 인공지능 연구원 김병주 등(Kim et al., 2018)에 따르면 "데이터 세트는 (전문가가 만든) 분류 라벨과 무관한 편향을 가질 수 있다. …… (그러면) 신경망이 우리가 의도한 것과 다르게 특징을 추출하도록 훈련될 것이다." 이런 이해는 빅데이터 편향이 인간의 편향을 재현하는 데 불과하다는 이해관계 접근법의 시각과 다른 것이다. 알고리즘과 데이터 세트는 인간 전문가들이 컴퓨터에 의도하는 것보다 더 많은 것을 할 수 있다.

5. 전통적인 주인-대리인 이론의 한계

알고리즘 거버넌스는 다면적인 주인-대리인 문제를 수반한다. 전통적인 주인-대리인 관계 측면에서, 알고리즘 거버넌스가 전문가와 권력 집단의 권력을 강화함으로써 기술관료주의 또는 전문가 정치에 이바지하리라는 것은 명백하다(Sætra, 2020; Janssen et al., 2016). 로런스 레시그(Lawrence Lessig)가 말했듯이, 알고리즘 코드 설계자는 실제로 공공정책을 수립하는 “법률가”에 가깝다(Lessig, 2006: 76). 수학자와 컴퓨터 과학자는 알고리즘의 내부 작동 원리를 이해하는 데 능숙하지만, 정책 입안자와 관료와 같은 주인들에게 알고리즘은 이해할 수 없는 블랙박스가 될 가능성이 높다(O'Neil, 2016: 24; Andrejevic and Gates, 2014). 또한 일반 시민이나 소수집단은 알고리즘이 그들의 삶에 어떻게 개입하는지를 알아차리기 어렵다(Gane et al., 2007: 350 인용; Beer, 2009). 이런 상황에서 알고리즘 거버넌스는 전문성의 정치를 구현할 것이다(Fischer, 2000). 이른바 좋은 거버넌스(good governance)의 핵심 개념인 투명성을 저해하고, 엘리트 전문가들의 편견과 이해관계가 알고리즘(O'Neil, 2016)에 반영될 가능성이 크고, 궁극적으로는 참여민주주의를 약화시킨다. 이런 기술관료주의는 의사결정의 탈정치화로 이어진다(Sætra, 2020; König, 2019).

그런데 앞에서 언급했듯이, 딥 러닝 알고리즘은 알고리즘을 설계하는 전문가에게도 블랙박스가 될 수 있다(Heaven, 2013). 알고리즘은 수많은 전문가가 만든 수많은 소스 코드로 구성되어 있다. 시간이 지남에 따라 새로운 프로그래머가 채용되고 알고리즘은 계속 수정된다(Ullman, 1997). 소프트웨어가 엄청난 양의 소스 코드로 만들어질 때, 인공지능의 작동 방식을 컴퓨터 전문가들이 정확하게 파악하기 어려울 수 있다(Introna, 2016: 25). 게다가 이질적 데이터의 융합은 인공지능의 복잡성을 가중한다. 데이터와 알고리즘의 상호작용은 복잡성을 더욱 강화한다(Burrell, 2016).

물론 그렇다고 해서 딥 러닝이 완전히 인간의 통제에서 벗어났다고 말할 수는 없다. 캐리 코글리어네스(Cary Coglianese)과 데이비드 레어(David Lehr)가 주장하듯이, 전문가들은 알고리즘에 새로운 데이터를 제공하고 특정 알고리즘의 최적화 프로세스를 조정하며 알고리즘의 성능을 평가함으로써 딥 러닝의 작동에 대한 실질적인 통제력을 발휘한다(Coglianese and Lehr, 2019: 15). 그것은 "인간에 의해 지시(dictate)되지는 않지만, 인도(guide)되고 유도(nudge)되는 시행착오의 과정"이다(Coglianese and Lehr, 2019: 15). 그러나 딥 러닝 알고리즘의 불가해함과 수행성을 고려할 때 딥 러닝에 대한 인간의 통제는 제한적이며, 적어도 하향식 규칙 기반 통계 및 알고리즘보다 더 어렵다. 이런 맥락에서 볼 때, 전통적인 주인-대리인 이론은 알고리즘 거버넌스를 충분히 설명할 수 없다. 알고리즘의 기술관료주의적 해석은 전문가들이 이런 알고리즘의 작동 원리를 정확히 알고 있으며 이를 완전히 제어하고 통제할 수 있다는 가정에서 나온다. 이런 가정은 딥 러닝 알고리즘의 불투명성 때문에 이제 점점 더 불확실해진다.

6. 주인-대리인 문제에 대한 신유물론 관점

알고리즘 거버넌스에서 인간 전문가와 알고리즘의 어셈블리지는 거버넌스의 목표를 달성하기 위해 컴퓨터 알고리즘을 최적화하는 시행착오 과정을 통해 형성된다. 이 과정에서 전문가들은 알고리즘을 새로운 데이터로 훈련하고 알고리즘 아키텍처(architecture)를 수정해 가면서 그들의 목표나 이해를 인공지능과 협상한다. 이것은 전문가들이 알고리즘 거버넌스를 집행하고 이 알고리즘에 의해 생성된 사실들을 안정화하기 위해 특정 컴퓨터 알고리즘과 '동맹'을 맺는 지속적인 과정이다. 일단 전문가와 알고리즘의 어셈블리지가 만들어지면, 컴퓨터 알고리즘이 인간의 결정을 자동으로 대체하고 동시에 알고리즘 거버넌스는 블랙박스가 된다. 그러나 어셈블리지는 고정된 것이 아니라 시간이 지남에 따라 계속 변경된다. 주인-대리인 문제는 어셈블리지를 구성하는 전문가와 알고리즘의 신뢰 관계에서도 발생할 수 있다.

알고리즘 거버넌스에는 3개의 주인-대리인 관계가 있으며, 인간들 또는 인간과 컴퓨터 알고리즘의 사회적·물질적 어셈블리지의 결과다. 알고리즘 거버넌스는 어느 하나의 어셈블리지의 안정성 없이는 제대로 작동하지 않는다. 예를 들어 인간이 컴퓨터 알고리즘을 어셈블리지에 등록(enroll)할 수 없다면 알고리즘 거버넌스는 실패할 것이다. 전문가와 컴퓨터 알고리즘의 결합은 관료, 회사 관리자, 전문가 간의 주인-대리인 관계의 기본적인 조건이다. 또한 행위자-연결망 이론의 통찰에 따르면, 알고리즘 의사결정의 결과는 그러한 어셈블리지가 강력하게 유지되는 한 정확한 것으로 간주한다(Callon, 1998). 알고리즘 거버넌스의 정확성은 어셈블리지의 강도 및 안전성과 밀접하게 연결된다. 이것이 '수행성'의 효과다. 컴퓨터 알고리즘의 수행성은 어셈블리지의 결합이 강해 안정적으로 유지되는 한 유효하다. 알고리즘 거버넌스에서 사실의 진실성은 어셈블리지가 얼마나 잘 유지되느냐에 따라 결정된다.

수작업 코딩 프로그램, 머신 러닝, 딥 러닝 같은 컴퓨터 프로그램 중 어느 것이 어셈블리지에서 인간 주인들과 가장 좋은 동맹이 될지는 미리 예측하기 어렵다. 인공지능 연구 공동체의 관점, 제도적 문제, 일반 시민의 알고리즘 인식 등 사회적 문제, 알고리즘의 설명 가능성 및 예측 정확성 같은 알고리즘의 기술적 문제 등 여러 사회적·물질적 요소가 어셈블리지의 형성에 영향을 줄 것이다.

높은 정확성에도 불구하고, 딥 러닝의 불가해성은 인간 주인과의 어셈블리지를 만드는 초기에 어려운 과제가 될 것이다. 그러나 일단 어셈블리지가 만들어지면, 딥 러닝의 불가해함은 어셈블리지의 방패 역할을 할 것이다. 왜냐하면 데이터 과학자가 물질적 주인-대리인 문제를 잘 파악할 수 없기 때문이다. 반면, 수작업 코딩 알고리즘의 낮은 정확성은 알고리즘 거버넌스의 어셈블리지에 이 알고리즘을 등록하는 데 오히려 장애가 될 것이다. 다만 일단 어셈블리지가 이뤄지면, 이익집단 정치 또는 기술관료주의 정치와 결합된 인간중심주의적인 첫 번째와 두 번째 주인-대리인 문제가 알고리즘 거버넌스의 주요 걸림돌이 된다. 물론 수작업 코딩 알고리즘의 오작동은 일시적으로 발생할 수 있지만, 낮은 정보 비대칭으로 인해 오작동은 딥 러닝과 비교해 훨씬 더 쉽게 고쳐질 것이다. 간단히 말해서, 주인-대리인 문제와 그 관계는 알고리즘 거버넌스의 사회적·물질적 어셈블리지에 어떤 알고리즘이 등록되느냐에 따라 다양하고 역동적이다.

7. 알고리즘 거버넌스의 주인-대리인 문제에 대한 해결책

주인-대리인 문제를 해결하기 위한 다양한 정책 해결책을 **표 8-1**처럼 제안할 수 있다. 첫 번째 주인-대리인 문제의 경우 알고리즘 거버넌스의 투명성을 높이고 기업의 부정행위를 해결하기 위해 결과 기반 인센티브, 이익공유 또는 감사제도를 사용한다. 두 번째 주인-대리인 문제를 해결하기 위해 관료와 시민들의 과학적 문해력을 향상시키는 과학교육을 장려한다. 다수의 이해관계자 간 협상(multi-stakeholder negotiation)과 참여민주주의 등 민주적 접근법과 전문가 윤리교육 등 전문성에 대한 자율 규제적 접근법도 가능하다. 컴퓨터 알고리즘과 데이터 세트의 소스 코드를 공개하는

표 8-1 알고리즘 거버넌스의 주인-대리인 문제

유형	첫 번째	두 번째	세 번째
주요 당사자	관료	기업 경영진	전문가
대리인	기업	전문가(컴퓨터 과학자)	컴퓨터 알고리즘
정보 비대칭	비밀주의	기술 문맹	불가해성
부정행위	의도적	의도적	인과적
대리인 관계	계약	계층	신뢰
주인-대리인 문제 해결책	결과 기반 인센티브, 이익공유, 감독	감독 교육 직업윤리 민주적 접근법	점증적 접근법 사전예방원칙 알고리즘 다원주의

것도 투명성을 높이기 위해 가능한 옵션이지만 알고리즘의 복잡성과 데이터의 방대함으로 인해 그 효과가 떨어질 것이다(Koene et al., 2019). 알고리즘의 코드를 공개한다고 해서 설명 가능성이 저절로 커지는 것은 아니다. 그리고 알고리즘 거버넌스를 추진하는 공공기관과 민간기관이 소스 코드를 공개할 가능성은 거의 없다.

주인-대리인 문제에 대한 기존의 해결책들이 전문가와 컴퓨터 알고리즘 사이에서 발생하는 물질적 주인-대리인 문제를 해결할 수 있는가? 결과 기반 인센티브, 이익공유나 감독 같은 기존 해결책으로는 컴퓨터 알고리즘의 부정에 대한 책임을 알고리즘에게 직접 부과할 수 없다. 왜냐하면 존슨과 베르디키오(Johnson and Verdicchio, 2018)가 주장한 바와 같이, 컴퓨터 알고리즘의 행위력은 알고리즘의 고의적인 행동이 아니라 인과적으로 나타난 것이기 때문이다. 단지 가능한 해결책은 주인의 관점에서 인간 전문가들에게 컴퓨터 알고리즘의 부정행위에 대한 감시 태만의 책임을 묻는 것뿐이다. 즉, 물질적 주인-대리인 문제에 대처하기 위해서는 대리인인 컴퓨터 알고리즘 측면에서 새로운 해결책이 필요하다.

딥 러닝의 설명 가능성을 높이기 위한 몇 가지 기술적 시도가 현재 진행

중이다. 설명 가능한 인공지능 프로젝트는 유망한 기술적 해결책이다. 그렇지만 앞서 언급했듯이, 딥 러닝 알고리즘의 복잡성 상실을 수반하지 않는 설명 가능한 인공지능 프로젝트에는 아직 도달할 수 없다. 그 대신, 여기서는 딥 러닝 알고리즘의 불가해함과 수행성을 다루기 위한 세 가지 정책 접근법을 추천한다. 그중 두 가지 접근 방식은 위험과 환경 연구에서 이미 불확실성에 대처하기 위해 사용했다. 알고리즘 거버넌스를 위험 및 환경정책에 비유하는 이유는 다음과 같다. 물질적 주인-대리인 문제와 관련한 컴퓨터 알고리즘의 부정은 환경 경제학의 외부성(externality) 개념에 가깝다. 또한 딥 러닝의 불가해성은 환경 사회학자 및 위험 연구 학자들이 다룬 무지(ignorance) 개념과 유사하다(Funtowicz and Ravetz, 1993).

딥 러닝의 불가해성에 대처하기 위한 첫 번째 접근은 점증적 접근법(incremental approach)이다. 이 접근법은 정책을 한번에 실시하는 것이 아니라 단계적 과정으로 구분하고, 조그마한 실행을 통한 시행착오 경험으로써 불확실성에 대응한다(Lindblom and Woodhouse, 1993). 알고리즘 거버넌스에서 딥 러닝의 정책 적용은 앞에서 언급한 것처럼 컴퓨터비전 같은 딥 러닝의 기술적 적용보다 훨씬 더 복잡하고, 기술 외에도 매우 복잡한 요소가 정책 결과에서 상호작용한다는 점에서 알고리즘 거버넌스의 결과로부터 피드백을 얻는 데 훨씬 더 오랜 시간이 걸릴 것이다. 따라서 중요한 것은 알고리즘 거버넌스를 몇 가지 적절한 단계를 만들어 수행하고 알고리즘 거버넌스의 소규모 실험을 통해 알고리즘 입력과 산출물, 정책 결과를 신중하게 평가함으로써 가능한 한 빨리 유익한 교훈을 얻는 것이다. 알고리즘 감사 및 영향 평가(Kroll, 2018)는 이런 방식으로 이뤄질 수 있다.

딥 러닝의 불가해성을 다루기 위한 두 번째 접근 방식은 사전예방원칙의 관점에서 알고리즘 거버넌스에 사용되는 딥 러닝을 규제하는 것이다. 알고리즘 거버넌스의 모든 사례에 사전예방원칙을 적용할 필요는 없다.

일반적으로 불확실성이 높고 정책 조치의 결과가 재앙적이거나 돌이킬 수 없을 때 사전예방원칙을 적용한다(Raffensperger and Tickner, 1999; Kim, 2008). 특히 최근에 살상용 로봇에 대한 모라토리엄이 논의되고 있는 것처럼 금융 및 국가안보에 알고리즘 거버넌스를 적용할 경우, 이들을 사전예방원칙을 적용하는 잠재적 목표로 고려할 수 있다. 왜냐하면 딥 러닝의 오남용이 심각한 금융 혼란을 초래하거나 엄청난 인적·물적 피해를 초래할 수 있기 때문이다.

마지막 접근 방식은 딥 러닝 알고리즘의 수행성에 대처하는 방법이다. 알고리즘 거버넌스를 위한 딥 러닝 알고리즘을 개발하고 사용하는 데 '기술적 다원주의'(Sclove, 1995: 145; Feenberg, 1999: 218)를 강화하는 것이다. 이른바 알고리즘 다원주의(algorithmic pluralism)를 추구하는 것이다. 다양한 알고리즘 시스템이 공존하면 서로 결과를 비교할 수 있으며, 딥 러닝 알고리즘이 부정을 저지르는 것을 막을 수 있다. 알고리즘 다원주의는 특정 인공지능 시스템의 지배적인 어셈블리지를 약화시킬 수 있고, 그래서 알고리즘의 수행성으로 인해 발생하는 문제를 개선할 수 있다. 알고리즘 거버넌스를 구축하는 인간 참가자들은 다양한 회사에서 제공하는 다수의 알고리즘 의사결정 시스템 중에서 의미 있는 선택을 할 수 있다.

8. 마무리

인공지능의 발달로 알고리즘 거버넌스가 등장하면서 알고리즘 편향, 감시, 의사결정의 불투명성에 관한 심각한 우려가 표면화됐다(Ferguson, 2017). 그러나 알고리즘 거버넌스에 대한 비판은 대부분 컴퓨터 알고리즘과 빅데이터에 관련된 정치경제학적·기술관료주의적 논의로 이뤄졌다(Zuboff, 2019;

Završnik, 2018). 그 대신, 이 글은 불가해한 딥 러닝 알고리즘을 제어하는 데 인간 전문가의 한계를 강조함으로써, 컴퓨터 알고리즘이 인간을 위한 자원과 도구 역할이 아니라 인간과 알고리즘 거버넌스를 공동 구성한다고 주장한다. 이런 맥락에서 기존의 주인-대리인 이론에 도전했으며 알고리즘 거버넌스의 주인-대리인 문제를 이해하는 데 신유물론 관점의 중요성을 강조했다.

알고리즘 거버넌스는 인간과 컴퓨터 알고리즘의 사회적·물질적 어셈블리지로서, 관료나 전문가뿐만 아니라 전문가와 컴퓨터 알고리즘 사이에서도 주인-대리인 관계를 만든다. 인간과 알고리즘 모두 알고리즘 거버넌스를 지배하지 않는다. 물질적 주인-대리인 관계는 알고리즘 거버넌스의 기본 조건이다. 알고리즘 거버넌스는 전문가와 컴퓨터 알고리즘의 안정적인 어셈블리지 없이는 제대로 기능할 수 없기에 전문가들이 알고리즘과 신뢰를 형성하고자 계속 노력한다. 이 신뢰 구축은 매우 맥락적이며 우연적이다. 수작업 알고리즘, 머신 러닝 또는 딥 러닝 중 어느 것을 더 신뢰할지 예측하는 것은 어렵다. 딥 러닝이 가장 정확하지만, 그 불가해함은 주인들의 신뢰에 장애가 된다. 신뢰 구축 프로세스에서 알고리즘 거버넌스의 상황과 사례에 따라 컴퓨터 알고리즘의 정확성과 불가해성의 교환이 일어난다.

알고리즘 거버넌스에서 모든 컴퓨터 알고리즘은 전문가들과 주인-대리인 관계를 형성한다. 하지만 모든 알고리즘이 물질적 주인-대리인 문제를 직면하지는 않는다. 왜냐하면 주인-대리인 문제는 정보 비대칭과 부정이라는 두 가지 조건을 요구하기 때문이다. 어떤 알고리즘도 부정행위를 저지를 수 있지만, 어떤 알고리즘도 설명할 수 없는 것은 아니다. 이 점에서 정보 비대칭성이 거의 없는 수작업 코딩 프로그램보다 불투명한 딥 러닝을 사용한 알고리즘 거버넌스에서 물질적 주인-대리인 문제가 더 많이 나타날 가능성이 있다. 전문가와 컴퓨터 알고리즘의 강력한 어셈블리지(신뢰)가 존재한다고 해서 컴퓨터 알고리즘의 부정이 없는 것은 아니다. 오히려 이런 부정은 인류 역사상 수많은, 신뢰 위에 배신이 싹트는 사건들처럼 전문가와 알고리즘 간의 신뢰에서 발생할 수 있다.

물질적 주인-대리인 문제는 컴퓨터 알고리즘의 수행성과 불가해성으로 인해 숨겨질 때 해결하기 어렵다. 두 요인의 결합으로 인해 전문가들은 물질적인 주인-대리인 문제를 발견하기 어렵다. 이것은 컴퓨터 알고리즘의 물질적 정치를 의미하며, 이 개념은 알고리즘이 인간 주인의 완전한 통제 속에 있다는 전통적인 주인-대리인 이론에서 비롯된 이익집단 정치와 기술관료주의 개념과 다르다. 전문가와 인공지능의 새로운 권력관계를 고려하고 알고리즘 권력의 다양성을 더욱 자세히 검토해야 한다.

코로나19 감시와 좋은 시민권 회집하기

코로나19 팬데믹 대응에 시민의 협력은 매우 중요하다. 그래서 코로나바이러스에 대한 사회의 대응은 '좋은 시민권(good citizenship)'의 시험이 됐다. 이 글은 코로나19 감시 체제하에서 한국 사람들이 '좋은 시민권' 개념을 시민의 의무, 권리, 평등이라는 측면에서 어떻게 인식하는지 살펴본다. 한국의 코로나 감시 시스템은 바이러스 확산을 억제하기 위해 신속하고 광범위한 코로나바이러스 검사, 확진자의 빠른 동선 추적, 사회적 거리두기, 확진자의 동선 정보를 투명하게 국민에게 공개하는 것이 특징이다. 특히 동선 정보 공개 정책은 '좋은 시민권'을 구성하는 데 중요한 역할을 한다.

확진자 동선 정보 공개 정책은 2015년 중동호흡기증후군(MERS) 사태로 만들어진 한국 고유의 감염병 정책이다. 메르스 사태 당시 병원 간 바이러스 전파가 발생했을 때 환자의 동선 정보에 대한 알권리를 주장하는 국민의 요구가 매우 컸다. 박근혜 정부가 확진자 동선 정보를 제대로 공개하지 않자 어떤 시민은 확진자 위치 지도를 스스로 만들어 온라인에 배포하기도 했다(김은성, 2015). 당시 박근혜 정부의 위험소통 전략에 대한 대중의

* 이 장은 Kim and Chung(2022)의 내용을 수정·보완했다.

신뢰는 매우 낮았다. 시민들은 이 동선 정보의 비공개가 메르스 위험을 축소하려는 박근혜 정부의 고의적인 조치라 판단했다. 하지만 국민의 알권리 요구가 커지자, 2015년 메르스 사태 이후 정부는 '감염병의 예방 및 관리에 관한 법률'을 개정해 확진자의 동선 정보를 공개하기로 결정했다. 다시 말하면 동선 정보 공개 정책은 감염병을 통제하기 위한 정부의 적극적 노력이라기보다는 국민의 요구에 따른 결과였다.

2020년 초 코로나 확진자들이 발생하자 지방자치단체는 지역주민에게 긴급 경보 메시지를 발송하고 환자의 성별, 나이, 거주 지역, 동선 정보 등을 관청 홈페이지에 올렸다. 그러나 동선 정보 공개 정책은 확진자의 사생활 침해 및 사회적 낙인 위험이 있었다. 동선 정보에는 이름이나 주소는 없었지만, 확진자의 이동 기록을 토대로 누락된 데이터를 연결해 확진자를 식별하거나 추측할 수 있었다. 이에 2020년 3월 9일 국가인권위원회(2020)는 확진자의 개인정보가 과도하게 노출되는 점을 우려해 거주 지역, 직업 등 세부 사항은 공개하지 말 것을 권고했다. 정부는 2020년 10월 확진자의 나이와 성별에 대한 자세한 정보는 공개하지 않기로 했다. 그러나 효과적인 격리와 인권 간에 여전히 긴장이 남아 있었다. 일부 사회적 소수자들은 코로나19 팬데믹 기간에 사회적으로 낙인이 찍혔으며, 정부 지침을 준수하는 '좋은 시민'이 되기 어려운 사회적 상황에 놓여 있었다.

이 글은 시민권에 대한 신유물론적 접근을 추구한다(Alldred and Fox, 2019). 확진자의 동선 정보에 있는 사물, 장소, 물리적 이동성 측면에서 시민권의 물질성을 조사했다. 맘카페로 불리는 온라인 포럼에서 회원들의 댓글을 수집해 동선 정보에 대한 지배적인 담론을 분석했다. 나아가 이 담론과 사회적 소수자들의 담론을 병치해 시민의 권리와 의무, 평등 같은 '좋은 시민권'의 서로 다른 의미들의 충돌을 분석했다.

1. 시민권과 신유물론

시민권은 현대사회에서 권리와 의무를 지닌 구성원의 사회적 지위, 시민의식, 정체성을 가리킨다. 시민권의 고전적인 정의는 국가 또는 정치 공동체가 부여한 공식적인 법적 지위 또는 자격이다. 예를 들어 시민권은 한 국가 국민의 자격이다. 여권과 주민등록증은 시민권의 징표다. 하지만 시민권에 대한 현대의 논의는 "국가, 국제기구 또는 기타 기관이 부여한 형식적 지위나 법적·정치적 권리와 의무를 넘어 확장된다"(Bellamy and Kennedy-Macfoy, 2014: 2). 또한 시민권은 지위와 자격을 넘어 시민으로서 갖는 권리와 의무에 대한 시민의식 또는 시민으로서의 인격(personhood)과 관련된다(Kim, 2016b; Rose, 2007; Petryna, 2011).

시민권 개념은 자유, 권리, 자치, 시민의 의무, 형평성, 공동선, 공공 정신, 시민참여와 같은 다양한 의미를 포함하며, 민주주의 및 사회정의 이론과 함께 발전했다(Alldred and Fox, 2019; Shafir, 1998). 대표적인 시민권 모델은 토머스 험프리 마셜(Thomas Humphrey Marshall)의 보편적 시민권이다(Marshall, 1950). 보편적 시민권(universal citizenship)이란 계급, 인종 같은 사회적 특성과 무관한 모든 시민의 동등한 권리를 의미한다(Nash, 2010: 132). 1990년대에 마르크스주의자들과 페미니스트들은 마셜의 자유주의 시민권 모델을 비판하면서, 구조적 배제와 문화적 불평등에 주목했다(Bartholomew, 1990; Fraser and Gordon, 2002; Soysal, 1994; Turner and Hamilton, 1994; Voet, 1998; Yuval-Davis, 1997; Young, 1990).[1] 2000년대에

1 마셜의 자유주의 시민권은 시민권과 계급의 관계에 주목했다는 점에서 그 이전의 부르주아적 자유주의 시민권과는 다르다. 하지만 그는 경제적 불평등에 관심을 가졌으나 사유재산 철폐와 같은 마르크시즘적 해결책보다는 노동자들의 정치적 시민권과

사회구성주의와 후기구조주의는 민주주의 이론을 넘어 다양한 사회환경에서 담론, 지식, 실천을 통해 구성되는 시민권을 분석했다(Rose and Novas, 2005; Rose, 2007; Petryna, 2013; Kim, 2016a). 그리고 최근에는 신유물론의 성장과 함께 시민권 연구에서 포스트 휴머니즘적 접근이 시도되고 있다.

이 글은 공식적·법적 지위나 자격보다는 시민의식이나 시민으로서의 인격 관점에서 시민권을 분석한다. 코로나19 팬데믹 동안 사람들이 확진자를 '좋은 시민' 또는 '나쁜 시민'으로 인식하는 방식에 대해 조사했다. 자유주의, 마르크스주의, 페미니즘의 시민권 논쟁을 토대로 이 글은 시민의 의무, 권리, 평등의 세 가지 의미에 초점을 맞춘다. 나아가 이 글은 코로나19 감시의 세 가지 물질적 맥락(사물, 장소, 이동성)에서 시민권의 세 가지 의미의 간극을 신유물론을 활용해 분석한다(Kim and Chung, 2021).

시민권에 대한 포스트 휴머니즘적 접근은 사물이 아이디어, 가치, 규범 및 제도와 같은 인간적 요소와 함께 시민권을 생산하는 데 기여한다고 판단한다. 역사적으로 시민권은 인간중심주의에 뿌리를 둔 개념이라는 점에서 시민권에 대한 신유물론적 접근은 혁신적이다. 하지만 요우니 해클리(Jouni Häkli)는 규범적 관점에서 시민권에 대한 포스트 휴머니즘적 접근을 비판했다(Häkli, 2018: 166). 그는 "우리가 포스트 휴머니즘적 관점에서 시민권을 의미 있게 고려하기 전에 책임 개념이 더 정교화되어야 한다"라고 말했다. 즉, 사물의 시민권을 논하기 위해서는 사물이 가져야 할 책임에 대해 설명해야 한다는 말이다. 하지만 이 글은 브뤼노 라투르(Latour, 1993b)

사회복지에 중점을 뒀다. 마르크스주의자들은 마셜의 보편적 시민권 모델이 구조적 모순을 충분히 고려하지 못했다는 측면에서 한계가 있다고 비판했다. 한편 페미니스트들도 마셜의 자유주의 시민권이 백인 남성 중심적이며 젠더와 인종 같은 다른 사회적·문화적 불평등을 다루지 않았다는 점에 대해 비판했다.

가 '사물의 의회'에서 시사하듯이 사물이 인간과 함께 의회에서 정치적 권리를 행사하는 시민권을 가졌는지 혹은 가져야 하는지를 분석하지 않는다. 이 책은 사물 그 자체의 시민권에 대해서는 다루지 않으며, 사물이 인간의 시민권에 미치는 영향만을 다룬다. 나는 이 점에서도 포스트 휴머니즘적 접근이 충분히 혁신적이라고 생각한다.

신유물론 관점에서 앨드레드와 폭스(Alldred and Fox, 2019: 70)는 시민권은 "신체의 성질이나 속성이 아니라 결합된(assembled) 신체, 사물, 개념 및 사회제도의 창발 능력"이라고 주장했다. 즉, 시민권은 몸, 사물, 제도의 어셈블리지(assemblage)로부터 나온 것이다. '어셈블리지' 개념은 생물과 무생물, 물질과 사회, 주체와 대상, 몸과 마음, 행위와 구조를 구별하지 않는다(Deleuze and Guattari, 1987; Latour, 2005). 이런 관점에서 시민권 개념은 '관계적 행위력'과 밀접한 관련이 있다. 이는 행위력이 행위자의 고유한 속성에서 나오는 것이 아니라 행위자들의 어셈블리지에 분산되어 있음을 의미한다. 브뤼노 라투르는 이 행위자를 '행위소'라고 불렀다. "행위소는 많은 다른 행위자들에 의해 행위를 하도록 만들어진 것"을 말한다(Latour 2005: 46). 사물, 사람, 제도는 시민권을 구성하는 행위소들이다.

한편 지리학자들은 시민권과 공간 및 장소, 이동성의 관계를 오랫동안 탐구해 왔다(Desforges et al., 2005; Painter and Philo, 1995; Kurtz and Hankins, 2005). 장소는 사물과 사람의 상호작용 또는 공간의 상징적 경험을 통해 형성된다(Kim and Chung, 2019). 지리학자들은 시민권의 공간적 파급효과, 장소 기반 시민권, 불법 이민자들에 의한 시민권 위반에 대해 언급했다(Desforges et al., 2005). 그들은 또한 장소 및 공간과 관련된 "시민권의 형식적·사회문화적·담론적 차원의 상호작용"을 조사했다(Kurtz and Hankins, 2005). 신유물론은 장소 및 공간에 대한 지리학적 이해에 어느 정도 스며들어 있다. 장소는 사물과 사람을 둘러싸는 용기와 같은 뉴턴 공간이 아니라 사물과 사람의 어셈블리지이다(Bryant, 2014).

이 글은 특히 신유물론 관점에서 제도를 시민권을 구성하는 하나의 행위소로 간주한다. 제도는 텍스트와 데이터로 구성되며, 신유물론적 관점에서 사람들과 상호작용 하는 비인간적 행위소다. 여기서 동선 정보 공개 정책은 사물 및 사람과 함께 좋은 시민권을 형성하는 핵심적인 행위소이다. 동선 정보 데이터는 사람들의 행동에 행위력을 행사한다. 아미트 데사이(Amit Desai)가 주장하듯이 데이터는 "생명력(vital properties)을 부여받은 완전한 행위자가 될 수 있는 잠재력"을 갖는다(Desai et al., 2017: 135). 동선 정보 공개 정책에 대한 대중의 반응은 확진자의 사물, 장소, 이동성으로 구성된 동선 정보에 따라 유도된다. 이는 동선 정보가 사람들의 행동에 영향을 미치는 행위소임을 의미한다.

특히 이와 관련해 주목할 사실은 동선 정보가 확진자의 삶을 탈맥락화한다는 점이다. 사생활 침해의 우려로 인해 동선 정보는 기본적인 위치 정보 외에 확진자들이 마스크를 착용하는 이유, 사람이 붐비는 장소에 가는 이유, 장소를 계속 이동하는 이유 등을 전혀 설명하지 않는다. 동선 정보에서 사회적 요소가 사라지고 사물, 장소, 이동성과 관련된 물질적 요소만 남을 때 시민권의 물질성은 증가한다. 결과적으로 동선 정보 데이터는 확진자의 경제적·문화적 차이를 간과하고 시민의 의무가 시민의 권리와 평등을 압도하는 '획일적 시민권(uniform citizenship)'을 만드는 데 기여한다.

2. 맘카페

나는 맘카페, 뉴스, 성소수자 집단의 인터넷 사이트에서 확진자 동선 정보에 대한 사람들의 반응을 살펴봤다.[2] 맘카페는 육아, 교육, 안전에 대한 회원들의 여론을 형성하는 대표적인 웹사이트다. 맘카페는 대부분 30~40대 어머니 회원들로 구성되어 있다. 내가 맘카페를 핵심 연구 대상으로 선택한 이유는 동선 정보에 대한 많은 응답을 수집할 수 있었기 때문이다. 맘카페 회원들은 지자체에서 동선 정보를 공개하자마자 맘카페 웹사이트에 이 동선 정보를 올렸다. 그러므로 맘카페는 사람들이 동선 정보에 어떻게 반응하는지를 엿볼 수 있는 매우 좋은 사이트다. 이 연구에서 조사한 댓글 수(총 6337개)가 엄청나게 많음에도 회원들의 의견은 매우 일관되고 지역 간, 맘카페 사이트 간 차이가 발견되지 않았다. 회원들은 확진자의 행동을 비난하거나 칭찬하면서 시민의 의무를 강조했다. 동선 정보 공개 정책에 대한 비판은 찾아볼 수 없었으며, 오히려 회원들은 확진자에 대한 더 많은 정보를 원했다.

이런 맘카페 여론의 일관성은 몇 가지 이유로 추측할 수 있다. 첫째, 이 연구에서 수집한 댓글이 코로나19에 대한 회원들의 공포가 엄청났던 팬데믹 초기에 수집한 데이터였기 때문에, 맘카페에는 확진자의 권리보다 시민의 의무에 대한 담론이 넘쳐났다. 둘째, 동선 정보 공개 정책은 메르스 사태 당시 감염자 정보에 대한 대중의 요구로 인해 만들어진 정책이기 때문에 회원들이 이 정책에 동의할 가능성이 컸다. 이에 동선 정보 공개 정책에 대한 일반적인 논의보다는 맘카페에 올라온 확진자의 동선 정보에 대한 회원들의 직접적인 댓글을 분석했다. 동선 정보 공개 정책을 비판하는 회원이 있었다면 동선 정보 관련 게시물을 읽지 않았거나 게시물에 비판

2 이 연구의 방법론은 디지털 데이터베이스를 시민권 같은 사회적 의미의 생산을 위한 핵심 장소로 보는 이른바 디지털 민족지학(digital ethnography)이다(Burns and Wark, 2019). 2020년 1월부터 6월까지 전국 단위 맘카페를 포함하고 서울 및 대구의 총 16개 맘카페에서 회원들의 댓글 6337개를 '동선'이라는 키워드를 이용해 네이버에서 검색해 수집하고 질적으로 분석했다.

적인 댓글을 달지 않았을 수도 있다. 셋째, 앞서 언급했듯이 동선 정보는 사생활 침해 우려로 인해 확진자의 삶을 탈맥락화한다. 결과적으로 회원은 확진자의 삶에 대한 자세한 맥락과 상황을 알지 못한 채 최소한의 동선 정보로 확진자의 행동을 판단한다.

이런 이유로 시민의 의무 담론이 아닌 확진자들의 권리 및 사회 불평등에 관한 담론을 찾기 위해서는 다른 데이터가 필요했다. 그래서 신문, 사회적 소수자들의 웹사이트, 코로나19 관련 학술대회에서 사회적 소수자들의 담론을 수집했다.[3] 그다음 맘카페 담론과 사회적 소수자들의 담론을 병치시켜 시민권 충돌의 의미를 분석했다.

3. 동선 정보에 대한 대중 반응의 신유물론적 상황

확진자의 동선 정보를 통해 한국 사람들은 코로나19 상황에서 어떻게 행동해야 하는지를 생각한다. 맘카페에 올라온 동선 정보를 기초로 회원들은 확진자의 인격을 착한 시민이나 나쁜 시민으로 상상하며 확진자의 행동을 비난하거나 박수를 보낸다. 이런 상황을 신유물론적 관점에서 다음과 같이 이야기할 수 있다. 회원들은 컴퓨터와 스마트폰을 통해 맘카페 블로그에 접속할 것이다. 그다음 맘카페에 올라온 동선 정보를 확인하고 댓글을 남긴다. 이런 실천은 신유물론이 초점을 두는 인간과 사물의 상호작용이다. 맘카페 회원과 컴퓨터, 나아가 회원과 동선 정보가 상호작용한

3 이 연구에서 수집한 성소수자 데이터는 신문, 학회, 성소수자 집단 관련 9개 웹사이트의 99개 게시물에서 가져왔다. 저소득 근로자에 대한 데이터는 대부분 신문에서 가져왔다.

다. 여기서 맘카페 회원과 동선 정보는 어셈블리지를 구성하는 행위소가 된다. 즉, 시민권의 의미는 행위소로서의 동선 정보 데이터와 맘카페 회원들의 상호작용 이른바 어셈블리지를 통해 만들어진다. 나아가 동선 정보에는 마스크와 확진자의 정보가 있다. 이 확진자 정보는 코로나19 바이러스와 등치되기 때문에 결국 동선 정보와 맘카페 회원과의 상호작용은 마스크, 코로나바이러스, 확진자, 맘카페 회원과의 상호작용을 의미한다. 신유물론적 관점에서 볼 때 이런 이질적 상호작용의 결과로서 확진자의 시민권이 만들어진다.

특히 여기서 주목해야 하는 사항은 첫째, 이런 이질적 상호작용이 반드시 신체적으로, 직접적으로 일어날 필요는 없다는 것이다. 즉, 맘카페 회원들이 코로나바이러스에 감염되지는 않았기에 맘카페 회원들과 바이러스가 직접적으로 상호작용 하지는 않았다. 하지만 코로나바이러스는 맘카페 회원들의 행위력에 영향을 주고, 시민으로서 확진자의 정체성을 형성한다. 둘째, 동선 정보에 있는 마스크와 바이러스 등은 단순히 기호일 뿐이지만, 그 기호가 인간의 행위력에 영향을 준다. 물질기호학 관점에서 기호는 물질성을 가진다.[4] 셋째, 어셈블리지를 형성하는 행위소들은 서로 적대적일 수 있으나, 존재론적으로는 상보적이다. 인간과 코로나바이러스는 서로 싸우지만, 관계적 행위자로서 서로의 존재를 형성하는 데 기여한다. 마스크와 바이러스는 방역의 측면에서는 서로 적대적일 수 있으나, 서로의 존재를 만드는 역할을 한다. 이런 관점에서 어셈블리지 개념이 이해관계

4 주디스 버틀러와 도나 해러웨이와 같은 후기구조주의자들은 언어성과 물질성을 구분하지 않는다. 이에 대한 개념이 버틀러의 수행성(performativity) 개념이다(Butler, 1997). 그런 점에서 모든 언어는 물질성을 갖는다. 하지만 언어로 표현되지 않는 물질성도 존재한다. 우리가 그림과 시를 볼 때 언어로 표현할 수 없는 어떤 감정을 느낄 수 있는데, 이를 정동이라 부른다.

접근법의 이익집단, 옹호집단 개념과 차이가 있음을 알 수 있다.

이런 어셈블리지의 결과로 시민권의 개념이 만들어지는데, 맘카페 일부 회원들은 "선진 시민", "모범시민", "시민의식 부족" 또는 "사회적 책임" 같은 용어나 문구를 댓글에 남겼다. 그들의 마음속에서 '좋은 시민권' 개념은 시민의 의무를 의미한다. 그러나 이런 개념은 마르크시즘과 페미니즘 관점의 비판에서 자유롭지 못하다. 이제 사물, 밀집된 장소, 확진자의 물리적 이동이라는 세 가지 물질적 맥락에서 시민의 의무, 권리 및 평등 간의 긴장을 살펴보도록 하겠다.

4. 사물, 시민권, 저소득 근로자

4절은 시민권 형성에 미치는 사물의 역할을 조사하며, 마스크 또는 코로나바이러스와 같은 비인간 행위자들이 확진자의 시민권에 어떻게 영향을 미치는지 그들의 관계적 행위력을 검토한다. 2020년 코로나19 사태 초기부터 한국 정부는 공공장소에서 마스크 착용을 권고해 왔다. 한국인 대다수는 건물 내부뿐만 아니라 거리에서도 마스크를 착용한다. 마스크를 착용하지 않은 사람은 대중교통을 이용할 수 없다. 마스크 착용은 코로나19 대응을 위한 시민의 의무가 됐다. 마스크는 '좋은 시민권'의 필수 요건이 됐다. 마스크를 착용하지 않은 사람들은 거리를 걸을 때 다른 사람들의 따가운 눈총을 의식하게 됐다(Kim and Chung, 2021).

시민의 의무 담론은 확진자의 동선 이력을 바탕으로 확진자를 비난하고 칭찬하는 과정에서 형성된다. 확진자가 마스크를 착용하지 않았다는 사실이 동선 정보에서 밝혀질 때 심한 비판과 낙인을 찍었다. 한 회원은 "집콕하는 부모 입장에서는 놀이터에서 애들 마스크 안 씌우게 허용하는 부모나 길거리 노스크 턱스크 다 자살테러 폭탄처럼 똑같아 보여요"라고 분노했다. 반면 학회에서 돌아온 17번째 환자와 같이 마스크를 잘 쓴 확진자에게 회원들은 박수를 보냈다. 대구 맘카페 회원들은 다음과 같이 말했다.

> 회원 1: 26명인가 직접 접촉하고도 한 명도 감염시키지 않았대요. 학회 다녀오고 감기 기운 있는 거 같아서 집안에서도 마스크 쓰고 자가 격리 햇답니다. 동선도 제법 긴데도 자기관리 잘해서 전설의 17번이라고 불려요.
>
> 회원 2: 17번 확진자님은 감염병 이단이 판을 치는 요즘 실로 대단한 분 같아요. 자면서도 마스크 하셨대요. 그 누구에게도 옮기지 않고 완치해서 퇴원까지 하신!!
>
> 회원 3: 이 분은 거의 그때 위기의 대구를 살린ㅋㅋㅋ의인 같은(?) 분이세요.

맘카페 회원들이 두 확진자의 정체성을 '자살폭탄 테러범'과 '의인'으로 어떻게 다르게 상상하는지 비교해 보자. 확진자가 좋은 시민인지, 나쁜 시민인지는 환자가 마스크를 착용하는지에 달려 있다. 신유물론적 관점에서 볼 때 두 확진자의 정체성은 '순수한' 인간의 것이 아니라 마스크를 쓴 사람과 쓰지 않은 사람이란 차이에서 구별된다. 그것은 이른바 '관계적 행위력', 즉 사람과 사물의 어셈블리지의 결과다. 17번 환자를 좋은 시민으로 볼 때 마스크는 시민의 의무를 가리킨다. 더욱이 확진자의 체내에 있는 코로나바이러스는 마스크를 시민적 의무의 도구가 되게 한다. 마스크가 코로나19 감염 확산을 막을 수 있기 때문이다. 관계적 행위력 개념을 감안할 때, 좋은 시민으로서 17번 환자의 정체성은 바이러스, 마스크 및 몸의 사회적·물질적 어셈블리지에서 나온다. 따라서 맘카페 회원들뿐만 아니라 신종 코로나바이러스와 마스크도 좋은 시민권 개념을 만드는 데 관여한다. 마스크 자체에 시민의 의무라는 의미가 담겨 있는 것은 아니다. 마스크의 의미는 상황에 따라 다르다. 마스크가 어떤 상황 속에서 누구와 상호작용하는지에 따라 '좋은 시민권'의 의미는 달라질 수 있다. 따라서 다른 사회적 맥락에서 마스크의 의미를 살펴보고, 나아가 코로나19 팬데믹 상황에서 마스크의 의미가 어떻게 시민적 의무로만 주로 수렴하는지를 검토할 필요가 있다.

역사적으로 마스크 착용의 의미는 시민의 의무에 국한되지 않고 시민의 권리를 의미하기도 한다. 코로나19 팬데믹에서의 마스크 사용은 정치시위에서 마스크를 사용하는 것과 극명한 대조를 이룬다. 시위에서 마스크를 착용하는 것은 감시를 피하기 위한 중요한 도구이다(Kim, 2016a; Monahan, 2015). 시위 현장에서 경찰이 카메라를 사용할 때 마스크는 시위자의 신원을 숨기고 그들의 익명성을 강화한다. 마스크는 시위대의 정치적 권리를 옹호하고 카메라 감시에 대항해 시위대의 정치적 행동을 강화하기 위해 옹호된다(김대기, 2019). 성소수자, 성매매업 종사자 등 사회적 소수자를 위한 시위는 익명이 요구된다. 마찬가지로 침묵시위에서 시위대는 X 자 모양의 마스크를 착용한다(전진식·홍석제, 2015).

이처럼 전염병과 정치시위에서 마스크를 착용하는 것은 서로 다른 의미가 있다. 신유물론 관점에서 코로나바이러스는 마스크의 행위력에 영향을 준다. 코로나바이러스가 없다면 사람들이 마스크에서 시민의 의무를 어떻게 생각할 수 있을까? 즉, 코로나바이러스와 마스크와의 어셈블리지가 시민의 의무로서 좋은 시민권의 의미를 형성하게 한 것이다.

코로나19 팬데믹 동안 미국 미니애폴리스 경찰이 저지른 조지 페리 플로이드 사망 사건에 대한 항의시위가 전 세계적으로 일어났다. 미국과 같은 일부 국가에서는 복면 시위가 불법이기 때문에 마스크는 신종 코로나바이러스에 대응하는 시민의 의무뿐만 아니라 인종주의에 반대하는 정치적 권리를 의미하기도 한다. 물론 코로나19의 대유행 동안 미국에서도 시

그림 9-1 조지 플로이드의 죽음에 항의하는 시위대

© 한겨레

자료: ≪한겨레≫(2020.6.6).

위자들이 마스크를 착용하는 것이 강력히 권장되고 있다. **그림 9-1**에서 보는 바와 같이 당시 한국에서도 인종차별 반대 시위가 있었다. 한국에서 복면 시위는 합법이기 때문에 이 그림에서 마스크는 시민의 정치적 권리를 보호하는 것보다 코로나바이러스에 대응한 시민의 의무만을 의미했다. 이처럼 마스크와 시민권의 관계는 사회적·물질적 어셈블리지의 구성에 따라 다르게 구성될 수 있다.

반면 사회적 소수자와 마스크의 어셈블리지를 통해 형성되는 '좋은 시민권'은 시민의 의무뿐만 아니라 사회적 평등의 문제다. 코로나19 팬데믹 초기에 마스크 사용을 중심으로 정규직과 비정규직 간의 불평등이 생겼다. ≪오마이뉴스≫(박석철, 2020)에 따르면 2020년 3월 4일 현대차 울산공장은 정규직 근로자에게 1급 방진 마스크를, 비정규직 근로자에게는 일반 마스크를 지급했다. 부산교통공사는 전일제 근로자에게 마스크 13장을 지급

했지만, 시의원들이 문제를 지적하기 전까지 비정규직 근로자에게는 마스크를 지급하지 않았다. KBS 뉴스(KBS News, 2020)에 따르면 2020년 3월 18일 비정규직 지하철 청소부가 다음과 같이 한탄했다.

> 고객들의 토사물이라든지 화장실, 엘리베이터 닫힌 공간에서 이런 곳에서 일을 하고 있는, 이런 독한 약을 쓰며 일을 하고 있는데 이 회사는 마스크 하나 제대로 공급하지 않고……(KBS News, 2020).

2020년 3월 구로구의 한 콜센터가 대규모로 코로나19 감염에 노출됐다. 박석철(2020)에 따르면 콜센터에서 직원 간의 평균 거리는 약 50cm이다. 2020년 3월 15일 KBS 뉴스(최은진, 2020)에 따르면 콜센터 직원들은 자신의 직장을 닭장으로 묘사했는데, 이는 매우 밀폐된 장소로 코로나19의 확산에 극히 취약했기 때문이다. 이들은 외부 소음 때문에 창문을 열 수 없고, 게다가 고객들과의 소통에 방해가 될까 봐 마스크를 착용하지도 못했다. 전국금속노동조합의 노동운동가 황수진은 다음과 같이 말했다.

> 빠른 응대를 해야 하는데 마스크를 쓰고 말을 할 때는 답답하고 숨이 차거나 목소리가 울리고 응대가 어려워지기 때문에 실적이 떨어질 수가 있잖아요(최은진, 2020).

요약하면, 시민권은 바이러스, 마스크, 사람들의 이질적인 어셈블리지에서 나온다. 물론 나의 주장은 좋은 시민권에 대한 인간의 인식에 바이러스와 마스크가 영향을 준다는 것뿐이며, 바이러스나 마스크가 시민권의 지위를 획득한다는 것은 아니다. 특히 맘카페 회원들에게 좋은 시민권이란 시민적 의무를 의미했다. 코로나19 팬데믹 속에서 '좋은 시민'은 순수한 시민정신을 가진 인간이 아니라 마스크를 쓴 평범한 인간이다. 하지만 마스크에 구성된 의미는 주어진 사회적·물질적 어셈블리지에 따라 시민의 의무, 시민의 권리, 사회 불평등 등으로 다양하다. 코로나바이러스로 인해 마스크는 시민의 의무로서 좋은 시민권의 의미를 만드는 데 관여했다. 그러나 마스크와 저임금 근로자의 어셈블리지에서 좋은 시민권은 사회적 평등도 의미했다. 사회적 소수자들은 코로나19에 감염될 위험에 더 많이 노출되고, 다른 시민들보다 시민의 의무에 대해 더 큰 부담을 지게 되었다.

5. 밀집 장소, 시민권, 정체성 정치

신유물론 관점에서 장소 또는 공간은 사람과 사물의 어셈블리지의 결과다(Bryant, 2014). 팬데믹 동안 작은 공간에서 일어나는 사람들의 밀집된 상호작용은 위험한 장소를 만든다. 밀집된 장소는 신종 코로나바이러스의 확산을 증가시킨다. 마스크는 장소성에 있어 신종 코로나바이러스와 정반대이다(Kim and Chung, 2021). 즉, 사람들이 밀집된 장소에서 마스크를 착용하면 그 장소는 덜 위험해진다. 이처럼 병원, 교회, 유흥업소 등 밀집된 공간들의 장소성은 사람과 사물의 상호작용에 따라 달라질 수 있다. 이 글은 팬데믹 상황에서 장소성이 시민권과 어떻게 관련되는지, 시민권이 정체성 정치와 어떻게 충돌하는지 살펴본다.

2020년 1월 코로나 감염이 발생한 경상북도의 청도대남병원은 열악한 의료 환경을 가진 밀집된 장소로 알려졌다. 50명만 수용해야 하는 병동에 거의 100명을 수용했다. 바이러스 감염이 발생한 정신병동은 침대가 없는 전통적인 온돌형 다용도실을 사용했다. 환자는 바닥과 주변 환경을 통해 바이러스에 노출됐다. 이어 대구 신천지교회에서 신도들이 어깨를 나란히

하고 큰소리로 노래를 부르면서 코로나바이러스가 급속히 퍼졌다. 그 이후로 코로나바이러스는 술집, 클럽, 노래방, 당구장, 컴퓨터 게임장으로 전파됐다. 정부와 지자체는 사람들이 밀집된 장소를 방문하는 것을 규제하고 일부 장소들에 대해서는 방문 금지명령을 내렸다.

맘카페 회원들은 바이러스 감염자가 발생한 유흥가를 찾은 사람들에게 분노를 터뜨렸다. 결국, 그들은 장소성과 연관된 시민권을 만들었다. 밀집된 장소를 방문하지 않는 것이 시민의 의무가 됐다. 특히 교회와 유흥업소의 방문은 개인의 선택으로 비춰지기 때문에 맘카페 회원들의 비난을 받기 쉽다. 확진자들이 방문하는 장소가 어딘지에 따라 회원들의 비판이 엇갈렸다.

> 회원 4: 동선 보니 식당—노래방—마트알바 이게 문제던데 식당, 마트 알바는 사실 욕할게 안 되고 건전한 유흥이지만 노래방이 문제네요. 개인적으로 식당은 코로나 걸리러 가는 거고 (마스크 벗고 밀폐된 공간에 있는건데 작정하는 거죠. 식당은 칸막이가 있거나. 포장위주로 가야된다고 봐요) 마트는 용돈 벌러 가는 거니 마트는 머라 하지 맙시다. 근데 노래방사장님도 한팀 나가면 한방을 소독해야 하는데 왜 그러질 않는 거죠?
>
> 회원 5: 그 이태원 클럽 10번 확진자 다녀간 노래방에서 18살 남자애 옮았더라구요. 대체 이 시국에 코인노래방을 왜 가니….ㅠㅠ게다가 얘도 마스크 안 쓰고 쌍문역 근처 피씨방. 편의점. 식당. 많이도 돌아다녔네요ㅠㅠ

이 인용문은 시민의 의무가 장소성을 갖고 있음을 보여준다. 노래방 같은 특정 장소는 시민의 의무 행위를 저해할 수 있지만, 마트는 그렇지 않다. 이 인용문은 장소성 형성에서 마스크의 역할도 보여준다. 밀폐된 장소에서 마스크를 벗느냐, 쓰느냐에 따라 장소성이 달라진다. 신유물론적 관점에서 장소성은 고정적이지 않고 바이러스, 마스크 등 사람과 사물의 상호작용에 따라 달라진다.

2020년 5월 초 한국 사회가 생활 속 거리두기를 시행한 후 이태원 클럽에서 감염이 발생하자 맘카페에는 클러버에 대한 비판이 쏟아졌다. 언론에서는 성소수자에 대한 비난이 일었다. 당시 ≪국민일보≫(유영대, 2020)는 확진자가 나온 이태원 클럽 중 게이 클럽이 있다고 보도했다. 서울 여러 맘카페 회원들은 확진자들이 이기적이라고 비난했다.

> 회원 6: 아니 사회적 거리두기 시기에 왜 게이클럽을 간데요?ㅜ 술마시고 싶으면 집에서 마시지 그것도 여러 군데 게이클럽 다니고ㅜ아…ㅜ
>
> 회원 7: 뭡니까 이분ㅜㅜ 정말 게이클럽 세 군데에… 증상 있으면서도 여기저기 안 다닌 곳이 없고… 개념을 밥 말아 드셨는지~~
>
> 회원 8: 아~미친 서울까지 와서 새벽에 어떻게 5군데나 옮겨 다니나요? 게이클럽이라서 신천지처럼 숨어 있을까봐 걱정이네요… 애들 등교 못 하겠네요.

이태원 '킹클럽'을 찾은 한 성소수자가 일으킨 대규모 바이러스 감염이 논란이 됐다. 그는 인천에 거주하는 학원 강사인데 역학조사에서 무직이라고 답했다. 그의 직업 때문에 성소수자라는 직업을 밝히기가 어려웠을 것 같다. 그의 거짓말로 인해 100명이 넘는 7차 연쇄 감염이 발생했고 그는 큰 비난을 받았다(권남영, 2020). 그는 코로나19 완치 후에도 한 달 동안 심한 우울증으로 퇴원하지 못했으며, 퇴원 후에 투옥됐다. '감염병의 예방 및 관리에 관한 법'에 따르면 동선 정보를 허위로 기재한 환자는 최대 2000만 원 이하의 벌금과 2년 이하의 징역에 처한다.

'행동하는 성소수자 인권연대'의 '지오'라는 활동가는 "방역을 어렵게 만든 것은 성소수자가 아니라 성소수자를 향한 사회의 차별입니다"라고 말했다(김유진, 2020). 많은 성소수자들은 접촉자 추적 조사를 통해 자신의 성 정체성이 드러날 것을 두려워했다. 직업 안정성에 문제를 일으키거나 직장에서 잠재적인 폭력을 초래할 수 있기 때문이다. 이 단체의 회원은 다음과 같이 말했다.

> 회사는 소문이 엄청 빠릅니다. 누가 코로나 확진 판정을 받았는지 찾는 건 금방이죠. 자꾸 머릿속에 최악의 상황이 그려졌습니다. 코로나 확진 → 회사에 내가 코로나 확진자라는 사실 통보 + 긴급 재난 문자를 통해 행성인 방문 공개 → 직원들이 내가 성소수자라는 사실을 알게 됨. 하필 행성인은 이름도 '행동하는 성소수자 인권연대' → 소문의 주인공 → 쑥덕쑥덕 → 퇴사. 열이 아니라 생각이 많아서 머리가 아팠습니다. 극한의 순간이 오면 인생이 파노라마처럼 지나간다는데 지난 저의 인생이 뭉텅뭉텅 떠올랐습니다. …… 어떤 설문조사에 따르면 10명 중 8명이 확진자 동선 공개를 찬성한다는 기사를 읽었습니다. 지난 메르스를 겪으며 누구보다 투명한 정보 공유를 원했던 저이지만 지금의 동선 공개 방식은 성소수자에게 위험하기에 복잡한 마음입니다. 성소수자이자 회사에서 노동자로 살아가는 저에게 코로나는 여러 가지 고민을 안겨주었습니다(≪너랑 나랑 우리≫, 2020.4.14).

맘카페 회원들과 성소수자 단체는 성소수자 전용 클럽에 대한 대조적인 장소성을 만든다. 맘카페 회원들에게 이 클럽은 위험한 곳이다. 클럽에 가지 않는 것이 시민의 의무와 책임이다. 그러나 성소수자에게 이 클럽은 사회적 편견을 벗어나 만날 수 있는 '자유의 공간'이다. 클럽에 가는 것이 성소수자 개인의 자유이자 권리다. ≪경향신문≫(최현숙, 2020)에 소개된 성소수자의 발언은 시민권과 정체성 정치의 긴장을 보여주며 종로와 이태원의 장소성과 성소수자들의 권리를 암시한다.

> 왜 우리의 시민의식은 우리의 부재로 증명되어야 하나. 착하고 순종적인 시민이 되고 싶어 종로도 이태원도 번개도 끊고 살겠다는 익명의 글이 떠오른다. 쓰레기 언론과 달리 방역의 대상으로라도 비로소 호명해 주는 방역 당국에 대해 짐짓 감격하는 마음이 생겼던 게, 생각해 보면 비참하다. …… 누군가에게는 자칫 직장과 가족과 사회에서의 입지가 결딴날 수 있는 변수가 그들에겐 그저 행정상의 세부적 난맥이다. 카드 사용 내역으로 밀접접촉자로 분류되어 자가 격리를 통보받자 우선 공포가 엄습했던 것에도, 뒤늦게 실소가 터진다. 이 모든 웃음 포인트를 넘어 우리끼리 안 만나는 게 지고지순의 방역 대책이자 시민의식이라면, 그 지엄한 명을 못 이기는 척 따라주는 수밖에. 2주를 넘긴 오늘 나는 왜 홀로 하염없이 종로를 걷고 있을까. 내게 죄가 있어 종로 사거리 클럽 앞에 목이 매달려야 한다면 차라리 속이 시원하겠다. 자책도 마음대로 할 수 없는 이 검은 밤 같은 시국이 그저 아연하다(최현숙, 2020).

사회적 낙인찍기가 고조되면서 성소수자들은 '코로나19 성소수자 긴급대책본부'라는 연대 단체를 꾸렸다. 이 단체의 이종걸(2020)에 따르면 언론에서 이태원 클럽을 게이 클럽으로 묘사한 후 성소수자 또는 그들의 공간에 대한 낙인효과가 더 심각해졌다. 인천시는 인권단체에 성소수자 연락처 제출을 요청했다. 바이러스 PCR 검사 당시 조사관들은 성소수자들에게 "클럽 다녀오셨어요? 좋은 곳 다녀오셨네요"라고 말했다고 한다. 일부 대중매체는 직장 이름도 공개했다. 성소수자들의 동선 정보가 폭로되면서 아우팅(outing)됐고, 가정과 직장에서 차별이 뒤따랐다. 이종걸은 지자체와 대중매체의 성소수자에 대한 이해 부족이 빚어지면서 개인정보 공개가 국민의 알권리라는 잘못된 시각이 만연했다고 지적하고 성소수자의 삶을 고려한 정부의 코로나19 정책을 요구했다. 이후 성소수자들의 사생활 침해 우려가 커지자 정부는 이태원 클럽 회원들에 대한 코로나19 검사를 익명으로 시행했다.

요약하면, 밀집된 장소와 시민권 개념 사이에는 강력한 상관관계가 있다. 신유물론적 관점에서 볼 때, 바이러스, 마스크, 사람들의 어셈블리지를 통해 장소성이 형성되고, 이 장소성과 시민권이 서로 결합한다. 맘카페 회원들에게 밀집된 장소는 신종 코로나바이러스가 빠르게 퍼질 수 있어서 위험하며, 그런 곳을 피하는 것이 시민의 의무다. 물론 사람이 많은 곳이라고 해서 모두 회원들의 비난을 받는 것은 아니다. 회원들이 마트, 직장, 병원을 비난하지 않는 이유는 이 장소들은 생활과 건강을 위해 갈 수밖에 없다고 생각하기 때문이다. 반면, 교회와 클럽을 방문하는 것은 개인의 선택으로 보기에 매우 비판적이다. 그러나 성소수자들은 이태원 클럽을 다르게 본다. 이태원 클럽은 성소수자의 정체성을 형성하는 역할을 한다. 클럽은 그들의 권리 및 자유와 연결되어 있다. 이와 같이 코로나19 팬데믹 동안 클럽의 의미는 그것의 사회적·물질적 어셈블리지가 어떻게 구성되느냐에 따라 '위험'과 '시민의 의무', '인권'의 장소로 다양하다.

6. 이동성, 시민권, 배달 근로자

이동성 개념은 신유물론에서 매우 중요하다. 신유물론에서 장소가 인간과 사물의 어셈블리지로서 구성된다고 할 때 이동은 행위자의 어셈블리지가 계속해서 바뀌는 것을 말한다. 행위자는 다양한 어셈블리지를 가로지르는 유목민(nomad)과 같다(Deleuze and Guattari, 1987). 질 들뢰즈의 이론에서 유목민은 규범, 전통, 관습을 파괴하는 혁명가로 묘사된다. 한편 팬데믹 상황에서 확진자들은 유목민처럼 보일 수 있지만, 좋은 의미의 혁명가는 아니다. 그런데도 이들 때문에 방역을 위한 급격한 제도 변화가 나타난 것은 사실이다. 이 글은 사람들이 얼마나 많이 이동하는지, 어떻게 이동하는지, 어디로 가는지를 살펴보면서 시민권과 이동 패턴의 상관관계를 논한다. 더불어 코로나 위기 상황에서 배달 근로자들의 삶을 통해 이동성과 사회 불평등의 관계에 주목한다.

코로나바이러스는 사람의 접촉과 움직임을 통해 전염되기 때문에 사람의 이동성과 신종 코로나바이러스 위험 사이에는 상관관계가 있다. 신유물론적 관점에서 볼 때 코로나바이러스는 확진자의 정체성을 '이동하는 사람'으로 구성하게 한다. 서울 지하철 안내 방송에는 "우리가 이동하지 않으면 코로나도 이동하지 않습니다"라는 메시지가 있었다. 확진자와 코로나바이러스와의 어셈블리지 속에서 코로나바이러스는 확진자의 행위력에 영향을 주는 능동적인 행위자다. 흥미롭게도 맘카페 회원들은 바이러스가 사람들을 이곳저곳으로 이동시킨다고 농담을 했다.

> 회원 9: 아니 코로나 걸리면 증상이 기침 가래 말고 싸돌아다니는 병도 같이 걸리나요? 왜케들 싸돌아다니는 건지..-_-
>
> 회원 10: 코로나 증상중 하나가 싸돌아다니는 거라고 누가 그러던데 진짜 맞는 듯하네요. 난 원래도 잘 안 다니고 집순이인데다가 지금은 더 안 다니고 있고 안 다녀도 전혀 안 답답하다는.

코로나바이러스가 없다면 어떻게 회원들이 이런 생각을 할 수 있을까? 신유물론적 관점에서 볼 때 바이러스는 맘카페 회원들과 함께 확진자의 시민권을 구성한다. 코로나바이러스 때문에 이동하는 환자는 나쁜 시민이 된다. 맘카페 회원들은 이동성을 이유로 신천지 교인들을 질책했다. 첫 번째 신천지 확진자(31번)는 감기 증상으로 입원한 뒤 외출해 신천지교회와 지인의 결혼식이 열리는 호텔을 찾았다. 이에 한 회원은 발열 증상이 있음에도 여러 곳을 찾았음을 비난했다.

> 회원 11: 발열이 나는 데도 왜케 돌아다녔대요~~~그것도 사람들 많은 곳을 이기적이고 무지하네요.

자가 격리를 무시하고 진주시를 방문한 한 신천지 환자에 대해 몇 맘카페 회원들은 시민의식 결여를 힐난했다.

> 회원 12: 시민의식 결여에 이기심만 가득한 거겠죠.
>
> 회원 13: 시민의식 부족한가요? 자가 격리해서 그냥 있지.

많은 회원이 신천지 환자들을 탓하기 위해 '민폐'라는 단어를 사용했다. 민폐란 '남에게 피해를 준다'는 뜻이다(Kim and Chung, 2021). 예를 들어 "병 걸려 죽을 거면 지들만 걸려 죽지 왜 이렇게 민폐를 끼치는 걸까요", "미친 신천지. 개민폐네요. 진짜"라고 말했다. 흥미롭게도 맘카페 회원들은 신천지 환자(85번)가 '역마살'의 운명을 가졌다고 묘사했다.

> 회원 14: 부지런한 사람만이 신천지 통과한다는 말이 맞나 봐요. 그들은 참 부지런히 돌아다녀요.
>
> 회원 15: 우째 저집단 사람들은 하나같이 저래 싸돌아 다닐까요 … 가만히 집에 있는 사람이 거의 없는듯….
>
> 회원 16: 역마살낀 인간들.
>
> 회원 17: 코로나 걸림 역마살 옵션인가요 왜 하나 같이 쏘다니는지.

회원 18: 아니··· 어딜 저렇게 돌아다니나요 ㅠ 뭐 어디 못 돌아다닌 귀신이 붙었나봐요.

역마살 개념은 시민권 개념과 대조된다. 동양의 숙명론에 입각한 역마살은 한곳에 머물 수 없고, 이곳저곳을 여행해야 하는 사람들의 운명을 일컫는다. 역마살(驛馬殺)의 '살(殺)'은 해를 끼치는 부정적인 의미를 지닌다. 농업사회에서 대부분 사람들은 한곳에 정착했다. 그들은 행상이나 방랑자처럼 여러 곳을 돌아다니는 사람들을 긍정적으로 보지 않았다. 옛적 시골에서 열리는 장마다 돌아다니는 상인을 장돌뱅이라 불렀다. 시민은 특정 사회나 국가의 구성원이고, 역마살의 운명을 가진 사람은 어느 곳에도 속하지 않기에 부정적 존재로 간주한다.

맘카페 회원들은 젊은이들의 이동성에 대해서도 심하게 비판했다. 외국에서 돌아온 한 유학생은 회원과 함께 한국의 가장 유명한 관광지 중 하나인 제주도를 관광했다. 열이 나서 병원을 찾았지만, 제주도 곳곳을 여행했다. 여행 후 그녀는 코로나19 양성 반응을 보였다. 그녀의 사건이 언론에 공개되자마자 그 학생과 회원은 대중의 심한 비판에 직면했다. 제주도는 이들을 상대로 소송을 제기하기로 했다. 맘카페 회원들은 확진자의 이동성을 비판했다. 그들은 여행하지 않고 가능한 한 집에 머무르는 것이 시민의 의무라고 지적했다.

회원 19: 그녀 동선 ··· 동서남북 샅샅이 찌르고 다녔네요.

회원 20: 진짜 무개념이네요. 누군 여행 안가고 싶고 안돌아 다니고 싶어서 집에 있나요. 사회적 거리두기 다같이 해야 효과가 있을텐데··· 증상도 있었던 해외입국자가······ 화딱지나요.

회원 21: 참 이기적이네요. 부모가 왜 가만히 뒀을까요?? 그 부모의 그 자식.

회원 22: 우와 ~~~ 동선이 …… 동선이 정말 빽빽하네요 ~ 본인이 미국에서 왔다면 그 당시엔 당장은 음성일지 몰라도 감염 가능성이 높을 거란 생각 정도는 하고 행동해야 하는거 아닌가요?? 진짜 저런 사람들보면 그 많은 사람들이 힘들게 집에만 있고 나가고 싶어하는 아이들 달래면서 긴 시간을 보내고 고생하는 사람들의 수고가 허무하게 느껴지네요~ 날이 넘 따뜻해서 벚꽃 구경도 가고프고 비행기 타고 나도 제주도 가고프다구욧!!! 꼭 저 모녀 그리고 동행한 나머지 사람들 모두 꼭 제주도에 배상하길!!

반면에 사람들의 이동성은 직업과 업무의 성격에 따라 달라진다. 일부 직업군은 재택근무를 할 수 있지만, 여러 장소를 이동하고 방문해야 하는 직업도 있다. 그러나 동선 정보는 왜 환자가 이동해야 하는지 그 이유를 설명하지 않기 때문에 이동성을 개인적인 성향으로 해석하도록 하여 확진자에 대한 심한 비판을 낳는다. 선별진료소에서 PCR 검사를 받은 후 곧바로 집으로 가지 않고 여러 곳을 돌아다닌 확진자들에게 더 날카로운 비판이 가해졌다. 확진자가 선별진료소를 방문할 때 다른 사람과의 접촉을 피하기 위해 자가용을 사용하라는 한국 정부의 권고가 있었다.

회원 23: 확진자 경로 보면 선별진료소 갔다가 바로 집에 가는 경우가 드물더라구요-- 왜 다니는지 이해할 수가 없네요 정말 ㅠㅠ

회원 24: 선별진료소에서 코로나 검사를 받았으면 결과가 나오기 전까진 음성인지 양성인지 모르니 집에 바로 가서 기다려야 하는 거 아닌가요? 저런 동선 볼 때마다 화가 납니다. 수칙 안 지킨 거나 다름없잖아요…… 자기가 무증상이라 한들 괜찮은 것 같다고 검사결과 나오지도 않았는데 돌아다니는 건 너무 이기적인 거 아닌가요 --

회원 25: 대박이네요. 검사하고 돌아다니면 벌금 해야할 것 같아요. 자가로 아니고 대중교통까지 타고 장난 아니네요.

한 회원은 대중교통을 이용해 선별진료소를 찾은 환자를 질책했다. 그러나 동선 정보는 이 환자가 자동차를 소유하고 있는지를 알려주지 않는다. 확진자에 대한 회원들의 분노는 확진자들의 경제적 상황을 고려하지 않는다. 그런 의미에서 동선 정보는 확진자의 경제적 차이를 간과하고 일반 대중을 위한 '획일적 시민권'을 생산한다. 이유가 어떻든 이동하는 환자는 시민의식이 부족하다는 것이다. 확진자에 대한 지나친 비난을 막기 위해 동선 정보가 확진자의 경제적 어려움을 공개한다면 낙인 대신 동정을 불러일으킬 수 있다. 그러나 그 대신 확진자의 사생활은 침해될 것이다. 확진자의 개인정보를 최대한 보호하기 위해 동선 정보는 확진자의 상황적 맥락을 최대한 배제한다. 그래서 사생활 보호와 확진자에 대한 공감을 동시에 추구하는 것이 거의 불가능하며, 이는 동선 정보공개 정책의 불가피한 딜레마다. 그러므로 확진자에 대한 도덕적 비난은 맘카페 회원들만의 문제가 아니다. 이는 맘카페에서 구성된 시민권이 사물, 사람, 제도의 어셈블리지의 산물임을 보여준다. 여기서 동선 정보는 회원들이 확진자의 경제적 상황을 고려하지 않고 시민의 의무만을 생각하게 만든다.

배달 근로자들은 팬데믹 동안 다양한 어려움을 겪었다. 코로나19 사태가 심각해지면서 국내 택배 물량이 기하급수적으로 늘어났고, 택배 노동자들의 업무량이 늘어나 감염 위험이 커졌다. 국내 굴지의 온라인 유통업체인 쿠팡의 물류센터 집단감염이 대표적이다. 2020년 5월에 150명 이상의 쿠팡 직원이 코로나바이러스에 감염됐다. 폭발적인 배송량으로 인해 센터 직원 수가 거의 두 배 가까이 늘어났다. 게다가 과중한 업무량 때문에 아파도 집에 있을 수 없었다(CBS, 2020.5.29). 쿠팡 물류센터에서 집단감염이

그림 9-2 쿠팡 직원 출입 제한 관련 공지

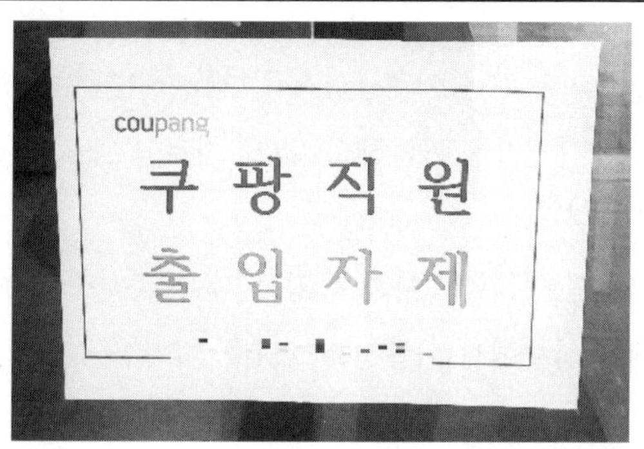

© Business Watch

자료: ≪Business Watch≫, 2020.6.1.

발생하자 배송된 상품과 배송 직원이 감염될 수 있다는 우려가 나왔다. 당시 이재명 경기도지사가 물류센터에 집합금지 명령을 내렸다. 그는 "자칫 상품 배달을 하는 것이 아니라 코로나 배달을 하는 사태가 발생할 수도 있다"라고 말했다(윤우열, 2020.5.28). 코로나 감염에 대한 우려는 배달 근로자에 대한 낙인으로 나타났다. **그림 9-2**에서 볼 수 있는 것처럼 서울의 일부 아파트 단지에서는 쿠팡 배달원의 아파트 출입을 자제할 것을 권고한 적이 있다. 다만, 이런 차별은 주로 코로나19 팬데믹 초기에 발생했다.

쿠팡 집단감염에서 맘카페 회원들이 쿠팡 근로자들에 대해 느끼는 감정은 양가적이었다. 회원들은 쿠팡 근로자가 배달하는 물품의 코로나 감염 위험을 두려워했다. 그들은 배달 물품을 소독한다거나, 현관 앞에서 박스를 뜯고 물건만을 들여온다거나, 하루 동안 물건을 방치한다거나, 배달된 물품을 처리한 후 손을 소독한다고 말했다. 그러나 일부 맘카페 회원들은 쿠팡 근로자의 출입 자제를 요청하는 공지(〈그림 9-2〉)를 비판하고, 쿠팡 근로자의 생업을 걱정하면서 그들의 조기 완치를 바라는 소망을 피력하기도 했다. 이런 격려는 확진자의 직업이 배달 근로자라는 사실을 언론을 통해 알았기 때문이며, 그 결과 회원들과 쿠팡 근로자의 어셈블리지가 만들어진 것이다. 하지만 정부가 제공하는 동선 정보는 확진자의 직업 정보를 공개하지 않기에 이와 같은 어셈블리지가 만들어지지 않으며 확진자의 이동성만을 기초로 확진자를 판단하게 된다. 이것이 바로 행위소로서의 동선 정보의 역할이다.

요약하면 이동성, 시민권, 사회 불평등 사이에는 강한 연관성이 있다. 코로나19 팬데믹 상황에서 이동성은 '위험', '이기심', '생존' 등 그 의미가 다양하다. 신유물론적 관점에서 볼 때 사람들의 이동성과 시민권 개념의 연결은 코로나바이러스 때문이다. 바이러스의 높은 전염성으로 인해 '이동하지 않는 것이 시민의 의무'라는 뜻의 '좋은 시민권'이 만들어진다. 즉, 이동성이 높은 환자는 나쁜 시민으로 비난받는다. 그러나 온라인 쇼핑이 폭발적으로 증가하면서 배달 근로자들은 이전보다 더 많이 이동해야 하며, 그들의 이동성은 그들의 '생존'을 위해 매우 중요했다. 결국 그들은 좋은 시민이 되기 위해 더 무거운 부담을 져야 한다. 특히 동선 정보는 행위소로서 이동하는 환자에 대한 사람들의 인식에 영향을 미친다. 이동하는 확진자의 삶을 탈맥락화하고 경제적 차이를 고려하지 않음으로써 일반 대중에 관한 '획일적 시민권'을 만든다.

7. 마무리

제9장은 코로나19 팬데믹 상황에서 한국 사람들이 좋은 시민의식을 어떻게 인식하고 있는지를 신유물론적 관점에서 살펴봤다. 시민권은 사람, 사물, 제도 간 사회적·물질적 어셈블리지의 결과다. 이들은 서로의 행위력에 영향을 미치거나 영향을 받는 행위소의 역할을 하면서 코로나19 확진

자가 좋은 시민인지 나쁜 시민인지를 판단하게 한다. '좋은 시민권'은 마스크와 코로나 바이러스 관련 '물질성', 밀집된 장소 관련 '장소성', 코로나 환자의 '이동성'과 관련된다.

이 글은 신유물론적 관점에서 사회 불평등을 다뤘다. 행위자-연결망 이론과 사변적 실재론 같은 일부 신유물론이 사물의 정치에만 몰두하고 사회 불평등과 배제의 정치에 관한 관심이 부족하다는 비판이 있었다(Feenberg, 1999; Hess, 1997). 신유물론은 행위소의 관계를 변증법적이 아니라 상호 구성적인 관계로 본다(Deleuze and Guattari, 1987). 다시 말하면 신유물론은 인간과 바이러스처럼 서로 대립하는 행위소의 관계를 서로 적대적으로 바라보는 것이 아니라 존재론적 관점에서 서로의 존재를 구성하는 상보적 관계로 이해한다. 이런 관점은 사회적 갈등과 배제의 정치에 주목하는 마르크시즘적 정치경제학의 입맛에 안 맞다. 하지만 신유물론의 관점을 유지하면서도 사회적 소수자의 삶을 반영하는 방법은 있다. 그것은 페미니스트 신유물론(Braidotti, 2013)처럼 사회적 소수자들이 만드는 어셈블리지에 주목하거나, 또는 사회적 소수자들의 어셈블리지와 일반 시민들 혹은 권력 집단의 어셈블리지를 서로 비교하는 것이다. 따라서 이 글은 맘카페 회원들이 만드는 어셈블리지와 사회적 소수자들이 만드는 사회적·물질적 어셈블리지의 차이를 살펴봤다. 맘카페 회원들이 만든 어셈블리지는 '좋은 시민권'의 의미로 시민의 의무를 만들지만, 저소득 근로자와 성소수자들에 의해 만들어진 어셈블리지는 인권이나 사회적 평등을 강조했다. 이런 어셈블리지의 차이에 주목함으로써 신유물론적 관점에서 사회 불평등을 드러낼 수 있다.

또한 행위자-연결망 이론과 같은 신유물론은 미시사회학으로서 사회구조를 충분히 고려하지 않는다는 비판이 있었다. 하지만 이 책은 행위소로서 제도, 즉 동선 정보공개 정책의 역할에 주목했다. 이 제도적 행위소는 기본적인 위치 정보를 제외한 코로나19 환자의 삶을 탈맥락화함으로써 인권과 평등보다 시민의 의무에 초점을 두는 획일적 시민권을 형성하는 데 일조했다. 동선 정보는 사생활 보호를 위해 확진자의 구체적인 상황을 제거해야 하고, 이는 코로나19 환자의 경제적·문화적 차이를 무시하는 결과를 낳았다. 상대적으로 확진자의 삶의 맥락보다 마스크, 장소, 이동과 같은 물질적 정보가 부각됨으로써 시민권의 물질성은 증가하게 된다. '좋은 시민권'에 대한 대중 담론에서 계급과 성별에 따른 사회 불평등은 잘 드러나지 않으며, 코로나19의 위험에 더 취약한 사회적 소수자들은 좋은 시민이 되는 데 일반 시민보다 더 큰 부담을 안고 있다.

시민의 의무, 인권, 사회적 평등의 균형은 '좋은 시민권'에 대한 더 나은 토론을 촉진하는 데 필요하다. 그러나 한국의 코로나19 감시 시스템만으로는 이들 의미 간 균형을 맞출 수 없다. 왜냐하면 전염병 감시 정책은 어쩔 수 없이 일반 대중이 지켜야 할 시민의 의무에 더 큰 비중을 둘 수밖에 없기 때문이다. 확진자의 사생활 보호는 개인에 대한 사회적 낙인을 줄일 수 있지만, 사회적 소수 집단의 경제적·문화적 차이를 충분히 고려하지 못하기 때문에 완벽한 해결책이라 볼 수 없다.[5] 그래서 코로나19 팬데믹에서 사회적·문화적 불평등에 취약한 사회적 소수자를 위해 대중매체와 지성인들이 비판의 목소리를 높여야 한다.

5 프라이버시의 개념은 자유주의적 개인주의(liberal individualism)에 바탕을 두고 있다. 따라서 사회적 불평등의 개념과 충돌할 수 있다(Gilliom, 2001).

더 읽을거리

Alldred, P. and N. Fox. 2019. "Assembling citizenship: sexualities education, micropolitics and the becoming·citizen." *Sociology*, Vol.53, No.4, pp.689~706.

Barry, A. 2013. *Material Politics: Disputes Along the Pipeline*. Oxford: Wiley-Blackwell.

Deleuze, G. and F. Guattari. 1987. *A Thousand Plateaus: Capitalism and Schizophrenia*. Minneapolis: University of Minnesota Press.

Davies, S. R. and K. Lindvig. 2021. "Assembling research integrity: negotiating a policy object in scientific governance." *Critical Policy Studies*, Vol.15, No.4, pp.444~461.

Fox, N. J. and P. Alldred. 2020. "Re-assembling Climate Change Policy: Materialism, Posthumanism, and the Policy Assemblage." *The British Journal of Sociology*, Vol.71, No.2, pp.269~283.

Grant B. M. 2021. "Becoming-teacher as (in)activist: Feeling and refusing the force of university policy." *Policy Futures in Education*, Vol.19, No.5, pp.539~553.

Latour, B. and P. Weibel. 2005. *Making Things Public: Atmospheres of Democracy*. Cambridge, MA: MIT Press.

Law, J. and V. Singleton. 2014. "ANT, Multiplicity, and Policy." *Critical Policy Studies*, Vol.8, No.4, pp.379~396.

Marres, N. 2015. *Material Participation: Technology, the Environment and Everyday Publics*. New York: Palgrave Macmillan.

McCann, E. 2011. "Veritable inventions: Cities, policies and assemblage." *Area*, Vol.43, No.2, pp.143~147.

McCann, E. and K. Ward. 2012. "Assembling urbanism: Following policies and 'studying through' the sites and situations of policy making." *Environment and Planning A: Economy and Space*, Vol.44, No.1, pp.42~51.

Mol, A. 1999, "Ontological Politics: A Word and Some Questions," in J. Law and J. Hassard(eds.). *Actor Network Theory and After*. Oxford: Blackwell, pp.74~89.

Prince, R. 2010. "Policy transfer as policy assemblage: Making policy for the creative industries in New Zealand." *Environment and Planning A*, Vol.42, No.1, pp.169~186.

Ryghaug, M and Skjølsvold TM, Heidenreich S. 2018. "Creating energy citizenship through material participation." *Social Studies of Science*, 48(2): 283~303(doi: 10.1177/0306312718770286).

Savage, Glenn. 2020. "What is policy assemblage?" *Territory, Politics, Governance*, Vol.8, No.3, pp.319~335.

Sin, C. 2014. "The Policy Object: A Different Perspective on Policy Enactment in Higher Education." *Higher Education*, Vol.68, No.3, pp.435~448.

Ureta, S. 2014. "Policy assemblages: Proposing an alternative conceptual framework to study public action." *Policy Studies*, Vol.35, No.3, pp.303~318.

나가며

정책학적 아나키즘을 꿈꾸다

『열반경』에는 장님이 코끼리를 만지는 이야기가 나온다. 인도의 왕이 코끼리를 데리고 와서 여러 명의 시각장애인에게 서로 다른 부위를 만지게 하고 무엇인지 답하게 했다. 상아를 만진 장님은 "창"이라고 하고, 코를 만진 장님은 "뱀"이라고 하고, 다리를 만진 장님은 "나무"라고 하고, 배를 만진 장님은 "벽"이라고 하고, 꼬리를 만진 장님은 "줄"이라고 말한다. 이 우화는 자신의 주관에 따라 사물을 판단하는 사람들을 꾸짖는 이른바 '군맹무상(群盲撫象)'의 고사다. 다른 한편으로 이 이야기는 진리의 부분과 전체에 대한 것이다. 장님 중에 코끼리를 제대로 답변한 사람은 아무도 없지만, 그들 중에 코끼리에 대해 말하지 않은 사람도 없다. 이를테면 첫 번째 장님이 코끼리가 창이라 하지 않고, 창과 비슷하다고 말했다면 틀린 말은 아니지 않는가?

정책사회학의 각 접근법은 '장님 코끼리 만지기'와 같다. 정책을 연구하는 사람은 장님이다. 코끼리라는 실체적 진실에 대해서 장님처럼 서로 다른 접근법으로 코끼리를 만질 때 그 진실의 모습은 다르게 보일 수 있다. 누군가 어느 하나의 접근법만이 맞는다고 주장한다면 군맹무상의 미망에 빠진 것이다. 하지만 『열반경』의 우화가 보여주듯, 정책사회학의 각각의 접근법은 완벽한 진실을 드러낼 수는 없다고 하더라도 진실의 일부분을 이야기한다. 만일 그 장님들이 따로 만나서 자신들이 추측한 것을 서로 논했다면, 그들은 결국 그것이 코끼리라는 진실을 맞출 수도 있을 것이다. 더 많은 장님들이 서로 다른 부위를 만진다면 더 정확하게 코끼리를 맞출 수 있을 것이다.

다시 니체로 돌아가 보자. 니체는 "하나의 사물을 관찰하기 위해 더 많은 눈, 더 다른 눈을 사용할 수 있다면, 이 사물에 대한 우리의 개념, 즉 객관성은 더욱더 완벽해질 것이다"라고 했다(Nietzche, 1996). 니체의 경구 속에서 관점의 다양성과 지식의 객관성이 서로 만난다. 이는 객관성에 대한 근대적 인식을 뒤집는 놀라운 통찰이다. 하나의 절대적 사상이 아니라, 다양한 사상들이 공존할 때 객관성은 증가하는 것이다. 객관성은 하나의 사상에 대한 평가가 아니라, 사상들의 집합체를 평가하는 지표다. 다원주의적 사상의 극단은 아나키즘(anarchism)이다. 정책사회학이 아나키즘을 추구할 때 가장 정확하고 객관적일 수 있다. 니체가 말한 것처럼 하나의 정책을 가능한 한 다양한 시각으로 바라볼 수 있을 때 가장 객관적일 수 있다. 그것이 이 책에서 내가 지향하는 정책사회학의 이상이다. 다만 여기서 "내가 지향하는"이라는 표현을 다시 강조할 필요는 있다. 정책학적 아나키즘은 나의 지향점이지 이 책에서 소개한 개별 접근법과 관련된 이론가들이 그렇다는 것은 아니다.

정책학적 아나키즘은 서로 모순되는 두 단어의 결합처럼 보인다. 정책학은 제도를 만들어 사회적 질서를 만드는 것이고, 아나키즘은 반대로 제도를 무너뜨리고 사회적 무질서를 만드는 것이 아닌가? 하지만 사회란 쉽게 무너지지 않으며, 쉽게 바뀌는 것도 아니다. 어느 하나의 사상, 어느 한 강력한 정치적 지도자에 의해 세상이 바뀐다면 그 사회는 매우 취약한 사회다. 아나키스트 사회도 하나의 사회다. 아나키스트 사회는 결코 약한 사회가 아니다. 아나키스트 사회가 무질서하면서도 폭력적이지 않고, 평화가 유지된다면 가장 건강하고 강한 사회가 된다. 정책학적 아나키즘에서 다양한 사회를 꿈꾸는 니체와 전체로서의 사회를 상상하는 에밀 뒤르켐(Émile Durkheim)은 서로 적이 아니라 동지다. 정책학적 아나키즘은 니체적 관점에서 뒤르켐을 상상한다. 즉, 최대한 다양하면서도 전체로서 유지되는 학문적 생태계를 지향한다.

정책학적 아나키즘의 첫 번째 요건은 이론적 다원주의다. 하나의 이론으로 세상의 진리를 모두 설명할 수 있다고 믿는 이론적 제국주의를 배격한다. 『열반경』의 우화처럼 정책 연구자는 코끼리의 한 부분을 더듬는 장님에 불과하다. 이 책에서 소개한 정책사회학의 네 가지 접근법은 정책학적 아나키즘을 향하는 하나의 시발점에 불과하다. 더 다양한 접근법이 가능하며, 이에는 실증주의적 접근법도 포함된다.

Anything goes. 즉, 어떤 이론이든 좋다. 단, 이론적 다원주의를 추구하기 위해서 이론을 정치적 신념과 이데올로기로 보지 말아야 한다. 이론을 정치적 신념으로 보면, 이론을 죽을 때까지 고수해야 하는 가치로 생각하게 되고 다른 이론과도 필요 이상의 충돌과 폭력을 낳을 수 있다. 학자들은 좋은 데이터만 확보할 수 있다면, 어떤 다양한 방법을 사용하더라도 별로 개의치 않는다. 하지만 한 학자가 이런저런 이론을 사용하면 종종 알레르기적 반응을 보인다. 그 이유 중 하나는 이론을 신념으로 생각하기 때문이다. 이와 같은 '이론적 신념주의자'들에게 마르크스주의자는 죽을 때까지 마르크스주의자여야 하고, 사회구성주의자는 죽을 때까지 사회구성주의자여야 한다. 하지만 이 책에서 보듯이 사례에 따라 나는 정치경제학자, 제도주의자, 사회구성주의자, 신유물론자로 변신한다. 사례마다 직전 이론의 배신자가 된다. 그런데 이론을 신념이 아니라 데이터를 설명하는 방법과 수단으로 간주하면 문제가 될 게 전혀 없다. 그러면 이론적 도그마를 벗어날 수 있으며 좀 더 객관성에 다가갈 수 있다. 행위자-연결망 이론도 초기에는 이론이 아니라 방법론이었다. 점차 학자들이 사상으로 받아들이면서 지금은 제국적인 영향력을 확대하고 있다.

정책학적 아나키즘의 두 번째 요건은 데이터 중심주의다. 어떤 이론이든 가능하다고 해서, 모든 이론이 동등한 가치를 가지는 것은 아니다. 정책학적 아나키즘이 이론적 다원주의에만 천착할 때 사실로부터 괴리되어, 믿고 싶은 것만 믿는 탈진실(post-truth)의 정치에 빠질 수 있다. 데이터 중심주의는 이론을 신념으로 간주하는 도그마를 지양한다. 이론적 신념주의자들은 그들의 이론에 맞는 데이터만을 찾으려는 경향이 있다. 하지만 이론은 데이터를 설명하기 위해 존재하는 것이지, 이론을 위해 데이터가 존재하는 것이 아니다(김은성, 2022). 관습주의 과학철학자들이 주장하는 것처럼 데이터는 이론에 의존하고, 하나의 데이터에 여러 가지 이론이 가능하다. 하지만 그렇다고 해서 하나의 데이터에 무한대의 이론을 적용할 수 있는 것은 아니다. 데이터가 이론을 완전히 결정하는 것은 아니지만, 그래도 이론의 방종을 어느 정도 견제하게 된다. 관습주의가 게으른 경험 분석의 변명이 되어서는 안 된다. 그래서 정책학적 아나키즘은 이론적 다양성을 최대한 허용하되 현장의 생생한 자료를 수집하는 현장 연구를 권장한다. 이처럼 정책학적 아나키즘은 이론적 다원주의와 데이터 중심주의 두 날개로 움직인다.

정책학적 아나키즘의 세 번째 요건은 학문의 다양성을 존중하고 서로 교류가 가능한 학계의 문화다. 『열반경』의 우화처럼 하나의 이론은 코끼리의 일부분을 만지는 것이며, 한 번에 코끼리의 모든 부분을 만질 수는 없는 법이다. 인간에겐 두 팔밖에 없다. 수많은 이론을 조합해 하나의 글을 쓸 수 없다. 그러면 글은 뒤죽박죽이 된다. 지나치게 많은 이론적 개념을 섞어 사용하는 것은 권장되지 않을뿐더러, 논문 작성 경험이 부족한 초보 연구자들이 그런 실수를 자주 범한다. 3I&M 접근법의 교차에서 설명했듯이 서로 다른 사회학 이론들이 마음대로 혼합될 수 있는 것이 아니다. 음식 재료 간의 상극이 있을 때 별도의 음식으로 밥상에 올리듯이, 하나의 글에서 모든 이야기를 할 필요는 없다. 그리고 한 사람이 세상에 대해 모든 이야기를 할 필요는 없지 않을까? 우리는 진리의 선지자가 아니다. 다른 이야기는 다른 사람에게 들으면 된다. 단, 『열반경』의 우화가 보여주듯 장님들이 서로 대화를 나누지 않는다면 군맹무상에 빠질 수밖에 없다. 이 우화에서 왕은 장님의 무지를 그냥 비웃을 것이 아니라, 장님들이 서로 모여 혼자 추측한 답을 이야기하고 퍼즐을 맞춰볼 수 있는 기회를 제공하는 것이 마땅했다. 그랬다면, 시각장애인들은 코끼리라는 실체적 진실에 더욱 가깝게 다가갈 수 있었을 것이다. 이처럼 학계가 다양한 관점을 서로 듣고 성찰할 수 있는 포럼을 제공할 때 정책학적 아나키즘은 객관성에 더 근접하게 된다.

참고문헌

경실련사회갈등해소센터. 2011. 『온실가스감축과 친환경 세제개편을 위한 연속기획 토론회 백서』. 유일호·이용섭 국회의원실.

공공기관위기관리지침 T/F. 2006. 「공기업 위기관리 표준 모델 개발 관련 인터뷰 결과 정리(8.28)」. 청와대 위기관리센터 자료.

교육과학기술부. 2008. 『시험 연구용 LMO 매뉴얼: 시험 연구용 유전자실험생물체 수입 및 연구시설 설치 운영』.

국가과학기술위원회. 2014. 『창조경제 실현을 위한 융합기술 발전전략』.

국가안전보장회의 사무처. 2004. 『국가위기관리기본지침』.

_____. 2007. 『공공기관위기관리지침』.

국가인권위원회. 2020. "코로나19 확진자의 과도한 사생활 공개 관련 국가인권위원장 성명". https://www.humanrights.go.kr/site/program/board/basicboard/view?boardtypeid=24&boardid=7605121&menuid=001004002001(검색일: 2022.2.9).

구본우. 2010.9.20. 「탄소시장은 금융기관의 화수분이 될 것인가: 탄소시장과 금융기관의 자본축적」. 에너지 기후정책연구소 창립 1주년 기념 심포지엄·기후변화 대응과 탄소시장, 93~124쪽.

권남영. 2020.6.8. "코로나 완치 '인천 거짓말 강사' … 우울증으로 퇴원 못해". ≪국민일보≫. http://m.kmib.co.kr/view.asp?arcid=0014667208(검색일: 2022.2.9).

권영근. 2008. 「EU의 GMO표시제도와 식품안전정책」. ≪농민과 사회≫, 제48호, 10~37쪽.

기후변화행동연구소. 2009. 「탄소세 도입 언제 어떻게 할 것인가?」. 제2회 기후행동세미나 발표 자료집(2009.9.22).

길종백·정병걸. 2009. 「녹색성장과 환경, 경제의 통합: 변형과 전환 사이에서」. ≪정부학연구≫, 제15권 2호, 45~70쪽.

김대기. 2019.10.4. "'마스크 시위땐 징역형'… 홍콩 주말시위 '일촉즉발'". ≪매일경제≫. https://www.mk.co.kr/news/world/view/2019/10/798373(검색일: 2022.2.9).

김수한. 2009.9.7. "공공기관 위기관리 기관에 맡긴다". ≪재단포커스≫.

김열수. 2005. 「한국의 위기관리체제: 평가와 대책」. ≪정세와 정책≫, 제112호, 26~28쪽.

김유진. 2020.6.1. "[제243호 인터뷰: 행동하는 성소수자인권연대] 밖에서 안으로 포용하는 사회를 꿈꾸다". ≪경희대학교 대학원 연보≫.

김은성 엮음. 2009. 『불확실성에 대응하는 위험거버넌스: 신기술과 신종재난 중심으로』. 법문사.

김은성. 2010a. 「짙은 정책학: 탈실증주의 정책학 어떻게 할 것인가?」. ≪한국정책학회보≫, 제19권 4호, 155~176쪽.

_____. 2010b. 『사전예방원칙의 정책타당성 분석 및 제도화 방안: 유전자변형생물체, 광우병, 테러를 중심으로』. 한국행정연구원.
_____. 2011a. 「사전예방원칙의 정책 유형과 사회문화적 맥락에 대한 고찰: 유럽 및 미국 위험 규제 정책을 중심으로」. ≪한국행정학보≫, 제45권 1호, 141~169쪽.
_____. 2011b. 『나노 융합기술의 지식 거버넌스 분석 및 안전관리전략』. 행정연구원.
_____. 2012a. 『기후변화재난 정책 갈등 연구: 온실가스배출권거래제 갈등을 중심으로』. 한국행정연구원.
_____. 2012b. 『캠프 캐럴 고엽제 매립 의혹 갈등 및 정부의 대응 활동 분석』. 한국행정연구원.
_____. 2013. 「전사적 위험관리의 이론과 연구방향에 대한 고찰」, ≪한국위기관리논집≫, 제9권 7호, 1~16쪽.
_____. 2015. 「메르스관련 정부 위험소통의 한계에 대한 사회적 원인 분석」. ≪한국위기관리논집≫, 제11권 10호, 91~109쪽.
_____. 2022. 『감각과 사물: 한국 사회를 읽은 새로운 코드』. 갈무리.
김은성·정지범. 2014. 「우리나라 공기업 전사적 위험관리의 조직적, 제도적, 문화적 특징」. ≪한국행정연구≫, 제23권 2호, 35~61쪽.
김은성·정지범·윤종설. 2011. 『공공기관 전사적 위험관리 활용 현황 분석 및 개선방안 연구』. 행정연구원.
김은진. 2007. 「한미 간 LMO 양해사항에 대한 분석 및 대응방안, GMO위해성평가 관리체계 분석 및 개선방안」. 『한미 FTA와 GMO, 무엇이 문제이고 어떻게 대응할 것인가?』. 민주노동당 GMO 정책 세미나 자료집(2007.4.23), 12~31쪽.
_____. 2010.7.1. "GMO표시제 강화 당연한 소비자 권리". ≪사이언스온≫.
김은진·최동근. 2006. 「GMO안전성평가제도의 고찰」. ≪한국유기농업학회지≫, 제14권 2호, 139~157쪽.
김정해. 2009. 『기후변화 대응을 위한 정부대응체계 구축: 녹색거버넌스 구축을 중심으로』. 한국행정연구원.
김한솔. 2021.8.31. "탄소중립·녹색성장기본법 국회통과…. 기후단체는 비판". ≪경향신문≫. https://m.khan.co.kr/view.html?art_id=202108311959001(검색일: 2022.2.9).
김형아. 2005. 『박정희의 양날의 선택·유신과 중화학공업』. 신명주 옮김. 일조각.
김형주. 2005.10.14 "SOFA 환경 조항, 무엇이 문제인가?" 토론회. 녹색연합. 국회의원회관 소회의실 공동 주최.
김홍영·박소희. 2014. 『융합 R&D 추진현황 분석 및 활성화 방안』. 한국과학기술기획평가원.
≪너랑 나랑 우리≫. 2020.4.14. "코로나 사태 속에서 성소수자 노동자로 존재하기". https://lgbtpride.tistory.com/1646(검색일: 2022.8.1).
녹색성장위원회. 2009. 『국가온실가스 중기(2020년) 감축목표의 설정방안』. 녹색성장위원회.
데란다, 마뉴엘(Manuel De Landa). 2019. 『새로운 사회철학: 배치 이론과 사회적 복합성』. 김영범 옮김. 그린비.
박석철. 2020.3.4. "'정규직은 방진, 하청은 방한' 코로나19가 알려준 차별." ≪오마이뉴스≫. http://www.ohmynews.com/NWS_Web/View/at_pg.aspx?CNTN_CD=A0002618616(검색

일: 2022.2.9).
박진우. 2017. 「국가 관료제의 정책집행과 관료적 거버넌스」. ≪한국행정학보≫, 제51권 4호, 255~290쪽.
배영자. 2005. 「생명공학기술과 국제규제: 카르테헤나 생명안전 의정서 사례연구」. ≪한국정치학회보≫, 제39권 3호, 353~373쪽.
벡, 울리히(Ulrich Beck). 2014. 『위험사회: 새로운 근대성을 위해』. 홍성태 옮김. 새물결.
브라이언트, 레비 R(Levi R. Bryant). 2021. 『객체들의 민주주의』. 김효진 옮김. 갈무리.
≪Business Watch≫. 2020.6.1. "[기자수첩] 바이러스보다 더 강력한 혐오감염". http://news.bizwatch.co.kr/article/consumer/2020/05/29/0023(검색일: 2022.2.9).
삼성물산. 2004. 『Camp Carroll Area D and Area 41 Site Investigation, Camp Carroll, Korea』.
성지은·정병걸. 2007. 「탈(脫)추격형 혁신체제에서의 기술 위험관리」. ≪과학기술학연구≫, 제7권 1호, 33~66쪽.
송위진·성지은·임홍탁·장영배. 2013. 『사회문제 해결형 연구개발사업의 발전방안 연구』. 과학기술정책연구원.
식품의약품안전청. 2007. 『유전자재조합식품안전관리 대응 실무 매뉴얼』. 식품의약품안전청.
심우배·왕광익·이범현·차정우·김학열 외. 2009. 『기후변화에 안전한 재해통합대응 도시 구축방안 연구(i)』. 국토연구원.
씨비에스(CBS). 2020.5.29. "쿠팡 계약직 '다닥다닥, 빨리빨리, 24시간소독은 없었다'". ≪CBS≫. https://www.nocutnews.co.kr/news/5352609(검색일: 2022.2.9).
오닐, 캐시(Cathy O'Neil). 2017. 『대량살상수학무기』. 김정혜 옮김. 흐름출판.
왜관미군기지 고엽제 매립범죄 진상규명 대구경북대책위·성 베네딕도회 왜관 수도원·통합진보당 김선동 국회의원. 2012. 『왜관 캠프캐럴 고엽제 매립 범죄 진상규명 투쟁 백서』. 김선동 의원실.
위금숙·백민호·권건주·양기근. 2009. 『한국의 재난현장대응체계: 문제점과 향후 과제』. 도서출판 대영문화사.
유영대. 2020.5.7. "[단독]이태원 유명 클럽에 코로나19 확진자 다녀갔다". ≪국민일보≫. http://news.kmib.co.kr/article/view.asp?arcid=0014552714(검색일: 2022.2.9).
유영재. 2011. 「한미 SOFA 환경규정의 문제점과 극복 방향」. ≪정세와 노동≫, 제70호, 39~45쪽.
윤순진. 2009. 「'저탄소 녹색성장'의 이념적 기초와 실제」. ≪환경사회학연구 ECO≫, 제13권 1호, 219~266쪽.
윤우열. 2020.5.28. "'자칫 코로나 배달' 이재명, 부천 쿠팡 물류센터 집합금지 명령". ≪동아일보≫. https://www.donga.com/news/Society/article/all/20200528/101255878/1(검색일: 2022.2.9).
이광호·김승현·최종화·서지영·강지훈·이아정. 2013. 「융합연구사업의 실태조사와 연구개발 특성 분석」. ≪과학기술정책연구원≫.
이덕로·오성호·정원영. 2009. 「국가위기관리능력의 제고에 관한 고찰: 비상대비 업무기능 강화의 관점에서」. ≪한국정책과학학회보≫, 제13권 2호, 233~254쪽.
이동훈. 1999. 『위기관리의 사회학』. 집문당.
이두면. 2011. 「온실가스·에너지 목표 관리제와 기업들의 대응방향」. ≪기계산업(Machinery

industry)≫, 제41권 12호, 52~61쪽.

이명석. 2002.「거버넌스의 개념화: '사회적 조정'으로서의 거버넌스」. ≪한국행정학보≫, 제36권 4호, 321~338쪽.

이문수. 2012.「통치성 관점에서 본 신자유주의적 행정개혁: 행정개혁론의 '기업가적' 관료에 대한 비판적 연구」. ≪한국행정연구≫, 제21권 4호, 43~72쪽.

이병량·박기묵. 2006.「유전자변형작물(GMO) 규제정책의 형성과정에 관한 연구」. ≪한국거버넌스학회보≫, 제13권 3호, 141~164쪽.

이상헌. 2009.「MB정부 '저탄소 녹색성장 전략'에 대한 정치경제학적 고찰」. ≪환경사회학연구 ECO≫, 제13권 2호, 7~41쪽.

이승준. 2020.8.30. "[기후 위기] 우리나라가 기후 악당이라 불리는 이유". ≪한겨레21≫. https://h21.hani.co.kr/arti/society/society_general/49163.html(검색일: 2022.2.9).

이영희. 2010.「핵폐기물 관리체제의 국제비교」. ≪경제와 사회≫, 제85호, 67~92쪽.

이자해. 2010.「탄소시장 형성과정에서 나타나는 시장의 수행성 분석」. 연세대학교 대학원 석사학위논문.

이장희·장주영·최승환. 2001.「한·미 주둔군지위협정의 문제점과 개정방향」. ≪국제법학회논총≫, 제46권 2호, 149~166쪽.

이재은. 2005.「통합위기관리 시스템의 효율화 방안」. ≪한국위기관리논집≫, 제1권 2호, 25~43쪽.

______. 2013.「국가안보 환경의 변화와 국가위기관리: 포괄적 안보 개념 하에서의 국가위기 유형」. ≪한국위기관리논집≫, 제9권 2호, 177~198쪽.

이정필. 2011.3.1. "탄소배출권거래의 '시장 실패'". ≪Economic Insight≫. http://www.economyinsight.co.kr/news/articleView.html?idxno=609(검색일: 2022.2.9).

이종걸. 2020. 「이태원 집단감염을 통해 본 성소수자 혐오와 차별」. 한국인권학회·인권법학회·서울대학교 인권센터·코로나19인권대응네트워크 주최 온라인 공동학술대회: 코로나19와 인권(2020.7.10).

이종열·박광국·조경호·김옥일. 2004.「국가위기관리 통합적 체계구축에 관한 연구」. ≪한국사회와 행정연구≫, 제15권 2호, 347~367쪽.

이진우. 2010.「탄소시장, 왜 비판적으로 검토해야 하나」. 에너지 기후정책연구소 창립 1주년 기념 심포지엄·기후변화 대응과 탄소시장(2010.9.20), 26~55쪽.

전진식·홍석제. 2015.12.4. "'복면금지' 법개정은 왜 한번도 성공하지 못했나". ≪한겨레≫. https://www.hani.co.kr/arti/society/society_general/720403.html(검색일: 2022.2.9).

전혜원·나경희·김영화. 2020.3.23. "쿠팡노동자 사례: 코로나19가 드러낸 '약한 고리'". ≪시사인≫. https://www.sisain.co.kr/news/articleView.html?idxno=41623(검색일: 2022.2.9).

정병걸·성지은. 2019.「일선행정의 혁신과 리빙랩: 치안현장 문제해결을 위한 폴리스랩사업 사례」. ≪한국행정학보≫, 제53권 4호, 275~296쪽.

정지범. 2009.「광의와 협의의 위험, 위기, 재난관리의 범위」. ≪한국방재학회논문집≫, 제9권 4호, 61~66쪽.

주한미군 고엽제 등 환경범죄 진상규명과 원상회복 촉구 국민대책회의. 2012.4. "Camp Carroll Report".

지속가능경영원. 2009.『국가 온실가스 중기 감축목표 시나리오에 대한 기업의견조사』.
_____. 2010.『탄소세 도입에 따른 산업부문별 영향과 대응방안』.
_____. 2011.『탄소세 도입관련 산업계의 의견』.
진상현. 2013.「이명박 정부 '저탄소 녹색성장' 국정기조의 경로의존성」. ≪한국행정논집≫, 제25권 4호, 1049~1075쪽.
최승환. 1999.「한·미 Sofa의 환경관련조항의 문제점과 개선방향」. ≪국제법학회논총≫, 제44권 2호, 225~239쪽.
최은진. 2020.3.15 "'마스크도 못 쓰고 닭장 같은 곳에서'… 콜센터 '집단감염' 왜?". ≪KBS News≫. https://news.kbs.co.kr/news/view.do?ncd=4402004(검색일: 2022.2.9).
최은창. 2017.「알고리즘 거버넌스」. ≪Future Horizon≫, 제33호, 28~31쪽.
최현숙. 2020.5.22. "방역당국은 섹스를 금하라". ≪경향신문≫. https://www.khan.co.kr/opinion/column/article/202005220300025(검색일: 2022.2.9).
KBS News. 2020.3.18. "마스크도 소외받는 '감염 우려' 비정규직". https://mn.kbs.co.kr/news/view.do?ncd=4404740(검색일: 2022.2.9).
푸코, 미셸(Michel Foucault). 2016.『감시와 처벌: 감옥의 탄생』. 오생근 옮김. 나남출판.
하먼, 그레이엄(Graham Harman). 2019.『네트워크의 군주: 브뤼노 라투르와 객체지향 철학』. 김효진 옮김. 도서출판 갈무리.
≪한겨레≫. 2020.6.6. "'인종차별 반대한다' 명동에서 조지 플로이드 추모 평화행진". https://www.hani.co.kr/arti/society/society_general/948191.html(검색일: 2022.2.9).
한국바이오안전성정보센터. 2008.『유전자변형생물체의 국가간 이동 등에 관한 법률』.
한국방재협회. 2008.『재난관리와 제도일반』.
한국보건산업진흥원·식품의약품안전청. 2009.『유전자재조합식품 표시 사후관리 개선방안』.
한국은행. 2014.「2010년 산업연관표」. 한국은행 자료.
한미공동조사단. 2011.『캠프 캐럴 한미공동조사 최종 발표』. 국무총리실.
한승훈·안혜선. 2021.「증거기반 정책의 쟁점과 한국적맥락에서의 적용 가능성」. ≪한국정책학회보≫. 제30권 1호, 289~314쪽.
한재각·이정필. 2011.「배출권거래제의 대안적 모색: 탄소세 및 개인별 탄소 할당제를 중심으로」. 에너지기후정책연구소·상상연구소 주최 토론회 자료집.
한준. 2022.『사회안의 조직, 조직안의 사회』. 다산출판사.
허상수. 2004.「참여정부의 과학기술정책평가: 연속성과 변화」. ≪동향과 전망≫, 제60권 4호, 154~193쪽.
홍인기. 2011.「기후변화 대응정책 결정과정에서 조세정책의 배제로 인한 정책 거버넌스의 약화에 관한 고찰」. ≪조세연구≫, 제11권 1호, 445~482쪽.

Alldred, Pam and N. J. Fox. 2019. "Assembling Citizenship: Sexualities Education, Micropolitics and the Becoming-Citizen." *Sociology*, Vol.53, No.4, pp.689~706.
Allen, J. 2011. "Topological twists: Power's shifting geographies." *Dialogues in Human Geography*, Vol.1, No.3, pp.283~298.

Amsden, A. 1989. *Asia's Next Giant: South Korea and Late Industrialization*. New York: Oxford University Press.

Anderson, B. 1991. *Imagined Communities: Reflections on the Origin and Spread of Nationalism*. London: Verso.

Anderson, B. and C. MacFarlane. 2011. "Assemblage and geography." *Area*, Vol.43, No.2, pp.124~127.

Anderson, W. 1960. *Intergovernmental Relations in Review*. Minneapolis: University of Minnesota Press.

Andrejevic, M(ed.). 2018. *Surveillance in the Big Data Era*. New York: Oxford University Press.

Andrejevic, M. and K. Gates. 2014. "Big Data Surveillance: Introduction." *Surveillance & Society*, Vol.12, No.2, pp.185~196.

Ansell, C. and A. Gash. 2008. "Collaborative Governance in Theory and Practice." *Journal of Public Administration Research and Theory*, Vol.18, No.4, pp.543~571.

Arena, M., M. Arnaboldi and G. Azzone. 2010. "The Organizational Dynamics of Enterprise Risk Management." *Accounting, Organizations and Society*, Vol.35, No.7, pp.659~675.

______. 2011. "Is Enterprise Risk Management Real?" *Journal of Risk Research*, Vol.14, No.7, pp.779~797.

Athey, Susan. 2017. "Beyond Prediction: Using Big Data for Policy Problems." *Science*, Vol.355, No.6324, pp.483~485.

Austin, J. L. 1962. *How to do Things with Words*. Oxford: Clarendon Press.

Bacchi, C. L. 1999. *Women, Policy, and Politics; the Construction of Policy Problems*. CA: SAGE publications.

Barry. A. 2013. *Material Politics: Disputes Along the Pipeline*. Oxford: Wiley-Blackwell.

Bartholomew, A. 1990. "Should a Marxist Believe in Marx on Rights?" *Socialist Register*, Vol.26, pp.244~264.

BBC. 2020.3.5. "Coronavirus Privacy: Are South Korea's Alerts Too Revealing?" https://www.bbc.com/news/world-asia-51733145(검색일: 2022.2.9).

Beer, D. 2009. "Power through the Algorithm? Participatory Web Cultures and the Technological Unconscious." *New Media & Society*, Vol.11, No.6, pp.985~1002.

Beer, S. 1965. *Modern British Politics*. London: Faber and Faber.

Bellamy, R. and M. Kennedy-Macfoy(eds.). 2014. *Citizenship: Critical Concepts in Political Science*. London: Routledge.

Berger, P. L. 1963. *Invitation to Sociology: A Humanistic Perspective*. New York: Doubleday.

Berger, P. L. and T. Luckmann. 1966. *The Social Construction of Reality: A Treatise in the Sociology of Knowledge*. New York: Anchor Books.

Bevir, M. 2011. "Public Administration as Storytelling." *Public Administration(London)*, Vol.89, No.1, pp.183~195.

Bevir, M. and R. A. W. Rhodes. 2010. *The State as a Cultural Practice*. Oxford: Oxford

University Press.

Bibel, W., D. Andler, O. Da Costa, G. Küppers *Converging Technologies and the Natural, Social and Cultural World. Special Interest and I.* Pearson. 2004. Group Report for the European Commission via an Expert Group on Foresighting the New Technology Wave.

Boodhun, N. and M. Jayabalan. 2018. "Risk Prediction in Life Insurance Industry using Supervised Learning Algorithms." *Complex & Intelligent Systems*, Vol.4, No.2, pp.145~154.

Bornstein, A. M. 2016.8.29 "Is Artificial Intelligence Permanently Inscrutable?" http://nautil.us/issue/40/learning/is-artificial-intelligence-permanently-inscrutable.

Bostrom, N. 2014. *Superintelligence: Paths, Dangers, Strategies.* Oxford, UK: Oxford University Press.

Bourdieu, P. 1977. *Outline of a Theory of Practice.* Cambridge: Cambridge University Press.

Boxenbaum, E. and Jonsson. S. 2008. "Isomorphism, Diffusion, and Decoupling." in R. Greenwood, O. Christine, K. Sahlin and R. Suddaby(eds.). *The Sage Handbook of Organizational Institutionalism*, pp.78~98. London: SAGE publications.

Braidotti, R. 2013. *The Posthuman.* Cambridge, UK: Polity Press.

Braithwaite, J. 1982. "Enforced Self-Regulation: A New Strategy for Corporate Crime Control." *Michigan Law Review*, Vol.80, No.7, pp.1466~1507.

Bryant, L. R. 2014. *Onto-Cartography: An Ontology of Machines and Media.* United Kingdom: Edinburgh University Press.

Burawoy, Michael. 2005. "For Public Sociology." *American Sociological Review*, Vol.70, No.1, pp.4~28.

Burns, R. and G. Wark. 2019. "Where's the Database in Digital Ethnography? Exploring Database Ethnography for Open Data Research." *Qualitative Research*, Vol.20, No.5, pp.598~616.

Burrell, J. 2016. "How the Machine 'thinks': Understanding Opacity in Machine Learning Algorithms." *Big Data & Society*, Vol.3, No.1, pp.1~12.

Butler, J. 1997. *Excitable Speech: A Politics of the Performative.* New York: Routledge.

Button, J. 2008. "Carbon: Commodity Or Currency? the Case for an International Carbon Markets: Based on the Currency Model." *Harvard Environmental Law Review*, Vol.32, pp.571~596.

Callon, M. 1986. "Some Elements of Sociology of Translation: Domestication of the Scallops and the Fishermen of St. Brieuc Bay." In J. Law(ed.). *Power, Action and Belief*, pp.196~233. London: Routledge and Kegan Paul.

_____. 1998. *The Laws of the Markets.* Malden, MA: Blackwell Publishers.

_____. 2007. "What does it Mean to Say that Economics is Performative?" in F. Mackenzie, F. Muiesa and L. Siu(eds.). *Do Economists make Markets? on the Performativity of*

Economics, pp.311~357. Princeton: Princeton University Press.

Campbell, N. 2000. *Using Women: Gender, Drug Policy, and Social Justice*. New York: Routledge.

Carabantes, Manuel. 2019. "Black-Box Artificial Intelligence: An Epistemological and Critical Analysis." *AI & Society*, Vol.35, No.2, pp.309~317.

Chung, J. Y. and R. J. R. Kirkby. 2002. *The Political Economy of Development and Environment in Korea*. London and New York: Routledge.

Clarke, R. 1988. "Information Technology and Dataveillance." *Communications of the ACM*, Vol.31, No.5, pp.498~512.

Coglianese, Cary and David Lehr. 2019. "Transparency and Algorithmic Governance." *Administrative Law Review*, Vol.71.

Colby, B. G. 2000. "Cap-and-Trade Policy Challenges: A Tale of Three Markets." *Land Economics*, Vol.76, No.4, pp.638~658.

Cook, B. J. 2010. "Areas of Power in Climate Change Policymaking." *Policy Studies Journal*, Vol.38, No.3, pp.465~486.

Committee of Sponsoring Organization of the Treadway Commission(COSO). 2004. *COSO Enterprise Risk Management-Integrated Framework*.

Costanza, R. and L. Cornwell. 1992. "The 4P Approach to Dealing with Scientific Uncertainty." *Environment: Science and Policy for Sustainable Development*, Vol.34, No.9, pp.12~42.

Coxall, B. 2001. *Pressure Groups in British Politics*. New York: Routledge.

Czarniawska, B. 2008. "How to Misuse Institutions and Get Away with it: Some Reflections on Institutional Theory." in R. Greenwood, O. Christine, K. Sahlin and R. Suddaby(eds.). *The Sage Handbook of Organizational Institutionalism*. pp.769~782. SAGE publications: London.

Czarniawska, B. and B. Joerges. 1996. "Travels of Ideas." in B. Czarniawska and G. Sevon(eds.). *Translating Organizational Change*. pp.13~48. Berlin: Walter de Cruyter.

Czarniawska, B. and G. Sevón(eds.). 1996. *Translating Organizational Change*. Berlin: Walter de Cruyter.

Daley, S. 2000.4.9. "More and More, Europeans Find Fault with US: Wide Range of Events Viewed as Menacing." *New York Times*. https://archive.nytimes.com/www.nytimes.com/library/world/europe/040900europe-us.html(검색일: 2022.8.1).

Danaher, J., M. J. Hogan, C. Noone, R. Kennedy, A. Behan, A. De Paor, H. Felzmann, et al. 2017. "Algorithmic Governance: Developing a Research Agenda through the Power of Collective Intelligence." *Big Data & Society*, Vol.4, No.2.

DARPA. 2016. "Explainable Artificial Intelligence(XAI)." *Defense Advanced Research Projects Agency*. https://www.darpa.mil/attachments/DARPA-BAA-16-53.pdf(검색일: 2022.8.1).

Davis, R. 2005. *Politics Online: Blogs, Chatrooms, and Discussion Groups in American Democracy*. New York: Routledge.

Degli-Esposti, S. 2014. "When Big Data Meets Dataveillance: The Hidden Side of Analytics." *Surveillance & Society*, Vol.12, No.2, pp.209~225.

Deleuze, G. and F. Guattari. 1987. *A Thousand Plateaus: Capitalism and Schizophrenia. translated by Brian Massumi.* Minneapolis: U Minnesota Press.

Derrida, J. 1988. *Limited Inc.* Evanston: Northwestern University Press.

Desai, A., G. Zoccatelli, M. Adams, D. Allen, S. Brearley, A. M. Rafferty, G. Robert and S. Donetto. 2017. "Taking data seriously: the value of actor-network theory in rethinking patient experience data." *Journal of health services research & policy*, Vol.22, No.2, pp.134~136.

Descheneau, P. 2012. "The Currencies of Carbon: Carbon Money and its Social Meaning." *Environmental Politics*, Vol.21, No.4, pp.604~620.

Desforges, L., R. Jones and M. Woods. 2005. "New Geographies of Citizenship." *Citizenship Studies*, Vol.9, No.5, pp.439~451.

Dickstein, I. D. and R. H. Flast. 2009. *No Excuses: A Business Process Approach to Managing Operational Risk.* Hoboken, NJ: Wiley.

DiMaggio, P. J. and W. W. Powell. 1983. "The Iron Cage Revisited: Institutional Isomorphism and Collective Rationality in Organizational Fields." *American Sociological Review*, Vol.48, No.2, pp.147~160.

Domingos, Pedro. 2012. "A Few Useful Things to Know about Machine Learning." *Communications of the ACM*, Vol.55, No.10, pp.78~87.

Downs, G. W. and D. M. Rocke. 1994. "Conflict, Agency, and Gambling for Resurrection: The Principal-Agent Problem Goes to War." *American Journal of Political Science*, Vol.38, No.2, pp.362~380.

Dryzek, J. S(ed.). 1997. *Politics of the Earth: Environmental Discourses.* 1st ed. New York: Oxford University Press.

Dudley, G., W. Parsons, C. M. Radaelli and P. Sabatier. 2000. "Symposium: Theories of the Policy Process." *Journal of European Public Policy*, Vol.7, No.1, pp.122~140.

Eaton, W. M., S. P. Gasteyer and L. Busch. 2014. "Bioenergy Futures: Framing Sociotechnical Imaginaries in Local Places." *Rural Sociology*, Vol.79, No.2, pp.227~256.

Eckstein, H. 1960. *Pressure Group Politics: The Case of the British Medical Association.* Stanford, CA: Stanford University Press.

Elock, H. 1994. *Local Government.* London: Routledge.

EPFL IRGC. 2018. *The Governance of Decision-Making Algorithms.* Lausanne: EPFL International Risk Governance Center.

Eubanks, V. 2018. *Automating Inequality: How High-Tech Tools Profile, Police, and Punish the Poor.* New York: St. Martin's Press.

Evans, P. and J. D. Stephens. 1988. "Studying Development since the Sixties: The Emergence of a New Comparative Political Economy." *Theory and Society*, Vol.17, No.5, pp.713~745.

Feenberg, A. 1999. *Questioning Technology*. London: Routledge.

Feindt, P. and A. Oels. 2005. "Does Discourse Matter? Discourse, Power and Institutions in the Sustainability Transition." *Journal of Environmental Policy & Planning*, Vol.7, No.3, pp.161~173.

Ferguson, A. G. 2017. *The Rise of Big Data Policing: Surveillance, Race, and the Future of Law Enforcement*. New York: New York University Press.

Ferrari, A. 2008. "Is it all about Human Nature? Ethical Challenges of Converging Technologies Beyond a Polarized Debate." *Innovation*, Vol.21 No.1, pp.1~24.

Finer, S. E. 1958. "Politics, Parties, and Pressure Groups." *Political Studies*, Vol.6, No.3, pp.265~266.

Fiorino, Daniel. 1990. "Citizen Participation and Environmental Risk: A Survey of Institutional Mechanisms." *Science, Technology, & Human Values*, Vol.15, No.2, pp.226~243.

Fischer, F. 2000. *Citizens, Experts, and the Environment: The Politics of Local Knowledge*. North Carolina: North Carolina: Duke University Press.

Fischer, F. and H. Gottweis. 2012. *The Argumentative Turn Revisited: Public Policy as Communicative Practice*. Durham: Duke University Press.

Fischer, F. and M. Hajer(eds.). 1999. *Living with Nature: Environmental Politics as Cultural Discourse*. Oxford: Oxford University Press.

Fisher, E., J. Jones and R. V. Schomberg(eds.). 2006. *Implementing the Precautionary Principle: Perspectives and Prospect*. Northampton, MA: Edward Elgar Publishing.

Foucault, M. 1990. *The History of Sexuality, Volume I: An Introduction*. New York: Vintage.

_____. 1995. *Discipline and Punish: The Birth of Prison*. New York: Random House.

Fox, Nick Jay and Pam. Alldred. 2017. *Sociology and the New Materialism: Theory, Research, Action*. London: SAGE.

_____. 2020. "Re-assembling Climate Change Policy: Materialism, Posthumanism, and the Policy Assemblage." *The British Journal of Sociology*, Vol.71, No.2, pp.269~283.

Fraser, N. 1997. *Justice Interruptus: Critical Reflections on the Postsocialist Condition*. New York: Routledge.

Fraser N. and L. Gordon. 1992. "Contact versus Charity: Why is there no social citizenship in the United States?" *Socialist Review*, Vol.23, No.3, pp.46~66.

Freeman, J. L. and J. P. Stevens. 1987. "A Theoretical and Conceptual Reexamination of Subsystem Politics." *Public Policy and Administration*, Vol.2, No.1, pp.9~24.

Fuller, S. 2009. "Knowledge Politics and New Converging Technologies: A Social Epistemological Perspective." *Innovation*, Vol.22, No.1, pp.7~34.

Funtowicz, S. O. and J. R. Ravetz. 1993. "Science for the Post-Normal Age." *Futures: The Journal of Policy, Planning and Futures Studies*, Vol.25, No.7, pp.739~755.

Gailmard, S. 2009. "Multiple Principals and Oversight of Bureaucratic Policy-Making." *Journal of*

Theoretical Politics, Vol.21, No.2, pp.161~186.

Gallo, J. 2009. "The Discursive and Operational Foundations of the National Nanotechnology Initiative in the History of the National Science Foundation." *Perspectives on Science*, Vol.17, No.2, pp.174~211.

Gane, N., C. Venn and M. Hand. 2007. "Ubiquitous Surveillance: Interview with Katherine Hayles." *Theory, Culture & Society*, Vol.24, No.7-8, pp.349~358.

Gangadharan, Seeta. 2015.11.19. "Predictive Algorithms are Not Inherently Unbiased." *The New York Times*. https://www.nytimes.com/roomfordebate/2015/11/18/can-predictive-policing-be-ethical-and-effective/predictive-algorithms-are-not-inherently-unbiased(검색일: 2022.8.1).

Geiser, K. 1999. "Cleaner Production and the Precautionary Principle." in C. Raffensperger and J. Tickner(eds.). *Protecting Public Health & the Environment: Implementing the Precautionary Principle*, pp.323~336. Washington D.C: Island Press.

Gilliom, J. 2001. *Overseers of the Poor: Surveillance, Resistance, and the Limits of Privacy*. Chicago: University of Chicago Press.

Granovetter, Mark. 1985. "Economic Action and Social Structure: The Problem of Embeddedness." *American Journal of Sociology*, Vol.91, No.3, pp.481~510.

Greenwood, R., O. Christine, K. Sahlin, and R. Suddaby. 2008. *The Sage Handbook of Organizational Institutionalism*. London: SAGE publications.

Gunningham, N. and J. Rees. 1997. "Industry Self-Regulation: An Institutional Perspective." *Law & Policy*, Vol.19, No.4, pp.363~414.

Haas, Peter. 1992. "Introduction: Epistemic Communities and International Policy Coordination." *International Organization*, Vol.46, No.1, pp.1~35.

Hajer, M. 1995. *The Politics of Environmental Discourse: Ecological Modernization and the Policy Process*. London: Oxford University Press.

Häkli, J. 2018. "The Subject of Citizenship: can there be a Posthuman Civil Society?" *Political Geography*, Vol.67, pp.166~175.

Hall, P. A. and Rosemary C. R. Taylor. 1996. "Political Science and the Three New Institutionalisms." *Political Studies*, Vol.44, No.5, pp.936~957.

Han, H. J. 2015. "Authoritarian Environmentalism Under Democracy: Korea's River Restoration Project." *Environmental Politics*, Vol.24, No.5, pp.810~829.

Haraway, D. J. 1997. *Modest_Witness@Second_Millennium.FemaleMan_Meets_ OncoMouse: Feminism and Technoscience*. New York: Routledge.

Hardyns, W. and A. Rummens. 2018. "Predictive Policing as a New Tool for Law Enforcement? Recent Developments and Challenges." *European Journal on Criminal Policy and Research*, Vol.24, No.3, pp.201~218.

Hawkesworth, Mary. 2012. "From Policy Frames to Discursive Politics: Feminist Approaches to Development Policy and Planning in an Era of Globalization." in F. Fischer and H.

Gottweiss(eds.). *The Argumentative Turn Revisited: Public Policy as Communicative Practice*, pp.114~148. Durham, NC: Duke University Press.

Heaven, D. 2013. "Not Like Us: Artificial Minds we can't Understand." *New Scientist*, Vol.219, No.2929, pp.32~35.

Heclo, H. 1978. "The Issue Network and the Executive Establishment." in A. King(ed.). *The New American Political System*, pp.87~124. Washington, DC: American Enterprise Institute for Public Policy Research.

Heinmiller, B. T. 2007. "The Politics of 'Cap and Trade' Policies." *Natural Resources Journal*, Vol.47, No.2, pp.445~467.

Held, D. 1987. *Models of Democracy*. Stanford: Stanford University Press.

Hess, D. 1997. "If You're Thinking of Living in STS: A Guide for the Perplexed." in G. L. Downey and J. Dumit(eds.). *Cyborgs and Citadels: AnthropologicalInterventions in Emerging Sciences and Technologies*, pp.143~164. Santa fe: School of American Research Press.

Hicks, D. and M. C. Beaudry. 2010. *The Oxford Handbook of Material Culture Studies*. Oxford: Oxford University Press.

Hilgartner, S. 2015. "Capturing Imaginary: Vanguards, Visions." in S. Hilgartner, C. Miller and R. Hagendijk(eds.). *Science and Democracy: Making Knowledge and Making Power in the Biosciences and Beyond*, pp.33~55. New York: Routledge.

Hino, M., E. Benami and N. Brooks. 2018. "Machine Learning for Environmental Monitoring." *Nature Sustainability*, Vol.1, No.10, pp.583~588.

Hood, C. C. 2002. "The Risk Game and the Blame Game." *Government and Opposition*, Vol.31, No.1, pp.15~37.

Hood, C. C. and H. Rothstein. 2000. *Business risk management in government: pitfalls and possibilities*. CARR Launch Paper.

Howard, J. 2009. "Climate Change Mitigation and Adaptation in Developed Nations: A Critical Perspective on the Adaptive Turn in Urban Planning." in S. Davoudi, J. Crawford and A. Mehmood(eds.). *Planning for Climate Change: Strategies for Mitigation and Adaptation for Spatial Planners*, pp.19~32. New York: Earthscan.

Howarth, David and Steven Griggs. 2012. "Poststructuralist Policy Analysis: Discourse, Hegemony, and Critical Explanation." in F. Fischer and H. Gottweiss. *The Argumentative Turn Revisited: Public Policy as Communicative Practice*, pp.305~342. Durham, NC: Duke University Press.

Hunt, P., J. Saunders and J. Hollywood. 2014. *Evaluation of the Shreveport Predictive Policing Experiment*. Santa Monica, CA: Rand Corporation.

Hutter, B. and M. Power. 2005. *Organizational Encounters with Risk*. Cambridge University Press.

Introna, L. D. 2016. "Algorithms, Governance, and Governmentality: On Governing Academic

Writing." *Science, Technology, & Human Values*, Vol.41, No.2, pp.17~49.

Janssen, M. and G. Kuk. 2016. "The Challenges and Limits of Big Data Algorithms in Technocratic Governance." *Government Information Quarterly*, Vol.33, No.3, pp.371~377.

Jasanoff, S. 2005. *Designs on Nature: Science and Democracy in Europe and the United States.* Princeton, NJ: Princeton University Press.

_____(ed.). 2004. States of Knowledge: The Coproduction of Science and the Social Order. London: Routledge.

Jasanoff, S. and S. H. Kim. 2009. "Containing the Atom: Sociotechnical Imaginaries and Nuclear Power in the United States and South Korea." *Minerva*, Vol.47, No.2, pp.119~146.

_____. 2015. *Dreamscapes of Modernity: Sociotechnical Imaginaries and the Fabrication of Power.* Chicago: Chicago University Press.

Jenkins-Smith, H., D. Nothrstedt, C. M. Weible and P. A. Sabatier. 2014. "The Advocacy Coalition Framework: Foundations, Evolution, and Ongoing Research." in P. A. Sabatier and C. M. Weible(eds.). *Theories of Policy Process*, pp.183~223. Boulder, CO: Westview Press.

Jones, M. D. and M. K. McBeth. 2010. "A Narrative Policy Framework: Clear enough to be Wrong?" *Policy Studies Journal*, Vol.38, No.2, pp.329~353.

Johnson, C. 1987. "Political Institutions and Economic Performance: The Government-Business Relationship in Japan, South Korea, Taiwan." in F. C. Deyo(ed.). *The Political Economy of the New Asian Industrialism*, pp.136~164. Ithaca and London: Cornell University Press.

Johnson, D. and M. Verdicchio. 2018. "AI, Agency and Responsibility: The VW Fraud Case and Beyond." *AI & Society*, Vol.34, No.3, pp.1~9.

Jun, J. S. 2006. *Social Construction of Public Administration.* Albany: SUNY Press.

Kang, H. W. and H. B. Kang. 2017. "Prediction of Crime Occurrence from Multi-Modal Data using Deep Learning." *PLoS ONE*, Vol.12, No.4, e0176244.

Karppi, T. 2018. "'The Computer Said so': On the Ethics, Effectiveness, and Cultural Techniques of Predictive Policing." *Social Media + Society*, Vol.4, No.2, pp.1~9.

Kim, B., H. Kim, K. Kim, S. Kim and J. Kim. 2018. "Learning Not to Learn: Training Deep Neural Networks with Biased Data." *Proceedings of the IEEE/CVF Conference on Computer Vision and Pattern Recognition*, arXiv:1812.10352, pp.9012~9020.

Kim, E. S. 2008. "Chemical Sunset: Technological Inflexibility and Designing an Intelligent Precautionary 'Polluter Pays' Principle." *Science, Technology, & Human Values*, Vol.33, No.4, pp.459~479.

_____. 2011. "Science and Technology Policy." in E. C. Park and B. R. Park(eds.). *Discover Korea in Public Administration*, pp.147~170. Seoul: Korea Institute of Public Administration.

_____. 2012. “Technocratic Precautionary Principle: Korean Risk Governance of Mad Cow Disease.” *Journal of Risk Research*, Vol.15, No .9, pp.1075~1100.
_____. 2014a. “Imagining Future Korean Carbon Markets: Coproduction of Carbon Markets, Product Markets, and the Government.” *Journal of Environmental Policy & Planning*, Vol.16, No.4, pp.459~477.
_____. 2014b. “How did enterprise risk management first appear in the Korean public sector?” *Journal of Risk Research*, Vol.17, No.2, pp.263~279.
_____. 2014c. “Technocratic precautionary principle: Korean risk governance of genetically modified organisms.” *New Genetics and Society*, Vol.33, No.2, pp.204~224.
_____. 2015. “Governance struggles in the case of Camp Carroll Conflict.” *Policy Studies*, Vol.36, No.4, pp.399~416.
_____. 2016a. “The Sensory Power of Cameras and Noise Meters for Protest Surveillance in South Korea.” *Social Studies of Science*, Vol.46, No.3, pp.396~416.
_____. 2016b. “Sound and the Korean Public: Sonic Citizenship in the Governance of Apartment Floor Noise Conflicts.” *Science as Culture*, Vol.25, No.4, pp.538~559.
_____. 2016c. “The Politics of Climate Change Policy Design in Korea.” *Environmental Politics*, Vol.25, No.3, pp.454~474.
_____. 2017. “The Material Culture of Korean Social Movements.” *Journal of Material Culture*, Vol.22, No.2, pp.194~215.
_____. 2018. “Sociotechnical imaginaries and the globalization of converging technology policy: Technological developmentalism in South Korea.” *Science as Culture*, Vol.27, No.2, pp.175~197.
_____. 2020. “Deep learning and principal-agent problems of algorithmic governance: the new materialism perspective.” *Technology in Society*, Vol.63, No.101378.
Kim, E. S. and J. B. Chung. 2019. “The Memory of Place Disruption, Senses, and Local Opposition to Korean Wind Farms.” *Energy Policy*, Vol.131, pp.43~52.
_____. 2021. “‘Korean Mothers’ Morality in the Wake of COVID-19 Contact-Tracing Surveillance.” *Social Science & Medicine*, Vol.270, 113673.
_____. 2022. “Assembling good citizenship under Korean COVID-19 surveillance.” Critical Policy Studies. https://doi.org/10.1080/19460171.2022.2056068(검색일: 2022.8.1).
Kim, S. H. 2014. “The Politics of Human Embryonic Stem Cell Research in South Korea: Contesting National Sociotechnical Imaginaries.” *Science as Culture*, Vol.23, No.3, pp.293~319.
Kim, S. Y. and E. Thurbon. 2015. “Developmental Environmentalism: Explaining South Korea’s Ambitious Pursuit of Green Growth.” *Politics & Society*, Vol.43, No.2, pp.213~240.
Kim, T. H. 2008. “How could a Scientist Become a National Celebrity? Nationalism and Hwang Woo-Suk Scandal.” *East Asian Science, Technology and Society: An International Journal*, Vol.2, No.1, pp.27~45.

Kirk, G. and A. Christine. 2011. "Agent Orange in Korea: Whistleblowers have Unearthed the Widespread use of Agent Orange by the U.S. Military in Korea." https://fpif.org/agent_orange_in_korea/(검색일: 2022.8.1).

KjØlberg, Kamilla, G. Delgado-Ramos, F. Wickson, and R. Strand. 2008. "Models of Governance for Converging Technologies." *Technology Analysis & Strategic Management*, Vol.20, No.1, pp.83~97.

Kleinberg, J., J. Ludwig, S. Mullainathan, and Z. Obermeyer. 2015. "Prediction Policy Problems." *The American Economic Review*, Vol.105, No.5, pp.491~495.

Knight, W. 2017. "The Dark Secret at the Heart of AI." *MIT Technology Review*, Vol.120, No.3.

Koene, A., C. Clifton, Y. Hatada, H. Webb, M. Patel, C. Machado, J. LaViolette, R. Richardson, D. Reisman. 2019. *A Governance Framework for Algorithmic Accountability and Transparency.* Brussels: European Union.

Koppenjan, J. and K. Klijn. 2004. *Managing Uncertainties in Networks: A Network Approach to Problem Solving and Decision Making.* New York: Routledge.

König, P. D. 2019. "Dissecting the Algorithmic Leviathan: On the Socio-Political Anatomy of Algorithmic Governance." *Philosophy & Technology*, pp.1~19.

Kroll, J. A. 2018. "The Fallacy of Inscrutability." *Philosophical Transactions of the Royal Society A Mathematical Physical and Engineering Sciences*, Vol.376, No.2133.

Kurtz, H. and K. Hankins. 2005. "Guest Editorial: Geographies of Citizenship." *Space & Polity*, Vol.9, No.1, pp.1~8.

Lane, N. and T. Kalil. 2005. "The National Nanotechnology Initiative: Present at the Creation." *Issues in Science and Technology*, Vol.21, No.4, pp.49~54.

Lane, R. 2012. "The Promiscuous History of Market Efficiency: The Development of Early Emissions Trading Systems." *Environmental Politics*, Vol.21, No.4, pp.583~603.

Latour, B. 1983. "Give Me a Laboratory and I Will Raise the World." in K. D. Knorr Cetina and M. Mulkay(eds.). *Science Observed: Perspectives on the Social Study of Science*, pp.141~169. London: SAGE publications.

______. 1986. "The Powers of Association." in J. Law(ed.). *Power, Action, and Belief*, pp.264~280. London: Routledge.

______. 1993a. *The Pasteurization of France.* Cambridge, MA: Harvard University Press.

______. 1993b. *We Have Never Been Modern.* Cambridge, MA: Harvard University Press.

______. 1999. *Pandora's Hope: Essays in the Reality of Science Studies.* Cambridge, MA: Harvard University Press.

______. 2004. *Politics of Nature: How to Bring the Sciences into Democracy.* Cambridge, MA: Harvard University Press.

______. 2005. *Reassembling the Social: An Introduction to Actor-Network Theory.* Oxford: Oxford University Press.

Latour, B. and P. Weibel(eds.). 2005. *Making Things Public: Atmospheres of Democracy.*

Cambridge, MA: MIT Press.

Latour, B. and S. Woolgar. 1979. *Laboratory Life: The Construction of Scientific Facts.* Princeton, NJ: Princeton University Press.

Law, J. 2010. "The Materials of STS." in D. Hicks and M. C. Beaudry(eds.). *The Oxford Handbook of Material Culture Studies*, pp.173~190. Oxford: Oxford University Press.

Law, J. and V. Singleton. 2014. "ANT, Multiplicity and Policy." *Critical Policy Studies*, Vol.8, No.4, pp.379~396.

Lessig, Lawrence. 2006. *Code and Other Laws of Cyberspace.* New York: Basic Books.

Lewis, S. 1999. "The Precautionary Principle and Corporate Disclosure." in C. Raffensperger and J. Tickner(eds.). *Protecting Public Health & the Environment: Implementing the Precautionary Principle*, pp.241~251. Washington D.C: Island Press.

Lindblom, C. E. 2001. *The Market System: What it is, how it Works, and what to make of it.* New Haven and London: Yale University Press.

Lindblom, C. E. and E. J. Woodhouse. 1993. *The Policy-Making Process.* Upper Saddle River, NJ: Prentice Hall.

Mackenzie, D. 2007. "The Political Economy of Carbon Trading." *London Review of Books.* https://www.lrb.co.uk/the-paper/v29/n07/donald-mackenzie/the-political-economy-of-carbon-trading(검색일: 2022.8.1).

______. 2009. "Making Things the Same: Gases, Emission Rights and the Politics of Carbon Markets." *Accounting, Organizations and Society*, Vol.34, No.3, pp.440~455.

______. 2010. "Constructing Carbon Markets: Learning from Experiments in the Technopolitics of Emissions Trading Schemes." in A. Lakoff(ed.). *Disaster and the Politics of Intervention*, pp.130~148. New York: Columbia University Press.

______. 2017. "A Material Political Economy: Automated Trading Desk and Price Prediction in High-Frequency Trading." *Social Studies of Science*, Vol.47, No.2, pp.172~194.

Mackenzie, D. and Y. Millo. 2011. "Constructing a Market, Performing Theory: The Historical Sociology of a Financial Derivatives Exchange." in M. Granovetter and R. Swedberg(eds.). *The Sociology of Economic Life*, pp.264~296. Boulder, CO: Westview Press.

Mackenzie, W. J. M. 1955. "Pressure Groups: The Conceptual Framework Work." *Political Studies*, Vol.3, No.3, pp.247~255.

Marres, N. 2015. *Material Participation: Technology, the Environment and Everyday Publics.* New York: Palgrave Macmillan.

Marsh, D. and R. A. W. Rhodes(eds.). 1992. *Policy Network in British Government.* Oxford: Clarendon Press.

Marshall, T. H. 1950. *Citizenship and Social Class.* Cambridge, UK: Cambridge University Press.

Marx, K. 1867. *Capital: Critique of Political Economy.* Hamburg: Verlag von Otto Meisner.

McCann, E. 2011. "Veritable Inventions: Cities, Policies and Assemblage: Veritable Inventions."

Area, Vol.43, No.2, pp.143~147.

McCann, E. and K. Ward. 2012. "Assembling Urbanism: Following Policies and 'Studying through' the Sites and Situations of Policy Making." *Environment and Planning A*, Vol.44, No.1, pp.42~51.

McNeil, D. 2000.3.14. "Protests on New Genes and Seeds Grow More Passionate in Europe." *New York Times*. https://www.nytimes.com/2000/03/14/world/protests-on-new-genes-and-seeds-grow-more-passionate-in-europe.html(검색일: 2022.8.1).

Meyer, J. W. and B. Rowan. 1977. "Institutionalized Organizations: Formal Structure as Myth and Ceremony." *American Journal of Sociology*, Vol.83, No.2, pp.340~363.

Mikes, A. 2009. "Risk Management and Calculative Cultures." *Management Accounting Research*, Vol.20, No.1, pp.18~40.

______. 2011. "From Counting Risk to Making Risk Count: Boundary-Work in Risk Management." *Accounting, Organizations and Society*, Vol.36, No.4, pp.226~245.

Miller, G. J. 2005. "The Political Evolution of Principal-Agent Models." *Annual Review of Political Science*, Vol.8, No.1, pp.203~225.

Mitnick, B. M. 1984. *Agency Problems and Political Institutions*. Rochester, NY: Social Science Research Network.

______. 2006. "Origin of the Theory of Agency." https://www.pitt.edu/~mitnick/agencytheory/agencytheoryoriginrev11806r.htm(검색일: 2022.8.1).

Mol, A. 1999. "Ontological Politics. A Word and some Questions." *The Sociological Review*, Vol.47, No.1, pp.74~89.

Monahan, T. 2015. "The Right to Hide? Anti-Surveillance Camouflage and the Aestheticization of Resistance." *Communication and Critical/Cultural Studies*, Vol.12, No.2, pp.159~178.

Mooney, S. J. and V. Pejaver. 2018. "Big Data in Public Health: Terminology, Machine Learning, and Privacy." *Annual Review of Public Health*, Vol.39, No.1, pp.95~112.

Moynihan, D. P. 2009. "The Network Governance of Crisis Response: Case Studies of Incident Command Systems." *Journal of Public Administration Research and Theory*, Vol.19, No.4, pp.895~915.

Myers, N. 2000. *Debating the Precautionary Principle*. Ames, IA: Science and Environmental Health Network.

Nash, K. 2020. *Contemporary Political Sociology: Globalization, Politics, and Power*. Oxford: Wiley-Blackwell.

Nee, V. 2005. "The New Institutionalisms in Economics and Sociology." in N. J. Smelser and R. Swedberg(eds.). *The Handbook of Economic Sociology*, pp.49~74. Princeton, NJ: Princeton University Press.

Nietzche, F. 1996. *On the Genealogy of Morals*. Oxford: Oxford University Press.

Nordmann, A. 2004. *Converging Technologies: Shaping the Future of European Societies: European Commission*.

O'Toole, L. J(ed.). 2007. *American Intergovernmental Relations: Foundations, Perspectives, and Issues*. Washington D.C: CQ Press.

O'Brien, M. 1999. "Alternatives Assessment: Part of Operationalizing and Institutionalising the Precautionary Principle." in C. Raffensperger and J. Tickner(eds.). *Protecting Public Health & the Environment: Implementing the Precautionary Principle*, pp.207~219. Washington D.C: Island Press.

OECD. 2008. *OECD Environmental Outlook to 2030*. Paris: Organisation for Economic Cooperation and Development.

O'Neil, Cathy. 2016. *Weapons of Math Destruction: How Big Data Increases Inequality and Threatens Democracy*. First paperback edition ed. New York, NY: Broadway Books.

Painter, J. and C. Philo. 1995. "Spaces of Citizenship: An Introduction." *Political Geography*, Vol.14, No.2, pp.107~120.

Park, Y. S. 2011. "Revisiting the South Korean Developmental State After the 1997 Financial Crisis." *Australian Journal of International Affairs*, Vol.65, No.5, pp.590~606.

Pasquale, F. 2015. *The Black Box Society: Technologies of Search, Reputation, and Finance*. Cambridge, MA: Harvard University Press.

Paterson, M. and J. Stripple. 2012. "Virtuous Carbon." *Environmental Politics*, Vol.21, No.4, pp.563~582.

Peel, J. 2005. *The Precautionary Principle in Practice; Environmental Decision-making and Scientific Uncertainty*. Sydney: The Federation Press.

Perry, W. L. 2013. *Predictive Policing: The Role of Crime Forecasting in Law Enforcement Operations*. Santa Monica, CA: RAND.

Petak, W. J. 1985. "Emergency Management: A Challenge for Public Administration." *Public Administration Review*, Vol.45, pp.3~7.

Petryna, A. 2011. *Life Exposed: Biological Citizens After Chernobyl*. Princeton University Press.

Phillips, Nelson. and Namrata Malhotra. 2008. "Taking Social Construction Seriously: Extending the Discursive Approach in Institutional Theory." in R. Greenwood, O. Christine, K. Sahlin and R. Suddaby(eds.). *The Sage Handbook of Organizational Institutionalism*, pp.702~720. London: SAGE publications.

Phillips, P. and G. Isaac. 1998. "GMO Labeling: Threat Or Opportunity?" *AgBioForum*, Vol.1, No.1, pp.25~30.

Pickering, A. 2010. "Material Culture and the Dance of Agency." in D. Hicks and M. C. Beaudry(eds.). *Oxford Handbook of Material Culture Studies*, pp.191~208. Oxford: Oxford University Press.

Polanyi., K. 2011. "The Economy as Instituted Process." in M. Granovetter and R. Swedberg(eds.). *The Sociology of Economic Life*, pp.3~21. Boulder, CO: Westview press.

Power, M. 1999. *The Audit Society: Rituals of Verification*. Oxford: Oxford University Press.

_____. 2003. *The Invention of Operational Risk.* CARR Discussion Paper No.16. London: National Audit Office.

_____. 2004. *The Risk Management of Everything: Rethinking the Politics of Uncertainty.* London: Demos.

_____. 2005. "Organizational Responses to Risk: The Rise of the Chief Risk Officer." in B. Hutter and M. Power(eds.). *Organizational Encounters with Risk*, Cambridge: Cambridge University Press.

_____. 2007. *Organized Uncertainty: Designing a World of Risk Management.* Oxford: Oxford University Press.

Preda, A. 2009. *Information, Knowledge, and Economic Life: An Introduction to the Sociology of Markets.* Oxford: Oxford University Press.

Prince, R. 2010. "Policy Transfer as Policy Assemblage: Making Policy for the Creative Industries in New Zealand." *Environment and Planning A*, Vol.42, No.1, pp.169~186.

Provan, K. G. and P. N. Kenis. 2008. "Modes of Network Governance: Structure, Management, and Effectiveness." *Journal of Public Administration Research and Theory*, Vol.18, No.2, pp.229~252.

Rabe, B. 2008. *The Complexities of Carbon Cap-and-Trade Policies: Early Lessons from the States.* Washington, DC: Brookings.

Raffensperger, C. and J. A. Tickner. 1999. *Protecting Public Health and the Environment: Implementing the Precautionary Principle.* Washington, D.C: Island Press.

Renn, O. and M. C. Roco. 2006. *Nanotechnology Risk Governance.* Geneva: International Risk Governance Council.

Rhodes, R. A. W. 2006. "Policy Network Analysis." in M. Moran, M. Rein and R. E. Goodin(eds.). *The Oxford Handbook of Public Policy*, pp.423~445. Oxford: Oxford University Press.

_____. 1996. "The New Governance: Governing without Government." *Political Studies*, Vol.44, No.4, pp.652~667.

Richardson, J. J. and G. Jordan. 1979. *Governing Under Pressure: The Policy Process in a Post-Parliamentary Democracy.* Oxford: Martin Robertson.

Ripley, R. B. and G. A. Franklin. 1981. *Congress, the Bureaucracy, and Public Policy.* Homewood, Ill: Dorsey Press.

Robertson, R. 1995. "Glocalization: Time-Space and Homogeneity." in M. Feasherstone, S. Lash and R. Robertson(eds.). *Global Modernities*, pp.25~44. London: SAGE publications.

Roco, M. C. and W. S. Bainbridge(eds.). 2003. *Converging Technologies for Improving Human Performance: Nanotechnology, Biotechnology, Information Technology, and Cognitive Science.* Dordrecht: The Netherlands: Kluwer Academic Publishers.

Roco, M. C., W. S. Bainbridge, B. Tonn and G. Whitesides. 2013. *Convergence of Knowledge, Technology, and Society: Beyond Convergence of Nano-Bio-Info-Cognitive Technologies:*

World Technology. Evaluation Center, Inc.

Roco, M. C., B. Harthorn, D. Guston and P. Shapira. 2011a. "Innovative and Responsible Governance of Nanotechnology for Societal Development." Journal of Nanoparticle Research: An Interdisciplinary Forum for Nanoscale Science and Technology, Vol.13, No.9, pp.3557~3590.

______. 2011b. "Innovative and Responsible Governance of Nanotechnology for Societal Development." in M. C. Roco, C. A. Mirkin and M. C. Hersam(eds.). *Nanotechnology Research Directions for Societal Needs in 2020: Retrospective and Outlook*, pp.561~617. New York: Springer.

Roe, E. 1994. *Narrative Policy Analysis; Theory and Practice*. Durham: Duke University Press.

Rose, N. 2007. *The Politics of Life itself: Biomedicine, Power, and Subjectivity in the Twenty-First Century*. Princeton: Princeton: Princeton University Press.

Rose, N. and C. Novas. 2005. "Biological Citizenship." in A. Ong and S. Colier(eds.). *Global Assemblages: Technology, Politics, and Ethics as Anthropological Problems*, pp.439~463.

Savage, Glenn C. 2020. "What is policy assemblage?" *Territory, Politics, Governance*, Vol.8, No.3, pp.319~335.

Savage, Glenn. C. 2021. "The evolving state of policy sociology," *Critical Studies in Education*. Vol.62, No.3, pp.275~289.

Sabatier, P. A. 1998. "The Advocacy Coalition Framework: Revisions and Relevance for Europe." *Journal of European Public Policy*, Vol.5, No.1, pp.98~130.

Sadowski, J. and E. Selinger. 2014. "Creating a Taxonomic Tool for Technocracy and Applying it to Silicon Valley." *Technology in Society*, Vol.38, pp.161~168.

Sætra, H. S. 2020. "A Shallow Defence of a Technocracy of Artificial Intelligence: Examining the Political Harms of Algorithmic Governance in the Domain of Government." *Technology in Society*, Vol.62.

Sahlin, Kerstin and Linda Wedlin. 2008. "Circulating Ideas: Imitation, Translation, and Editing." in R. Greenwood, O. Christine, K. Sahlin and R. Suddaby(eds.). *The Sage Handbook of Organizational Institutionalism*, pp.218~242. London: SAGE publications.

Sahlin-Anderson, K. 1996. "Imitating by Editing Success: The Construction of Organizational Fields and Identities." in B. Czarniawsk and G. Sevon(eds.). *Translating Organizational Change*, pp.69~92. Berlin: De Gruyter.

Schlosser, M. 2019. "Agency." in E. N. Zalta(ed.). *The Stanford Encyclopedia of Philosophy* (Winter 2019 Edition), Stanford, CA: Center for the Study of Language and Information, Stanford University.

Schmidt, J. C. 2008. "Tracing Interdisciplinarity of Converging Technologies at the Nanoscale: A Critical Analysis of Recent Nanotechnosciences." *Technology Analysis & Strategic Management*, Vol.20, No.1, pp.45~63.

Schmidt, Vivien. 2012. "Discursive Institutionalism: Scope, Dynamics, and Philosophical Underpinnings." in F. Fischer and H. Gottweiss(eds.). *The Argumentative Turn Revisited: Public Policy as Communicative Practice*, pp.85~113. Durham, NC: Duke University Press.

Schneider, Anne Larason, Helen Ingram and P. Deleon. 2014. "Democratic Policy Design: Social Construction of Target Populations." in C. M. Weible and P. A. Sabatier(eds.). *Theories of the Policy Process*, pp.103~149. New York: Westview Press.

Sclove, R. 1995. *Democracy and Technology*. New York: Guilford.

Scott, W. R. 1987. "The Adolescence of Institutional Theory." *Administrative Science Quarterly*, Vol.32, No.4, pp.493~511.

Şerban, O., N. Thapen, B. Maginnis, C. Hankin and V. Foot. 2019. "Real-Time Processing of Social Media with SENTINEL: A Syndromic Surveillance System Incorporating Deep Learning for Health Classification." *Information Processing & Management*, Vol.56, No.3, pp.1166~1184.

Shafir, G. 1998. *The Citizenship Debates: A Reader,* 1st ed. Minneapolis, MN: University of Minnesota Press.

Shanahan, E. A., M. K. McBeth, P. L. Hathaway. 2011. "Narrative Policy Framework: The Influence of Media Policy Narratives on Public Opinion". *Politics and Policy*, Vol.39, No.3, pp.373~400.

Shanahan, E. A., M. D. Jones, M. K. McBeth. 2011. "Policy Narratives and Policy Processes". *Policy Studies Journal*, Vol.39, No.3, pp.535~561.

Shapiro, Susan. 2005. "Agency Theory." *Annual Review of Sociology*, Vol.31, No.263.

Sheehey, B. 2019. "Algorithmic Paranoia: The Temporal Governmentality of Predictive Policing." *Ethics and Information Technology*, Vol.21, No.1, pp.49~58.

Shore, C. and S. Wright(eds.). 1997. *Anthropology of Policy: Critical Perspectives on Governance and Power*. New York: Routledge.

Sinclair, D. 1997. "Self-Regulation Versus Command and Control? Beyond False Dichotomies." *Law & Policy*, Vol.19, No.4, pp.529~559.

Smith, A. 2018.8.29. "Franken-Algorithms: The Deadly Consequences of Unpredictable Code." *T he Guardian*. https://www.theguardian.com/technology/2018/aug/29/coding-algorithms-frankenalgos-program-danger(검색일: 2022.8.1).

Soysal, Y. 1994. *Limits of Citizenship*. Chicago: University of Chicago Press.

Stavins, R. N. 2003. "Market-Based Environmental Policies: What can we Learn from U.S. Experience (and Related Research)?." https://media.rff.org/documents/RFF-DP-03-43.pdf(검색일: 2022.8.1).

Stephan, B. and M. Paterson. 2012. "The Politics of Carbon Markets: An Introduction." *Environmental Politics*, Vol.21, No.4, pp.545~562.

Sun, Alexander and Bridget Scanlon. 2019. "How can Big Data and Machine Learning Benefit

Environment and Water Management: A Survey of Methods, Applications, and Future Directions." *Environmental Research Letters*, Vol.14, No.7.

Tenner, E. 1996. *Why Things Bite Back: Technology and the Revenge of Unintended Consequences*. New York: Vintage.

The Government of the Republic of Korea. 2020. *Flattening the Curve on COVID-19: How Korea Responded to a Pandemic using ICT*.

Thiébaut, R. and S. Cossin. 2019. "Artificial Intelligence for Surveillance in Public Health." *Yearbook of Medical Information*, Vol.28, No.1, pp.232~234.

Thornton, J. 2000. *Pandora's Poison: Chlorine, Health, and a New Environmental Strategy*. Cambridge: MIT Press.

Tickner, J. A. 1999. "A Map Toward Precautionary Decision Making." in C. Raffensperger and J. Tickner(eds.). *Protecting Public Health & the Environment: Implementing the Precautionary Principle*, pp.162~180. Washington D.C: Island Press.

Tilley, C., W. Keane, S. Kuechler, M. Rowlands, and P. Spyer. 2013. *Handbook of Material Culture*. London: SAGE.

Turner, B. S. and P. Hamilton. 1994. *Citizenship: Critical Concepts*. London and New York: Routledge.

U.S. Army Corps of Engineers. 1992. *Hazardous Waste Minimization and Treatment Opportunities in the Eighth U.S. Army and the U.S. Army, Japan*. Seoul: U.S. Army Corps of Engineers.

Ullman, E. 1997. *Close to the Machine: Technophilia and its Discontents*. San Francisco, CA: City Lights Books.

UNEP. 2009a. *Annual Report 2009: Seizing the Green Opportunity. United Nation Environmental Program*.

______. 2009b. *Rethinking the Economic Recovery: A Global Green New Deal*. United Nation Environmental Program.

Ureta, Sebastian. 2014. "Policy Assemblages: Proposing an Alternative Conceptual Framework to Study Public Action." *Policy Studies*, Vol.35, No.3, pp.303~318.

Vikhlyaev, A. A. 2005. "Science on the Tap, Not on the Top." *International Journal of Technology and Globalisation*, Vol.1, No.2, pp.145~161.

Voet, R. 1998. *Feminism and Citizenship*. London: Sage.

Vogel, D. 2001. *Risk Regulation in Contemporary Europe: An American Perspective. Presentation at the Center for Analysis of Risk and Regulation*. London School of Economics.

Walters, J. 2007. "Intergovernmental Relations and Federalism: Its Past, Present, and Future, and does Anyone Care?" in L. J. O'Toole(ed.). *American Intergovernmental Relations: Foundations, Perspectives, and Issues*, pp.345~354. Washington D.C: CQ Press.

Waterman, R. and K. Meier. 1998. "Principal-Agent Models: An Expansion?" *Journal of Public*

Administration Research and Theory, Vol.8, No.2, pp.173~202.

Weber, M. 1978. *Economy and Society*. Berkeley, CA: University of California Press.

_____. 1987. *The Theory of Social and Economic Organization*, edited by M. Henderson, T. Parsons. New York: Oxford University Press.

Westphal, J. D. and E. J. Zajac. 2001. "Decoupling Policy from Practice: The Case of Stock Repurchase Programs." *Administrative Science Quarterly*, Vol.46, No.2, pp.202~228.

Whiteside, K. H. 2006. *Precautionary Politics: Principle and Practice in Confronting Environmental Risk*. Cambridge: Cambridge University Press.

Wiener, J. B. and M. D. Rogers. 2002. "Comparing Precaution in the United States and Europe." *Journal of Risk Research*, Vol.5, No.4, pp.317~349.

Wiener, J. B., M. D. Rogers, J. K. Hammitt and P. H. Sand. 2011. *The Reality of Precaution: Comparing Risk Regulation in the United States and Europe*. New York: Earthscan.

Williamson, O. E. 1975. *Markets and Hierarchies: Analysis and Antitrust Implications: A Study in the Economics of Internal Organization*. New York: Free Press.

Wilson, D. 2018. "Algorithmic Patrol: The Futures of Predictive Policing." in A. ZavrŠnik(ed.). *Big Data, Crime, and Social Control*, pp.108~127. New York: Routledge.

Wilson, D. and C. Game. 1998. *Local Government in the United Kingdom*. Basingstoke: Palgrave Macmillan.

Woo-Cumings, M(ed.). 1999. *The Developmental State*. Ithaca and London: Cornell University Press.

Wood, B. and B. Cook. 1989. "Principal-Agent Models of Political Control of Bureaucracy." *The American Political Science Review*, Vol.83, No.3, pp.965~978.

Wright, D. S. 1988. *Understanding Intergovernmental Relations*, 3rd ed. Pacific Grove: Brooks/Cole.

Wurzel, R. K., A. R. Zito and A. J. Jordan. 2013. *Environmental Governance in Europe: A Comparative Analysis of New Environmental Policy Instruments*. Northampton, MA: Edward Elgar.

Young, I. M. 1990. *Justice and the Politics of Difference*. Princeton, N.J.: Princeton University Press.

Yuval-Davis, N. 1997. "Women, Citizenship and Difference." *Feminist Review*, Vol.57, No.1, pp.4~27.

ZavrŠnik, A. 2018. *Big Data, Crime and Social Control*. New York: Routledge.

Ziewitz, M. 2016. "Governing Algorithms: Myth, Mess, and Methods." *Science, Technology, & Human Values*, Vol.41, No.1, pp.3~16.

Zuboff, A. 2019. *The Age of Surveillance Capitalism: The Fight for a Human Future at the New Frontier of Power*. New York: Public Affairs.

Zucker, L. G. 1987. "Institutional Theories of Organization." *Annual Review of Sociology*, Vol.13, pp.443~464.

찾아보기

가

가격관리자 232, 236~237, 239
가타리, 펠릭스(Félix Guattari) 28~29, 277~278, 290, 314, 329, 337
갈등관리 62~63, 91, 101~102, 105~106, 112~114, 117~118, 149
강제된 자기규제 127, 131, 164
강제적 동형화 20, 33, 47, 122, 127, 130, 157, 163, 168, 197
개시, 앨리슨(Alison Gash) 61, 92
건전한 과학 접근법 169, 192
경로의존성 18, 31, 48, 62, 66, 83~84, 113, 124~126, 131, 164, 168, 192, 197~198, 207
경실련 사회갈등해소센터 79
경제발전주의 84~85, 258~259
공공기관위기관리지침 127, 130~131, 145, 147~148, 152~158, 160~161, 163~165
공공성 154
공공 인식론 24~25, 205
공공장소 319
공동생산 25, 205~206, 210~214, 224~225, 227, 231~233, 241~242
공동 통치 92
공리주의 166, 174, 178, 186, 197
공유 거버넌스 92
과정 기반 표시제 175, 188, 190~191, 196
과학적 실증주의 140~141
관계적 행위력 278, 314, 319~320
관계적 행위자 39, 46, 278~279, 281, 289, 295, 318
관계주의 278
관료주의 61, 91~93, 101, 112, 125~127, 129, 131, 133, 136~140, 164~165, 204
구성적 공동생산 206, 211~212, 231, 233
구제도주의 19, 34, 38, 122
국가위기관리기본지침 130, 159, 162~163
국가융합기술발전기본계획 255~257, 259~260, 264
권영근 174, 192~194
권위주의적 환경주의 67
규범적 동형화 20, 122~123
규제자 210, 232~234, 241
그라운드 정답 298
그래노베터, 마크(Mark Granovetter) 210, 212, 286, 297
그리그즈(Steven Griggs), 스티븐 22, 24, 33

그린 뉴딜 85
그린크레딧 제도 228~229, 241
글로컬리제이션 125, 128, 197
금융파생상품 219
기술관료주의 117, 126~128, 166~170, 173~174, 176, 178, 180~181, 184~192, 195~198, 205, 249, 252, 254, 284, 288~289, 301~302, 304, 307, 309
기술관료주의적 사전예방원칙 127~128, 167~169, 173, 176, 181, 186, 188, 192, 195, 197~198
기술관료주의적 접근법 169
기술민족주의 248
기술융합 208, 243~245, 247, 250, 252~254, 257~261, 263, 265~266, 270
기술적 다원주의 26, 281, 307
기술적 문맹 291
기술환원주의 250~251, 256
기업 불평등 210, 225, 227, 231, 242
기후변화 정책 49, 62~68, 70~74, 77, 83~85, 87~88, 113, 206, 242

나

나쁜 시민 313, 317, 320, 330, 336~337
나이트, 브라이언(Brian Knight) 293~294, 296~297
낙인 101, 238, 311, 319, 328, 334~335, 338
내부통제 시스템 129, 133, 144, 158, 160, 165
네트워크 거버넌스 135~141
노동력 287
노동 자동화 287
노드 136
노먼, 앨프레드(Alfred Nordmann) 243, 252
녹색성장 정책 258
논변적 전환 22
니, 빅터(Victor Nee) 84
니체, 프리드리히(Friedrich Nietzsche) 55, 342

다

다면적인 접근 55
달, 로버트(Robert Dahl) 16
담론 21~24, 26, 30~34, 38, 42~46, 48, 52~53, 55, 60~61, 202~207, 209~211, 214, 231~232, 241~242, 317
담론 연합 42~44, 46
담론적 전환 22, 26
담론정치 22, 32~33, 43, 46, 202, 242
대리인 비용 286
대중교통 319, 334
데란다, 마누엘(Manuel DeLanda) 28, 278
데리다, 자크(Jacques Derrida) 207
데사이, 아미트(Amit Desai) 315
데이터 8, 36~37, 46, 49, 54~55, 102, 135, 217, 276~277, 280, 282~284, 290~291, 295~296, 298, 300~302, 304~305, 307, 311, 315~318, 343~344

데일즈, 존 하크니스(John Harkness Dales) 232
도밍구스, 페드로(Pedro Domingos) 294
동선 정보 281~282, 310~311, 315~319, 326, 328, 333~334, 336~338
동형화 18~20, 33, 46, 51, 122~125, 127, 130, 157, 163, 168, 197~198, 270
동화능력 170, 172, 177
드토크빌, 알렉시(Alexis de Tocqueville) 16
들뢰즈, 질(Gilles Deleuze) 28~29, 277~278, 290, 314, 329, 337
디마지오, 폴(Paul DiMaggio) 19~20, 286
딥 러닝 285, 289, 292~294, 297~298, 300~308
딥 러닝 알고리즘 285, 289, 293~294, 298, 300~302, 306~308

라

라투르, 브뤼노(Bruno Latour) 21, 26~27, 35, 46, 51, 246~247, 277, 279, 284, 290, 296, 313~314
레시그, 로런스(Lawrence Lessig) 301
레어, 데이비드(David Lehr) 302
렌, 오트윈(Otwin Renn) 253
로언, 브라이언(Brian Rowan) 19~20, 34, 122~123
로웰 선언 171
로, 존(John Law) 26~27, 36, 39, 290
로코, 미하일(Mihail Roco) 243, 250~253, 266
루크만, 토마스(Thomas Luckmann) 19, 21, 122, 246
루프 289
리빙랩 265
린드블롬, 찰스(Charles Lindblom) 59, 92, 210, 232, 306

마

마러스, 노르티어(Noortje Marres) 14, 27, 284, 290
마르크스, 카를(Karl Marx) 15~16, 37~38, 279
마셜, 토머스 험프리(Thomas Humphrey Marshall) 312~313
마스크 282, 315, 318~326, 329, 337~338
마이어, 존(John Meyer) 19~20, 34, 122~123, 246
마치, 제임스(James March) 20, 246
말호트라, 남라타(Namrata Malhotra) 19~20, 22~23, 53
맘카페 282, 311, 315~320, 323, 325~327, 329~332, 334~335, 337
매켄지, 도널드(Donald MacKenzie) 16, 66, 209, 213, 232, 283
머신 러닝 284, 289, 292~293, 296, 298~299, 303, 308
명령 91, 93, 101, 106, 117, 125, 129, 133, 136, 138~139, 141, 162, 165, 245
모니터링 104, 132, 139, 161, 171, 176,

285~286
모방적 동형화 20, 122~124
모범시민 319
무지 306, 345
문화적 불평등 312~313, 338
물질성 25~26, 32, 282, 311, 315, 318, 337~338
물질적 접근법 9~10, 14, 25~26, 31~32, 34~39, 45~46, 48~53, 207, 276~277, 280, 289
물질정치 26~27, 32, 34~35, 46, 285, 289
미 방위고등연구계획국 293
밀로, 유발(Yuval Millo) 213, 232

바

바우만, 지그문트(Zigmunt Bauman) 13
바키, 캐럴(Carol Bacchi) 22~24, 211
발전국가 62~63, 66~67, 83~87, 126, 248~249, 256, 267
발전주의적 환경주의 67
배달 근로자 282, 329~330, 334~336
배열 28~29, 278, 293
배출권 할당 65~66, 80~82, 87, 209, 229, 234, 241
배치 28~29, 268
버거, 피터(Peter Berger) 12, 19, 21, 122, 246
버렐, 제나(Jenna Burrel) 284, 291, 302
버틀러, 주디스(Judith Butler) 202, 213, 276~277, 299, 318
번역 21, 28~29, 34, 43, 45, 51, 207~208, 244~247, 251, 254, 257, 260, 263, 268~270
베네딕트 수도회 97, 101, 106~107, 111
베르디키오, 마리오(Mario Verdicchio) 284, 295, 305
베버, 마크(Mark Bevir) 16, 24, 33
베버, 막스(Max Weber) 16, 19, 279
베블런, 소스타인(Thorstein Veblen) 19
베인브리지, 윌리엄(William Bainbridge) 243, 250~251
벡, 울리히(Ulrich Beck) 32
보복 효과 287
보스트롬, 닉(Nick Bostrom) 285, 287, 300
보편적 시민권 312~313
복수 주인 문제 285
부르디외, 피에르(Pierre Bourdieu) 47
부정 131, 157, 219, 236, 281, 283~285, 287, 290, 294~297, 300, 304~309
불가해성 281, 284, 292, 294, 300, 304~306, 308~309
불투명성 284, 289, 291~292, 296, 302, 307
블랙박스 34, 296, 301, 303
비의도적 GMO 혼입률 190~191, 194, 196
빅데이터 283, 296, 298, 300, 307
빠른 추적자 271

사

사물 25~32, 34~36, 38~39, 45~48, 52, 55, 213, 276~283, 289~290, 311, 313~315, 317, 319~320, 324, 326, 329, 334, 336~337, 341~342
사바티에, 폴(Paul Sabatier) 41, 60
사전예방원칙 54, 127~128, 166~169, 171~174, 176, 180~181, 184~189, 192, 195~198, 207, 281, 305~307
사전통보동의절차 174, 185~187
사회계약 286
사회구성주의 14, 19, 21~22, 38, 46, 203, 246, 312, 343
사회기술적 상상 205, 207~208, 244~250, 252, 254, 257, 263, 266, 269~271
사회문제 해결형 혁신 249~250, 252, 265~269, 271
사회 불평등 47, 204, 206, 210, 225, 229, 231, 241~242, 281, 317, 324, 330, 336~338
사회적·기술적 전위대 245
사회적·물질적 어셈블리지 36, 281~282, 290, 303~304, 308, 320, 322, 324, 329, 336~337
사회적 소수자 59, 203, 311, 317, 321~322, 324, 337~338
살라후트디노프, 루슬란(Ruslan Salakhutdinov) 296~297
살린, 커스틴(Kerstin Sahlin) 21, 244, 247
상상된 공동체 205
상쇄 70, 209, 227~229, 237, 241
상쇄제도 228~229
상품시장 206, 210~212, 214, 224~225, 227, 229, 231~232, 234, 236, 238, 241~242
상호적 공동생산 206, 211~212, 214, 224, 227, 231
새비지, 글렌(Glenn Savage) 28, 48, 278
선별진료소 333~334
선, 알렉산더(Alexander Sun) 284, 298~299
설명 가능한 인공지능 296~297, 306
성소수자 282, 315, 317, 321, 326~329, 337
세티나, 카린 크노어(Karin Knorr Cetina) 20, 246
셔피로, 수전(Susan Shapiro) 283, 285~286
송위진 249~250, 265, 269
수정된 발전주의 67
수행성 213, 231, 277, 281, 299~300, 302~303, 306~307, 309, 318
슈나이더, 앤(Anne Schneider) 24~25, 41, 204, 231
슈밋, 비비언(Vivien Schmidt) 44, 250~251
스칸디나비아 제도주의 21, 29, 34, 46, 49, 51, 207, 246~247
스콧, 리처드(Richard Scott) 19~20, 246
시민권 22, 25, 27, 33, 204~205, 281~282, 290, 310~325, 327, 329~330, 332, 334,

336~338
시민의식 312~313, 319, 328, 331, 334, 336
시민참여 27~28, 128, 170~172, 181~184, 192~193, 197, 204~205, 269, 312
시장경쟁력 206, 210, 214, 225, 227, 231, 234~235, 241~242
시장 참여자 210, 232, 239
신고전주의 경제학 37, 40, 212, 220~221, 286, 296
신공공관리론 61, 92, 127, 129, 132~133, 135, 141, 205
신뢰 43, 92, 114, 139~141, 242, 279, 286, 296~299, 303, 305, 308~310
신성장동력 85, 88, 233, 244, 249, 261~262, 265
신유물론 26, 28, 30, 32, 46~48, 52, 56, 251, 276~277, 280~285, 287~290, 295, 302, 308, 311~315, 317~318, 320~321, 324~325, 329~330, 336~337, 343
신제도주의 18~19, 34, 38, 51, 122, 212, 286, 296
신제도주의 경제학 212, 286, 296
실질적 동등성 176~179, 181, 192~193, 195, 198
싱글턴, 비키(Vicky Singleton) 36, 290

아

아비투스 124
아장스망 45~46, 52, 278
알고리즘 거버넌스 280~281, 283~285, 287~291, 294~296, 298, 301~308
알고리즘 다원주의 305, 307
알고리즘 아키텍처 302
알고리즘 편향 288, 295, 307
알권리 정책 128, 185, 188~189
애시, 수전(Susan Athey) 298
앤더슨, 베네딕트(Benedict Anderson) 49, 93, 205, 247
앤설, 크리스(Chris Ansell) 61, 92
어셈블리지 28~30, 34~37, 39, 45~49, 51~52, 128, 207, 277~282, 290, 297, 302~304, 307~308, 314~315, 318~324, 329~330, 334, 336~337
언어적 전환 22
언어 행위이론 231
에이전시 286
역마살 331~332
역사적 제도주의 18, 31, 62, 66, 123~124
영토화 29, 277~278
예측 치안 283, 285, 291, 295, 299
오닐, 캐시(Cathy O'Neil) 284, 288, 299~301
오스틴, 존(John Austin) 213, 231
오염자 지불 원칙 99, 115
오염 허가권 218
온실가스 62, 64~66, 69~70, 72~77, 79~82, 84, 86, 206, 209~211, 214~220, 222~227, 229~242
온실가스배출권 62, 65~66, 69~70, 74, 76, 80~81, 206, 209~211, 214~215,

218~220, 222, 224~226, 230~237, 239~242
온실가스배출권거래제 62, 65~66, 69~70, 74, 206, 209~211, 215, 219~220, 222, 230~237, 239~242
온실가스배출량 데이터 217
온실가스에너지목표관리제 62, 65, 69, 74
올드레드, 팸(Pam Alldred) 26, 28, 39, 276, 290, 311~312, 314
옹호 연합 40~41, 43~44, 46, 52~53, 60~61
옹호 연합 모형 40~41, 52~53, 60
외부성 122, 306
운영 위험관리 131, 134
원료 5순위제 189
원 보이스 시스템 63, 103~104, 109, 112, 114, 117~118
웨들린, 린다(Linda Wedlin) 21, 247
위험기반 접근법 169
유럽 지식 사회를 위한 융합기술 251~252, 256, 260, 268
유전자변형생물체 127, 167~168, 175~176, 178, 181~182, 185~186, 188, 192, 194~197
유전자 변형 작물 167, 186, 190, 194, 196
유전자변형작물 128, 167~169, 173~181, 183~198, 207
융합기술 207~208, 243~244, 247, 249~271
융합기술발전전략 264~266
의도성 295
이동성 29, 282, 311, 313~315, 329~330, 332~333, 336~337
이론적 다원주의 8, 55, 343~344
이월 69~70, 209, 219~220
이익집단 15~17, 31~35, 40~42, 44, 46~48, 50, 58~63, 66~67, 70~72, 74, 80, 84, 87, 92, 112, 125, 192, 209, 280, 292, 304, 309, 319
이익집단 정치 15~17, 31~35, 46~48, 50, 58, 62~63, 66~67, 74, 80, 84, 87, 112, 125, 192, 209, 281, 292, 304, 309
이해관계 8~9, 14~18, 20, 23~24, 30~35, 37~42, 46~50, 52~53, 58, 60~62, 64~66, 70~72, 74, 83, 87, 91, 93, 106~108, 112, 117~118, 124, 126, 139, 166, 169, 191~192, 195~198, 203~204, 206, 209~210, 214~215, 217, 225, 227, 229, 231, 239, 242, 255, 276~277, 280, 285, 292, 295, 300~301, 304, 318
이해관계 접근법 9, 14~18, 23, 30~32, 34~35, 37~41, 46~47, 49~50, 52~53, 58, 60~62, 64~65, 70, 74, 83, 87, 91, 112, 117~118, 124, 166, 169, 191~192, 195, 198, 203~204, 206, 209~210, 214, 225, 242, 276~277, 280, 300, 319
인공물 26~27, 31, 55, 246, 287, 290
인공지능 213, 280~281, 284, 287~290, 292, 294~298, 300~303, 306~307, 309
인권 282, 311, 328~329, 337~338
인식공동체 42, 44, 46
인지과학 250~251, 256, 262

일반 지능 287
잉그럼, 헬렌(Helen Ingram) 41, 231

자

자기 성공 예언 299
장기적 위험영향 평가 184
장소성 282, 324~329, 337
재분배자 210, 232, 239~241
재서노프, 실라(Sheila Jasanoff) 22, 24~25, 33, 205~207, 210~212, 244~245, 248, 269
저커, 린(Lynne Zucker) 19
저탄소 녹색성장 77, 84
저탄소녹색성장기본법 64~65, 75, 80, 86, 258
전사적 위험관리 127, 129~141, 144, 146~147, 153, 156~160, 162~165, 207
전자 거버넌스 35, 288
전통적 관료주의 92, 129~130, 164
점증적 접근법 305~306
정동 39, 46, 280, 318
정보공개 정책 282, 334, 337
정보 비대칭성 281, 283, 285, 291, 294, 308
정부대응T/F 89, 94, 96, 101~108, 111~117
정부합동지원반 105, 109, 117
정책학적 아나키즘 342~345
정체성 22, 32, 46, 205, 214, 225, 227~231, 312, 318, 320, 324, 327, 329~330
제도적 동형화 18~19, 123
제도적 접근법 9, 14, 17~19, 21, 23, 30, 31, 33, 34, 38, 44, 46~52, 62, 64, 83, 91, 117, 122, 127~128, 163, 166, 168, 169, 191~192, 195, 197~198, 206~207, 246, 270
조직 8, 14, 17~21, 29, 30~31, 33~34, 44~46, 48, 59, 91, 105, 115, 122~125, 127, 129, 131~132, 133~142, 144~145, 148~149, 152, 154, 158, 160~165, 174, 183, 246, 255, 258, 278, 286, 291, 296
존슨, 데보라(Deborah Johnson) 84, 248, 284, 295, 305
존재론적 정치 27, 35~36, 46
좋은 시민권 282, 310~311, 315, 319~320, 321~324, 336~338
주권적 행위자 39
주인-대리인 이론 281, 283~287, 289~290, 292, 294, 301~302, 308~309
주한미군지위협정 62~63, 90~91, 94, 97~99, 102~103, 107, 113~118
중동호흡기증후군 310~311, 316, 327
증명 기반 표시제 174, 185, 188~190, 195~196
증명 부담의 역전 185
지도 학습 292
지원자 210, 232, 234~236, 241

차

차입 69~70, 209
참여민주주의 280, 301, 304
참여적 거버넌스 63, 91~93, 106, 114, 117~118, 204, 252
창발 28~29, 36, 51, 128, 207, 278, 314
창조경제 264, 267
초지능 287, 300
총량 제한 66, 70, 76, 206, 209, 221, 234, 237
총량제한배출권거래제 65, 209~210, 224~225, 232~233, 236, 241
최고 위험관리관 132, 134, 136, 141, 144, 158, 162
추격형 혁신 248~249

카

카라반테스, 마누엘(Manuel Carabantes) 292~293
카르타헤나 의정서 127, 168, 171, 175, 181, 185, 192, 195, 196~197
칼롱, 미셸(Michel Callon) 21, 45, 209~210, 212~213, 231, 244, 246, 299, 303
캠프 캐럴 62~63, 89~90, 91, 93~98, 100~108, 110~114, 116~118
컴퓨터 알고리즘 281, 283~285, 287~293, 296~297, 299, 302~309
코글리어네스, 캐리(Cary Coglianese) 302
코로나바이러스 25, 281~282, 310, 311, 313, 316~321, 323~338
코생, 세바스티앙(Sébastien Cossin) 298
코스, 로널드(Ronald Coase) 232
클럽 325~329
키에베르그, 카밀라(Kamilla KjØlberg) 252

타

탄소세 62, 65~66, 69~74, 77~80, 86~87, 223
탄소시장 70, 72~73, 76, 81, 83, 206, 209~217, 220~227, 229, 231~242
탄소중립·녹색성장기본법 65
탈동조화 18, 20, 33, 38, 48, 51, 122~128, 165, 168, 181, 198, 207, 270
탈실증주의 22, 41, 55, 141, 203
탈영토화 29, 277~278
탈정치화 301
탈추격 시스템 249
토플러, 앨빈(Alvin Toffler) 254
통제 16, 18, 91, 93, 101, 106, 117, 125, 129~130, 132~133, 136, 139, 141, 148, 160~161, 163~165, 197, 234, 240, 248, 251, 288~289, 297, 302, 309, 311
통치성 33
통합적 위기관리 시스템 127, 130, 143~144, 148, 158, 163
통화 219
트랜스 휴머니즘 208, 250~252, 270, 285,

287
티에보, 로돌프(Rodolphe Thiébaut) 298

파

파워, 마이클(Michael Power) 129, 131, 133~136, 139~140, 161, 165
파월, 월터(Walter Powell) 19~20
팬데믹 69, 310~311, 313, 316, 321~324, 329, 334~336, 338
편집 21, 244, 247
포스트 휴머니즘 251, 313~314
폭스, 닉 제이 26, 28, 39, 276, 290, 311~312, 314
폴라니, 칼(Karl Polanyi) 210, 212~213, 232
푸코, 미셸(Michel Foucault) 30, 33, 51, 202, 205
피오리노, 대니얼(Daniel Fiorino) 61, 92
필립스, 넬슨(Nelson Phillips) 19~21, 23, 53, 188

하

하먼, 그레이엄(Graham Harman) 278
하스, 피터(Peter Haas) 42
하이어, 마틴(Maarten Hajer) 22, 24, 42~43, 52, 202, 211
하워스, 데이비드(David Howarth) 22, 24, 33
한미공동조사단 89, 93~94, 96, 98, 101~102, 104~105, 107~115, 117~118
할당 65~66, 70, 74, 80~83, 87, 91, 209, 218~219, 221, 223, 229~230, 234~238, 240~241, 298, 300
합리화된 신화 19, 34, 51, 123
합의 회의 174, 176, 181, 183~184, 194
해러웨이, 도나(Donna Haraway) 36, 276, 318
해석적 접근법 9, 14, 20~26, 30~35, 38, 41~42, 46, 48~49, 51~53, 60~61, 202~207, 209~211, 214, 225, 242, 246, 276
해체 207
해클리, 요우니(Jouni Häkli) 313
행위력 19, 26, 28, 36~39, 45, 276~278, 289~290, 294~295, 305, 314~315, 318~321, 330, 336
행위소 30, 37, 45~46, 277, 279~280, 282, 314~315, 318, 336~337
행위자-연결망 이론 21, 26~27, 37, 51~52, 207, 212, 246, 277~279, 289~290, 296, 303, 337, 343
행정학적 실증주의 140
허용 가능한 배출 170
형식적 동형화 18, 124, 270
형식적 민주주의 88
호크스워스, 메리(Mary Hawkesworth) 23, 33
확진자 281~282, 310~311, 313, 315~320, 325~327, 330~336, 338
환경발전주의 63, 66, 84, 86~87, 258

환경영향평가 95, 108
획일적 시민권 282, 315, 334, 336, 338
후기구조주의 14, 22, 26, 32, 38, 42, 46, 52~53, 203, 207, 211, 214, 281, 313, 318
힐가트너, 스티븐(Stephen Hilgartner) 245

지은이

김은성

현재 경희대학교 사회학과 교수로, 2006년 미국 렌슬러 공과대학교에서 과학기술학 박사학위를 취득했다. 위스콘신 메디슨 대학교에서 박사후연구원으로 일했으며, 이후 한국행정연구원 등 국가정책 연구기관에서 5여 년간 근무했다. 2017년 최우수 연구 교원에게 수여하는 경희 펠로에 선정됐으며, 2019년 풀브라이트 중견 연구자상을 수상한 바 있다. 2022년 현재 학술지 ≪과학기술학연구≫의 편집장을 맡고 있다. 과학기술, 보건, 환경, 에너지, 정치, 경제 등 여러 분야를 가로지르며, 실험적이고 이론적으로도 다양하게 연구하고 있다. 현재 얼마나 멀리, 얼마나 다르게 지적 근육을 움직일 수 있는지를 실험하고 있다. *Environmental Politics*, *Energy Policy*, *Technology in Society*, *Critical Policy Studies* 등 해외 저널에 다수의 논문을 게재했으며, 저서로는 『감각과 사물: 한국 사회를 읽는 새로운 코드』, 『불확실성에 대응하는 위험거버넌스: 신기술 및 신종재난을 중심으로』(편저)가 있다.

한울아카데미 2391

정책과 사회

지은이 | 김은성
펴낸이 | 김종수
펴낸곳 | 한울엠플러스(주)
편집책임 | 이동규·최진희

초판 1쇄 인쇄 | 2022년 8월 20일
초판 1쇄 발행 | 2022년 8월 31일

주소 | 10881 경기도 파주시 광인사길 153 한울시소빌딩 3층
전화 | 031-955-0655
팩스 | 031-955-0656
홈페이지 | www.hanulmplus.kr
등록 | 제406-2015-000143호

Printed in Korea.
ISBN 978-89-460-7391-3 93350 (양장)
978-89-460-8203-8 93350 (무선)

* 책값은 겉표지에 표시되어 있습니다.
* 무선 제본 책을 교재로 사용하시려면 본사로 연락해 주시기 바랍니다.

이 저서는 2018년 정부(교육부)의 재원으로 한국연구재단의 지원을 받아 수행된 연구임(NRF-2018S1A5A2A01028475).